MONUMENTS TYPOGRAPHIQUES

DES

PAYS-BAS

AU

QUINZIÈME SIÈCLE

MONUMENTS TYPOGRAPHIQUES

DES

PAYS-BAS

AU

QUINZIÈME SIÈCLE

COLLECTION DE FAC-SIMILE D'APRÈS LES ORIGINAUX CONSERVÉS A LA
BIBLIOTHÈQUE ROYALE DE LA HAYE ET AILLEURS

PUBLIÉE AVEC L'AUTORISATION DE SON EXCELLENCE LE MINISTRE DE L'INTÉRIEUR

PAR

J.-W. HOLTROP

Bibliothécaire en Chef de la Bibliothèque Royale

Établissement lithographique de M. E. SPANIER, Lithographe de S. M. le Roi

LA HAYE
MARTINUS NIJHOFF
1868

Quorum pars magna fuit.

A Monsieur M. F. A. G. CAMPBELL

SOUS-BIBLIOTHÉCAIRE DE LA BIBLIOTHÈQUE ROYALE DE LA HAYE

hommage d'estime et de reconnaissance

La Haye, Mai 1868.  L'AUTEUR.

LISTE DES SOUSCRIPTEURS. (1)

S. M. LE ROI DES PAYS-BAS . . . . 5 Ex.
S. M. LA REINE DES PAYS-BAS . . . . 1 „
S. M. LA FEUE REINE-MÈRE DES PAYS-BAS . . . . 1 „
S. A. R. LE PRINCE HENRI DES PAYS-BAS. . . . . 1 „
S. A. R. LA GRANDE DUCHESSE DE SAXE-WEIMAR . . . . 3 „
S. A. R. LE PRINCE FRÉDÉRIC DES PAYS-BAS . . . . . . 1 „
S. A. R. LA PRINCESSE MARIANNE DES PAYS-BAS. . . . . 2 „
LE MINISTÈRE DE L'INTÉRIEUR. . . . . 6 „

LA BIBLIOTHÈQUE ROYALE, à la Haye . . . 1 Ex.
LA BIBLIOTHÈQUE DE L'UNIVERSITÉ, à Groningue . . . . 1 „
LA BIBLIOTHÈQUE DE L'ATHÉNÉE, à Deventer 1 „
LA BIBLIOTHÈQUE DE LA SOCIÉTÉ PROVINCIALE DES ARTS ET DES SCIENCES DU BRABANT SEPTENTRIONAL, à Bois-le-Duc . 1 „
LA BIBLIOTHÈQUE COMMUNALE PUBLIQUE, à Harlem. . . . . 1 „
LA BIBLIOTHÈQUE COMMUNALE PUBLIQUE, à Arnhem . . . . 1 „
LA BIBLIOTHÈQUE DU GYMNASE, à Katwijk . 1 „
LE MUSÉE BRITANNIQUE, à Londres . . . . 1 „
LA BIBLIOTHÈQUE ROYALE PUBLIQUE, à Berlin 1 „
LA BIBLIOTHÈQUE ROYALE PUBLIQUE, à Munich 1 „
LA BIBLIOTHÈQUE IMPÉRIALE PUBLIQUE, à St.-Pétersbourg. . . . . 1 „
LA BIBLIOTHÈQUE ROYALE PUBLIQUE, à Stockholm . . . . 1 „
LA BIBLIOTHÈQUE ROYALE PUBLIQUE, à Bruxelles. . . . . 1 „
LA BIBLIOTHÈQUE DE L'UNIVERSITÉ, à Gand 1 „

ASPEREN VAN DE VELDE, (C. VAN), Libraire, à Harlem . . . . 1 Ex.
BARNHEIM, Preuss. App. Ger. Rath, à Insterburg . 1 „
BARTHES & LOWELL, Libraires, à Londres . . 1 „
BODEL NYENHUIS, (J. T.), Docteur en droit, à Leide . . . . 1 „
BONNIER, (A.), Libraire, à Stockholm . . . . 1 „
BOSSCHA, (J.), Ancien-Ministre, à la Haye. . . 1 „
BRADSHAW ESQ., (H.), Conservateur de la Bibliothèque publique de l'Université de Cambridge . . 1 „
BRAGGE ESQ., (W.), à Sheffield . . . . . . 1 „
BROCKHAUS, (F. A.), Libraire, à Leipsic . . . 1 „
BUCHHANDLUNG DES WAISENHAUSES, à Halle 1 „
BUTSCH, (F.), Libraire, à Augsbourg. . . . . 1 „
CLAUDIN, (A.), Libraire, à Paris . . . . . . 1 „
CLEEF FRÈRES, (VAN), Libraires, à la Haye . 1 „
DECQ, (Aug.), Libraire, à Bruxelles . . . . . 1 „
DEIGHTON, BELL & COMP., Libraires, à Cambridge 1 „
DIETERICH'SCHE BUCHHANDLUNG, à Göttingue 1 „
DULAU & COMP., Libraires, à Londres . . . 2 „
DURAND DE LANÇON, à Béthune. . . . . . 1 „

---

(1) Malgré tous les efforts on n'a pu réussir à rendre cette Liste complète; il y manque toujours les noms de quelques personnes qui ont pris leur souscription chez des libraires, ainsi que les noms des possesseurs actuels des exemplaires qui par la mort des souscripteurs sont passés en d'autres mains.

DUTRON, (J. B.), Libraire, à Paris.	1 Ex.	ODELL ESQ., (A. J.), à New-York	1 Ex.
ENSCHEDÉ, (A. J.), Archiviste, à Harlem	1 „	PALLANDT VAN WALFORT, (Feue MAD^e. LA BARONNE DOUAIRIÈRE VAN), à Arnhem	1 „
FLEISCHER, (C. F.), Libraire, à Leipsic	1 „	PARKER & COMP., (J.), Libraires, à Oxford	1 „
GEBHARD & COMP., (J. H.), Libraires, à Amsterdam	1 „	QUARITCH, (B.), Libraire, à Londres.	1 „
GNUSÉ, (Ch.), Libraire, à Liége	1 „	RAPPARD, (A. G. A. VAN), Ministre d'État, à Utrecht	1 „
GROSHANS, (Feu J. R.), à Rotterdam	1 „		
GYLDENDAL'SCHE BUCHHANDLUNG, à Copenhague	1 „	SOBOLEWSKI, (SERGE), à Moscou	1 „
HEBERLE, (J. M.), Libraire, à Cologne.	1 „	STOCKUM, (W. P. VAN), Libraire, à la Haye	1 „
ITERSON, (F. H. G. VAN), à Leide	1 „	TRÜBNER & COMP., Libraires, à Londres	1 „
KERCKHOVE, (LE COMTE Ch. DE), Bourguemaistre de la ville de Gand, à Gand	1 „	VALENTINELLI, (G.), Bibliothécaire, à Vénise	1 „
		VANDERHAEGHEN, (F.), à Gand.	1 „
KOCKX, (P.), Libraire, à Anvers.	1 „	VAN DER MEERSCH, Archiviste de la Province de la Flandre-Orientale, à Gand	1 „
LE BRUMENT, (A.), Libraire, à Rouen	1 „		
LENOX ESQ., (J.), à New-York	1 „	VERGAUWEN, (Fr.), Sénateur, à Gand.	1 „
LOESCHER, (H.), Libraire, à Turin.	1 „	VERSCHOOR, (J. W.), Docteur en médecine, à Arnhem.	1 „
LUZAC, (Feu L. C.), à Leide.	1 „		
MEULMAN, (Is.), à Amsterdam	1 „	VRIES, (Feu A. DE), Bibliothécaire de la ville, à Harlem	1 „
MÜLLER, (Fr.), Libraire, à Amsterdam	1 „		
MUQUARDT, (Ch.), Libraire, à Bruxelles	1 „	WEIGEL, (RUD.), Libraire, à Leipsic.	2 „
NICOLAI'SCHE BUCHHANDLUNG, à Berlin.	1 „	WEIGEL, (T. O.), Libraire, à Leipsic.	2 „
NUTT, (D.), Libraire, à Londres.	2 „	WILLIAMS & NORGATE, Libraires, à Londres	2 „

Mes Monuments typographiques des Pays-Bas au XVe siècle étant achevés, je ressens une vive satisfaction au moment de les offrir au public.

Consultant les matériaux à ma disposition, j'avais calculé d'abord que vingt livraisons ou 120 Planches auraient suffi pour donner un tableau aussi complet que possible des travaux de nos proto-typographes. Mais depuis j'ai pu recueillir dans différentes bibliothèques que j'ai visitées des données si indispensables, et en outre plusieurs personnes, qui s'intéressent à mon travail, m'ont suppédité tant de documents précieux, que j'ai encore trouvé matière d'enrichir mon ouvrage de treize Planches, ce qui en porte le nombre total à cent-trente-trois, contenant six-cent-soixante-dix fac-simile, tirés de trois-cent-six incunables, choisis entre plus de mille différentes éditions. Ces fac-simile offrent une reproduction très-exacte des originaux.

L'impossibilité de réunir à un moment donné les ouvrages d'un même imprimeur, m'a quelquefois obligé de faire paraître les livraisons à fur et à mesure que les exemplaires se trouvaient à ma disposition; ce qui à son tour a été cause que les Planches n'ont pu se suivre toujours dans un ordre méthodique.

Pour les premières livraisons je m'étais borné à ajouter aux Planches l'indication du livre d'où est tiré le fac-simile qui s'y trouve représenté et de la bibliothèque où ce livre est conservé; mais depuis j'ai cru pouvoir faire mieux et augmenter l'utilité de mon ouvrage en y ajoutant tout ce que j'ai pu recueillir d'intéressant sur nos imprimeurs et leurs travaux.

Insensiblement ces additions ont accru le texte; l'article Alost (Martens) a même exigé un développement si grand, que j'ai dû me borner à donner ici les résultats de mes études faites à ce sujet. Ces études mêmes sont publiées à part, sous le titre: Thierry Martens d'Alost. Étude bibliographique. La Haye, Martinus Nijhoff, 1867. in-8°.

Dans le cours de la publication des Monuments typographiques, il y a eu lieu aussi à modifier plusieurs points, à corriger quelques fautes et à ajouter des particularités qui m'étaient inconnues au moment où j'avais fini tel ou tel article; cela m'a engagé à revoir le texte qui accompagne les livraisons et à en donner une édition augmentée et refondue.

Bien loin toutefois de moi l'idée même que maintenant le dernier mot soit dit sur nos imprimeurs et leurs types. Les fac-simile de la Planche 50* [133] sont la preuve que chaque jour peut amener de nouvelles découvertes, donnant lieu à changer ou à modifier les données que l'on a eu jusqu'à ce jour et c'est à cause de cela que j'invoque pour mes Monuments l'application de la règle, si vraie pour tous les ouvrages de ce genre, qu'il faut juger les écrits d'après leur date.

Je recueillerai scrupuleusement tous les matériaux qui pourraient se présenter désormais à mon attention et, le cas échéant, j'espère les réunir un jour dans une livraison supplémentaire.

Déjà j'ai donné la raison pourquoi les Planches des Monuments ne se suivent pas dans un ordre méthodique. Il sera facile de rémédier à cet inconvénient en les rangeant d'après la Table de classement ajoutée à cette livraison. Elles se trouveront alors classées comme suit:

Pl. 1—10   A. Estampes et ouvrages xylographiques.
           B. Ouvrages imprimés avec des types mobiles;
„ 11—120   a. Ceux sortis d'ateliers connus, suivant l'ordre chronologique de leur établissement;
„ 121—125   b. Ouvrages imprimés aux Pays-Bas, mais par des imprimeurs inconnus aujourd'hui;
„ 126—129   c. Ouvrages attribués à des presses néerlandaises.
„ 130   C. Reliure exécutée par J. Veldener, à Louvain.

Ici je dois aller à l'encontre de deux observations que l'on serait en droit de me faire au sujet de cette classification.

D'abord je n'ai pas compris parmi les livres d'origine néerlandaise l'ouvrage xylographique connu sous le titre d'Historia S. Johannis, quoique Meerman, Koning, Sotzmann et M. Leigh Sotheby le rangent là; c'est parce qu'après un mur examen j'ai acquis la conviction que ce livre est plutôt d'origine allemande. Passavant (Peintre graveur, I. p. 48.) et Renouvier (Histoire de la gravure, p. 69—70.) sont de la même opinion.

Ensuite j'ai rangé parmi les livres sortis d'ateliers connus un certain nombre d'ouvrages, entre autres le Spéculum, qui ne portent aucune indication du nom de l'imprimeur ni du lieu où ils ont été publiés.

Ces livres, dont on trouve les fac-simile aux Planches 11 à 30, ont tous un air de famille; quelques uns sont en idiôme hollandais et plusieurs portent toutes les marques d'appartenir aux premiers produits de l'imprimerie; il a été impossible jusqu'ici de les attribuer aux presses d'aucun des imprimeurs incontestés. Or, nous avons le témoignage mémorable d'Ulric Zell, dans la Chronique de Cologne de 1499, où il dit: „Que bien que cet art (l'imprimerie) ait été inventé en Allemagne de la manière qui est maintenant (en 1499) généralement en usage, cependant la première ébauche en a été réalisée en Hollande, dans les Donats qui ont été imprimés dans ce Pays avant ce temps, et de ces Donats date le commencement du susdit art." Ce témoignage émané d'un typographe qui avait porté, vers 1466, l'imprimerie de Mayence à Cologne est corroboré et complété par celui d'un historien hollandais digne de foi, Hadrianus Junius (Adrien le Jeune), qui répétant les traditions anciennes, affirme dans son livre intitulé Batavia, écrit en 1570, qu'un citoyen de la ville de Harlem, nommé Laurent Coster, est l'inventeur de l'imprimerie et qu'il imprima le Spéculum avant l'an 1440.

Il est vrai que ces témoignages ont été vivement attaqués par les défenseurs de Mayence et de Strasbourg, mais il n'est pas moins vrai que des bibliographes distingués étrangers, comme Ebert en Allemagne, MM. Léon de Laborde et Bernard en France, MM. Ottley, S. et Leigh Sotheby, Berjeau et Humphrey en Angleterre, se sont prononcés en faveur de la cause de Harlem. J'avoue que les arguments des adversaires de Coster n'ont pas renversé pour moi le fond du témoignage de Junius, et c'est pourquoi qu'aussi longtemps que je n'aurai pas les preuves du contraire, je regarde les livres en question comme les productions typographiques de Laurent Coster, à Harlem, et de ses successeurs.

D'ailleurs il ne faut pas oublier qu'on peut pousser quelquefois un système trop loin. Les livres imprimés par Gutenberg, par exemple, non plus que ceux de Coster, ne portent le nom du typographe et pourtant personne ne doute que le Catholicon et d'autres ouvrages ne soient sortis de ses presses.

Les trois différents Donats (Pl. 31—33 [26, 103, 97]), qui appartiennent plutôt à la catégorie d'ouvrages d'imprimeurs inconnus, sont placés à la suite des éditions attribuées à l'école Costérienne, pour réunir des ouvrages du même genre.

Dans le nombre de mes fac-simile j'ai reproduit quelques unes des gravures qui ornent les incunables. J'en ai agi ainsi dans le but de montrer le style de l'époque, les migrations des bois d'un atelier à l'autre, mais surtout l'emploi des vieux bois fait par les typographes. On retrouve dans les éditions de Veldener à Utrecht en 1481 et à Culembourg en 1483, comme dans ceux de P. van Os à Zwolle en 1487, 1488 et 1494, les bois originaux du Spéculum, du Biblia pauperum et du Canticum canticorum, mêlés aux bois contemporains de ces éditions, et l'on voit clairement, comme Renouvier l'a si bien observé, qu'il y a entre ces anciens bois et ceux que ces imprimeurs firent graver eux-mêmes, la distance de tout une époque et de plus celle d'un art entier.

La publication faite de nos jours des œuvres des Maîtres-graveurs et des fac-simile d'anciennes gravures, comme les „Curiosités du Musée d'Amsterdam" et la „Collectio Weigeliana," contribuera beaucoup à faciliter et à avancer l'étude de cette partie de l'art à peine encore ébauchée.

Parmi les fac-simile qui ornent la Collectio Weigeliana, j'ai rencontré (Vol. II, p. 356), quatre gravures tirées d'une suite de cinquante pièces, représentant des sujets bibliques et attribuées au Maître à la navette ou au monogramme Zwott. Il est très-probable que ce monogramme est l'abréviation du mot Zwollensis et que ce graveur était natif de Zwolle ou bien qu'il demeurait dans cette ville. Une de ces gravures, qui représente la descente du S. Esprit, offre une ressemblance frappante avec la gravure qui se trouve au feuillet .j. de la Bible des pauvres. L'une doit être la copie en sens inverse de l'autre. C'est le même cas pour une autre gravure du même Maître, représentant la résurrection de Lazare, et pour une gravure tirée de la suite de soixante-six pièces, publiée par G. Leeu (Pl. 98 [65]\[b\]). L'œuvre du Maître Zwott offre probablement encore d'autres analogies. Dans une grande planche à la tête de: Sermoenen van S. Bernardus (Sermons de S. Bernard), publié par P. van Os, à Zwolle, en 1484, et représentant le Saint allaité par la Vierge, Renouvier (Histoire de la gravure, p. 172), trouve des rapports avec une gravure du Maître Zwott, qui ne sont pas seulement ceux du sujet. Mais je ne puis poursuivre ici ces observations; il me suffit de fixer l'attention des iconographes sur ces anciennes gravures dans les livres du XV siècle.

J'espère que mon ouvrage atteindra le but que je me suis proposé en le publiant: qu'il contribuera à répandre plus généralement la connaissance des travaux de nos imprimeurs jusqu'à la fin du XV. siècle et qu'il fournira à mes collègues les bibliothécaires et aux bibliophiles le moyen de reconnaître à l'aide des fac-simile, des incunables qui se trouvent dans leurs bibliothèques et dont ils ignorent l'origine.

En revanche je me permets de les inviter à vouloir bien me communiquer les observations auxquelles la lecture de mes Monuments pourrait donner lieu et les corrections qu'ils pourraient faire à mon travail.

L'accueil favorable que les Monuments typographiques ont rencontré dès leur apparition et le concours généreux, qui ne m'a pas fait défaut pendant leur publication, m'ont été d'un grand appui et m'ont aidé beaucoup à mener ce travail à bonne fin.

S. A. S. le Duc d'Arenberg, à Bruxelles; M. le Marquis de Ganay, à Paris; M. le Sénateur Vergauwen et M. Ferd. Vanderhaeghen, à Gand; MM. Enschedé, à Harlem; M. H. P. N. Koemans, à Gouda et M. A. D. Schinkel, à la Haye (dont tous les amis déplorent la perte), n'ont pas hésité à me confier les trésors, parfois des livres uniques, de leurs riches collections particulières, dans le but d'avancer la science bibliographique.

Dans toutes les Bibliothèques publiques et collégiales que j'ai visitées dans mon Pays et à l'Étranger, MM. les Conservateurs m'ont reçu avec bienveillance, m'ont aidé de leurs lumières et m'ont prêté des livres confiés à leurs soins. Quand les réglements défendaient le prêt au dehors, alors les autorités supérieures, comme celles des Bibliothèques de Harlem, de Deventer, de Louvain, de l'Arsénal, à Paris, de Lubeck, de Hambourg et de Copenhague m'ont gracieusement accordé la faveur d'avoir ces livres chez moi.

Je réitère ici l'expression de ma vive gratitude à ces Messieurs, comme aussi à tous ceux qui ont bien voulu contribuer à rendre ma tâche plus facile.

Mais je dois rendre un témoignage particulier de reconnaissance au Cardinal Secrétaire d'État Mgr. Jacq. Antonelli pour toutes les bontés que Son Éminence a bien voulu avoir pour moi lors de mon séjour à Rome, où j'étais arrivé au mois de Septembre 1864, juste au moment des grandes vacances pour la Bibliothèque du Vatican et de l'absence de tous les Bibliothécaires, circonstance dont je ne m'étais nullement douté.

Lorsque je visitai le magnifique local de la Vaticana et y admirai les fresques et les objets précieux d'antiquité et d'art dont il est orné, (car pour les livres ou les manuscrits on n'en voit point puisqu'ils sont tous enfermés dans des armoires), un Prélat, suivi d'un domestique, y entra peu de temps après moi. Mon guide, un custode de la Bibliothèque, s'approcha de lui et lui baisa respectueusement la main. Après qu'il fut passé, le custode m'apprit que ce Prélat était le Cardinal Antonelli. Or, ce Cardinal remplit aussi les fonctions de Préfet des Palais apostoliques et dans cette qualité il a la surintendance de toutes les Bibliothèques et des Musées pontificaux. Arrivé quelques moments après dans la vaste galerie, j'aperçus le Cardinal qui retournait sur ses pas. Il avait en son pouvoir de m'accorder l'autorisation de voir les incunables, mais comment m'y prendre pour l'obtenir? Au moment que Son Éminence s'approchait de l'endroit où je me trouvais, prenant tout mon courage, je m'avançai de quelques pas et je Lui demandai la permission de Lui adresser la parole. Son Éminence s'arrêta gracieusement et m'écouta avec bienveillance. J'eus alors l'honneur de Lui dire qui j'étais, de Lui expliquer le but purement bibliographique de mes recherches et de Lui présenter une lettre d'introduction auprès de Mgr. Martinucci, le premier Bibliothécaire, lettre que j'avais reçue de M. A. C. Ferrucci, le Conservateur de la Laurentiana à Florence, et que, vu l'absence de Mgr. Martinucci, je ne pouvais remettre à son adresse; j'ajoutai que mon seul espoir d'arriver à mes fins reposait en Lui et que je Le priais de m'accorder la permission de voir les incunables. Après que Son Éminence eût parcouru la lettre, Elle ordonna au custode d'ouvrir une des armoires (c'était justement dans cette partie de la Bibliothèque que sont placés les „stampe quattrocentiste"); le Cardinal y prit un des volumes et en me montrant, Il me demanda si c'étaient de ces livres-là que je désirais voir? A ma réponse affirmative, se retournant vers le custode, Son Éminence lui dit, qu'Elle m'accordait la permission de voir et de consulter la collection d'incunables quand et aussi longtemps que cela me serait nécessaire. Puis, en me quittant, Son Éminence m'invita à venir La voir avant mon départ.

Le lendemain je commençai mes recherches. Le custode m'ouvrit l'une après l'autre les doubles portes en bois et en grilles des armoires et je pouvais admirer à mon aise la richesse de la collection, la beauté des exemplaires et le parfait ordre dans lequel ces trésors sont classés. J'y ai vu quatre ouvrages xylographiques: deux exemplaires de l'Apocalypse ou Historia S. Johannis, avec un texte allemand intercalé; un Ars moriendi et sept feuillets du Canticum canticorum. Ce dernier fragment est le seul incunable néerlandais que j'ai rencontré dans cette collection.

Pendant que j'examinais ces livres, le custode me dit, qu'il ne savait pas qui j'étais, mais que lui était attaché depuis vingt-cinq ans à la Bibliothèque du Vatican et que pendant tout ce temps, une autorisation, pareille à celle que j'avais obtenue, n'avait été accordée à personne „no, a nessuno!" Je me contentais de lui répondre que j'appréciais grandement cette faveur.

Avant de quitter Rome j'ai obtenu une audience pour prendre congé du Cardinal et pour Le remercier de nouveau de la permission qu'Il m'avait donnée. Comme la première fois Son Éminence me reçut avec une extrême bonté et daigna encore me prodiguer les marques les plus flatteuses de Sa haute bienveillance.

Pour quiconque connaît la manière rigoureuse dont sont observés les règlements de la Vaticana, il est évident que lors de ma visite à cette Bibliothèque, pendant les grandes vacances, je n'avais aucune chance d'y voir un seul livre, encore moins d'y travailler. Par un hasard des plus heureux j'y rencontre Son Éminence le Cardinal Antonelli, et Lui, Prince de l'Église, Secrétaire d'État et Préfet des Palais apostoliques, daigne remplacer pour moi le Bibliothécaire absent. Cette bienveillance exceptionnelle m'a profondément touché et ne s'effacera jamais de mon cœur.

ESTAMPES ET LIVRES XYLOGRAPHIQUES.

ESTAMPE DU CABINET DE BERLIN. — LA VIERGE TENANT L'ENFANT JÉSUS.

Planche 1 [13].

L'original de cette belle gravure en bois est conservé au Cabinet d'Estampes à Berlin. M. Schorn, l'ancien Directeur de cette riche collection l'a désignée ainsi: „Holzschnitt-Incunabel, Reiberdruck des XV^{ten} Jahrhunderts, Mitte;" c'est-à-dire: Incunable xylographique, imprimé au frotton vers le milieu du quinzième siècle. Quoiqu'il n'ait pas indiqué le pays auquel appartient l'artiste qui l'a exécuté, j'y reconnus l'école des Pays-Bas, ce qui est confirmé par les légendes qu'on y lit et que je crus d'abord être en langue hollandaise.

Appréciant la haute valeur de ce monument précieux pour l'histoire de l'art, je sollicitais de Mr. le Dr. J. M. von Olfers, Directeur-Général des Musées Royaux de Prusse, l'autorisation d'en faire prendre une copie, pour la publier dans mes Monuments. Ce Mécène éclairé m'accorda ma demande avec une bienveillance extrême et c'est grâces à lui que j'ai pu communiquer cette pièce unique à tous ceux qui s'intéressent à ce genre d'études.

Dans le texte qui accompagnait cette planche lors de sa publication en 1857, je m'étais borné à relever l'idiome des légendes et à rapprocher cette estampe de celle de la Bibliothèque Royale publique de Bruxelles, connue par sa date de 1418. J'y ajouterai maintenant quelques détails.

Cette gravure représente la Vierge tenant dans son bras droit l'enfant Jésus et dans sa main gauche une pomme. L'enfant caresse de sa main gauche le menton de sa mère et laisse tomber de sa main droite une rose. Cette fleur a une ressemblance parfaite avec les roses qui couvrent le lit de l'Épouse dans la XIVe planche du Canticum canticorum. La Vierge est debout sur un croissant et entourée d'une gloire rayonnante soutenue par trois anges, tandis qu'un quatrième ange lui pose une couronne sur la tête. Dans chaque angle l'on voit un oiseau (colombe?) et une banderolle contenant deux vers.

Ces légendes ont été publiées par M. Passavant (Peintre-graveur, I, p. 111), de la manière suivante:

„Hoe es dese conīghīne die hier staet |het es alder werelt to everlaet." — „Hoe es haer name mvder ghewas| Maria veerde moedere ū maecht." — „Hoe es sy ghevaect aen desen state |Die minne noet moet eñ Kar...." — „Vort met haer meest verheven| .... haer best dient in syn leven."

Il est clair que M. Passavant n'a pas compris le sens de ces légendes. Il y a:

„(W)ie es dese conīghīne die hier staet
Het es alder werelt toeverlaet."
„Hoe es haer name my des ghewae(cht)
Maria weerde moeder eñ maecht."
„Hoe es sy gheraect aen desen state
Bi minnen oetmoet eñ karita(te)."
„(Wie) wort met haer meest verheven
(Die) haer best dient in syn leven."

ce qui signifie:

Qui est cette reine qui est là debout?
C'est la consolation de tout le monde.
Quel est son nom, dites-le moi?
Marie, chère Mère et Vierge.
Comment est-elle parvenue à ce rang?
Par l'amour, l'humilité et la charité.
Qui sera élevé le plus avec elle?
Celui qui la sert le mieux dans sa vie.

L'on voit que ce sont des demandes et réponses qui expliquent le sujet de la gravure et exhortent la personne qui la regarde à bien servir la Vierge en imitant ses vertus.

M. Passavant est d'avis que cette gravure sur bois est indubitablement d'origine hollandaise; que *la taille est bonne et d'une certaine finesse*, comme celle de la gravure de Bruxelles, qui, selon lui, porte la date de 1468; c'est pourquoi il attribue la gravure de Berlin à la même époque.

M. Renouvier qui se connaissait si bien en gravures, dit de cette estampe: „Le *contour est gros* mais d'un dessin très-ferme, sans hachures; le style accuse beaucoup d'analogie avec les ouvrages flamands ou hollandais de l'origine la plus connue."

Ces iconographes ne sont donc pas d'accord sur la taille de ce bois, que l'un nomme „*gros*" et l'autre „*d'une certaine finesse*"; leur jugement diffère bien plus encore quand il s'agit de définir l'origine d'une estampe.

Dans la collection de Mr. Weigel (*Collectio Weigeliana*, vol. II, pag. 335, n°. 406), se trouve une magnifique gravure représentant la Vierge comme reine des cieux, avec des banderolles à légendes latines. Elle est marquée de la lettre P et de la date 1451.

M. Passavant (l. c. II, p. 7) jugeant d'après le style de composition et d'exécution, l'attribue à un maître de la haute Allemagne. Renouvier (pag. 129), au contraire, la trouve pour les mêmes motifs plus rapprochée des ouvrages connus des écoles des Pays-Bas.

L'idiome des légendes sur l'estampe de Berlin coupe court à tous les doutes que l'on pourrait émettre sur son origine. Non seulement ce texte la revendique pour l'école néerlandaise, mais il nous permet peut-être de faire un pas de plus et de supposer qu'elle est d'origine flamande et non pas hollandaise, comme je le crus au premier abord.

L'emploi du mot *es* au lieu de *is* (pour „est") me paraît prouver que la gravure a été éxécutée en Flandres. On retrouve ce mot sous la forme *es* dans les manuscrits et les imprimés flamands du temps; tandis que la forme *is* est prédominante dans les écrits et les livres hollandais. Les Registres de la Confrérie de St. Jean l'Évangéliste à Bruges, qui datent à partir de 1454, offrent la même forme *es*.

ESTAMPE DE LA BIBLIOTHÈQUE ROYALE DE BRUXELLES, DATÉE DE 1418.

Planche 2 [121].

Ce fac-simile est pris d'après une copie de la fameuse estampe de Bruxelles avec la date de 1418, seulement j'ai retranché la partie inférieure à cause du format du papier de mes Monuments. Le fac-simile est loin d'être exact, mais suffit pour montrer les analogies qui existent entre ce bois et celui de Berlin; ce sont les ailes des anges; la figure et la pose de l'ange qui couronne la Vierge; la couronne de Ste-Cathérine et celle de la Vierge; les cheveux des trois Saintes et ceux de la Vierge, traités en guise de rubans; les oiseaux ayant des colliers, etc.

Ces deux estampes se complètent mutuellement; celle de Berlin annonce leur origine, celle de Bruxelles indique leur date. On peut admettre qu'elles ont été gravées dans les Pays-Bas, probablement en Flandres, et peut-être à Bruges, au commencement du XVe siècle.

On trouve un fac-simile très-fidèle de l'estampe de 1418 dans l'intéressante publication, intitulée: Documents iconographiques et typographiques de la Bibliothèque Royale de Belgique. Mr. Ch. Ruelens, Conservateur-adjoint de cette Bibliothèque, y a ajouté un texte où toutes les questions soulevées à l'occasion de cette gravure unique sont traitées avec une lucidité, un calme et une impartialité qui font le plus grand honneur à son savant auteur.

BIBLIA PAUPERUM.

Planches 3 [2]. 4 [20] et 5 [15].

Ces Planches offrent le fac-simile du même feuillet tiré de trois éditions différentes de l'ouvrage xylographique connu sous le nom de Biblia pauperum. C'est le feuillet marqué .h. ou le 28e de la série complète de quarante planches.

Au lieu de répéter trois fois le même feuillet ou la même planche j'aurais pu choisir dans chaque édition un feuillet différent; cela aurait été plus agréable à l'œil mais aussi moins pratique.

Les meilleurs iconographes sont maintenant d'accord sur l'origine néerlandaise du Biblia pauperum, du Spéculum et du Canticum canticorum.

Heineken a été le premier à signaler quelques différences qui distinguent les éditions du Biblia pauperum l'une de l'autre; mais Ottley (Inquiry, vol. I, p. 129) a justement observé que les différences indiquées par Heineken ne suffisent pas pour déterminer l'ordre dans lequel ces éditions ont été publiées.

Ce qui est plus certain, c'est que les bois d'une des différentes éditions de ce livre ont subi vers 1487 le même sort que les bois du Spéculum, c'est-à-dire qu'ils ont été sciés en différents morceaux et que ces morceaux ont servi à orner plusieurs ouvrages imprimés à Zwolle et à Hasselt.

Déjà M. J. Visser, ancien propriétaire d'une collection d'incunables néerlandais, achetée en 1810 pour la Bibliothèque Royale de la Haye, avait observé dans des notes écrites sur les feuillets de garde de quelques uns de ses livres, qu'ils contiennent des bois tirés du Biblia pauperum.

Voici les titres de ces livres d'après leur numéro dans notre Catalogue d'Incunables.

N°. 491. Evangelien ende Epistelen. Zwol, P. van Os, 1488, in-4°.

„ 494. Die passie ende dat liden Jesu Christi. Zwol, P. van Os, 1488, in-4°.

„ 518. Die passie ende dat liden Jesu Christi. Hasselt, (P. Barmentlo), 1488, in-4°.

J'ai dressé le tableau suivant indiquant les bois de la Bible des pauvres que renferment ces livres; j'y comprends seulement les grandes gravures en omettant les nombreux fragments représentant des portraits.

	N°. 491.	N°. 494.	N°. 518.		N°. 491.	N°. 494.	N°. 518.
a	b 1			.a.		a 16	b 17
b	b 3			.b.		b 22	c 21
c	b 5			.c.		a 19	b 20	b 1
d	b 4			.d.		a 23	b 24
e				.e.		a 25,47	b 26
f				.f.	b 10	a 27	b 28	b 2
g				.g.		b 30	c 29	b 3
h				.h.		a 31	b 32	b 4
i	b 6			.i.		b 34	c 33
k	b 8			.k.		b 36	c 35	b 5
l	b 9		b 3 c 2	.l.		b 38	c 37
m	b 2			.m.		a 39	b 40
n	b 13		b 1	.n.		a 41	b 42	b 6
o		a 4	b 5	.o.	b 12	a 43	b 44	b 7
p			b 7 c 6	.p.	b 11	a 45	b 46	b 8
q			b 18	.q.			
r		a 8	b 9	.r.			
s			b 11 c 10	.s.			
t	b 7	a 12	b 13	.t.			
u			b 15 c 14	.u.			

La première colonne contient les signatures de chacun des quarante feuillets du Biblia pauperum. Les colonnes suivantes ont en tête les numéro's de notre Catalogue des incunables. Chacune des trois gravures qui se trouvent au milieu des feuillets, y est indiquée par les lettres a, b, c. Les chiffres placés après ces lettres désignent l'ordre dans lequel ces bois se suivent dans les éditions de Zwol et de Hasselt.

Ainsi: dans la colonne ayant en tête le n°. 518, la lettre b et le chiffre 1, qui correspondent au feuillet .c. de la première colonne, indiquent que le tableau de milieu du feuillet .c., est la première planche dans le livre intitulé: Die passie ende dat liden J. C., de Hasselt 1488.

Quelques bois du Biblia pauperum se voient encore dans six autres livres publiés par van Os.

Une gravure composée de la planche de milieu des feuillets .s. et .t. (du second alphabet) se trouve dans le Bienboeck (Liber apum). Swol, van Os, 1488, in-fol. (n°. 492).

La planche de milieu de feuillet b se trouve sur le titre de Pauli Pallantini Carmen lyricum. (Swol, van Os, vers 1488), in-4°. (n°. 493a).

Une gravure composée de la planche de milieu du feuillet .p. (second alphabet), se trouve dans le Vaderboeck (Vitae patrum). (Swol), 1490, in-fol. (n°. 447).

Dans les deux éditions in-folio du Sterfboeck (Ars moriendi) de Zwol 1488 et 1491 (n°. 633 et 500) on voit, après l'onzième figure, la planche de milieu du feuillet .r. (second alphabet).

Enfin, sur le titre du livre intitulé: Die vier utersten (quatuor novissima) de Zwol, 1491, in-4°. (n°. 501) on voit la planche de milieu du feuillet .f. (second alphabet).

Renouvier avance que Koning (Dissertation sur l'origine de l'imprimerie) signale dans l'édition du Sterfboeck de *Delft*, 1488, in-4°., après la onzième figure, une planche copiée d'après la Biblia pauperum. Je dois observer que Renouvier s'est trompé, car Koning, à l'endroit cité dit: „Dans le premier (l'édition de Zwol de 1488) toutes les figures sont fidèlement imitées de l'Ars moriendi de Harlem, tandis que *dans la même édition*, après la 11e figure, il s'en trouve encore une taillée en bois, qui est copiée d'après une gravure de la Bible des pauvres de Mr. W. Rendorp."

J'ai déjà remarqué que les bois dont van Os s'est servi sont les bois originaux. Ce ne sont pas des copies, comme Koning le croit.

L'édition de Delft, 1488, in 4°, contient des copies réduites de l'édition originale, d'un dessin et d'une exécution médiocres. Il s'y trouve deux ou trois gravures qui n'appartiennent pas à l'Ars moriendi, mais qui sont tirées des Quatuor novissima (die vier utersten) publiés à Delft en 1486.

Dans un livre imprimé à Anvers chez Jan van Doesborch en 1517 et intitulé: Den oorspronck onser salicheyt (la source de notre salut), on rencontre un grand nombre de figures, imitées d'une manière grossière du Biblia pauperum et du Spéculum.

M. Passavant (Peintre-graveur, Vol. I, p. 117) dit: „que les planches de l'édition originale de la Bible des pauvres ont dû être transportées en Italie, puisqu'on en a tiré des épreuves à Lucques."

Comme ces planches ont été employées par des imprimeurs hollandais, on pourrait douter de l'exactitude de ce fait. J'ignore d'où Mr. Passavant connaît cette particularité, mais je sais bien que le comte de Lucca a possédé un exemplaire du Biblia pauperum, qui a été acquis en 1848 pour le Musée Britannique au prix de 89 £ 5 sh.

A la Planche 98 (65)a4 j'ai donné le fac-simile d'un des fragments de la Bible des pauvres, que

Peregrinus Barmentlo, imprimeur à Hasselt a employé en 1488; c'est la planche de milieu du 28e feuillet, signé .h. Elle offre un aspect bien différent de celui des anciennes éditions, parce qu'elle a été imprimée à la presse et avec l'encre noire et oléagineuse des typographes, tandis que les éditions antérieures sont faites au frotton et avec une encre à détrempe pâle.

Pour découvrir à laquelle des trois éditions dont j'ai donné les fac-simile ce bois avait appartenu, je me suis servi d'un moyen bien simple mais très-sûr à la fois. J'ai compté les hachures que l'on voit dans la plinthe qui surmonte les deux colonnes encadrant la gravure, et qui des deux côtés s'inclinent vers le milieu; j'en ai trouvé quarante. La Planche 3 [2] des Monuments offre le même nombre. La Planche 4 [20] en a 36 et la Planche 5 [15] n'en a que vingt neuf. Il en résulte que le bois employé par l'imprimeur de Hasselt correspond à l'édition représentée dans la Planche 3 [2] des Monuments.

M. Six van Hillegom, à Amsterdam, qui possède un exemplaire de cette édition a bien voulu me prêter son précieux volume. Je l'ai comparé minutieusement avec les gravures dans les livres de Zwolle et de Hasselt et j'ai constaté qu'elles sont toutes exactement conformes à celles de son exemplaire et qu'elles offrent des différences dans les détails avec les deux autres éditions que possèdent la Bibliothèque Royale et le Muséum Meermanno-Westreenianum.

Ce sont donc les bois originaux ayant servi à l'impression des exemplaires dont M. Six en possède un et dont le Muséum Meermanno-Westreenianum conserve deux feuillets, qui ont été sciés en morceaux et employés par les imprimeurs hollandais vers 1488.

Or cet exemplaire de M. Six est de l'édition que les iconographes proclament comme l'originale.

MM. Waagen, Passavant et Weigel placent la date du Biblia pauperum dans *la seconde moité du XVe siècle;* ce dernier iconographe assure que les costumes dans cet ouvrage sont ceux des années 1460 à 1475. Mais Renouvier (l. c. pag. 64) a fort bien remarqué que „les costumes dans la Bible des pauvres sont souvent de convention, mais quelquefois actuels et locaux et qu'alors ils se rapportent bien à ce que nous savons des modes de la Cour de Bourgogne pendant *la première moitié du XVe siècle.*" Et M. Berjeau, dans son édition du Biblia pauperum, pag. 10, nous apprend: „qu'après avoir consulté un grand nombre d'ouvrages du moyen-âge, il est d'avis que les gravures du Biblia pauperum ont dû être faites entre les années 1410—1420." Il cite comme autorité l'ouvrage de M. Hefner. Trachten des Mittelalters (Manheim, 1840, in-fol.) et surtout les planches côtées n°. 18, 20, 21.

CANTICUM CANTICORUM.

Planche 6 [109].

Dans ses savantes recherches sur le Canticum canticorum (London 1860), Mr. J. Ph. Berjeau a démontré qu'il existe trois éditions différentes de ce livre xylographique. D'accord avec l'opinion de MM. Waagen, Ottley et Sotzmann il reconnaît pour l'édition originale celle qui porte un titre en idiome hollandais. L'on en connaît deux exemplaires; l'un complet au Musée britannique, l'autre incomplet à la Bibliothèque de la ville de Harlem. L'exemplaire de la Bibliothèque Bodléienne à Oxford est une copie de cette première édition, et l'exemplaire qui a appartenu à Mr. Cracherode, maintenant au Musée britannique, paraît être à son tour une copie de cette copie.

Dans la riche bibliothèque d'Althorp se trouve un exemplaire du Canticum de la première édition, mais qui n'a pas le titre hollandais. (Ottley, Inquiry into the origin — of engraving, I. p. 140.) Cette différence toutefois n'est pas assez grande pour faire de cet exemplaire une seconde espèce d'édition originale, surtout lorsqu'on considère que ce titre, quoique imprimé en même temps et avec la même encre, a tout-à-fait l'air d'être ajouté. Car d'abord la planche au-dessus de laquelle il se trouve dépasse en hauteur toutes les autres planches et exactement en proportion de la place qu'occupe cette ligne; ensuite la gravure des mots dont ce titre est composé diffère de celle du reste de l'ouvrage; enfin ce titre est en hollandais tandis que le texte est en latin.

L'ouvrage complet est composé de seize planches doubles qui représentent le Christ et l'Eglise sous la forme mystique de l'Époux et de l'Épouse, d'après le Cantique des cantiques. Le texte latin gravé sur des rouleaux contient des passages du même livre.

Notre fac-simile reproduit la première planche double du Canticum d'après l'exemplaire de Harlem. On y lit le titre suivant en hollandais: „Dit is die voersienicheit vā(n) mariē(n) der mod'(er) godes Ēn(de) is gehetē(n) in latȳ(n) cā(n)tic."; c'est à dire: Ceci est la préfiguration de Marie, la mère de Dieu, Et est nommée en latin canticum. Meerman (Origines typogr. I. p. 228) a traduit le mot „voersienicheit" par „providentia"; mais je doute que cette qualité puisse s'appliquer à la Vierge et certes ce mot n'offre aucun sens pour expliquer le caractère du livre. J'ignore si le mot „voersienicheit" ait jamais été employé en Hollande dans le sens de préfiguration, mais je crois, vu le caractère typique des Livres des pauvres, que c'est ici sa véritable signification.

Le premier sujet de la Planche 6 [109] représente l'Époux conduisant l'Épouse, suivie de deux jeunes filles, dans son jardin, où l'on voit des moines qui s'occupent de la moisson, qui gerbent et battent le bled, pilent le grain et tamisent la farine. Mr. Sotzmann (Geschichte der Xylographie, dans von Raumer's Histor. Taschenbuch, 1837, p. 537) a crû reconnaître dans ces moines des Franciscains, d'où il conclut que ce livre xylographique serait exécuté dans un couvent appartenant à cet Ordre. Mais contrairement à cette opinion, Mr. Harzen (Ueber Alter und Ursprung der frühesten Ausgaben des Heilspiegels, dans Naumann's Archiv fur die zeichnenden Künste, n°. 1) a tâché de démontrer que les Livres des pauvres doivent être attribués à l'une des Congrégations des Frères de la vie commune.

Le second sujet de la Planche 6 [109] nous montre l'Épouse, mais ici comme la Vierge, Reine du ciel, debout dans une gloire rayonnante; à gauche trois jeunes filles, à droite une seule.

L'exécution des planches de l'édition originale du Canticum est fort remarquable. Mr. Renouvier (Histoire de la gravure, 1860, p. 79) témoigne „qu'elles sont d'une délicatesse de dessin et d'une finesse de taille incomparables. Les attitudes, les draperies, les expressions et les petits détails de fleurs et d'oiseaux respirent le style néerlandais le plus pur et ne laissent pas la moindre doute sur l'origine de ce livre."

Le premier sujet de la planche dixième du Canticum représente un homme et une femme, en costume bourgeois, agenouillés devant l'Épouse. Je suppose que ce sont les personnes qui ont ordonné l'exécution des gravures du Canticum. L'on sait que c'était la coutume assez ordinaire dans ce temps-là de réunir dans le même tableau les donataires et leurs Patrons.

Il paraît que lorsqu'on ne se servit plus des bois de l'édition originale du Canticum, soit parce qu'ils étaient trop usés, soit pour toute autre cause, le proprietaire les ait vendu; dumoins l'imprimeur P. van Os, de Zwolle, le même qui a acquis les bois du Biblia pauperum, a orné en 1494 le titre d'une de ses publications de la partie supérieure de la première planche du Canticum. Voyez le fac-similé à la Planche 91 [110]a2.

ARS MORIENDI.

Planche 93 [84]b.

Parmi les livres xylographiques originaires des Pays-Bas, l'Ars moriendi prend aussi sa place. On peut consulter sur ce livre et ses différentes éditions les ouvrages de Heineken, Guichard, Ottley, Chatto, Leigh Sotheby, Renouvier et Weigel.

M. L. Sotheby observe que l'Ars moriendi accuse un progrès puisque le texte n'y est pas seulemen sur les rouleaux mais qu'il est gravé sur des planches séparées.

L'on regarde généralement comme l'édition originale celle dont un exemplaire incomplet se trouve dans la Bibliothèque publique de Harlem. M. L. Sotheby (Principia typogr. I. p. 69) a donné un fac-similé de la seconde planche et d'une page du texte. M. Weigel a donné d'après son exemplaire dans sa Collectio Weigeliana (II. p. 6) le fac-similé de la huitième planche. Renouvier dit que cet exemplaire est de la même édition que celui de Harlem.

M. Weigel croit son exemplaire le seul complet; mais si je ne me trompe celui de Lord Pembroke, décrit par M. L. Sotheby, et selon lui de la première édition, est aussi complet et peut-être plus complet encore. M. Weigel compte dans son exemplaire 47 pages; il y manque donc la 48e, tandis que l'exemplaire Pembroke compte 24 pages doubles collées. Mr. Leigh Sotheby est d'avis qu'un des exemplaires à la Bibliothèque Royale de Munich et quelques feuillets séparés à la Bibliothèque de Francfort sont également de l'édition originale de l'Ars moriendi.

M. Weigel attribue les planches de ce livre à l'école de Cologne. M. Passavant est aussi de cette opinion et il annonce même que le seul exemplaire connu de l'édition originale appartient à M. Weigel. „Cependant", ajoute-t'il „le faire (de ces gravures) avec les hachures courtes et horizontales des ombres, appartient à la manière Néerlandaise."

L'édition originale est d'une exécution fort belle. „Les figures," dit Renouvier, „ont de la correction, de l'expression et même de la grandeur dans leurs draperies à plis droits et anguleux; ce livre diffère du Biblia pauperum dans le travail, fait de tailles courtes et serrées." Selon lui ces livres ne peuvent être sortis des mêmes ateliers.

On connaît plusieurs copies de l'édition originale; parmi celles qui sont faites en Hollande, je dois citer les gravures qui ornent le „Sterfboeck" (Ars moriendi) publié à Zwolle en 1488 et en 1491 par P. van Os. C'est dans ce livre que j'ai pris le fac-simile qui se trouve à la Planche 93 [84]b. J'ai donné cette copie de préférence à un fac-simile tiré de l'édition originale, tel qu'on en trouve dans les ouvrages de MM. Leigh Sotheby et Weigel, tandis que je ne sache pas qu'il existe un fac-simile d'après une des éditions de van Os.

Notre fac-simile représente le moribond étendu sur son lit, à sa droite Dieu le Père, Dieu le Fils, la Vierge, Moïse et plusieurs Saints; au-dessus du lit on voit le St. Esprit en forme de colombe; à gauche un ange qui tient une banderolle sur laquelle ou lit les mots: Weest sterk in de gheloven: (sois ferme dans la foi); au premier plan trois diables s'enfuyant; auprès de chacun d'eux une banderolle avec les mots: Laet ons gaen vlyen (fuyons); — wi sint hier vwonen (nous sommes vaincus ici; — Te vgeues heb wy gearbeit (nous avons travaillé en vain).

Mr. Leigh Sotheby a vu dans les personnages à droite du malade, Dieu le Père, le Christ, la Vierge et les douze Apôtres, parmi lesquels Judas Iscarioth est désigné par deux cornes (being designated by a pair of horns). C'est une erreur de sa part, relevée aussi par Mr. Weigel. En outre il annonce une édition du Sterfboeck que l'on suppose d'être imprimée à Utrecht chez P. van Os, de format petit in-4°. C'est encore une erreur, car cet artiste n'a jamais fait rouler ses presses à Utrecht. L'édition qu'il cite est la même dont il donne, quelques lignes plus bas, la souscription: imprimée à Zwol „dans le diocèse d'Utrecht", par P. van Os, in-folio.

J'ai déjà dit que les gravures dans le Sterfboeck de Delft, 1488, in-4°. sont des imitations réduites et fort mal exécutées.

En comparant les gravures dans les deux éditions de 1488, celle de Zwolle et de Delft, alors il devient clair, que les gravures employées par van Os, ont appartenu à une édition xylographique ancienne où l'on a seulement remplacé les sentences des rouleaux, qui sont en latin, par des mots hollandais; tandis que les gravures de l'édition de Delft paraissent faites en 1488.

POMERIUM SPIRITUALE DE 1440 et EXERCITIUM SUPER PATER NOSTER.

Planche 7 [122]ab.

Henricus de Pomerio ou Henri Bogaert, chanoine régulier du monastère de Groenendaal (Viridis Vallis), près de Bruxelles, né en 1382 et mort en 1469, est l'auteur d'un assez grand nombre d'ouvrages [26], entre autres du Spirituale Pomerium et de trois différentes Expositiones super oratione dominica.

La Bibliothèque Royale de Bruxelles garde parmi ses trésors l'exemplaire unique du Pomérium, et le Directeur M. Alvin a publié dans les „Documents iconographiques et typographiques", les douze gravures en bois et une partie du texte manuscrit de ce précieux volume en y ajoutant une dissertation érudite, qui contient tout ce qui peut servir à faire connaître l'auteur et son œuvre.

Le Spirituale pomerium, en y comptant la préface, forme un cahier de 26 feuillets, de format petit in-folio; l'écriture est du XVe siècle. Au commencement de chacun des douze chapitres un espace est réservé pour recevoir la gravure xylographique à laquelle le texte sert d'explication. La date de 1440 y est répétée deux fois. Deux feuillets de la Bible des pauvres, imprimés d'un seul côté, sont reliés avec le cahier.

Il est très-probable que les gravures ont été faites vers le même temps que le manuscrit, et le Pomérium peut par conséquent être regardé comme le premier livre xylographique qui porte une date certaine et qui ne laisse pas de doute sur son origine flamande.

Notre fac-simile à la Planche 7 [122]ᵃ, copié d'après le Prospectus des „Documents iconographiques", peut servir à donner une idée assez exacte des gravures du Pomérium.

Mr. Leigh Sotheby (Principia typogr. Vol. II, p. 139.) a donné le fac-simile d'une des planches de l'Exercitium supra Pater noster, de Henri Bogaert, qui est conservé à la Bibliothèque impériale de Paris. Se trouvant en 1858 à Paris et ayant confronté ce fac-simile avec l'original, M. Sotheby s'est convaincu que la copie n'est pas fidèle, que la gravure originale est d'un caractère tout à fait différent et d'un style admirable, qui ressemble à celui des figures dans la première édition de l'Ars moriendi.

Lors de la publication de ses Principia typographica M. Sotheby avait cru, en jugeant d'après son fac-simile, que l'Exercitium appartenait à la même catégorie d'éditions dont il avait donné des fac-simile à la planche LVIII et LXVIII de son ouvrage. Il s'est aperçu plus tard que ce n'était pas le cas. Toutefois ces deux planches LVIII et LXVIII méritent l'attention des iconographes; selon moi elles n'appartiennent pas à un ouvrage ancien et me paraissent plutôt l'œuvre de quelqu'un qui a voulu s'amuser, ou bien d'un Simonidès en xylographie.

Pour signaler l'analogie des gravures du Pomérium avec celles de l'Exercitium, j'ai fait copier le fac-simile dans l'ouvrage de M. Sotheby (Planche 7 [122]ᵇ). On n'a qu'à voir la figure de Dieu, la position de la femme et de l'ange agenouillés, les costumes, les chapeaux, etc.

Je crois que les gravures de ces deux ouvrages ont été faites dans le même atelier et vers le même temps.

L'exemplaire de l'Exercitium d'où ce fac-simile est tiré est un petit in-folio de 10 feuillets, imprimés d'un seul côté du papier.

La Bibliothèque impériale de Paris possède encore une autre édition de l'Exercitium, en 8 feuillets du même format; les gravures xylographiques paraissent une copie des précédentes et sont accompagnées d'une paraphrase manuscrite en langue flamande.

Mr. Alvin nous apprend que la Bibliothèque de la ville de Mons possède un exemplaire de l'Exercitium super Pater noster de l'édition latine, conforme à celle de Paris, sauf une particularité très-remarquable, à savoir que le texte latin gravé en quatre lignes au haut de chaque page, s'y trouve reproduit en flamand et gravé au bas de l'estampe.

On peut consulter sur ces volumes uniques, outre la dissertation citée de Mr. Alvin, les Recherches sur les livres xylographiques par M. Guichard dans le Bulletin du Bibliophile, Paris 1840, n°. 6, pp. 197—202, — et les ouvrages connus de MM. Leigh Sotheby, Passavant et Renouvier.

TEMPTATIONES DEMONIS.

Planche 8 [132]ª.

Il existe une pièce xylographique très-rare, imprimée d'un seul côté, au frotton, avec une encre brunâtre, sur un seul feuillet de papier. On y voit le diable, un homme et un ange; ce premier tente l'homme par les sept péchés capitaux, tandis que l'ange défend l'homme avec la parole de Dieu, qui condamne ces péchés.

Ces trois figures se rapprochent beaucoup par le dessin de celles du Biblia pauperum et du Spéculum. Ainsi l'ange ressemble à celui du feuillet 49 du Spéculum (gravure représentant le sacrifice d'Abraham); le caractère gravé du texte est très-ressemblant à celui des autres livres xylographiques originaires des Pays-Bas, aussi suis-je tout-à-fait de l'avis des bibliographes qui attribuent cette gravure à un artiste hollandais.

Ce n'est pas sans raison que l'on suppose que cette pièce soit le prototype de l'ouvrage plus détaillé, intitulé : Ars moriendi.

La Bibliothèque du Musée britannique conserve un exemplaire de ce monument précieux; c'est le même qui a appartenu successivement à Scriverius, Rendorp et Ottley. Koning, Ottley et Sotheby en ont donné des fac-simile. Le nôtre à la Planche 8 [132]ª est copié d'après celui d'Ottley (Inquiry concerning the invention of printing, publié par M. Berjeau).

On a cru que cet exemplaire fut le seul connu; il n'en est pas ainsi, car j'en ai vu un second à la Bibliothèque de Wolfenbuttel.

ALPHABET GROTESQUE.

Planche 8 [132]ᵇ.

Le fac-simile à la Planche 8 [132]ᵇ est tiré du célèbre „Alphabet grotesque" dont on conserve un exemplaire à la Bibliothèque du Musée britannique, et qui a été décrit par MM. Douce, Ottley, Chatto, de Laborde, Sotheby, Passavant et Renouvier.

La jugement de ces iconographes sur l'origine de ce livre est très-varié; il est attribué par Douce et Sotheby à la Hollande, par Ottley à l'Angleterre, par Chatto à la France, par de Laborde au graveur du Biblia pauperum, par Passavant à l'école de van Eyck et nommément à Dirk Stuerbout de Harlem. Renouvier croit se tenir près de la vérité en reconnaissant là l'ouvrage le plus original du maître le plus avancé parmi les *printers* des Pays-Bas. Cet ouvrage, dit-il, forme l'un des plus beaux titres de la gravure xylographique et de l'ancienne école flamande.

En vérité, la lettre K de cet alphabet, représenté dans notre fac-simile „confirme l'origine bourguignonne de cet ouvrage déjà bien attestée par le style." Cette lettre est composée de quatre figures. Une jeune dame debout tenant une couronne de fleurs, ayant à ses genoux son amant qui lui offre un anneau et qui exprime sa passion sur son phylactère : „mon cœur auez." Le mot cœur est exprimé en rébus.

A la Bibliothèque de Bâle on garde un Alphabet semblable. Docen (Kunstblatt 1822, pag. 51) dit que cet exemplaire est imprimé sur deux grandes feuilles in-folio, sur lesquelles les lettres sont disposées de la manière suivante:

A B C	D E F
G H I	K L M
N O P	Q R S
T V X	Y Z O

Cet exemplaire et celui de Londres sont imprimés au frotton avec une encre à la détrempe grisâtre. Le premier est complet, au dernier manquent les lettres S et T; l'A et le V sont mutilés. Ottley a trouvé que les 24 lettres dont l'original est composé, ont dû être gravées sur trois bois, contenant chacun 8 lettres et qu'elles ont été imprimées sur trois feuilles de papier qui portent chacune comme filigrane une ancre.

M. Sotheby a représenté ces bois ainsi:

A	B	C	D		E	F	G	H		I	K	L	M
N	O	P	Q		R	S	T	V		X	Y	Z	O

Si cette conjecture est aussi fondée qu'ingénieuse, il me paraît que ces deux exemplaires sont d'une édition différente, quoique les sujets, à en juger d'après les descriptions de Sotheby et de Renouvier paraissent les mêmes. Renouvier a signalé quelques différences entre les deux exemplaires, mais il ajoute: „à la distance l'un de l'autre où je les ai vus, je ne puis cependant affirmer que les différences constituent deux éditions séparées."

La lettre A de l'exemplaire à Bâle contient sur un rouleau, en lettres très-petites mais très-distinctes, la date de MCCCCLXIIII. Comme cette lettre est mutilée dans l'exemplaire de Londres on ignore si cette date s'y trouvait aussi.

Au Cabinet de Dresde on conserve un Alphabet attribué au maître-graveur aux banderoles ou de 1464, imprimé sur trois feuilles in-folio oblong, décrit par Mr. Passavant (Peintre-graveur Tom. II p. 28—30.) L'ordre dans lequel les lettres sont distribuées est le même qu'Ottley a indiqué. La lettre A contient aussi le millésime MCCCCLXIIII. Les sujets sont les mêmes que ceux de l'édition xylographique.

Mr. Passavant dit que „cet ancien maître allemand semble appartenir au Bas-Rhin, et qu'il serait très-difficile de décider quel est l'original de ces Alphabets; mais qu'il serait naturel de croire, si l'on réfléchit au talent plein de fantaisie du maître de 1464, qu'il ait été l'inventeur de ces compositions qui ont été ensuite reproduites par la gravure sur bois."

Renouvier n'est pas de cet avis; selon lui l'Alphabet que l'on voit au Cabinet de Dresde présente d'abord cette circonstance singulière qu'il est une copie de l'Alphabet xylographique, seulement le dessin en est tout grimaçant, l'éxécution plus barbare, le style entier y dénote une école différente. Le maître de 1464 paraîtrait, par sa lourdeur et la laideur de ses types, convenir à l'Allemagne; mais l'époque où il arrive est celle où l'art des Pays-Bas se dégrade et se rapproche de celui de l'Allemagne. Les légendes de plusieurs pièces qu'on lui a attribuées le rangeraient dans les Pays-Bas.

IMAGE D'INDULGENCE.

Planche 9 [32].

Gravure de bois imprimée au frotton, représentant la Messe de Saint Grégoire. Le texte, en langue hollandaise et en vers, dit: „Celui qui regarde l'image du Christ entouré des instruments de sa passion (arma Christi), en priant à genoux trois *Pater* et trois *Ave Maria*, et qui se repent de ses péchés, obtiendra quatorze mille années d'indulgences, accordées par le *Pape Grégoire et encore par deux Papes et quarante évêques*, qui également ont accordé des indulgences."

Ces mêmes indulgences se lisent dans un grand nombre de livres d'heures, tant manuscrits qu'imprimés du XVe et du XVIe siècle. Dans plusieurs l'on trouve un récit de la vision de Saint Grégoire, qui peut servir d'explication à notre planche.

Dans un Horaire, imprimé à Delft en 1480, il est dit: „Lorsque Saint Grégoire était Pape, il disait la Messe, à Rome, dans l'église nommée Porta crucis, sur l'autel de Jérusalem. Et au moment de la consécration du corps de notre Seigneur, le Christ lui apparut comme la planche le représente. Il fut saisi d'une sainte frayeur et d'une grande commisération, s'agénouilla et se mit à prier avec ferveur."

Robert de Cologne, de l'ordre de Saint Bénoit, Abbé de Zelwart, près de Groningue, dans son Traité des indulgences de Rome, publié à Zutphen en 1518, ajoute, que Saint Grégoire accorda (comme il est dit dans le texte de notre planche) 14,000 années d'indulgences; que le Pape Nicolas V les a doublé; que le Pape Calixte III a ajouté aux cinq Pater et aux cinq Ave Maria cinq prières, et qu'il a doublé les indulgences pour ceux qui réciteraient ces prières; que le Pape Sixte IV y a ajouté encore deux prières, deux Pater et deux Ave, en doublant de nouveau les indulgences, et qu'enfin le Pape Innocent VIII a ajouté à ces sept prières encore deux prières avec deux Pater et deux Ave Maria, en doublant toutes les indulgences antérieures; de sorte que la somme totale monte au moins à 70,000 années, selon d'autres à 92,000 années, selon d'autres encore à 112,000 années et plus.

Ceci nous peut servir à fixer la date de cette gravure. Le texte nomme Saint Grégoire, comme le Pape qui eut la vision et qui accorda 14,000 années d'indulgences. Les deux autres Papes, que la souscription ne nomme pas, sont Nicolas V (1447—1455) et Calixte III (1455—1458); comme il n'y est pas parlé du troisième Pape, Sixte IV (1471—1484), je crois qu'il faudra placer la publication de notre planche entre les années 1455 et 1471. L'original se trouve dans la précieuse collection de Mr. T. O. Weigel, à Leipzig, qui vient d'en publier un fac-simile en couleurs, dans son magnifique ouvrage: Die Anfänge der Druckerkunst in Bild und Schrift. Leipzig 1866. Vol. I. Planche 113. M. Weigel qui avait cru d'abord que cette gravure datait du commencement du XVe siècle, s'est rallié à mes arguments pour la placer dans la seconde moitié de ce siècle. Dans la transcription qu'il donne du texte il s'est glissé deux fautes, très-pardonnables du reste à quelqu'un qui n'est pas familier avec la langue hollandaise ou flamande de ce temps. A la quatrième ligne il y a *Du*, mais dans l'original *Oū*, abréviation pour *Ouer*, *over*, par transposition au lieu de *voer*, qui fait avec le mot suivant *waer*, *voorwaer* (en allemand *fürwahr*). A la dernière ligne il y a *Av*, ce qui n'offre aucun sens ici; l'original a *Nu* (allem. *nun*).

Je dois mentionner ici encore deux gravures en bois néerlandaises peu connues.

La première se trouve au Cabinet d'Estampes de la Bibliothèque Impériale de Paris dans un portefeuille contenant des „*Anonymes (Graveurs sur bois) écoles des Pays-Bas*"; c'est seulement un fragment, toute la partie supérieure étant enlevée, de sorte que l'on ne voit plus que la partie inférieure des figures. Cette gravure représente un champ semé; un paysan marche derrière une herse tirée par un cheval sur lequel est assis un homme; à droite (du spectateur) se trouve un homme debout. Au-dessous de cette gravure on lit cinq lignes, également gravées en bois:

    Ic saey goet saet suuer en rene (*) ...... cristus vā nasarene
    Die es dit saet dat ic mene Et valt in dorne distelen en
    in steue (*sic*) Oft aen yemant mocht becliuen Die waerheit
    moet die waerheit bliuen. Daer dit saet an blyft verlo-
    ren wee hem dat hi noyt was gheboren.

La gravure est imprimée au frotton avec une encre très-pâle. Le texte est en lettres gothiques.

La seconde fait partie de la collection de M. Weigel à Leipzig. Elle est de la dernière moitié du XVe siècle et représente S. Brigitte, avec les légendes suivantes: .huut. der:.. goude.; — S. birgitta. princesse... vā dē. ryke. nericia.; — Maria... Sterre. Hauteur 3 p. 1 l.; largeur 2 p. 10½ l.

Voyez la description plus détaillée dans la: Collectio Weigeliana, Vol. I, n°. 226.

DONAT XYLOGRAPHIQUE.
DEUX ÉDITIONS DIFFÉRENTES.
Planche 10 [16].

La Bibliothèque de l'Athénée de Déventer garde parmi ses incunables un exemplaire unique d'un Donat complet xylographique, imprimé sur vélin. C'est un petit in-4°., de 14 feuillets, à 28 lignes par page, sans chiffres, réclames ni signatures, sans date et sans nom de ville ni d'imprimeur.

La Planche 10 [16][a] offre le fac-simile du feuillet 10 verso; j'ai choisi cette page parce que je pouvais y joindre (Planche 10 [16][b]) le fragment du même feuillet d'un Donat semblable, que possède la Bibliothèque Royale. Ce fragment provient de la collection Visser et se trouvait collé dans la reliure antique d'un livre imprimé à Anvers, par Gér. Leeu, en 1490.

En comparant ces fac-simile on sera frappé au premier abord de leur parfaite ressemblance; néanmoins en regardant attentivement on s'apercevra que ces deux pages ne sont pas identiques mais qu'elles appartiennent à deux éditions différentes de ce Donat, que je n'hésite pas à classer parmi les ouvrages xylographiques exécutés en Hollande au XVe siècle.

(*) Ici quelques lettres sont illisibles.

LIVRES IMPRIMÉS AVEC DES TYPES MOBILES.

HARLEM.
ÉDITIONS DE LAURENT COSTER ET DE SES SUCCESSEURS.

DONAT DE 31 LIGNES.
Planche 11 [3].

Ces deux feuillets d'un Donat ont été trouvés en 1844 par Mr. Campbell, Sous-Bibliothécaire de la Bibliothèque Royale, dans l'ancienne reliure d'un livre d'heures hollandais, imprimé à Delft en 1484. Ils avaient échappé jusques-là à nos recherches à cause que ces feuillets de parchemin étaient collés avec la partie imprimée contre la reliure, de sorte qu'on ne voyait que la page blanche (le versò), qui encore était couverte en partie par quelques petites gravures qu'un possesseur précédent y avait collées. Mais comme le vélin est assez mince, il semblait à Mr. Campbell, qu'il voyait transparaître de l'autre côté quelque manuscrit ou imprimé; c'est alors qu'avec beaucoup de précautions il a détaché ces deux feuillets de la couverture et grande fut sa joie et la mienne en y découvrant ces fragments précieux d'un Donat.

Ce sont deux feuillets imprimés sur vélin d'un seul côté, avec des types mobiles, ayant 31 lignes par page; l'encre est pâle et s'efface par le contact de l'eau. C'est le cas pour les six premières lignes du premier de ces feuillets; dans l'original on aperçoit bien encore par-ci par-là quelques lettres, mais ce texte est devenu illisible; aussi ai-je cru trop difficile et inutile de faire copier en fac-simile cette partie presque effacée.

Le texte se suit dans les deux feuillets et présente une partie du *verbum*; — *l'adverbium* en entier et une partie du *participium*.

L'édition est bien remarquable; il n'y a ni ponctuation, ni traits d'union à la fin des lignes pour diviser les mots en syllabes; les lettres sont inégales, l'une paraît plus grande que l'autre; toutes les lignes dansent. Pourtant les pages sont bien enchâssées, et les lignes, presque également pleines, finissent par un mot entier ou bien par une syllabe.

On dirait que ce Donat est l'œuvre de la naissance de l'art, ou d'un imprimeur qui ne connaissait pas bien son métier.

Les types démontrent leur origine hollandaise et la lettre t-finale avec sa petite barre perpendiculaire, lui assigne même son rang parmi les éditions réputées harlémiennes. Ces types sont les mêmes que ceux du célèbre Abécédarium dont le fac-simile se trouve à la Planche suivante.

La circonstance que ces fragments sont imprimés d'un seul côté indiquerait peut-être qu'ils sont l'œuvre d'un artiste qui ne savait pas encore imprimer des deux côtés. Mais l'Abécédarium, sorti des mêmes presses, est imprimé de cette manière et fait donc tomber cette supposition.

On trouve à la Bibliothèque Impériale de Paris un fragment de Donat, in 4º. en vélin, décrit par van Praet (Vélins, Belles-Lettres, nº. 11,) qui également n'est imprimé que d'un seul côté. M. Bernard (De l'origine &c. Tom. I. pag. 104. note 1) explique cette circonstance en disant: „c'est sans doute parceque la feuille a été gâtée au tirage du *côté de première*, qu'on ne l'a pas retirée, car la beauté des caractères de ce Donat, qui sont d'ailleurs mobiles, ne permet pas de supposer qu'il ait été imprimé avant 1460."

Il serait possible que nos deux fragments n'ayent pas été retirés pour une cause semblable; mais quoiqu'il en soit, de tous les restes de l'imprimerie réputée harlémienne, ce Donat et l'Abécédarium me paraissent exécutés de la manière la plus défectueuse.

ABÉCÉDARIUM.

Planche 12 [115].

Le petit livre dont je donne le fac-simile à la Planche 12 [115] a été découvert à Harlem, en l'année 1751, par M. J. Enschedé. Les deux feuilles de parchemin, dont il est composé, servaient de feuilles de garde à un bréviaire manuscrit hollandais du XVe siècle. Il offre huit pages d'un très-petit format, une espèce d'in-seize, et contient un Alphabet, le Pater, l'Ave Maria, le Crédo, l'Ave Salus mundi et autres prières très-courtes. Quoiqu'il ne porte ni nom d'imprimeur, ni indication de lieu, ni date, il suffit de jeter un coup d'œil sur le fac-simile, pour reconnaître dans les types leur origine hollandaise. Les pages 1—8 et 4—5, qui ont été collées contre la reliure, ont souffert lorsqu'on les en a détaché, ce qui leur donne un aspect usé; les autres pages sont mieux conservées. Les types sont mal faits; l'encre dont l'imprimeur s'est servi est d'une très-mauvaise qualité; les lignes sont en général inégales, les pages mal enchâssées; les lettres u et n sont pour la plupart renversées; il y a même des syllabes à la fin de la ligne coupées en deux, comme à la page 8e. où les deux premières lettres du mot „spiritu" se trouvent à la fin de la 3e ligne, tandis que le reste du mot est transporté à la ligne suivante. L'on rencontre cette même irrégularité dans le Spéculum hollandais à une fonte, comme on peut le voir à la Planche 22 [1], première colonne, ligne 15: daui—d; ligne 17: do—ot; ligne 18: d—ie.

M. Chatto (History of wood-engraving, pp. 198—199) qui n'est pas partisan de la cause de Harlem, a vu probablement dans ces fragments une preuve en faveur de cette cause et pour l'écarter il s'est permis d'accuser M. Enschedé, un habile fondeur de caractères et imprimeur, d'avoir fabriqué ces pages. Il ne regarde pas cet Abécédarium comme une ancienne édition, mais au contraire comme l'essai d'un imprimeur hollandais destiné à abuser de la crédulité populaire.

Mais si M. Chatto eût mieux connu le caractère respectable de celui sur lequel il ose jeter un pareil soupçon et surtout s'il eût mieux étudié les fragments en question, il se serait épargné la honte de voir retomber sur lui-même le ridicule et l'odieux de son insinuation.

Du reste la trouvaille des fragments d'un Donat imprimé avec les mêmes types suffit pour réfuter complètement l'accusation de M. Chatto.

Les bibliographes ne sont pas d'accord sur le titre qu'il faut donner à ce petit livre. Meerman et Koning le nomment un Horarium; M. Enschedé le nomme un Abécédarium, et je crois qu'il a raison; car si ce livret était réellement un Horarium ou livre de prières, l'on n'y trouverait ni un Alphabet ni le Crédo. C'est un livre d'école à l'usage des jeunes élèves.

Meerman a cru voir dans ce livret tant de preuves des premiers essais de la typographie, qu'il lui a donné le pas sur le Spéculum et même sur le Donat.

M. Bernard (De l'origine, p. 91) ne partage pas cette opinion. „Ce n'est pas, dit-il, dans le début de l'art qu'on a résolu la difficulté des *impositions.*"

J'avoue que je m'étais aussi arrêté à cette difficulté, et l'opinion d'un homme tellement versé dans l'art typographique que M. Bernard me confirmait dans mon doute.

Mais un autre bibliographe, M. Berjeau, n'accepte pas cette objection de M. Bernard. „Au fond," dit-il (dans son édition du Spéculum, Introduction, p. LXV), „l'idée de l'*imposition* ne paraît compliquée que dans les manuels modernes de typographie, où la forme d'un in-8°. par exemple, montre la page 8 au-dessous de 1; 6 opposé à 16; 13 à 12; 5 à 4 &c.; sans aucune raison frappante de cette étrange répartition. Mettez au contraire un homme de génie, un inventeur enfin, en présence du problème à résoudre et qui consiste à imprimer, des deux côtés du papier, une feuille qui doit offrir huit pages. Quoi de plus simple que de plier la feuille en quatre et d'inscrire sur chaque page du cahier ainsi formé, le chiffre de la page que doit présenter le livre? En déployant la feuille sans la couper on voit tout de suite la place que chaque page doit occuper dans la *forme*. Le problème de l'*imposition* n'a pu arrêter un instant l'inventeur de la Typographie. — D'ailleurs M. Bernard reconnaît lui-même que l'*imposition* n'a point été un obstacle pour l'imprimeur du Speculum humanae salvationis, puisque tous les exemplaires de ce livre ont été imposés pour former des cahiers uniformes dans toutes les éditions, excepté pour la préface &c."

L'alphabet en tête de l'Abécédarium contient la lettre k, qui n'entre pas dans un alphabet latin. Cette circonstance me fait croire que cet alphabet était destiné à servir à un texte hollandais. Il est vrai que la lettre w ne s'y voit pas, mais cette lettre était souvent remplacée par la réunion ou la juxta-position des lettres v et u, comme dans le Spéculum hollandais (Pl. 22 [1]), ou par les lettres v o coulées comme dans l'opuscule représenté à la Planche 123 [127][a3], ligne 14. Si cette conjecture est admise, les livres hollandais imprimés avec ces types sont perdus jusqu'à présent.

LIVRES IMPRIMÉS AVEC LES TYPES DU SPÉCULUM.

DONATS DE 28 LIGNES.

Planche 13 [49]d.

Le feuillet de vélin, contenant deux pages de texte d'un Donat dont la Planche 13 [49]d donne un fac-simile, se trouvait collé contre la reliure antique d'un volume provenant du couvent de Sion à Cologne, et qui était formé par un recueil de différentes éditions d'Ulric Zell, parmi lesquelles l'Augustinus de Singularitate clericorum de 1467.

Meerman (Origines typogr. Tab. VI*) a donné le fac-simile d'un fragment de Donat semblable, conservé à l'Hôtel de Ville de Harlem et qui avait été découvert collé dans un Registre des dépenses de l'Église de Harlem, de l'an 1474.

Par la confrontation des textes j'ai pu constater que le fragment de la Bibliothèque Royale et celui de Harlem appartiennent à des éditions différentes.

FRAGMENTS D'UN LIVRE LITURGIQUE et DONATS DE 30 LIGNES.

Planche 14 [55]ab.

Cette Planche offre d'abord a) le fac-simile d'une feuille de parchemin, imprimée des deux côtés, dont les pages se suivent, et qui par conséquent formait la feuille de milieu d'un cahier. Chaque page a 12 lignes de texte.

Ce fragment a été trouvé par M. Ch. Ruelens à la Bibliothèque Royale de Bruxelles, dans la couverture d'un vieux livre; il a bien voulu me le confier pour en enrichir mes Monuments.

La Bibliothèque Royale de la Haye possède un exemplaire complet de cet opuscule, imprimé également sur vélin par J. Seversen à Leide, vers 1500. Il est composé d'un seul cahier de deux feuilles ou quatre feuillets, formant huit pages in-16°., et il m'a mis à même de constater que le fragment de Bruxelles contient les pages 3, 4, 5, 6, et que la première feuille, contenant les pages 1, 2, 7, 8, y manque.

C'est sans doute un petit Manuel mnémotechnique à l'usage des enfants de chœur pour leur *apprendre à servir la messe*. Dans l'édition de Seversen, les paroles dites par le prêtre commencent par une initiale rubriquée et sont suivies par un point. La phrase qui suit le point doit être dite par le choral.

Je dois mentionner ici encore une autre trouvaille faite comme la précédente à la Bibliothèque Royale de Bruxelles. C'est un feuillet imprimé sur vélin d'un seul côté, offrant quatre pages avec onze lignes de texte et contenant une partie de la version hollandaise des sept pseaumes pénitentiaux. Les types sont encore ceux du Spéculum.

L'imprimeur qui s'est servi de l'imposition savait, sans-doute, aussi imprimer une feuille des deux côtés. Mais pourquoi alors cette feuille est-elle imprimée seulement d'un seul côté? Je crois en trouver la raison dans la qualité du vélin, qui est assez mince et laisse transparaître les types au verso. L'imprimeur aura cru que s'il imprimait aussi cette feuille de l'autre côté, le texte deviendrait illisible. Il aura donc préféré de mettre sa feuille au rebut.

On connaît un exemplaire sur vélin des: Septem psalmi pœnitentiales et litaniæ sanctorum, de 8 feuillets, en car. goth., imprimé à Anvers, par Maria Ancxt, la veuve de Jacques van Liesvelt, s. d. (vers 1550), in-8°.

Le second fac-simile de la Planche 14 [55][b] représente un fragment de Donat, imprimé sur vélin, avec les types du Spéculum, à 30 lignes par page. La Bibliothèque Royale de la Haye possède trois feuillets de ce Donat, qui ont été trouvés dans l'ancienne reliure du livre, intitulé: Exhortationes noviciorum. Daventriæ, in platea episcopi (R. Paffroed), 1491, in 4°.

Dans ses Origines typogr. Meerman a donné, à la Planche IV, le fac-simile d'un Donat semblable de 30 lignes. Ce feuillet et un second ont été trouvés en 1750 par M. Enschedé. Ils servaient d'enveloppe à un manuscrit contenant des priviléges, commençant en l'an 1330 et finissant en 1477.

Meerman, Koning et Ottley étaient d'opinion que les types sont les mêmes que ceux du Spéculum hollandais à une fonte.

En comparant les fragments de ce Donat qui sont à la Bibliothèque Royale de la Haye, et ceux de Harlem, j'ai trouvé qu'ils appartiennent à des éditions différentes.

ALEXANDRI GALLI DOCTRINALE, DE 32 LIGNES.
DEUX ÉDITIONS DIFFÉRENTES.
Planche 15 [43].

Cette Planche offre le fac-simile de deux feuillets du Doctrinale, de 32 lignes, imprimés sur vélin, et qui par leur justification paraissent appartenir à deux éditions différentes. Le Museum Meermanno-Westreenianum possède deux feuillets de chacune de ces éditions. A la Bibliothèque Royale se trouve un autre fragment de trois feuillets, qui étaient collés dans la reliure d'un Gemma vocabulorum, imprimé par Paffroed, à Deventer, en 1495.

CATONIS DISTICHA ET DOCTRINALE.
Planche 16 [44].

Cette Planche[a]) représente la dernière page d'une édition des Catonis Disticha. Le seul exemplaire connu, imparfait et ne comptant que quatre feuillets, imprimé sur vélin, in 8°., est amplement décrit par Dibdin, dans sa Bibliotheca Spenceriana Vol. IV, pp. 474—476. Notre fac-simile est copié d'après celui que M. Leigh Sotheby en a donné dans ses Principia typogr. Vol. I. Pl. XXVI.1.

Le fragment d'un Doctrinale, appartenant au Museum Meermanno-Westreenianum (Pl. 16 [44])[b] est d'une édition différente de celle donnée à la Planche 15 [43][a], comme la comparaison des quatre dernières lignes le montre à l'évidence.

SPECULUM HUMANÆ SALVATIONIS.

LE SPÉCULUM LATIN A UNE FONTE.

Planche 17 [19].

Je crois pouvoir et devoir m'abstenir d'une description détaillée des différentes éditions du Spéculum après tout ce qui a été publié sur ces monuments typographiques par Meerman, Heineken, Koning, Ottley, Guichard, Chatto, Bernard, Leigh Sotheby, Berjeau et Paeile.

L'ordre dans lequel ces éditions se suivent dans mon ouvrage, n'implique nullement que je croie que ce soit là l'ordre chronologique de leur publication. Après tous les arguments que l'on a produits pour déterminer leur classification, on n'est pas encore parvenu à résoudre cette question et M. Bernard lui-même croit la chose trop hypothétique.

Toutefois il est très-probable qu'une des éditions latines ait précédée les trois autres, puisque la souscription des gravures est en langue latine.

Il suffira de constater qu'il existe quatre éditions bien distinctes du Spéculum; deux en latin et deux en hollandais. On peut distinguer les premières en édition à une fonte et en édition avec vingt pages dont le texte est gravé en planches de bois. Des deux éditions hollandaises l'une est à une fonte, et l'autre est à deux fontes, c'est à dire que dans tous les exemplaires connus de cette dernière édition se trouvent deux pages imprimées avec un caractère plus petit.

Les bibliographes ont reconnu que ce sont les mêmes planches qui ont servi aux quatre éditions; ils sont aussi d'accord sur l'identité du caractère avec lequel sont imprimés les deux éditions latines et l'édition hollandaise ayant deux pages d'un caractère différent. Quant à l'édition hollandaise à une fonte, les opinions sont partagées. Les uns y voyent un caractère différent, les autres n'admettent pas cette différence.

Pour faciliter la comparaison des quatre éditions, j'ai reproduit de chacune d'elles la même page, celle dont les gravures représentent Simeï qui maudit David, et le Roi Ammon qui déshonore les messagers de David.

La Planche 17 [19] donne le fac-simile du feuillet 42 (46) de l'édition latine à une fonte, tiré de l'exemplaire du Museum Meermanno-Westreenianum. La feuille (feuillets 29—42) du quatrième cahier, dont notre feuillet fait partie, offre une particularité remarquable. Elle est composée de deux larges bandes de papier ajustées ensemble, dont l'une contient les gravures, l'autre les textes. Il paraît qu'après l'impression des gravures et des textes un accident quelconque ait endommagé la partie supérieure de la feuille contenant les gravures, et que l'imprimeur, pour y remédier et ne pas perdre le tirage des textes, ait coupé la partie endommagée des gravures, en laissant une marge assez large pour pouvoir y coller une autre impression de ces gravures. Dans notre exemplaire la colle s'étant détachée, on peut voir distinctement la partie de la gravure qui n'a pas été coupée et qui était couverte par la gravure superposée.

On sait d'ailleurs que les exemplaires du Spéculum hollandais à une fonte de l'Hôtel de ville de Harlem et de la Bibliothèque communale de Lille, et l'exemplaire du Spéculum latin de la Bibliothèque du Palais Pitti, à Florence, offrent des particularités semblables, avec cette différence, que dans ces exemplaires l'impression du texte ayant été manquée, la partie inférieure de la feuille est remplacée et collée sur la partie supérieure.

LE SPÉCULUM HOLLANDAIS A DEUX FONTES.
Planche 18 [7] et 19 [31].

Ce fac-simile représente la même page que la précédente, mais de l'édition à deux fontes. J'y remarque à la seconde colonne, à la fin de la ligne 10e, le monosyllabe „naect", qui est divisé au milieu. Les deux premières lettres „na" finissent la 10e ligne, tandis que les trois autres „ect" sont rejetées à la ligne suivante.

La dernière ligne de la même colonne n'est pas venue entièrement, probablement parce que la forme lors du tirage était couverte à cet endroit par un morceau de papier ou quelque autre objet. Dans l'exemplaire de Lord Spencer cette ligne est parfaitement venue, comme on peut le voir à la Planche XXXIV, 3, des Principia typographica de M. Leigh Sotheby.

La Planche 19 [31] donne le fac-simile de l'une des deux pages de l'édition hollandaise à deux fontes, imprimées avec un caractère plus petit que le reste de l'ouvrage. C'est la page 60e, ou la 56e si on ne compte pas la préface. Le caractère paraît plus usé que l'autre.

Young Ottley (Inquiry into the origin of engraving, London, 1816. Vol. I, p. 249) a donné les fac-simile de tous les types que fournit cette feuille 49—60 (45—56).

Notre fac-simile est pris sur l'exemplaire du Museum Meermanno-Westreenianum. En comparant son exemplaire contre celui de M. Enschedé, Meerman a trouvé quelques variantes dans ces pages, qu'il a signalées dans ses Origines typogr. Vol. I, p. 121, note cl.

L'imprimeur du Spéculum avait donc à sa disposition ce caractère, dont jusqu'ici on n'a pas découvert d'autre trace, quoiqu'il soit bien probable qu'il a dû servir à d'autres éditions. Il ressemble à celui du Laur. Valla (Planche 25 [23]). Les lettres capitales A et N paraissent presque les mêmes.

Le compositeur de ces pages était plus habile que celui de l'édition hollandaise à une fonte; le texte n'offre pas de signes de ponctuation.

LE SPÉCULUM LATIN AVEC VINGT PLANCHES XYLOGRAPHIQUES.

Planches 20 [14] et 21 [25.]

C'est le fac-simile de la même planche des éditions précédentes, tirée de l'édition latine avec vingt pages xylographiques, appartenant au Museum Meermanno-Westreenianum.

A la Planche suivante 21 [25] j'ai placé la moitié de la page 46, contenant le sujet 92 avec texte, de l'édition latine à une fonte, en regard de la moitié de la même page de l'édition latine avec vingt pages xylographiques.

En comparant ces deux textes j'étais frappé de leur ressemblance, quoique les caractères xylographiques sont plus grands que les types mobiles, ce qui n'exclut pas l'idée d'un décalque par le moyen duquel ces types auraient été transportés sur le bois et ensuite gravés, comme l'ont cru MM. Ottley (Invention of printing, p. 294), Chatto (Treatise on wood engraving, p. 128) et Leigh Sotheby (Principia typographica. Vol. I, p. 165). Seulement le graveur de ces vingt pages de texte n'était pas si habile que celui du Donat xylographique dont j'ai donné un spécimen à la Planche 10 [16][b]; mais l'ensemble est parfaitement imité.

Cette ressemblance me frappait d'autant plus que j'avais rencontré dans les pages avec types mobiles des deux éditions latines, des différences notables dans les abréviations des mots. Je me disais alors: les deux éditions latines ont été composées par l'ouvrier typographe d'après le même manuscrit, ou bien l'une des deux ayant été composée d'après un manuscrit, l'autre a été composée d'après le texte imprimé.

Dans les deux cas il est évident, par la comparaison des deux textes imprimés, que l'ouvrier compositeur s'est permis d'abréger les mots ou de changer les abréviations selon sa fantaisie. Or si le texte en caractères mobiles eût été composé d'après le texte xylographique, l'on retrouverait ces mêmes différences. Mais, comme chacun peut s'en convaincre par l'inspection du fac-simile, ces textes sont presque identiques. J'en tirais la conclusion que c'est le graveur en bois qui a imité le texte imprimé.

Mr. Berjeau (Spéculum, Introd. p. LVII) me répond que „pour que cet argument reste debout, il est nécessaire que la même ressemblance, la copie servile des mêmes fautes, se retrouvent dans les vingt pages de texte xylographique; or, cela n'est pas en réalité."

J'ai revu toutes les différences signalées par Ottley et M. Berjeau entre ces textes en caractères mobiles et xylographiques, et j'ai trouvé que les différences dans le texte gravé sont pour la plupart des fautes du copiste (graveur en bois); tandis que les différences dans les deux textes avec types mobiles, sont d'un tout autre genre. Pour en donner un exemple je choisis la page représentée dans mes Monuments aux Planches 17 [19] et 20 [14], qui dans les deux éditions latines sont en types mobiles.

	Édition latine à une fonte.	Édition latine avec 20 pages xylogr.
Colonne 1, ligne 6.	p̄figūata	p̄figurata
8.	sui	suo
10.	c̄onauit	coronauit
12.	9t̄	9tra
14.	9t̄	9tra
15.	9cubinā	c̄ocubinā
	a pemē	apemē

Colonne 2, ligne	1. daud·	dad·
	2. occidisset	occidissz
	3. ei	eni
	5. aliq°s	aliquos
	6. 9cordia	cocordia
	int'	it'
	9ficét	9ficeret
	7. Jpe	Jpse
	9. q̃	qua
	12. ie	ipe
	18. 9sueuerut	consueuerut
	19. ta	tam
	aqua	aquam
	q̃)	quam
	20. q̃)	qua
	21. aqua	aq)
	25. capl'o	capl'.

Il sera facile de reconnaître que les différences entre ces deux textes ne sont pas des fautes de copiste.

Quelques bibliographes et aussi Mr. Bernard, (De l'origine etc. vol. I, p. 25) ont cru que ces vingt pages xylographiques proviennent d'une édition antérieure du Spéculum, exécutée tout entière en planches fixes, comme la Biblia pauperum. Je ne partage pas cette opinion et voici pourquoi. Si ces pages, figures et texte, eussent fait partie d'une édition xylographique, alors on aurait dû les scier en deux, c'est-à-dire on aurait dû séparer la partie supérieure, contenant les figures, de la partie inférieure, contenant le texte, afin de pouvoir se servir des figures pour les éditions avec caractères mobiles. Dans ce cas l'on devrait retrouver dans les figures de ces éditions les mêmes cassures, que l'on remarque dans les figures avec texte xylographique. Or ce n'est pas le cas; au contraire. Voyez notre Planche 21 [25] et comparez l'arbre que l'on voit à travers la porte à droite. Cet arbre est presque effacé dans l'édition avec les vingt pages xylographiques, tandis qu'il est intact dans l'autre. On objectera peut-être que cela tient seulement à l'impression et que la figure dans l'édition avec vingt pages xylographiques n'est pas bien venue. C'est possible; mais cela ne saurait être le cas pour la base de la colonne à droite, qui dans l'édition avec texte xylographique est tout à fait cassée, tandis que dans l'édition avec caractères mobiles la cassure n'est encore que partielle. La même particularité se voit dans la base de la colonne à gauche.

Et ici on ne peut invoquer l'objection que l'on a faite au système d'Ottley par rapport aux cassures. Car en admettant même, ce qui n'est pas prouvé, que les gravures aient été tirées toutes avant l'impression des différents textes à caractères mobiles, le tirage des planches et du texte d'une édition entièrement xylographique doit avoir précédé celui des éditions en caractères mobiles.

LE SPÉCULUM HOLLANDAIS A UNE FONTE.

Planche 22 [1].

Ce fac-simile reproduit le feuillet 42 [46] de l'édition hollandaise du Spéculum à une fonte, d'après l'original conservé au Museum Meermanno-Westreenianum. C'est un feuillet séparé qui a fait partie de la Bibliothèque de Meerman et c'est le même qui, au commencement du dix-septième siècle a appartenu à F. van Westphalen, un célèbre antiquaire. Son père Adrien van Westphalen et non pas lui, comme le dit Koning (Dissertation etc. p. 69), y a ajouté de sa propre main la note suivante, qui se lit au haut de la page : „Dit is van de eerste drucken die in Holland gedruckt syn, en raer van Laurens Coster te Haerlem," c'est à dire: „Ceci est une des premières éditions, qui sont imprimées en Hollande, et rare de Laurent Coster à Harlem."

La plupart des bibliographes admettent que le caractère de cette édition diffère de celui avec lequel les trois autres éditions sont imprimées.

M. Bernard (De l'origine, pp. 29—30) dit même que „la différence totale du caractère suppose une nouvelle fonte." Il est à regretter que ce juge compétent „n'ait pu traiter à fond cette question, n'ayant à sa disposition aucun exemplaire hollandais et n'ayant pu étudier assez longtemps ceux qu'il avait vu à Lille, à la Haye et à Harlem."

M. Berjeau (Spéculum, Introd. p. LXIII), croit au contraire, que la différence de ce caractère n'est pas aussi radicale que le dit M. Bernard. Car l'assertion de Meerman, que vingt lignes de cette édition hollandaise à une fonte ne tiennent que la place de dix-neufs lignes de l'autre, a été contestée par Ottley, qui attribuait cette différence au retrait ou à l'expansion du papier, suivant qu'il a été plus ou moins mouillé, circonstances qui peuvent affecter considérablement la dimension apparente d'un livre de cette espèce.

Lorsque Koning (Dissertation p. 3—5) voulut démontrer que le Spéculum (hollandais à une fonte) est imprimé avec des lettres mobiles de fonte et non pas avec des lettres mobiles gravées en bois, il a signalé dans cette édition, qu'il croyait la première, les lettres capitales E et M. De la lettre E il constate deux types, dont le premier est parfait, tandis que la partie supérieure manque au second. Quant à la lettre M, elle se présente de travers et le jambage de milieu est coupé en deux; cette lettre défectueuse est la même dans tout l'ouvrage.

Dans ses remarques générales sur les différentes éditions du Spéculum, Koning émet l'opinion (p. 68) „que la lettre du premier Spéculum hollandais (à une fonte) est plus simple, plus défectueuse et plus imparfaite que celle des éditions suivantes, auxquelles elle est d'ailleurs entièrement conforme par la façon et la figure, preuve convaincante qu'elles ont été faites par le même graveur de poinçons et le même fondeur."

Selon M. Bernard (De l'origine etc. p. 37) „les détails relevés par Koning prouvent en outre que, si les caractères de l'édition D (hollandaise à une fonte) ne sont pas différents quant à la *force* et à l'*œil*, ils le sont du moins quant à la *fonte*, car les défauts signalés par cet auteur ne paraissent pas dans les caractères des autres éditions."

Donc ces défauts consistent exclusivement dans des défectuosités: A la lettre E manque la partie supérieure; la lettre M a le jambage du milieu coupé en deux par un trait blanc, lequel trait blanc est produit par *l'absence* d'une partie du jambage.

Maintenant pourquoi attribuer à une nouvelle fonte des défauts, qui en réalité prendraient leur origine dans l'emploi de caractères usés et cassés? Si Koning, dans ses observations, au lieu de se borner aux lettres capitales de cette édition hollandaise à une fonte, les eût étendues aussi aux minuscules, il y aurait rencontré des défauts semblables.

Quant à moi, j'avoue qu'au premier abord le caractère de cette édition semble différent de celui des autres, mais examiné de plus près il est le même, seulement plus usé et surtout très-mal imprimé. Si cela est vrai, comme je le crois, l'édition hollandaise à une fonte aurait été imprimée la dernière.

Ce qui me confirme dans l'idée que le caractère des quatre éditions est le même, c'est que Koning (Dissertation, p. 63) dit que la lettre du Donat de 30 lignes (chez Meerman, Planche IV) est la même que celle du premier Spéculum hollandais (à une fonte); et que la lettre du Donat de 28 lignes (chez Meerman, Planche VI*) est la même que celle qui a servi a imprimer les autres éditions du Spéculum.

Or j'ai donné des fac-simile de ces Donats à la planche 14 [55] et 13 [49], et leur type est le même.

On a longtemps cru que les deux exemplaires de cette édition qui sont conservés à Harlem, à l'Hôtel de ville et à la Bibliothèque publique, fussent les seuls qui existent. On sait maintenant que la Bibliothèque publique de Lille possède un troisième exemplaire, provenant du couvent de Sainte Marie de Hoorn, et qui au dix-septième siècle a appartenu à Jacques van Campen. (Voyez Ch. Paeile, Essai sur l'invention de l'imprimerie, pp. 135—141). Un quatrième exemplaire fait partie de la riche collection de Lord Pembroke, à Wilton-house. (Voyez les Principia Typographica de M. Leigh Sotheby, Vol. I, pp. 153—154).

Comme corollaire à ces notes sur les éditions hollandaises du Spéculum, je relèverai deux fautes curieuses que j'ai rencontré dans les textes.

Dans le texte latin qui au feuillet 64 accompagne la figure 116ᵉ, représentant la main de Dieu écrivant sur le mur, avec la souscription „Manus domini scripsit in pariete", on lit ligne 21: „quia numerus dampnatorum a consortio domini et sanctorum dividetur."

L'édition hollandaise à une fonte en donne la traduction suivante: „want wat getal der *quaden* sal gesceiden werden van geselscap der heiligen." (Les méchants seront séparés des saints).

L'édition hollandaise à deux fontes traduit mal: „want wat getal der *goeden* sal gesceiden werden van geselscap der heiligen." (Les bons seront séparés des saints).

Et dans les deux éditions hollandaises sous la figure 84 au feuillet 48: „Rex amon dehonestavit nuncios david," — on lit à la cinquième ligne de la seconde colonne „*david* der amoniten coninc", au lieu de: „*Amon* (*Hanon*) der amoniten coninc."

LIVRES IMPRIMÉS AVEC LES TYPES DU PONTANUS.

LUDOVICI (PONTANI) DE ROMA SINGULARIA JURIS, et PII II TRACTATUS ET EPITAPHIA.

Planche 23 [9—10].

Le livre d'où ces fac-simile sont pris est un des plus remarquables qu'ayent produit les presses néerlandaises au XVe siècle. Il est si rare que l'on n'en connaît guères que quatre exemplaires : celui de M. Enschedé à Harlem, complet en 60 feuillets; celui de Lord Spencer, et celui de la Bibliothèque Royale de la Haye, acquis à la vente van Coetsem, auxquels manque le premier feuillet, qui est blanc; enfin le quatrième, qui, ayant appartenu à MM. Asher et Comp., à Berlin, a passé, si je ne me trompe, au British Museum; ce dernier exemplaire était incomplet du dernier feuillet.

Notre exemplaire et celui de M. Enschedé sont composés de trois cahiers; le premier de huit, le second de quatorze et le troisième de huit feuillets. Le premier feuillet et le versò du 60e ou dernier feuillet sont blancs. Ce livre est sans chiffres, signatures et réclames; il ne porte aucune souscription, ni nom de ville, ni nom d'imprimeur, ni date. Il est de format petit in-folio.

L'exemplaire de Lord Spencer a été décrit par M. Leigh Sotheby dans ses Principia typographica, Vol. I, p. 181 et Vol. III, p. 132. Voici selon lui la composition de cet exemplaire : les feuillets 1 à 14 sont détachés; 15 à 18 forment un cahier; 19—20, feuillets détachés; 21—26 un cahier; 27—32, feuillets détachés; 33—38 cahier; 39—40, feuillets détachés; 41—44 cahier; 45—46, feuillets détachés; 47—56 cahier; 57—59, feuillets séparés.

J'avoue ne pas bien comprendre cette composition. L'auteur dit, il est vrai, que ce livre a un feuillet blanc au commencement, dont le papier est bien de la même époque, mais qui pourtant, selon lui, n'appartient pas au livre; or, comme l'exemplaire de Lord Spencer contient 59 feuillets imprimés (à l'exception du feuillet 59 versò, qui est blanc) il faut que le premier feuillet (blanc) y manque. Mais alors aussi toute la collation de M. Leigh Sotheby est fautive, car ce qu'il nomme le premier feuillet est en réalité le second, et je ne comprends pas comment la division des différents cahiers s'accorde avec son calcul.

Le texte dans notre exemplaire commence au rectò du second feuillet : Prefatio in singlaribus domini ludouici de roma. — Feuillet 3^a : Incipiūt singlaria in causis crimialib9 excellētis //simi vtriusqz iuris moārche dn̄i ludouici de roma// &c. — Fol. 4^a : Singlaria dn̄i ludouici de roma liber quintus et //vltimus. Jncipit feliciter.// — Fol. 39^b, dernière ligne : q. v. c. miles. Expliciūt singlria ludo. de roma.// — Fol. 40^a : Eneas Siluius poeta senensis pro laude clarissimi// viri domini ludouici de roma iuris vtriusz consult. //Epitaphium.// — Fol. 41^a, ligne 7e : Jncipit tractat⁹ de presūptioibz// scd̄m dn̄m (sic) ludouicū de roma.// Fol. 45^a, dernière ligne : ficit. vt ī caū autē. si q̄s ei nup allegata. Explicit.//

Jusqu'au feuillet 45^a le livre est imprimé avec un caractère assez gros, à 26 lignes par page; mais à commencer du feuillet 45^b, ainsi au versò du même feuillet, jusqu'à la fin, le caractère est tout autre, plus petit, et tandis que jusque-là les pages comptaient 26 lignes, les suivantes en comptent 34.

Le fac-simile que j'ai donné de ce feuillet fera comprendre cette particularité, mieux que ma description.

Le titre du second ouvrage contenu dans ce livre se lit au feuillet 45ᵇ: Pij secūdi põtificis maximi. de mlr̄ibᵒ prauis// et earz pnicioso dāpnatoqz fugiēdo 9sorcio ad no// bile virū karolū cipàcū Tractatᵒ incipit felr̄.// — Ce traité finit au feuillet 51ᵃ, ligne 26: Explicit hec plcra vani descriptio amoris//. Suit alors immédiatement à la 27ᵉ ligne: Eiusdē pii scdī de laude atqz epitaphiis virorz// illustriū cōpendiosᵒ et delectabilis tractatus.// — Après ces épitaphes, qui sont tous en vers, suivent au feuillet 57ᵇ, trois épigrammes; le reste du livre est en prose et contient des passages sur Dieu et la S. Trinité, extraits des œuvres de S. Augustin, de S. Hilaire, de S. Ambroise, de S. Bernard, de S. Dénis l'Aréopagiste, de S. Jérôme, de Josèphe et de Thomas d'Acquin. La dernière page (feuillet 60ᵃ) contient des hétérodoxies d'Aristote, de Platon, d'Averroys et de Porphyre, qui sont réfutées par les paroles de S. Augustin, de S. Ambroise, de S. Grégoire et de S. Jérôme.

Cette seconde partie du livre est une espèce de compilation dont toutes les différentes pièces ne sont pas écrites par le Pape Pie II, mais on y a fait entrer une de ses lettres, la 395ᵉ de l'édition des œuvres d'Aeneas Sylvius, publiée à Bâle en 1551. Une première partie de cette lettre commence au feuillet 45ᵇ, ligne 31: Vidimus effigiem lascivi nuper amoris etc., et finit au milieu du feuillet 46ᵇ, par la ligne: maxio eadē fuit et soror et 9junx. h' lactāciᵒ. Tout ce qui suit jusqu'à la 27ᵉ ligne du feuillet 49ᵃ n'y appartient pas; mais le texte de la lettre est repris à la 28ᵉ ligne: Aspice phōs vite magrōs etc. et finit au feuillet 50ᵃ, dernière ligne: sed in sinu meretricis est nata, hec lactancius.

Les exemplaires de la Bibliothèque Royale de la Haye et celui de M. Enschedé offrent quelques variantes au verso du 55ᵉ feuillet:

Exemplaire Enschedé.	Exemplaire de la Bibl. Royale.
ligne 13 Aliud eiusdem.	Eiusdem.
„ 15 Epitaphium Achillis greci.	Achillis greci.
„ 26 Aliud eiusdem.	Eiusdem.
„ 29 Epitaphium Anthenoris.	Anthenoris.
„ 32 Epitaphium Alexandri.	Alexandri.

Les deux caractères différents qui ont servi à l'impression de ce livre, se trouvant l'un au recto l'autre au verso du même feuillet, rendent évident que ces caractères sortent de la même imprimerie.

Par le premier caractère, celui du Lud. de Roma, (Planche 23 [9]), ce livre se rattache à trois différentes éditions d'un Donat (Planche 24 [37] et Planche 13 [49]ᵃ⁻ᶜ) et au livre intitulé: Laur. Vallæ Facetiæ morales (Planche 25 [23]).

Le second caractère, celui des Traités de Pie II, quoique plus grand, ressemble pour la forme beaucoup à celui du Spéculum; il se rattache au Saliceto (Planche 26 [79—80]), à une édition séparée de l'Iliade, à plusieurs Donats et Doctrinales (Planche 27 [21], 28 [67], 29 [73], 30 [8]), et à une édition des Catonis disticha, dont un fragment est publié par M. Leigh Sotheby dans ses Principia typographica Vol. I. p. 135 et Planche XXIV. 4.

Tous ces livres ont été certainement imprimés à la même époque et dans la même imprimerie.

Selon Koning (Dissert., p. 84) le volume qui nous occupe n'a pu voir le jour avant l'année 1465, parce que parmi les épitaphes on y trouve celui de Laurentius Valla, qui est mort dans cette année;

mais je dois faire observer que cette date est erronée. Voici ce qu'en dit Tiraboschi, Storia della letteratura italiana, Tom. VI. p. II p. 354: „l'epoca della morte del Valla non è ben segnata nella Iscrizion sepolcrale, che si produce da molti, ove egli si dice morto l'anno 1467. Il Zeno ha chiaramente provato colla testimonianza del suddetto Pontano, che il Valla finì di vivere prima del Re Alfonso morto nel Giugno del 1458."

Comme peu de personnes ont vu un exemplaire du Pontanus, souvent en le décrivant on a commis bien des erreurs qu'il sera utile de rectifier.

C'est ainsi que M. Bernard (De l'origine, Vol. I. p. 114) en le citant, dit: „Il est question ici d'une *édition complètement isolée*. Ce livret a depuis *été réimprimé* en caractères analogues avec d'autres opuscules. Ainsi l'on en connaît une édition postérieure à la suite de laquelle se trouve un livre de Pie II (Aeneas Sylvius) intitulé: de mulieribus pravis, etc. que j'ai vu à Harlem, dans la Bibliothèque de MM. Enschedé."

Et dans un article, intitulé: Voyage typographico-archéologique en Belgique, en Hollande, etc. inséré par M. Bernard dans le Bulletin du Bibliophile Belge, 1853, pag. 110, en parlant du Pontanus, il dit: „Le dernier Opuscule (le Traité de Pie II etc.) a aussi *été imprimé séparément* avec le même caractère, car on en a plusieurs exemplaires détachés. La Bibliothèque de la Haye possède celui qui a appartenu à Ottley."

L'édition *complètement isolée* du Pontanus n'existe pas parmi les éditions hollandaises du XVe siècle. Je crois que M. Bernard a été induit en erreur par l'article „Pontanus" dans le Manuel de Brunet, édition de 1843, Vol. III, pag. 810, qui cite une édition pareille. Cependant dans la dernière édition du Manuel, cet article a été corrigé; seulement l'ouvrage qui suit le Pontanus ne commence pas, comme le dit Brunet, au verso du 44e, mais au verso du 45e feuillet. Je ne connais pas d'autre édition néerlandaise du Pontanus ou du Lud. de Roma que celle que je viens de décrire. Et quant aux traités de Pie II qui en forment la seconde partie, ils n'ont été non plus imprimés séparément. Ceci est bien le cas pour la seconde partie du Saliceto dont je parlerai plus loin.

De même Koning (Dissertation, pag. 83) est dans l'erreur quand il avance que les Singularia de Ludovicus de Roma se rapportent au cinquième livre des *Pandectes;* ils suivent au contraire l'ordre du cinquième livre des *Décrétales.*

DONAT DE 24 LIGNES.

TROIS ÉDITIONS DIFFÉRENTES.

Planches 24 [37] et 13 [49]^{a, b, c}.

La Bibliothèque Royale et le Museum Meermanno-Westreenianum possèdent sept feuillets et deux fragments de feuillets d'un Donat de 24 lignes imprimé avec le premier des deux caractères qui ont servi à l'impression du livre intitulé Lud. de Roma Singularia juris etc. (Voyez Planche 23 [9]).

Par un hazard heureux parmi ces feuillets il s'en trouve quelques-uns qui offrent le même texte.

A la Planche 24 [37] j'ai placé face à face les fac-simile de deux de ces feuillets afin de montrer qu'il existe deux éditions différentes de ce Donat. Quelque temps après, ayant eu l'occasion de voir deux feuillets d'un Donat pareil, j'ai trouvé qu'ils appartenaient à une troisième édition. Pour montrer clairement ces différences j'ai choisi dans chacune de ces éditions trois lignes qui offrent le même texte et j'en ai donné les fac-simile à la Planche 13 [49] a-c. Le feuillet auquel est emprunté le fac-simile b, se trouve maintenant à la Bibliothèque de la ville de Harlem.

Dans son excellent livre sur l'origine de l'imprimerie, Vol. I, pl. 4, M. Bernard a donné le fac-simile très-fidèle de onze lignes, pris sur les fragments en quatre feuillets d'un Donat semblable, conservés à la Bibliothèque Impériale de Paris et décrits par van Praet sous le n° 12 de ses Vélins du Roi.

M. Bernard relève justement l'erreur de van Praet qui croyait ce Donat exécuté en caractères mobiles de bois, tandis qu'il est bien réellement imprimé avec des caractères mobiles de fonte. Mais il se trompe en disant que ce Donat a vingt-*sept* lignes à la page, tandis qu'il n'en a que vingt-*quatre*.

M. Bernard, un juge si compétent en matière d'imprimerie, dit de ce Donat qu'il „est bien certainement un des premiers produits de la typographie."

Le fac-simile que M. Leigh Sotheby a donné du même Donat de la Bibliothèque Impériale de Paris, dans ses Principia typogr. Vol. I, Planche XXVIII, 3, n'est pas exact, il a une apparence beaucoup trop mince. Aussi cet auteur ayant eu l'occasion de revoir l'original, s'est-il empressé d'avertir (dans ses Memoranda relating to the block-books preserved in the Bibl. Impér. at Paris,) que le type présente un aspect plus large que dans le fac-simile.

LAURENTII VALLÆ FACETIÆ MORALES et FRANCISCUS PETRARCHA DE SALIBUS VIRORUM ILLUSTRIUM.

Planche 25 [23].

J'offre ici d'après l'original qui se trouve à la Bibliothèque Royale de la Haye a) la première et c) la dernière page d'un petit livre intitulé: Laurentii Vallensis Facetie morales. Dans le même livre est contenu un autre petit traité, intitulé: Francisci Petrarche de salibus virorum illustrium ac faceciis Tractatus. Notre fac-simile b représente la page où le premier traité finit et le second traité commence.

Le caractère de ce livre a une si grande ressemblance avec celui des deux pages du Spéculum hollandais à deux fontes (Planche 19 [31]), que je l'ai cru identique, et indiqué comme tel dans mon Catalogue des Incunables, au numéro 8. Un examen nouveau et plus minutieux m'a convaincu que c'est un caractère différent; mais j'ai trouvé en même temps que les lettres capitales, quoique plus petites, ressemblent à celles du Ludovicus de Roma, et que deux de ces lettres, le B et le M, sont identiques.

Je crois pouvoir conclure de cette particularité que le Valla et le Lud. de Roma sortent très-probablement du même atelier typographique.

Plusieurs bibliographes, entre autres MM. Falkenstein (Geschichte d
et Bernard (De l'origine, pp. 113—114) ont donné la nomenclature des ou
Costérienne. Ils citent parmi ces livres: *Laurentie Valensis* Facecie morale
G. de Saliceto de salute corporis, Horarium, Doctrinale, Petri Hispani Tra
virorum illustrium.

Il est clair qu'ils se trompent en donnant les deux traités de Valla
opuscules imprimés séparément, tandis qu'ils ne forment qu'un seul livre.

M. Falkenstein a commis une erreur plus grande en ajoutant au titr
etc., qu'il regarde comme un traité séparé, la note suivante: „Dieses W
in zwei Theile, von dem der eine Gegenstände aus dem fünften Buche
Verse und Epitaphien des Aeneas Sylvius enthält." C'est à dire: „Cet
Koning de deux parties, dont le premier contient des sujets du cinquième li
tales), et le second des vers et des épitaphes d'Aeneas Sylvius." Cette not
qu'il donne comme spécimen du Pétrarque, devait se rapporter à l'ouvrag

LIVRES IMPRIMÉS AVEC LES TYPES DU

GUILLELMI DE SALICETO DE SALUTE CORPORIS; DE SALUTE ANIMÆ; PII II TRACTATUS DE AM(

Planche 26 [79—80].

Le livre dont ces fac-simile sont tirés n'est pas moins rare que le
exécuté avec une seule espèce de types il offre presque les mêmes partic

L'exemplaire du Museum Meermanno-Westreenianum est composé
six feuilles. Le premier feuillet est blanc. Le texte commence au feuillet
duo singulares et putiles tractatus// quorz $\bar{p}m^9$ est de salute corporis.
pbatissim^9 medicie doctor d$\bar{n}s$ guill$\bar{s}$ de saliceto. Alter$\bar{u}$ vo// qui est de s
magis q$\bar{z}$ humano// artificio c$\bar{o}$posuit Reuer$\bar{e}$dissim^9 p$\bar{r}$ d$\bar{n}s$ Cardinalis de
sacre pagine doctor eximius.// etc.

Ce traité „de salute corporis" finit au feuillet 8^b. Le second traité
au feuillet 8^b et finit à la fin du feuillet 12^a.

Au feuillet 12^b, ligne 1, commence un troisième Traité de Pie II
luxuriosos 7 lascivos ad karol$\bar{u}$// cypriac$\bar{u}$ Tractatus de amore Jncipit f
Ce traité de Pie II n'est autre qu'une de ses lettres, la 395e des

(1551), qui se trouve aussi après les Singularia de Lud. de Roma, mais là mêlée à d'autres extraits.

Les pages 12^b et 13^a sont composées comme les précédentes, ayant 36 lignes, hauteur 222 mill. largeur 137 mill.

Ce traité ou cette lettre finit à la fin du feuillet 14^a, dont le verso est blanc.

Maintenant il est remarquable que la justification des pages 13^b et 14^a diffère totalement de celle des pages précédentes, et qu'elles comptent 34 lignes, hauteur 207 mill., largeur 106 mill.; mais ce qui est plus étonnant encore c'est que ces deux pages (13^b et 14^a) sont absolument du même tirage que les feuillets 49^b et 50^a du Ludov. de Roma, avec cette différence qu'à la dernière ligne du feuillet 14^a du Saliceto on lit: „sed in sinu meretricis est nata. Explicit." tandis que le feuillet 50^a du Lud. de Roma finit ainsi: „sed in sinu meretricis est nata. hec lactantius."

Au feuillet 15^a commence encore une autre justification; les pages ont 35 lignes; hauteur 215 mill., largeur 106 mill. On y lit à la première ligne: Pii secundi potificis maximi pro laude homeri// prefatio in homerum poetarum maximum.//

Feuillet 16^a: Meonii homeri greci poetarum maximi opus //insigne cui yliada titulus inscribitur e greco in// latinū versa. Jncipit feliciter.//

Feuillet 22^a, ligne 33: Explicit yliada homeri poetarū maximi.//

Suivent alors des éloges d'Homère, qui finissent à la fin du feuillet 23^a.

Le feuillet 23^b contient les épitaphes d'Hector, d'Achille, d'Anténor et d'Alexandre.

Le feuillet 24^a contient Homonee —epitaphium.

Le verso du feuillet 24 est blanc.

Les feuillets 23^b et 24^a comptent 34 lignes et sont absolument du même tirage que les feuillets 55^b et 56^a du Ludov. de Roma.

J'ai cru utile de donner cette description détaillée de notre exemplaire, afin de mieux faire comprendre les particularités qu'il offre. Comme il est divisé en deux cahiers et que le Pii secundi prefacio in homerum commence au feuillet 15^a, il est clair que l'imprimeur n'a pas voulu qu'on séparât le Saliceto de l'Iliade, parceque dans ce cas on devrait couper en deux les feuillets 13 et 14 du second cahier. M. Leigh Sotheby a fait cette même remarque avant moi et il ajoute que l'exemplaire séparé de l'Iliade qui a appartenu à M. Hibbert avait réellement les feuillets 23 et 24 séparés (half sheets).

Les quatre pages (13^b, 14^a, 23^b, 24^a) qui sont du même tirage que les pages 49^b, 50^a, 55^b et 56^a du Pontanus offrent la preuve irrécusable que ces livres ont été imprimés chez le même imprimeur.

Dans notre exemplaire une note manuscrite du temps nous apprend: „Hunc librum emit dominus conrardus abbas hujus loci XXXIIII, qui obiit anno MCCCCLXXIIII in profesto exaltationis sanctæ crucis, postquam profuisset annis fere tribus." Une autre inscription indique que l'exemplaire avait appartenu au couvent de St. Jacques à Liège. Or l'abbé Conrad, qui a acheté ce livre pour son couvent, est Conrad du Moulin, abbé de 1471 à 1474. Cette inscription prouve que ce livre a été publié avant 1474.

Dans l'exemplaire qui appartient à M. Libri se trouve l'inscription suivante, qui nous fait connaître le prix pour lequel ce livre a été vendu en 1484: „VI gross monete Flandrie. Liber Mgr̄ Guilhelmi de Schouder: Canonici in Veris. Anno 1484." L'exemplaire de M. Libri est complet; à celui de Lord Spencer manque le premier feuillet blanc.

Il y a maintenant dix ans que M. Cohn, de la Maison Asher et Comp. à Berlin, a eu l'obligeance de me montrer un exemplaire du Formulæ noviciorum, imprimé par Joh. Andreæ, à Harlem en 1486, in-4°. Dans l'ancienne reliure de ce livre étaient collés deux morceaux de parchemin, que l'on en a détaché, et qui étaient imprimés d'un seul côté. Ayant bien examiné ces fragments, j'ai trouvé qu'ils appartenaient à une édition du Saliceto de salute corporis, imprimée avec le même caractère qui a servi à notre exemplaire. Le plus grand de ces deux fragments contenait 21 lignes et formait la partie inférieure d'une page; il contenait le texte qui se trouve dans notre exemplaire au feuillet 3^b, ligne 18: „circufe (rencia et excitat' in toto corpore)", jusqu'au feuillet 4^a, ligne 3: „ (in illis tpib^9) sic.//"— Le second fragment concordait pour le texte avec notre exemplaire au feuillet 5^a, ligne 33: „Calidis. et a nimia" &c. jusqu'au feuillet 5^b, ligne 17: „inobediecie sz sue"/!.

On voit que ces fragments ont fait partie d'une autre édition. Le côté du parchemin non imprimé avait l'apparence d'avoir été gratté pour faire disparaître le texte imprimé et lui donner l'aspect d'un feuillet blanc. Je crois que ces fragments très-curieux et rares font partie aujourd'hui des trésors du British Museum.

Koning et après lui d'autres bibliographes ont signalé dans la Bibliothèque de Harlem un manuscrit contenant seize traités différents, mais dont les cinq premiers sont: Guill. de Saliceto opus de salute corporis; — Jani de Turrecremata Tractatus de salute anime; — Pius II de amore — contra luxuriosos et lascivos; — Pii II Præfatio in Homerum; — Pii II Homeri Iliadis argumentum latinis versibus expressum.

M. Renouard possédait aussi un exemplaire du Saliceto avec les autres traités qui le suivent, et il l'a décrit dans son Catalogue de la Bibliothèque d'un amateur. (Tom. II, p. 152—158). Il assigne à ce livre la date de 1466—1470.

Mais M. Paeile (Essai historique, pp. 75—77) n'est pas de cet advis. „Il n'affirme rien," dit-il, „mais en raisonnant comme Renouard, il pourrait placer son in-f° (le Saliceto), non pas entre 1466 et 1470, mais entre 1430 et 1435."

Même en admettant que des écrits d'*Aeneas Sylvius* eussent pu être imprimés à une époque aussi reculée, il faudra toujours admettre aussi qu'un livre qui porte le nom du Pape Pie II, n'a pu paraître qu'après 1458, année avant laquelle ce nom n'existait pas au monde, puisque ce n'est qu'en cette année que le Cardinal Piccolomini (Aeneas Sylvius) a été élu Pape sous le nom de Pie II. Sa lettre à Charles Cypriacus „de Amore" n'a pas de date, mais elle se trouve parmi celles de l'année 1464 dans l'édition déjà citée de ses œuvres, et la preuve qu'il ne l'a pas écrite avant son Pontificat c'est qu'il y dit: „Et seni magis quam juveni credite. Nec privatum hominem pluris facite quam *pontificem*. Eneam rejicite. *Pium* suscipite."

M. Paeile (Essai, pag. 76) cite aussi le manuscrit de la Bibliothèque publique de Harlem, qu'il dit être de la *première* moitié du XVe siècle; le catalogue de cette Bibliothèque n'indique pas la date du MS., mais puisque le nom de Pie II s'y trouve, il ne peut être que de la *seconde* moitié de ce siècle.

C'est ici la place de parler d'un livre intitulé: Yliada Homeri, qui sort de la même imprimerie que le Pontanus et le Saliceto et qui fait même partie de ce dernier ouvrage. Je n'en ai pas donné de fac-simile parce que le caractère qui a servi à son impression est le même que celui du Saliceto et de la dernière partie du Pontanus.

J'ai dit que le Saliceto &c. est composé de deux cahiers de six feuilles chacun, et que l'Iliade y commence au recto du quinzième feuillet. Maintenant si l'on détachait l'Iliade du Saliceto pour en faire un volume séparé, les deux derniers feuillets deviendraient des feuillets séparés. Cela doit être en effet le cas pour l'exemplaire de l'Iliade qui a appartenu à M. Hibbert, et après lui à M. Heber. (Voyez M. Leigh Sotheby, Principia typogr. Vol. I. p. 183 note.) Mais il n'en est pas ainsi pour notre exemplaire de la Bibliothèque Royale, qui a appartenu à Young Ottley; et que je désignerai sous le nom d'exemplaire Ottley.

Celui-ci est composé de deux cahiers, chacun de 4 feuillets et d'un feuillet séparé. Il paraît qu'il y manque le dernier ou le 10e feuillet qui aura contenu, comme dans le Saliceto, l'épitaphe d'Homonée. Du reste il est absolument semblable à l'Iliade qui se trouve à la fin du Saliceto; et si je ne me trompe les deux éditions ont été tirées sur les mêmes formes, à cette différence près que dans l'exemplaire Ottley on lit à la dernière ligne du feuillet 8ᵃ: „intecio homeri in hoc opere est describe troiana//" — tandis que dans le Saliceto à la dernière ligne du feuillet 22ᵃ on lit: „intecio homeri in precedeti poemate est describere//." J'ignore à quelle cause il faut attribuer cette variante. — Le feuillet 9ᵃ,ᵇ de l'exemplaire Ottley est du même tirage que le feuillet 23ᵃ,ᵇ du Saliceto et le feuillet 55ᵇ du Pontanus.

Le Museum Meermanno-Westreenianum possède un exemplaire de l'Iliade qui offre des particularités encore bien plus remarquables. Cet exemplaire était relié avec d'autres traités dans un même volume; il en a été ôté et comme il n'a pas été relié de nouveau, on peut aisément voir comment il est composé.

C'est d'abord un cahier de quatre feuilles, qui correspond avec les deux cahiers de l'exemplaire Ottley, même pour le texte de la dernière ligne du feuillet 8ᵃ: „intecio homeri in hoc opere est describe troiana//". — Suit alors une feuille dont le premier feuillet (recto et verso) correspond au 9e feuillet recto et verso de l'exemplaire Ottley et dont le second feuillet recto est le même que le feuillet 14ᵃ du Saliceto et le feuillet 50ᵃ du Pontanus, à l'exception qu'on lit ici et dans le Saliceto à la dernière ligne: „sed in sinu meretricis est nata. Explicit"; tandis qu'il y a dans le Pontanus „hec lactancius." au lieu d' „explicit". Le second feuillet verso est semblable au feuillet 56ᵇ du Pontanus:

Suit alors un feuillet séparé dont le texte fait suite au précédent, et qui est semblable au feuillet 57 du Pontanus.

Suit encore un feuillet séparé dont le texte fait suite au précédent et qui pour les deux premières lignes correspond avec le feuillet 58ᵃ du Pontanus; mais au lieu qu'on y trouve comme dans le Pontanus, à la troisième ligne, les mots: „Hilarius Pictaviensis", notre feuillet a les mots: „De deo absolute 9sidato. Bernard⁹."; c'est-à-dire que notre exemplaire saute ici le reste du feuillet 58 et les deux premières lignes du feuillet 59ᵃ du Pontanus. Le reste de notre feuillet, à commencer par la troisième ligne du recto, est égal au feuillet 59ᵃ du Pontanus.

Suit encore un feuillet séparé égal au feuillet 60ᵃ du Pontanus.

Dans cet exemplaire se trouvent de plus deux feuilles dont la première est égale aux feuillets 52 et 53 du Pontanus où elle fait la feuille de milieu du 3e cahier. Elle commence par l'épitaphe de Virgile et finit avec l'épitaphe de Ladislas, Roi de Bohème.

Le seconde feuille n'est pas la moins curieuse. Le premier de ses feuillets recto correspond au feuillet 47ᵃ du Pontanus, avec cette différence que la première ligne se lit ici: „JERONIMUS. Prima pmi uxor ade post"//, tandis que dans le Pontanus il y a: „Exempla de mlrib⁹ prauis. Caplm terciũ.//

(p) Rīma p̄mi uxor ade p⁹ etc." La composition des onze premières lignes diffère, mais depuis la 12ᵉ les deux feuillets sont tirés sur la même forme. — Le versò du premier feuillet est semblable au feuillet 48ᵇ du Pontanus, de sorte que notre exemplaire saute ici les feuillets 47ᵇ et 48ᵃ du Pontanus.

Le second feuillet rectò est semblable pour les 26 premières lignes au feuillet 49ᵃ du Pontanus. Les huit dernières lignes de notre exemplaire contiennent le texte suivant : „De ipso quoqz salomone legitur in decretis m. c.// salomon. xxxii. q. v. Salomon īmoderato usu// atqz assiduitate mulierz ad hoc vsqz pduct⁹ est// vt templū ydolis fabricaret. Et qui prius tem// plū cōstruxerat deo. assiduitate libidīs 7 pfidie// subtract⁹. ydolis cōstrué tēpla nō timuit. Et ī// petrarcha. hebrei sapn̄tez salōnem suū pdicāt// qui qz sapn̄s eēt turba cōiugū pellicūqz testatur.// Au lieu de ces lignes le Pontanus porte: Cōcordat lactaci⁹ ī instōnib⁹ ita dices.// Aspice phōs vite magrōs etc. — non ostentaciōne//.

Jusqu'ici, sauf les changements de texte, tous ces feuillets sont du même tirage que le Pontanus, mais le versò du second feuillet de cette feuille est recomposé, quoiqu'il contienne une grande partie du feuillet 45ᵇ du Pontanus. Les trois premières lignes de notre exemplaire ont le texte suivant: „Hiis quoqz validissimis tū gentiliū tū nrarū// lrārz testiōniis nō de nichilo venit ī mentē stul// tissimū paridis troiaī iudiciū qd' seqtur adiice.// Tres dee ad paridem.//

Au lieu de cela on lit dans le Pontanus: „Pii secūdi pōtificis maximi etc." comme dans notre Planche 23 [10]. Alors suivent les vers dans lesquels je remarque les variantes suivantes:

ligne		dans le Pontanus	
1.	quelibz	„ „ „	quelz.
3.	titulū	„ „ „	titulum.
13.	pont⁹	„ „ „	pontus.
15.	īuius	„ „ „	inuius.
17.	mūnera	„ „ „	muēra.
19.	pign⁹	„ „ „	pignus.
24.	habet	„ „ „	habz.

Dans notre exemplaire on trouve après ces vers le texte suivant: „F. PETRARCHA.// Qui cathedrarios primū phōs dixit ille ppriū// rei nom īposuit. In cathed's eī phānt. ī opib⁹// insaniūt. Precipiūt aliis. pceptisqz suis p̄mi ob// stāt. p̄mi legib⁹ suis derogāt. 7 sigferos se pfes// si p̄mi ordiēs deserūt. p̄mi v'tutis īpio rebellāt.//

Le texte, différent du Pontanus à commencer par les mots „Descriptio lasciui amoris" etc., se trouve à notre Planche 23 [10].

DONATS DE 26 ET DE 27 LIGNES.

Planches 27 [21], 28 [67], 29 [73].

L'atelier typographique qui a produit le Pontanus, le Saliceto et l'Iliade, a aussi mis au jour plusieurs éditions du livre élémentaire connu sous le nom de Donat, deux éditions différentes du Doctrinale et les Catonis Disticha.

La Bibliothèque Royale de la Haye possède quatre feuillets (deux feuilles) d'un Donat exécuté avec le caractère du Saliceto, qui compte 26 lignes par page. J'en ai donné un spécimen à la Planche 27 [21]. Ce sont jusqu'ici les seuls fragments connus d'une telle édition. Ces deux feuilles ont fait partie d'un *Donatus minor* ou *abbreviatus*, parce que la feuille contenant la première page, commençant par ces mots: „Partes orationis quot sunt" &c., contient aussi la dernière page, finissant par le mot: „Explicit." Cette édition était donc composée d'un seul cahier.

Le Museum Meermanno-Westreenianum et la Bibliothèque Royale possèdent un exemplaire complet et de nombreux fragments de Donats exécutés avec le caractère du Saliceto, ayant 27 lignes par page, qui sont décrits sous les n°s 6, 7, 565—569 du Catalogue de nos incunables.

Je distingue deux espèces d'éditions de ce Donat, différentes par leur composition typographique. Les Planches 28 [67] et 29 [73] montrent ces différences; on y voit que les mots: „Legendus participium", à la 3e ligne d'en haut de la Planche 28 [67], se trouvent placés à la 3e ligne d'en bas de la Planche 29 [73].

A cette première espèce appartiennent:

a) le Donat complet du Museum Meermanno-Westreenianum, qui est composé de quatorze feuillets, divisés en deux cahiers, le premier de quatre, le second de trois feuilles. (Catalogus B. R. H. n°. 565);

b) quatre feuilles du Muséum susdit (Catalogus n°. 566);

c) deux feuilles de la Bibliothèque Royale (Catalogus n°. 6).

Par un singulier hazard il s'est trouvé que ces six feuilles ont fait partie du même exemplaire, dont le Muséum garde les feuilles 1—8, 2—7, 4—5 du premier et la feuille 10—13 du second cahier, tandis que la Bibliothèque Royale possède la feuille 3—6 du premier et la feuille 9—14 du second cahier; il n'y manque donc que la feuille 11—12 du second cahier, pour que cet exemplaire soit complet.

d) un feuillet du Muséum (Catalogus n°. 568).

Le texte des Donats appartenant à cette espèce offrent aussi des variantes; j'en ai reproduit une à la Planche 28 [67][a2,b]; dans le premier fragment à la deuxième ligne on lit: „neutz", tandis qu'au second fragment il y a: „neutrū."

A la seconde espèce de ces Donats appartiennent:

a) deux feuillets et un fragment du Muséum (Catalogus n°. 567);

b) trois fragments du Muséum (Catalogus n°. 569);

c) un feuillet de la Bibliothèque Royale (Catalogus n°. 7).

On peut voir à la Planche 29 [73][a2,b], que les éditions de cette espèce offrent aussi des variantes. Dans un des fragments on lit à la première ligne: „accidūt", et à la dernière ligne: „ante adūsum", tandis que l'autre fragment a: „accidunt" et „an aduersum."

Dans son intéressant ouvrage „Beschreibung einiger typogr. Seltenheiten" &c. Mainz, 1800. Vol. I, pl. 3. M. G. Fischer a donné le fac-simile d'un fragment de Donat semblable. Il y trouve (pag. 38) la preuve que Gutenberg a gravé des types en métal, et (pag. 57) il ajoute „que ce Donat doit être attribué à Gutenberg seul, qui l'a imprimé vers 1449—50."

Or, ce fragment est parfaitement conforme au Donat complet du Museum Meermanno-Westreenianum et appartient donc à l'imprimeur du Saliceto.

Aussi M. Fischer a-t-il reconnu plus tard qu'il s'était trompé, car dans son Essai sur les Monumens typogr. de J. Gutenberg. Mayence, An X, pag. 64, note 74, il dit: „je ne balance pas à rétracter l'assertion que j'ai donné dans mes Typographische Seltenheiten, que le fragment de Donat que j'ai fait graver, appartenait à Gutenberg. La manière est tout à fait différente de la sienne et approche de celle que Meerman attribue à Laurent Koster."

DOCTRINALES DE 28 ET DE 29 LIGNES.

Planche 30 [8].

Le Museum Meermanno-Westreenianum possède deux feuillets d'un Doctrinale de 28 lignes, et sept feuillets d'un Doctrinale de 29 lignes, imprimés sur vélin, avec le caractère du Saliceto. La Planche 30 [8] donne un spécimen de ces différentes éditions.

A la série des livres imprimés avec ce caractère appartient aussi le fragment d'un Catonis Disticha, de 21 lignes, sur vélin, décrit par M. Leigh Sotheby dans ses Principia typogr. Vol. I, p. 135 et reproduit en fac-simile à la Planche XXIV, 4 de son ouvrage.

DONAT DE 27 LIGNES.

Planche 31 [26].

Ce fac-simile est pris sur l'original qui se trouve au Museum Meermanno—Westreenianum. Quoique le caractère de ce Donat, imprimé sur vélin, soit bien de fabrique Néerlandaise et que par le t-final avec sa barre perpendiculaire il se rapproche des Donats et des autres livres qui offrent la même particularité, il en diffère par la grandeur et par la forme de la lettre capitale P.

Des fragments de la même édition sont conservés à l'Hôtel de Ville de Harlem; ils sont gravés dans l'ouvrage de Meerman, Origines typogr. à la Pl. II. J'ai ajouté à ma Planche 31 [26][b] une copie de l'un de ces fragments, pour montrer leur ressemblance.

Le Dr. Kloss possédait les feuillets 4 et 5 de cette édition; il a reproduit une de ces pages dans sa Collection de fac-simile.

DONAT DE 27 LIGNES.

Planche 32 [103].

Dans la Bibliothèque du Couvent des Chanoines réguliers de Sainte-Croix, à Uden, (Brabant Septentrional) on a découvert, il n'y a pas longtemps, deux feuilles de parchemin, collées dans l'intérieur de l'ancienne reliure d'un Durandi Rationale divinorum officiorum, imprimé à Strasbourg en 1493. Ces feuilles forment chacune deux feuillets d'un Donat de 27 lignes; elles offrent le même texte et ont donc fait partie de deux exemplaires d'une même édition.

Le caractère de ce Donat, inconnu jusqu'ici, a un grand air de famille avec celui qui a servi au Saliceto, mais il n'est point du tout le même; les lettres capitales D, O, P, par exemple, n'ont pas les deux traits obliques, qui caractérisent les mêmes initiales dans les fragments de Donats dont j'ai donné les fac-simile aux Planches 27 [21], 31 [26], 13 [49]^d, 28 [67] et 29 [73]; mais du reste la composition de ce Donat ressemble tellement à celle du Donat complet (Planche 28 [67]) qu'ils paraissent faits l'un d'après l'autre.

J'ai reproduit quelques lignes de la même page de ce Donat (Planche 32 [03]^b), afin que l'on puisse juger de la ressemblance de ces deux éditions quant à la composition, et en même temps de leur diversité quant aux types.

DONAT DE 27 LIGNES.

Planche 33 [97]^a.

La Bibliothèque Royale de la Haye possède deux feuillets d'un Donat, imprimé sur vélin, dont la Planche 33 [97]^a donne un fac-simile. Ils étaient jadis collés dans l'ancienne reliure de deux livres imprimés par R. Paffroed, à Deventer, en l'année 1495. Ces livres faisaient partie de la Bibliothèque de M. J. Visser, et c'est lui qui y découvrit ces fragments; il supposa que ce Donat était xylographique et sorti des presses de ce même Paffroed vers la fin du XVe siècle; mais il se trompait, car cette édition est imprimée en types mobiles; et aucun des nombreux livres publiés par ce typographe, qui sont parvenus jusqu'à nous, n'est imprimé avec ces mêmes caractères. A en juger d'après le genre des types il me paraît hors de doute que ce Donat appartienne à une typographie hollandaise. L'un des deux feuillets porte la signature b$_{us}$).

ÉDITIONS DE JACOBUS BELLAERT, 1483—1486 ET DE JOHANNES ANDREÆ. 1486.

Planches 34 [50], 35 [51] et 36 [12].

Le premier qui a publié à Harlem un livre avec date certaine est Jacques Bellaert. Cet imprimeur était natif de la ville de Ziericzée, située dans la province de Zélande (Pl. 35 [51]^a). Son édition du livre intitulé: Dat liden ende die passie ons Heeren Jesu Christi (les souffrances et la passion de N. S. J. C.) est datée du 10 Décembre 1483 (Planche 34 [50]^{ab}). L'exemplaire de ce livre d'après lequel ce fac-simile a été fait, appartenait à M. J. Enschedé. Le nom de Bellaert, il est vrai, ne s'y trouve pas, mais son écusson placé à la fin du livre, le même que l'on voit dans son édition du Barth. Glanvilla de proprietatibus rerum (en Hollandais) de 1485, (la seule où il ait mis son nom (Planche 35 [51]^a)), ne laisse aucun doute que Bellaert ne soit l'imprimeur de ce livre.

L'écusson de Bellaert (Planche 34 [50]c) représente un écu suspendu couché, avec les armes de la Ville de Harlem; au-dessous se voit un griffon, supportant dans ses griffes un écu d'attente. Ici l'écusson est entouré d'une bordure, d'un dessin très-joli et particulier, mais déjà elle est fatiguée. D'autres fois l'imprimeur a employé ce même écusson sans bordure. L'écusson et sa bordure rappellent ceux de Chr. Snellaert de Delft. Les bois de cette bordure ont été employés en 1493 par G. Leeu dans son édition des Cronycles of the londe of Englond. Voir M. Humphrey, History of the art of Printing, Pl. 86.

Bellaert a orné plusieurs de ses productions typographiques de figures xylographiques. Les trente-deux planches qui se trouvent dans le premier livre sorti de ses presses, ont été empruntées par lui à Gérard Leeu, qui s'en était servi pour une édition du même ouvrage, publiée à Gouda en 1482 (Planche 71 [54]3a). Les planches qui se trouvent dans son édition du Glanvilla ont été faites expressément pour ce livre. M. Leigh Sotheby en a donné un fac-simile dans ses Principia typographica, Vol. 1, pl. 45. Mais celles qui se voient dans le livre de Theramo (Planche 35 [51]b2,3) et dans G. de Guilleville, Boeck van den pelgheryn (Livre du Pélerin, Planche 35 [51]c), avaient probablement servi déjà à d'autres fins. Elles sont passablement usées et composées de plusieurs pièces, qui changées offrent des scènes différentes. Celles dans notre fac-simile (Planche 35 [51]b2,3) se composent de trois bois. M. Leigh Sotheby, dans son ouvrage cité, Vol. I, pl. 44 a donné deux planches du même livre, composées de quatre bois. Ces bois se retrouvent encore soixante ans plus tard dans une édition du Bélial publiée en 1551 à Anvers par Sym. Cock.

Le fac-simile à la Planche 35 [51]d2, tiré du livre intitulé: P. Michiel Doctrinael des tyds (P. Michault Doctrinal du temps), représente l'auteur à genoux offrant son ouvrage à Philippe le Bon, Duc de Bourgogne. L'écusson suspendu à un arbre porte les armes de la famille van Ruyven, dont un des membres, Nicolas van Ruyven, était bailli de la Ville de Harlem en l'année 1471. La planche, employée ici dans un ouvrage publié en 1486, est fortement endommagée et avait déjà servi pour une édition du Recueil des histoires de Troye, par Raoul le Fèvre, en Hollandais, publiée par Bellaert en 1485, mais là elle est entourée de la bordure qui se voit à la Planche 34 [50]c.

La figure (Planche 35 [51]b3) représente une chambre avec fenêtres aux vitraux peints, dont deux offrent des écussons nobiliaires. Celui à gauche contient les armes du Chevalier Jacob van Cats, qui de 1484 à 1489 remplissait les fonctions d'escoutète de la Ville de Harlem. A droite on voit les armes de la famille van Ruyven; au milieu une marque ou monogramme, peut-être de l'imprimeur Bellaert, ou du graveur. Cette marque ressemble beaucoup à celle de G. Leeu.

Les gravures dans les livres publiés par Bellaert sont bien différentes, tant pour le dessin que pour la gravure, de celles du Spéculum et du Biblia pauperum. Les gravures dont il a orné son édition du Boec des gulden throens (Livre du trône d'or) de l'année 1484, ont été employées depuis pour des éditions d'un Opuscule de S. Bonaventure, publiées à Anvers par N. Leeu, en 1487 (Planche 106 [62]c1) et par van Liesveldt en 1497 (Planche 109 [70]b1). Celles du Pélerin de Guilleville de l'an 1486, ont servi plus tard à H. Eckert de Homberch, imprimeur à Delft, pour son édition du même ouvrage de l'année 1498.

Les types dont Bellaert s'est servi sont représentés aux Planches 34 [50]ab et 35 [51]a,b1,d1, qui offrent le fac-simile de quatre souscriptions de ses livres avec la date de 1483, 1484, 1485 et 1486. Ces types se retrouvent chez G. Leeu, à Gouda, en 1484 (Planche 71 [54]4); chez le même imprimeur, à Anvers, en 1485 et 1487 (Planches 102 [57]ᵃ et 106 [62]ᵇ); chez Nic. Leeu, à Anvers en 1488 (Planche 106 [62]ᵃ), et chez P. van Os, à Zwolle, en 1493 (Planche 90 [82]ᵇ).

Comme Bellaert a emprunté à Gerard Leeu les planches pour son premier livre de 1483, et comme ces deux artistes se sont servis en même temps des mêmes types, je suis porté à admettre que l'imprimeur de Harlem a obtenu ses types du typographe de Gouda, en ce sens que ces types ont été fabriqués par Leeu et que celui-ci a cédé une fonte de ses caractères à Bellaert.

L'on ne connaît pas de publication de Bellaert postérieure à l'année 1486; ce qui donne lieu à croire qu'il ait quitté sa carrière ou qu'il soit mort à cette époque.

Le second imprimeur à Harlem dont les éditions portent une date certaine est Johannes Andreæ (Jean fils d'André). Les produits de ses presses connus aujourd'hui se bornent aux suivants :

1) Formula novitiorum de exterioris hominis compositione. Harlem, 1486, d. 1 Maii. in-4°.
2) Henrici de Hassia, Liber de consolatione theologiae. Harlem, 1486, d. 31 Maii. in-4°.
3) Een nuttelick boecksken inhoudende drie capittelen roerende — op drie dachvaerden, etc. Haerlem, 1486, 15 Junii. in-4°.
4) Sermones notabiles super salutatione angelica. Harlem, 1486, die 10 Augusti. in-fol. (Panzer possédait ce livre; voyez ses Annales typogr. I. 455. 15.)
5) Een schone collacie van den goeden Tobias. s. l., nom d'impr. et date. in-4°.
6) Zeven goede oeffeninghen. s. l., nom d'impr. et date. in-4°. Les nᵒˢ. 5 et 6, reliés dans le même volume avec le nᵒ. 3, sont très-probablement imprimés dans la même année 1486.
7) Lotharii diaconi cardin. Libellus de miseria humanæ conditionis. s. l., nom d'impr. et date. in 4°.

N'ayant pas vu les Sermones notabiles (n°. 4) j'ignore avec quels types ce livre est imprimé; mais les six autres offrent tous le même caractère, qui est représenté à la Planche 36 [12], et qui a l'air très-fatigué.

L'écusson de J. Andreæ est composé de deux écus, tenus par un lion assis, l'un aux armes de la ville de Harlem, l'autre qui porte une marque, probablement celle de l'imprimeur. On y lit les mots: In hollat (en Hollande). C'est la seule gravure que j'aie rencontrée dans ses éditions (Planche 36 [12]ᵇˢ).

Comme tous les livres datés d'Andreæ sont de l'année 1486, il est très-probable qu'il n'a imprimé que dans cette seule année. On cite bien d'après le catalogue de la Bibliothèque de Menars, vendue à la Haye en 1720, une édition du Formula noviciorum, per Joh. Andreæ, Harlem. 1483, mais Visser (Naamlijst p. 15) observe qu'il n'est parlé nulle part ailleurs de cette édition. Personne aussi jusqu'ici n'en a vu un exemplaire. Si ce livre existait on aurait une lacune de trois ans dans les travaux d'Andreæ, pour laquelle on ne saurait alléguer aucune raison plausible. Pour moi je crois que le millésime de l'édition de MCCCCLXXXVI, a été changé par un adroit faussaire, qui en grattant la partie inférieure du V en a fait un II.

De même une édition du Barthol. Glanvilla, citée par Maittaire, Annales, Tom. IV. 1. p. 402, comme imprimée à Harlem en 1479, n'est autre que l'édition de Bellaert de MCCCCLXXXV, dans laquelle on a changé les deux derniers chiffres XV en IX. Le Theramo der Sonderen troest, Harlem 1488, cité par Visser, (Naamlijst p. 28), d'après la Bibliotheca Albertina, n°. 860, n'existe pas. C'est une faute d'impression, comme l'a observé Koning, (Verhandeling, p. 172); il faut lire 1484.

Pour terminer mes observations sur ces éditions je dois appeler l'attention sur les initiales P H, qui se trouvent au-dessous de la souscription du Theramo de Bellaert (Planche 35 [51] [b1]). Dans un livre imprimé par Ger. Leeu, les initiales G L (Planche 67 [52] [2b]) s'expliquent facilement comme celles du prénom et du nom de l'artiste. Les initiales P B, dans une édition publiée à Hasselt en 1481 (Planche 96 [63]) indiquent le nom de l'imprimeur Peregrinus Barmentlo. Mais ici la signification des initiales P H nous échappe et je dois les ranger dans une même catégorie avec les initiales A G à la fin du Soliloquium animæ de Thomas à Kempis, publié par Ketelaer et de Leempt; — que les initiales G L à la fin de l'Histoire de la S. Croix (en Hollandais) Planche 115 [34] [3b], et la formule „G. Liea'" à la fin du Spéculum (en Hollandais), publiés en 1483 par Veldener à Culenbourg; — que les initiales B B, dans la souscription d'un livre de H. van Woerden, à Leide (Planche 112 [86][d]) et que les lettres J. C. dans un livre sorti des presses de van der Goes, à Anvers en 1484 (Planche 100 [47] [b2]).

Hasardons une conjecture. Ne seraient-ce pas les initiales de l'artiste qui a été chargé de la *composition* de l'ouvrage? Peut-être qu'un heureux hasard fera trouver un jour la clef de ces énigmes.

UTRECHT.

ÉDITIONS DE NICOLAUS KETELAER et de GERARDUS DE LEEMPT, 1473—1474.

Planche 37 [38].

Cette Planche donne le fac-simile du commencement et de la fin de deux livres de ces imprimeurs. Au premier des deux ils ont mis leur nom, celui de la ville où ils exerçaient leur art et la date 1473. Au second ils n'ont ajouté que la date 1474. L'on connaît encore une trentaine d'ouvrages imprimés avec le même caractère, tous sans nom d'imprimeur, de lieu et de date, mais qui sont sortis de leurs presses, probablement avant 1473, mais très-certainement avant 1475, lorsque ces types étaient employés par Guil. Hees, qui paraît être devenu l'acquéreur de leur matériel typographique. (Vr. Planche 38 [39]).

Parmi les livres, tous de format in-folio, imprimés par ces artistes, il s'en trouve plusieurs inédits jusqu'alors, comme: Augustinus de mirabilibus S. Scripturæ, Claudianus, Eusebius, Jac. de Cessolis Solatium ludi schacorum, Liber Alexandri Magni de preliis, Sedulius, Vegetius, Vigellus, Corn. Gallus, Thomæ a Kempis Opera, — un gros volume publié peu de temps après la mort de cet auteur, mais dans lequel ne se trouve pas le livre de l'Imitation, — et une traduction en vers latins du Roman du Renard, faite par un certain Baudouin, au 13e siècle, d'après le poëme hollandais de ce roman. Le seul exemplaire connu de cet ouvrage est conservé à la Bibliothèque de la ville de Deventer. M. Campbell, Sous-Bibliothécaire de la Bibliothèque Royale à la Haye, a donné une réimpression de cet ouvrage, qui a été publiée par M. M. Nyhoff.

Tous ces livres imprimés d'après des manuscrits, donnent une idée avantageuse de l'état des

Bibliothèques dans l'Évêché d'Utrecht à cette époque, et de l'encouragement que David de Bourgogne accorda aux sciences et aux belles-lettres, qui permit aux imprimeurs d'entreprendre la publication d'ouvrages semblables.

ÉDITIONS DE WILHELMUS HEES, 1475.

Planche 38 [39].

En rédigeant le catalogue des Incunables de la Bibliothèque Royale de la Haye et en jugeant d'après la ressemblance des types, j'ai rangé parmi les livres publiés à Utrecht par Ketelaer et de Leempt, le traité de S. Bernardinus de vita christiana, dont notre Planche 38 [39]² donne le commencement de la première page. Cette édition très-rare est décrite par de la Serna Santander (Dictionn. bibliogr. Tom. II. p. 477), qui, lui aussi, l'attribue à ces imprimeurs, en ajoutant „que tout l'ensemble de l'exécution typographique démontre, que c'est une des premières productions de leur atelier." Le format du livre, petit in-4°., semblait appuyer cette assertion, mais d'un autre côté, j'y remarquais au commencement des alinéa, l'emploi du signe ¶, que je n'avais pas rencontré dans leurs éditions in-folio; et comme ordinairement les imprimeurs ont coutume de continuer à se servir du matériel qu'ils ont employé une fois, je croyais devoir différer de l'opinion de de la Serna et placer ce livre parmi les dernières productions de ces typographes.

Maintenant il ne reste plus de doute à ce sujet. Le savant bibliographe Ebert avait indiqué dans la 4ᵉ Livr. de la Revue allemande: Hermes, de l'année 1823, qu'il se trouve à la Bibliothèque Ducale de Wolfenbuttel un livre intitulé: Ant. Haneron de coloribus verborum, imprimé en caractères offrant une grande ressemblance avec ceux employés par Ketelaer et de Leempt; dont le papier porte une marque qui ne se rencontre que dans les livres publiés par eux (voyez le n°. 88 de la 3ᵉ planche du Supplément au catalogue des livres de la bibliothèque de de la Serna Santander. Bruxelles, 1803); et avec la souscription: „Finitum per manus Wilhelmi Hees, anno LXXV."

La Planche donne 1ᵃ) le commencement et 1ᵇ) la dernière page avec la souscription de ce précieux volume. En les confrontant avec le commencement du Bernardinus (Planche 38 [39]²) et avec la Planche 37 [38], l'on se convaincra aisément que les types sont identiques avec ceux de Ketelaer et de Leempt mais plus usés, et l'on remarquera dans les deux livres le signe ¶, qui ne se trouve dans aucune des éditions de ces artistes.

Je crois pouvoir conclure de là que l'appareil typographique de Ketelaer et de Leempt était passé à Guill. Hees dès l'an 1474; que celui-ci a imprimé, avec les mêmes types et sur du papier semblable à celui dont se servaient ses prédécesseurs, ces deux ouvrages, l'un en 1475, l'autre sans date; de sorte que désormais Wilhelmus Hees prendra son rang parmi les artistes imprimeurs d'Utrecht, après Ketelaer et de Leempt et avant J. Veldener, qui n'y arriva qu'en 1478.

ÉDITIONS DE JOHANNES VELDENER, 1478—1481.

Planches 39 [29], 40 [24] et 116 [35][5].

Ce typographe, après avoir fait rouler ses presses à Louvain de 1473 à 1477, les transporta à Utrecht, où il publia déjà en 1478 les Évangiles et Épîtres (en Hollandais), (Planche 39 [29][1]); dont il donna une seconde édition en 1479 (Planche 39 [29][2]), et une troisième en 1481 (Planche 39 [29][4]).

Son livre le plus remarquable par l'exécution typographique est le Fasciculus temporum (en Hollandais) de 1480, dont la Planche 40 [24] offre une page, et la Planche 39 [29][3] la vignette avec la marque de l'imprimeur. La gravure qui représente le Christ (Planche 39 [29][2]) est tirée des Évangiles et Épîtres de 1479, mais avait servi déjà dans son Fasciculus temporum de 1476. Veldener a orné son édition des Évangiles et Épîtres de 1481 de petites planches dont je donne un échantillon à la Planche 116 [35][5], et de deux bois du Spéculum: les Vierges sages et folles et le Dernier jugement, (Planche 39 [29][4b]).

Pour tous ses livres publiés à Utrecht Veldener a employé le même genre de caractères, imitant l'écriture alors en usage à la Cour de Bourgogne. Ces types qui lui avaient servi en 1476 pour imprimer, à Louvain, un Calendarium, se retrouvent à Louvain en 1484. (Planche 59 [130][a]).

La marque typographique de Veldener pendant son séjour à Utrecht se compose d'un double écusson, suspendu à une branche d'arbre; d'abord avec la marque de l'imprimeur à gauche et l'écusson à droite en blanc; puis en 1480 avec la marque de l'imprimeur à gauche et les armes de la ville d'Utrecht à droite.

L'on ne connaît pas de livre imprimé par Veldener en 1482; en 1483 il transporta ses presses à Culenbourg. (Voyez Planches 115, 116 [34, 35]).

A la Bibliothèque Impériale de Paris on conserve un exemplaire du Fasciculus temporum en Hollandais, publié par Veldener à Utrecht en 1480, qui offre une particularité remarquable que van Praet dans sa Notice sur Colard Mansion, pag. 83, a été le premier à signaler. Dans la vignette qui se trouve à la fin du Fasciculus on lit ces deux lignes, imprimées avec le même caractère que le texte du livre:

Loeff Ketelaer woenende tutrecht

in loeff bermmakers stract borgher. (Voyez Planche 8 [132][d2]).

Van Praet y voit une adresse, laquelle selon lui ne se rencontre que dans quelques exemplaires, quoique jusqu'ici l'exemplaire de Paris soit le seul où elle se trouve. L'illustre bibliographe y croit voir la preuve que Nicolas Ketelaer, l'associé de Gérard de Leempt, vivait encore en 1480; il croit même que Veldener exécuta ce volume pour Ketelaer ou qu'il fut son successeur.

M. Wetter (Krit. Geschichte der BK. S. 737) en citant cette inscription, dit qu'il n'est pas douteux que Veldener ait imprimé le Fasciculus dans la maison de Ketelaer.

Mais ces Messieurs se sont trompés, et je m'en étonne pas, car il y a bien des années que j'ai vainement cherché moi-même à interpréter et comprendre ces lignes. Ce n'est que depuis peu que j'ai trouvé dans une Généalogie manuscrite des familles d'Utrecht (Genealogie van Utrechtsche Geslagten, MS. en deux volumes in-folio, vendu en 1865 par le libraire M. Nyhoff, à la Haye), et dans un autre exemplaire du Fasciculus la clef de cette énigme.

A Utrecht demeuraient la famille Ketelaer et celle de Berchmaker; ces familles étaient même unies par des mariages. Nicolas Ketelaer, qui vivait encore en 1507, était probablement le frère de Loeff Ketelaer; ce dernier demeurait en 1480 dans une rue bâtie par Loeff Berchmaker et nommée d'après lui la rue de Loeff Berchmaker; aujourd'hui on la nomme: Ballemakers straat. Loeff Ketelaer a été tué en 1483 au siége de la ville. Le mot Loeff est un prénom, très-usité au XVe siècle dans la province d'Utrecht. Je ne comprends pas bien comment van Praet a lu dans ces deux lignes que *Nicolas* Ketelaer vivait encore en 1480. M. Wetter a donné une traduction de ces lignes, mais il n'a pas traduit le mot Loeff deux fois répété, que ni lui ni van Praet n'a compris. C'est simplement l'adresse de *Loeff* Ketelaer „Demeurant à Utrecht dans la rue dite de Loeff Bermmaker, citoyen."

Mais que signifie cette adresse imprimée dans le Fasciculus? L'autre exemplaire de ce livre dont je parlais et qui se trouve maintenant à Utrecht, donne l'explication. A la même place que dans l'exemplaire de Paris on y lit l'inscription suivante:

Dit boeck hoert toe den edelen heer
heer jan borchgraeff van montfoert,

c'est-à-dire:

Ce livre appartient au noble Seigneur
Seigneur Jean, Burggrave de Montfort. (Planche 8 [132]⁴¹).

Ces deux lignes sont imprimées avec le même caractère que le texte du Fasciculus, donc par Veldener.

Or, ceci prouve que lorsque cet artiste avait terminé cette Chronique, qui non seulement est un chef-d'œuvre typographique, mais qui a été continuée par lui ce qui regarde la partie de l'histoire des Pays-Bas, il en a offert quelques exemplaires à des personnes de distinction, entre autres au Seigneur Jean, Burggrave de Montfort, qui occupait alors la place de commandant militaire d'Utrecht, et à Loeff Ketelaer; dont le frère avait introduit l'imprimerie dans cette ville. Veldener leur a offert des exemplaires qui portaient leur nom, leurs qualités ou leur adresse.

EDITIONS DE GL, LG, Ct ou tC? 1479—1480.

Planches 41 [45], 42 [40], 43 [41] et 44 [42].

La Planche 41 [45] offre ^a) comme spécimen des types de cet imprimeur la souscription d'un livre publié en 1479, ^c) la souscription d'un livre de 1480, et ^b) une page d'un livre sans date; on ne connaît pas d'édition de cet imprimeur postérieure à l'année 1480.

Ses marques typographiques sont représentées à la Planche 44 [42]. La première ^{1e}) est tirée du livre d'Otto van Passau, Boeck des gulden throens (Livre du thrône d'or). C'est un palmier auquel sont attachés deux écus d'attente entre lesquels se trouve un monogramme. La seconde ²) est placée au commencement du texte du livre der Sielen troest (la consolation de l'âme) imprimé le 7 mai 1479. Ce livre contient une explication du Décalogue par demandes et réponses entre un maître et un disciple. Aussi voit-on dans cette vignette ces deux interlocuteurs, et Moïse recevant de Dieu les tables de la loi. Mais M. De Brou (Messager des Sciences histor. Année 1849. Livr. 1. p. 8), et après lui Renouvier (Histoire de la gravure etc. pag. 278), croyent y voir les portraits de deux imprimeurs avec Moïse leur plus grand patron. Je n'ose pas souscrire à cette conjecture qui me paraît plus ingénieuse que vraie. Le monogramme de l'imprimeur se trouve aux pieds des deux personnages. La troisième marque [3]) est copiée sur le fac-simile donné par M. De Brou (Messager d. Sciences hist. 1849. Livr. 1) d'après l'original qui est conservé dans la précieuse Bibliothèque de S. A. S. le Duc d'Arenberg. Elle représente deux écus suspendus à des branches; à gauche les armes de la ville d'Utrecht, avec une petite figure de St. Martin le patron d'Utrecht, et non pas avec la figure de S. Luc, patron ordinaire des imprimeurs, comme l'a dit Renouvier; à droite celles de l'imprimeur; au milieu son monogramme.

Les bibliographes expliquent ce monogramme comme s'il y avait G L, formant ainsi les initiales de Gérard (de) Leempt l'associé de Ketelaer, qui aurait continué l'imprimerie. En admettant que l'une de ces lettres soit un G et non un C, ce qui me paraît encore douteux, l'autre lettre ressemble plutôt à un t, à cause du petit trait qui la traverse. Ensuite la lettre G, indiquant le prénom Gérard est beaucoup plus prononcée que la lettre l qui représenterait le nom Leempt; à mon avis le contraire devrait avoir lieu. Ajoutez à cela que le nom de l'associé de Ketelaer est Gérard *de* Leempt et non pas Gér. Leempt; que tous les livres publiés par ces deux artistes en société sont en langue latine, tandis que ceux publiés par G L (?) sont tous en idiôme Hollandais ou Flamand; et enfin que si réellement G. de Leempt fut indiqué par ce monogramme, il y aurait une lacune de cinq ans dans les travaux de cet artiste.

D'autres encore ont cru que ces initiales indiquent le nom d'un imprimeur de Nimègue, Gérard Leempt; mais c'est peu probable, puisque tandis que celui-ci imprimait là le 23 Août 1479, l'artiste d'Utrecht publia des livres avec la date du 7 Mai et du 10 Novembre de la même année. Leurs types sont aussi d'un genre tout-à-fait différent.

Pour moi je serais d'avis qu'il faut interpréter ce monogramme comme s'il y eut t G ou t C.

Il est à regretter qu'on n'ait pu découvrir encore à quelle famille appartiennent les armes de notre imprimeur, car celles-là pourraient nous révéler son nom, qui jusqu'ici est une énigme.

Plusieurs des livres de cet artiste sont ornés de planches. Celles du „Trône d'or" m'ont parues assez remarquables pour en reproduire la série complète. (Planches 42, 43, 44 [40, 41, 42]). Chacune d'elles représente „un ancien", sous la figure d'un roi, qui exhorte „l'âme aimante", figurée par une femme. J'ai indiqué l'ordre dans lequel ces planches se suivent dans le livre, par un numéro placé à droite en bas de chacune; l'ordre que j'ai adopté sert pour mieux faire ressortir la particularité qu'elles offrent. La première se répète cinq fois; toutes les autres diffèrent entre-elles; mais ce ne sont pas 19 différents bois, mais seulement quatre cadres différents, dans lesquels l'artiste a enchâssé six différentes figures de rois et cinq figures de femme, de sorte que par ce procédé il pouvait varier les planches à l'infini. Le petit livre intitulé: Corona mistica b. Mariæ virginis, imprimé à Anvers par G. Leeu en 1492, contient des planches qui offrent une particularité semblable. Un exemplaire de ce livre est conservé à la Bibliothèque Royale de la Haye. (Catalogus n°. 207.)

ALOST.

ÉDITIONS DE JOHANNES DE WESTFALIA et de THEODORICUS MARTENS, 1473—1474.
ÉDITIONS DE THEODORICUS MARTENS, 1474, 1487—1490.

Planches 45 [5] et 46 [6][b,c].

L'on connaît jusqu'ici six livres imprimés à Alost dans les années 1473 et 1474, tous dans le format in-4° et exécutés avec le même caractère. Voici leurs titres:
1) Dionysii de Leuwis Speculum conversionis peccatorum. Alosti 1473. s. n. d'imprimeur. (Planche 45 [5][a].
2) Aeneæ Sylvii Libellus de duobus amantibus Eurialo et Lucretia. Alosti 1473. s. n. d'imprimeur. (Planche 45 [5])[c].
3) Augustinus de salute sive aspiratione anime ad deum. Alosti. s. d. ni n. d'imprimeur. (Planche 45 [5][b]).
4) Petri Alfonsi Hispani Textus summularum. In Alosto — per Johannem de Westfalia Paderb. cum socio suo Theodorico Martini. 1474. 26 Maii. (Planche 45 [5][d]).
5) Bapt. Mantuanus de vita beata. Alosti 1474. die S. Remigii (1er Oct.) A la fin on lit ces vers:
„Hoc opus impressi Martins Theodoricus Alosti
Qui venetum scita flandrensibus affero cuncta." (Planche 45 [5][e]).
6) Tabulare fratrum ordinis deifere Virginis de Carmelo. Sans millésime. A la fin on lit:
„Ex Alosto Flandrie octobris xxviii[a]
Theodorico Mertens impressore peractum."

Si on demande à quel imprimeur on doive rapporter les trois premiers livres, la réponse ne saurait être douteuse; c'est à Jean de Westfalia et à son compagnon Thierry Martens, les mêmes qui ont mis leurs noms au Textus summularum du 26 Mai 1474. Les deux derniers livres sont imprimés par Martens seul.

Mais cette question si simple a été singulièrement compliquée par des bibliographes qui ont avancé, en se fondant sur leur interprétation de la souscription du Mantuanus, que Martens avait appris son art à Vénise, qu'il avait rapporté de là les types avec lesquels sont exécutées les six éditions Alostoises; — que Jean de Westfalia en arrivant en Belgique et frappé de la beauté des caractères du Spéculum conversionis peccatorum de 1473, se hâta d'accourir à Alost pour s'entendre avec l'auteur de cette merveille; — qu'il lui fit imprimer sous son nom et pour son compte le Textus summularum de 1474; — que son nom ne figure dans la souscription de ce livre qu'à titre d'acquéreur de l'édition, et que son nom n'y est placé le premier que par bienséance; — enfin que, peu de temps après, il lui acheta ses caractères avec lesquels il obtint bientôt un succès prodigieux; &c.

La discussion de ce système, soutenu avez un talent remarquable, aurait exigé plus de place que n'admet le cadre restreint de mes Monuments. C'est pourquoi j'ai préféré de publier séparément mes études sur Th. Martens et sur ses travaux au XVe siècle [1] et je me borne ici à communiquer les résultats que j'ai obtenus.

C'est Jean de Westfalia qui arriva vers 1472 de l'Italie à Louvain, où il eut bientôt un personnel et un matériel considérables. L'établissement d'un vaste atelier dût lui prendre un certain temps. Dans cet intervalle Thierry Martens d'Alost, jeune homme d'environ 20 à 21 ans, guidé par le désir d'apprendre l'art typographique, vint à lui dans ce but et il est probable que pour ne pas perdre du temps, Martens l'ait engagé à transporter dans sa ville natale le peu de matériel nécessaire à l'impression de petits opuscules. C'est là que Martens, guidé par Jean de Westfalia et assisté d'un ou de plusieurs ouvriers, a exécuté avec les types de son maître les trois opuscules de 1473. L'année suivante, au mois de Mai, ils achevèrent le Petri Alfonsi Summulæ souscrit par J. de Westfalia cum socio suo Theodorico Martini. Cette circonstance me porte à croire que Martens s'était si bien appliqué à son art que J. de Westfalia l'ait jugé digne de le recevoir parmi ses ouvriers imprimeurs et de le nommer publiquement son compagnon, non son associé.

Les travaux pour l'établissement de l'atelier à Louvain touchant à leur fin, Jean quitta Alost pour se mettre à la tête de son imprimerie et commencer l'impression du de Crescentiis Opus ruralium commodorum, volume in-folio de 196 feuillets, qu'il termina le 9 Décembre 1474. Thierry, resté seul à Alost dans l'atelier provisoire qui bientôt ne devait plus servir, y imprima encore le 1er Octobre le Mantuanus de vita beata, de 30 feuillets in-4°, et le 28 Octobre suivant le Tabulare du même auteur, de 6 feuillets in-4°.

Depuis ce temps jusqu'à l'an 1487 nous ne trouvons plus nulle part la moindre trace certaine ni des opérations ni même de l'existence de Martens. Je crois qu'il a rejoint son maître à Louvain, chez lequel il aura continué à s'exercer et à se perfectionner dans son art, et que c'est vers 1487, lorsqu'il avait atteint sa 34e année, qu'il retourna dans sa ville natale pour y monter une imprimerie à lui. Il y publia le 6 Février de la dite année le Gersonis Alphabetum divini amoris, in-8°, et pendant les quatre ans de 1487 à 1490 douze volumes en tout. La Planche 46 [6]^{bc} donne les intitulés et les souscriptions d'une édition de 1487 et d'une autre de 1490. On ignore ce qu'il a fait entre les années 1490—93, mais dans cette dernière année il se trouve à Anvers où il paraît avoir eu peu de succès, car l'on ne connaît de lui qu'un seul livre publié en 1493, trois en 1494 et un en 1497. Dans cette année il quitta Anvers pour se rendre à Louvain où il fit paraître en 1498 un Breviarium, en 1499 un autre Breviarium et en 1500 quatre opuscules, parmi lesquels se trouve le Tractatus contra fastidiosos sacerdotes etc. (Planche 51 [120]^b 1–3).

En 1502 il se transporta de nouveau à Anvers, où il résida jusqu'en 1512, année dans laquelle enfin il se fixe définitivement à Louvain. C'est alors que commença l'époque de la célébrité qu'il s'est acquise à juste titre. Très-instruit dans son art comme dans les belles-lettres, il fut honoré de l'amitié d'Érasme, Martin Dorp, Josse Badius, Pierre Gilles, Adrien Baerland et autres savants, qui s'empressèrent de lui faire imprimer leurs œuvres ou qui concouraient à leur publication. Environ 150 ouvrages en langue latine, grecque et hébraïque, recommandables par leur mérite littéraire et par leur utilité pour l'enseignement universitaire, sont les fruits de son infatigable travail pendant son dernier séjour à Louvain.

---

[1] Thierry Martens d'Alost. Étude bibliographique. La Haye. 1867.

Martens quitta sa profession en l'année 1529, se retira chez les Guillelmites à Alost, et y mourut le 28 Mai 1534, âgé de plus de quatre-vingt ans et soixante ans après que son nom parût pour la première fois comme le compagnon de J. de Westfalia.

Ses compatriotes lui ont élevé une statue dans sa ville natale.

LOUVAIN.

ÉDITIONS DE JOHANNES VELDENER, 1473—1477.

Planches 47 et 48 [28 et 27].

C'est vers l'année 1472 ou 1473 que plusieurs imprimeurs étrangers sont venus à Louvain pour y exercer leur art; ils étaient probablement attirés par la renommée qu'avait obtenue l'Université et par les ressources que leur offrait la ville universitaire pour l'écoulement de leurs produits. Nous devons aux savantes recherches de M. l'Archiviste Ed. van Even, des renseignements précieux à leur sujet, car il a trouvé dans les archives de Louvain la matricule sur laquelle ils se sont portés pour se faire recevoir suppôts ou membres de l'Université, afin de pouvoir jouir des priviléges de l'Alma mater.

Cette matricule nous apprend que Johannes Veldener, du diocèse de Würzbourg, s'est fait inscrire le 30 Juillet 1473, et cette date certaine nous permet de corriger beaucoup d'erreurs qui s'étaient établies sur sa personne et sur ses travaux.

En se fondant sur le contenu d'une lettre, qui se trouve en tête de l'édition de Jac. de Theramo Consolatio peccatorum, datée de Cologne le 7 Août 1474 (Planche 48 [27][1a]), quelques bibliographes ont établi, qu'à cette époque Veldener imprimait dans la dite ville. Et comme l'on connaît plusieurs livres sans indication de nom d'imprimeur, de lieu ou de date, mais imprimés avec les caractères dont Veldener se servit et qui ressemblent à ceux des imprimeurs de Cologne, surtout à ceux d'Arn. ter Hornen, on les trouve cités comme exécutés par lui à Cologne de 1470 à 1474. Tous ces livres maintenant devront être rapportés à Louvain. Entre-autres j'y place en premier lieu les Dialogi decem variorum auctorum de 1473 (Planche 47 [28][1]), les Augustini Flores, s. d. (Planche 47 [28][2]) et le Theramo de 1474 (Planche 48 [27][1]) que j'avais porté dans le Catalogue de nos incunables sous la rubrique de Cologne. L'Angeli de Gambiglionibus Lectura, imprimé à Louvain en 1475 (Planche 48 [27][2]), dont la table est imprimée avec le même type que celui du Fasciculus temporum de 1476 (le premier livre signé de son nom) lui appartient aussi, comme le Pii Secundi Familiares epistolae, s. n. d'imprimeur et s. l., de 1477 (Planche 47 [28][4]). Ces livres, avec l'Alphabetum divini amoris de J. Gerson (Planche 47 [28][3]), offrent les différents types dont Veldener s'est servi pendant son séjour à Louvain, auxquels il faut pourtant ajouter le type de son Fasciculus temporum (en Hollandais) publié à Utrecht en 1480, représenté à la Planche 40 [24]; avec lequel vers 1476 il a imprimé un Calendarium.

Ce caractère et celui des quatre lignes du commencement du texte de l'Angelus de Gambiglionibus (Planche 48 [27][2e]) sont remarquables parce qu'ils offrent une grande analogie avec ceux qu'on rencontre dans les éditions de Colard Mansion et de Jean Brito à Bruges, ainsi qu'avec ceux de Caxton.

Veldener était un typographe consommé dans son art, comme il le dit lui-même à la fin du Viruli Formulæ epistolares, de 1476: „Accipito huic artifici nomen esse magistro Johanni Veldener, cui quam certa manu insculpendi, celandi, intorculandi, caracterandi assit industria: adde et figurandi et effigiandi et si quid in arte secreti est quod tectius occulitur." Du reste les productions de ses presses sont là comme preuves de ce qu'il avance. On n'y rencontre pas un seul type emprunté par lui à d'autres typographes, tandis que l'on peut indiquer plusieurs imprimeurs qui se sont servi de ses caractères.

Ainsi les types qu'il a employés en 1473 (Planche 47 [28][1-2]), se retrouvent dans le Litigatio Sathanæ contra genus humanum, imprimé par Joh. Solidi à Vienne en Dauphiné, en 1478; ceux des tables du de Gambiglionibus et du Fasciculus (Planche 48 [27][2a]) et 47 [28][3bc]) sont passés à Conr. Braem à Louvain en 1481 (Planche 59 [130][b], et en 1483 à H. Heynrici à Leide (Planche 112 [86][a]); ceux de la souscription du Fasciculus (Planche 47 [28][3a]) sont passés en 1488 à Lud. Ravescot, à Louvain (Planche 57 [91][b]) et ceux du Gerson' (Planche 47 [28][5]) à Godfr. de Os, à Gouda en 1486 (Planche 72 [111]).

Les figures en bois dont Veldener a illustré ses livres ne donnent pas une idée très-favorable de son talent comme graveur en bois. Les planches de son Fasciculus de 1476 ne sont pour la plupart que des copies de l'édition originale de 1474; celles du Herbarius de 1484 sont des copies en sens inverse de l'édition de Mayence. Il réussit mieux dans le dessin et la gravure des lettres initiales et des rinceaux de fleurs et de feuilles qui ornent les premières pages du Fasciculus de 1480 (Planche 40 [24]); sa marque typographique (Planche 47 [28][3a]) ne manque pas de gentillesse. Ce sont deux écussons suspendus à une branche d'arbre, la marque de l'imprimeur à gauche, les armes de Louvain à droite, son nom se trouve entre les deux.

Il a quitté Louvain en 1477 pour se transporter avec son atelier à Utrecht, où il publia le 4 Novembre de l'année suivante les Épîtres et Évangiles en Hollandais. (Planche 39 [29][1]).

Cette migration n'a rien d'extraordinaire puisque nous avons les exemples de typographes, tels que G. Leeu, Th. Martens, G. Leempt et autres, qui en ont fait autant. Mais pour ce qui regarde Veldener, je crois qu'il a quitté la ville où il s'était établi pour la première fois, parce qu'il ne s'y trouvait plus à son aise. Et voici mes raisons.

Un an après l'établissement de Veldener dans la ville universitaire Jean de Westfalia y ouvrit son atelier. Quoique la position de Veldener paraît avoir été très-belle, puisqu'en 1474 Gervinus Cruse lui donne la qualification de artis impressoriæ magister, que l'Université seule accordait, J. de Westfalia devint bientôt pour lui un concurrent redoutable. Dans la souscription de son édition du Viruli Formulæ epistolares de 1476, Veldener, après avoir longuement énuméré la beauté de ce volume, annonce que c'est lui qui l'a exécuté, qu'il a commencé à l'imprimer le 1er du mois d'Avril 1476 et qu'il l'a terminé le dernier du même mois; qu'il demeure à Louvain au Mont-aux-Cailloux (in monte calci) où il vit si content de son sort et de son art, sous des astres si favorables, si favorisé par la fortune, qu'il ne croit pas qu'il puisse avoir encore le plan de s'en aller, qu'il n'y pense même pas; j'ai ajouté cela (dit-il) afin que le lecteur comprenne et ce qu'il pourrait faire et ce qu'il aurait dû faire.

Il dit implicitement qu'il avait eu le plan de s'en aller, mais qu'il l'a abandonné; et pourtant un an après il part. Quel a pu être son motif? Je crois qu'il ne s'entendait pas bien avec son collègue

Conrad de Westfalia. La preuve en est que celui-ci publia quelques mois après une nouvelle édition des Viruli Epistolæ, exactement calquée sur celle de Veldener, et où, ironiquement, il réimprima aussi toute la souscription, sauf qu'il y dit que c'est Conrad de Westfalia qui l'a commencée le 1ᵉʳ Décembre 1476 et qu'il demeure rue S. Quentin. Voyez Planche 53 [123].

Cette réimpression du colophon dans laquelle Conr. de Westfalia s'approprie toutes les qualités de son confrère et où il répète tout ce que celui-ci avait dit de ses projets, m'a bien l'air d'être faite pour se moquer de lui et il se peut que ces tracasseries, car il y en aura bien eu d'autres que nous ignorons, ayent décidé Veldener à quitter la partie.

ÉDITIONS DE JOHANNES DE WESTFALIA, 1474—1496.

Planches 49 [87], 50 [88] et 51 [120].

Jean, nommé de Westfalia, de Paderborn ou de Aken suivant qu'il prenait le nom de sa province, de son évêché ou de son village, a été l'imprimeur le plus célèbre des Pays-Bas méridionaux au XVᵉ siècle. Il est venu vers 1472 de l'Italie, d'où il a apporté le caractère sémi-gothique avec lequel il a exécuté le plus grand nombre de ses éditions (Planche 49 [87]); le caractère romain ou vénitien que l'on voit dans ses Aeneæ Sylvii Familiares epistolæ de 1483 (Planche 50 [88]ᵃ) et dans deux autres livres, et celui qui se trouve dans le dernier livre qu'il a publié, la Legenda S. Annæ, de 1496, Planche 50 [88]ᶜ.

Pendant le temps exigé pour l'établissement de son vaste atelier, il a transporté à Alost, à la sollicitation de Th. Martens, un matériel suffisant pour pouvoir imprimer quelques opuscules. Il y a publié en 1473 trois petits ouvrages, sans indication de son nom ni de celui de son jeune compagnon. Le 26 Mai de l'année suivante il y fit paraître les Petri Alfonsi Hispani Textus Summularum, en annonçant que ce livre est imprimé par lui et par son compagnon Th. Martens. Il retourna alors à Louvain où il fut immatriculé le 7 Juin et où il commença bientôt l'impression du Petri de Crescentiis Opus ruralium commodorum, qu'il acheva le 9 Décembre. Il déploya une grande activité car en 1475 il imprima six ouvrages in-folio, ensemble de 360 feuilles, ainsi une feuille par jour! Pendant les 22 ans qu'il fit rouler ses presses, il en fit sortir 190 ouvrages, parmi lesquels on remarque Juvenalis Satyræ, Virgilii Opera, Ovidii Metamorphoses, Justiniani Institutiones cum glossis, J. van den Berghe, Kaetsspel, Aeneæ Sylvii Epistolæ, Boethius de consolatione philosophiæ, Augustinus de civitate Dei, Petri de Ayliaco Imago mundi, le Vocabularius juris utriusque, le Vocabularius copiosus theutonicatus et beaucoup d'autres.

Les Planches 49, 50 [87, 88] et 51 [120]ᵃ offrent les fac-simile de ses différents types; ces derniers me paraissent fabriqués par lui à Louvain. Dans plusieurs de ses livres les souscriptions et les rubriques sont imprimées en rouge. Il prit pour marque „suum proprium, suum solitum signum," c'est-à-dire son portrait gravé sur bois, que l'on voit, imprimé en noir ou en rouge, dans quelques-uns de ses livres depuis 1475 jusqu'en 1477 (Planche 49 [87]ᶜ,ᵈ).

L'Université lui a accordé le titre de „artis impressoriæ magister," dont il s'est servi en 1483 dans la souscription du Liber instrumentorum perutilium circa negotia et contractus hominum occurrentium; titre que son confrère Egidius van der Heerstraten a vainement essayé d'usurper en 1486. (Planche 55 [93]^a2, b).

Se fondant sur une souscription dans laquelle J. de Westfalia dit: „in alma universitate Lovaniensi residens," les bibliographes ont avancé que les Recteurs de l'Université lui avaient cédé un local dans l'édifice même de l'Université pour y établir ses presses. Ensuite citant une autre souscription: „impressus in domo Johannis de Westfalia," ils disent que Jean avait aussi une maison à lui à Louvain; et, en rapprochant les dates, ils tirent la conséquence qu'il fit rouler ses presses tout à la fois à l'Université et chez lui.

Mais si les mots „in alma universitate Lovaniensi residens" eussent la signification que l'on y attache, alors Veldener, Conr. Braem et Lud. de Ravescot auraient joui du même privilége, puisque dans les souscriptions de livres publiés par eux, on retrouve la même phrase. Ces mots indiquent seulement que ces artistes imprimaient à Louvain, ville universitaire, comme le dit Jean de Westfalia lui-même dans la souscription du Liber instrumentorum de 1483: „in insigno opido Lovaniensi residens." Il habitait rue des Chevaliers (in vico militum), ainsi qu'il résulte d'un acte échevinal du 24 Janvier 1476, cité par M. van Even dans le Bibliophile Belge I. p. 51.

Il est assez remarquable qu'un imprimeur aussi distingué ait eu si peu le goût d'orner ses éditions de gravures. Dans le Carmen Ludovici Bruni — in adventu Maximiliani, de 1477, il a placé le portrait de ce prince. Je ne l'ai pas vu, mais Renouvier (Histoire de la gravure, p. 269) en dit „que ce petit bois remarquable comme le plus ancien portrait gravé de Maximilien, ne l'est pas moins par son travail." L'Imago mundi de Pierre d'Ailly, publié vers 1483, est illustré de cinq planches, qui représentent le système céleste et terrestre de Ptolomée, des figures relatives à la sphère, etc. Dans „Een nieuw boecxken om te comme tot der minne Jhesu ende Marie" (un nouveau livre pour arriver à l'amour de Jésus et de Marie) de l'an 1490, dont un exemplaire se trouve à la Bibliothèque de l'Université à Louvain, on rencontre 17 gravures, d'un travail médiocre. La Legenda S. Annæ de 1496 contient trois gravures, dont l'une (Planche 50 [88]^a3) paraît être copiée d'après le tableau d'un bon maître; le bois est déjà fatigué, mais la composition est très-heureuse, les têtes sont pleines d'expression et le dessin est assez correct. On ne saurait en dire autant de l'autre gravure (Planche 50 [88]^c4), ni de celles qui se trouvent dans le Spieghel der goeder kersten menschen (Miroir des bons chrétiens) par Thierry de Munster, dont un exemplaire est conservé à la Bibliothèque Royale de Bruxelles (Planche 51 [120]^a,b). Le S. François en extase paraît être du même artiste qui a gravé le S. Bernard, dont j'ai donné le fac-simile à la Planche 123 [127]^a2.

Jean de Westfalia n'a rien publié depuis l'an 1496, et comme il vivait encore à la date du 30 Décembre 1501, il est vraisemblable qu'il s'était retiré des affaires; on ignore la date de sa mort.

ÉDITIONS DE CONRADUS BRAEM, 1475—1481.
Planches 52 [89] et 59 [130]^b.

Ce typographe était originaire du diocèse de Cologne; il se transporta à Louvain où il fut inscrit le 20 Juillet 1474 à la faculté de droit canon, (Biblioph. Belge I. p. 59, article de M. van Even) et où il fit rouler ses presses depuis l'an 1475 jusqu'en 1481.

Les exemplaires de ses livres sont très-rares; il est probable que toutes ses éditions ne sont pas venues jusqu'à nous. Voici la liste de celles que je connais:

Sans date: Aristotelis Physicorum libri VIII, in-fol. A la Bibliothèque Impériale de Paris.
1475. Porphyrii Institutiones et Aristotelis Categoriæ. in-4°. (Planche 52 [89][b]). A la Bibliothèque Royale de la Haye.
1475. Aristotelis priora analytica, in-fol. (Planche 52 [89][a]). A la Bibliothèque Royale de la Haye.
1476. Aristotelis posteriora analytica, in-fol. De la Serna Santander en possédait un fragment. (Dict. bibl. II. p. 98).
1476. Aristotelis Ethicorum textus, in-fol. Dans la Collection de M. le Sénateur Vergauwen, à Gand.
1479. Æneæ Sylvii de duobus amantibus opusculum, in-4°. Chez le même.
1481. Lanfranci Cirurgia parva (en Flamand), in-4°. A la Bibliothèque de l'Université de Louvain. (Planche 59 [130][b]).

Braem employa des types d'une forme singulière. De la Serna les nomme „literæ quadratæ;" ses majuscules sont gothiques et romaines. L'impression des produits de sa presse est bonne, mais la multitude des abbréviations en rend la lecture difficile. Le caractère avec lequel il a imprimé le Lanfrancus de 1481, est de Veldener et le même dont celui-ci s'est servi pour les Aeneæ Sylvii Epistolæ de 1477. (Planche 47 [28][4]).

ÉDITIONS DE CONRADUS DE WESTFALIA, 1476.

Planches 52 [89]^c et 53 [123].

Conradus de Westfalia Paderbornensis, probablement le frère de Jean de Westfalia, est venu comme lui à Louvain, où il fut immatriculé à la faculté de médecine de l'Université le 27 Février 1476. De cette année est datée une des deux éditions que l'on connait de lui. Le Hugo de S. Victore super officio misse, quod dicitur Speculum ecclesie, s. d., mais avec son nom, in-4°, et les Viruli Epistolares formulæ de 1476, in-fol. se trouvent à la Bibliothèque Royale de la Haye. La Planche 52 [89]^c donne le fac-simile des types du premier, et la Planche 53 [123] celui des types du second de ces ouvrages. Les caractères dont il s'est servi n'ont aucune ressemblance avec ceux de son frère et je ne les ai rencontré chez aucun autre imprimeur. Comme son frère il nous a laissé son portrait, qu'il a placé à la fin du Virulus. Le fac-simile de ce portrait, à la Plance 52 [89]^{c3}, avait été pris sur celui que Dibdin a donné dans son Decameron, Vol. II. p. 142; depuis j'ai fait prendre un nouveau fac-simile sur l'original même (Planche 53 [123]^{a4}). Ce portrait est-il une gravure en bois ou en métal?

Les bibliographes citent différents traités du médecin Ant. Guainerius ou Guaynerius, imprimés sans nom de lieu, en 1473, 1474 et 1483, par Conradus de Paderborne ou Paderbarne. Il est probable que c'est là le même qui se nomma plus tard, à Louvain, Conradus de Westfalia Paderbornensis; mais comment accorder ces dates avec celle du Virulus et surtout avec celle de son immatriculation? Aussi longtemps que ces livres ne m'étaient connus que par leur description, il m'était impossible de résoudre ces questions. Mais au mois d'Avril dernier (1867) j'ai eu le bonheur de les voir à Paris dans la Bibliothèque Impériale et dans celle de l'Arsenal. Les dates sont exactes, à l'exception de celle de 1483. Il y a Mᶜcccclxxviii, de sorte qu'il faut lire 1474, ce qui s'accorde aussi avec les autres dates. Ces divers traités m'ont l'air d'être imprimés en Italie; le Tractatus de fluxibus, s. d., est relié en parchemin, et cette reliure est italienne. Le papier qui a servi à l'impression porte des marques qui ne se trouvent dans aucun livre Néerlandais que je connaisse; c'est une balance dans un cercle, ainsi qu'une marque représentée parmi les fac-simile (Planche Y) à la suite du Typography of the fifteenth century, de M. Leigh Sotheby. Là elle est prise d'un livre italien de 1472. — Nul doute ainsi que ces traités ne soient imprimés en Italie; mais quels sont les types? Vérification faite j'ai trouvé que ce sont exactement les mêmes que ceux avec lesquels Jean de Westfalia a exécuté en 1496 la Legenda S. Annæ, (Planche 50 [88]ᶜ¹). Maintenant tout s'explique: Jean et Conrad de Westfalia se trouvaient en Italie; tandis que Conrad continuait à y faire rouler ses presses jusqu'en 1474, le premier, vers 1472, s'est rendu à Louvain. C'est en 1475 que Conrad a suivi son frère, emportant avec lui ses types, dont une espèce a encore été employée vingt ans après par Jean.

Conrad a laissé dans ses Viruli Epistolæ un monument remarquable de la manière dont au XVᵉ siècle la contre-façon était exercée dans une même ville. Non seulement il a réimprimé le texte du livre, mais aussi la souscription entière de Veldener, en substituant son nom et sa demeure aux siens et en changeant la date. Nous y apprenons qu'il demeurait „in platea Sti Quintini", rue de S. Quentin.

Des abus semblables n'étaient pas rares dans ces temps. Jean Fust en a agi de même vis-à-vis de Jean Mentelin, en réimprimant ses édition du S. Augustin de arte predicandi, et en n'y changeant que son nom et son adresse.

La fleur de lis (Planche 53 [123]ᵃ³) qui se trouve à la première page de l'édition des Viruli Epistolæ, est la marque de la Pédagogie du Lis, à Louvain, dont Virulus était le fondateur et le régent.

ÉDITIONS DE HERMANNUS DE NASSOU ET DE RODOLPHUS LOEFFS DE DRIEL, 1483—84.

Planche 54 [95].

Cette Planche donne ᵃ) le fac-simile de deux pages d'une édition de Nic. Perotti Regulæ grammaticales, in-4°, dont l'unique exemplaire connu fait partie de la riche Collection de M. le Sénateur Vergauwen, à Gand. Ce livre est d'autant plus précieux qu'il révèle dans sa souscription ᵃ²) le nom de Hermannus de Nassou, l'associé de Rod. Loeffs. Quoique l'année de sa publication ne soit pas indiquée, je crois pourtant que cette édition ait précédée celle du Traité de Laur. Valla de vero bono, de l'an 1483, que l'on regardait jusqu'ici comme le premier livre sorti des presses de Loeffs. Car d'abord en comparant les types du Perottus avec ceux des autres productions de cet imprimeur, l'on voit clairement qu'ils sont moins fatigués et par conséquent imprimés antérieurement; — ensuite le nom de Herm. de Nassou ne paraît qu'une seule fois avec et avant celui de Loeffs; il faut donc que le livre où il se trouve ait précédé ceux où ces deux noms ne se lisent plus ensemble.

Leur association ne paraît pas avoir duré longtemps, puisque déjà en 1484 le nom de Loeffs seul se trouve dans la souscription du Bernardi Casus longi, in-fol. (Planche 54 [95]ᶜ). La souscription du Traité de Valla de 1483 et une page et la souscription des Statuta synodalia Leodiensia, s. d., in-4°, sont représentées à la même Planche b,d).

Les types sont les mêmes dont Arnoldus Cæsaris ou Arend de Keyser a fait usage auparavant en 1480—81. Il paraît que celui-ci les ait cédés lorsqu'il transporta ses presses d'Audenarde à Gand, où, avec un caractère nouveau, il publia son premier livre en 1483. (Planches 113, 114 [99—100]).

Jusqu'ici l'on ne connaît que huit livres publiés par Loeffs. Une édition de l'an 1500, publiée par lui et citée par de la Serna paraît douteuse.

Rodolphe Loeffs était natif du village de Driel en Gueldre. M. van Even (Bibliophile Belge I. p. 61) nous dit qu'il fut inscrit comme élève à la faculté des arts de l'Université de Louvain le 5 Mars 1472. Son inscription porte: „Rudulphus filius Remboldi de Driel, Trajectensis diocesis, in artibus, 5 Martii."

Mais ce Rudolphe, fils de Rembold, est-il bien le même que notre Rodolphe Loeffs? Au quinzième siècle on avait la coutume de ne se servir que du prénom, auquel on ajoutait le prénom du père. C'est ainsi que les premiers imprimeurs de Delft se nomment Jacob Jacobszoon (Jacques fils de Jacques) et Mauritius Yemantszoon (Maurice fils de Yemant). En abbréviant on disait: Jacob Jacobs (Jacques de Jacques), l'addition de la lettre s signifiant le génitif. D'après ces règles Rodolphe Loeffs, signifie Rodolphe fils de Loeff, qui est un autre que Rodolphe fils de Rembold.

Quoiqu'il en soit, ils étaient tous les deux du même diocèse et du même village.

M. van Even en se fondant sur les Comptes de l'année 1491 du Couvent de Marienweert, en Gueldres, découverts par lui, avance que Loeffs abandonna Louvain avant 1490, qu'il se fixa à Bommel en Hollande [Gueldres] et que ses presses y roulaient déjà en 1491.

Voici le texte de ces comptes:

„Item, altera Epiphaniæ, van Rodolpho, te Bomell, I boeck de natura animalium et herbarum ende Novum preceptorium cum quibusdam aliis libris pariter vij rynsguld. j stuver."

„Item, pro 4or libris impressis a Rodolpho, pro iiij hollandsche guldens v st., facit vi rynsg., vii stuyvers."

La brièveté et l'obscurité de la rédaction de cette inscription m'empêchent d'en tirer des conséquences indubitables. Il est certain que l'on n'a pas trouvé jusqu'ici un livre de Loeffs publié après 1484.

ÉDITIONS D'EGIDIUS VAN DER HEERSTRATEN, 1485—1488.

Planches 55 [93] et 56 [94].

La Planche 55 [93] offre le spécimen des deux espèces de types dont cet artiste s'est servi pendant sa courte carrière.

La premiere édition connue de lui est l'Albertanus de arte loquendi et tacendi, du 6 Juillet 1485, in-4°., dont un exemplaire se trouve à la Bibliothèque Royale de la Haye. Une édition de Boccacius de preclaris mulieribus de 1484, citée d'abord par Maittaire, paraît douteuse.

Notre Planche 55 [93]a,1—2 donne la dernière page et la souscription du livre intitulé: Johannis Beets Commentum super decem preceptis decalogi, de l'an 1486; et b) la même souscription mais avec une variante. Il paraît que van der Heerstraten s'était cru en droit de porter comme Jean de Westfalia le titre de artis impressoriæ magister, qu'on lui ait contesté cette qualification et qu'il ait été obligé de la rétracter. En effet, dans quelques exemplaires du livre de Beets, où cette qualification se trouve, elle est effacée à l'encre [a2]), et dans d'autres exemplaires [b]) elle est tout à fait supprimée; ainsi l'artiste a dû faire une réimpression du feuillet contenant la souscription et du feuillet correspondant dans le dernier cahier. Il est bien remarquable que les traces d'une censure encourue par van der Heerstraten pour une faute commise soit par erreur soit par vanité, se soient conservées pendant presque quatre siècles et que probablement le souvenir n'en sera jamais effacé.

Le caractère dont il s'est servi pour ses autres éditions est différent du premier. J'en donne les spécimen en reproduisant les souscriptions des ouvrages suivants publiés par lui.

(Planche 55 [93][c]) Bart. Cepolæ Cautelæ, du 8 Juin 1486, in-4°.

[d]) Joh. Boccacius de præclaris mulieribus, de l'an 1487, in-fol.

[e]) Barth. Cepolæ Cautelæ, du 28 Février 1487, in-4°.

[f]) Petri de Alliaco Sacramentale, du 14 Avril 1487, in-4°.

[g]) Modus legendi (abbreviaturas) utriusque juris, du 5 Février 1488, in-fol.

[h]) Utriusque juris methodus, du 23 Février 1488, in-fol.

[i]) Henr. Brunonis alias de Piro Tractatus super Institutionibus, du 12 Novembre, (1488), in-fol.

Ces types sont semblables à ceux employés par Veldener pour son Herbarius de 1484 ou 1485. (Planche 116 [35][2a]). Il est probable que Veldener mourut vers ce temps, du moins l'on ne connaît pas de livre imprimé par ce typographe après cette année. Les types de son Herbarius sont passés à trois imprimeurs, — à van der Heerstraten, qui s'en servit de 1485 à 1488; — à Chr. Snellaert, à Delft, qui les employa depuis le 4 Octobre 1486 jusqu'en 1491 (Planche 82 [105][g2, h2] et Planche 83 [106|d2]); — et enfin à van der Goes, à Anvers, chez qui on les rencontre dans ses Quatuor novissima du 21 Juin 1487 (Planche 101 [48][b3, d]) et dans d'autres livres publiés par lui jusqu'en 1491.

Van der Heerstraten a illustré son Boccace d'une quantité de figures, qui sont imitées de celles du Boccace publié en 1473 à Ulm, par Jean Zainer, mais qui leur sont inférieures quant à l'exécution. La Planche 56 [94] en donne des échantillons. La grande planche [a]) est très originale. Adam et Ève, dans leur nudité, ont quelque grâce, et les péchés capitaux, qui nichent dans les feuillages de l'arbre, ne sont pas sans gentillesse, comme cela a été déjà observé par Renouvier dans son Histoire de l'origine de la gravure, pag. 270. Le graveur d'Ulm pourtant a traité ce sujet d'une manière plus artistique dans la grande initiale xylographique qui se trouve au commencement de l'ouvrage, et qui a été reproduite par S. Sotheby, dans son Typography of the fifteenth century, Planche 35, et par Edm. Bodemann dans ses Xylographische und typogr. Incunabeln der Königl. öffentl. Bibliothek in Hannover. Les compagnons d'Ulysse, changés en animaux par Circé [b1]), ne manquent ni d'expression ni d'esprit, et la planche qui représente une jeune dame occupée à peindre et à sculpter [b2]), peut donner une idée de la manière dont ces arts étaient exercés alors.

Van der Heerstraten a été associé avec Rudolphe Loeffs de Driel, comme cela ressort d'un acte par lequel ils donnèrent, le 22 Mai 1481, à trois habitants d'Anvers, une procuration pour agir en leur nom. Je suppose qu'ils exerçaient alors la profession de libraire, et je suis confirmé dans cette supposition par un autre acte échevinal du 16 Octobre 1487, dans lequel van der Heerstraten prend la qualification de libraire (liberarier). Il mourut avant le 23 Décembre 1490. (Biblioph. Belge. I. p. 64—65).

ÉDITIONS DE LUDOVICUS DE RAVESCOT, 1488.

Planche 57 [91], 58 [92].

L'on ne connaît que deux ouvrages sortis de l'atelier de cet artiste, le premier: Opus Petri de Rivo responsivum ad epistolam apologeticam Pauli de Middelburgo de anno, die et feria dominice passionis, in-fol. (Planche 57 [91]a); le second: Boni Accursii Compendium elegantiarum Laurentii Vallensis, in-4º (Planche 57 [91]b). Ce dernier fac-simile est pris sur l'exemplaire qui est conservé à la Bibliothèque de l'Université de Prague. Ces livres sont sans date, mais dans le prologue du premier on lit qu'il a été publié en 1488; l'Accursius paraît être imprimé vers le meme temps.

Les lettres capitales employées par Ravescot sont les mêmes que celles dont Veldener s'était servi déjà en 1476 pour l'édition de son Fasciculus temporum (Planche 47 [28]3a).

Il est bien à regretter qu'il ne nous reste que ces deux ouvrages de cet imprimeur, car dans le premier il s'est montré un artiste qui ne reculait ni devant les difficultés ni devant les frais que devait entraîner l'exécution de ces ouvrages. Les Kalendaria, qui ne sont pas, comme Lambinet et autres l'avancent, un livre séparé, mais qui font partie intégrante de la Réponse de Pierre de Rivo, — et l'impression des cycles lunaires et solaires (Planche 58 [92]a) en fournissent les preuves. De plus il a orné ce livre de plusieurs planches, qui ont mérité l'éloge d'un savant connaisseur en cette matière. M. Renouvier dans son Histoire de la gravure, pp. 271—72, les dit les plus remarquables qui sortirent de l'atelier de Louvain. Si elles n'excellent pas par la taille, qui est assez grosse, elles sont remarquables, selon lui, par le dessin et l'expression, qui ne peuvent venir que d'une école vaillante.

Le frontispice de ce livre (Planche 57 [91]a1) est une planche xylographique portant le titre; là-dessous une autre planche représente l'auteur, Pierre de Rivo, agenouillé devant la Vierge qui tient l'enfant Jésus dans ses bras, avec cette légende en vers léonins: Adsit ad inceptum sancta maria meum. Au haut de la planche sont deux écus, l'un aux armes de Louvain, l'autre portant probablement les armes ou l'emblème de l'auteur. Les grandes et petites initiales (Planche 58 [92]b) sont très-jolies et d'un genre différant entièrement des lettres grises que l'on rencontre chez les autres imprimeurs.

La marque de notre artiste (Planche 57 [91]a2) présente deux écussons; l'un, à droite, tenu par un ours, porte les armes de Louvain, coupés d'argent sur gueules, imprimés en couleurs; l'autre, à gauche, tenu par un personnage, peut-être l'imprimeur, porte un triangle entrelacé d'une banderolle avec le nom: lodovicus ravescot.

ÉDITIONS DE THEODORICUS MARTENS, 1498—1500.

Planche 51 [120]^b.

Après avoir quitté Alost en 1490, Martens s'est rendu d'abord à Anvers où il a fait rouler ses presses jusqu'en 1497; de là il s'est transporté à Louvain, où il a imprimé depuis 1498 à 1501. Le nombre des éditions qu'il a publiées pendant ces quatre années est très-restreint. De 1498 on cite un Breviarium in usum ecclesiæ Leodiensis, dont le titre se trouve dans le Catalogue de la Bibliothèque d'Ermens T. I. n°. 686. Il paraît avoir publié l'année suivante un Breviarium secundum usum ecclesiæ Sarum; mais jusqu'ici on n'en connaît que le titre, cité par Bollandus. On lui attribue quatre livres, qu'il aurait publié en 1500: Statuta Synodalia Leodiensia, in-4°., dans la collection de M. le Sénateur Vergauwen et dans celle de M. P. C. van der Meersch, à Gand. Ce livre porte la date du 31 Juillet 1500. Les trois autres — Sermon de quaresme par Oliv. Maillard, in-4°., Dialogus senis et juvenis de amore disputantium, in-4°., et Tractatulus contra fastidiosos sacerdotes qui missas nimis longas dicere solent, in-4°. — sont sans date. La Planche 51 [120]^b donne le fac-simile de l'intitulé, de la première page du texte et de la fin du texte avec la souscription de ce dernier traité. Le caractère qui a servi à son impression a été employé déjà par Martens dans son Gemma Vocabulorum de 1494 et dans son Thesaurus pauperum de 1497. (Planche 46 [6]^a).

Pour ce qui regarde les travaux de Martens au XVIe siècle, qui n'entrent pas dans le cadre de mes Monuments, je renvois mes lecteurs à la Biographie de Th. Martens suivie de la Bibliographie de ses éditions, par le Père A. F. van Iseghem, Malines et Alost, 1852, in-8°. et au Supplément à cet ouvrage, publié en 1866.

ÉDITIONS DOUTEUSES.

Planches 59 [130]^a et 47 [28]^b.

Avant de quitter les productions typographiques des ateliers de Louvain, il me reste encore à fixer l'attention sur deux livres. Le premier est cité par Maittaire et Visser sous le titre de Mich. Scoti Physiognomia. Lovanii 1484, in-4°.

Aussi longtemps que je n'eusse vu ce livre, je croyais qu'il faisait partie des nombreuses éditions de Jean de Westfalia; mais je me trompais. Un exemplaire s'en trouve à la Bibliothèque de l'Université de Cambridge et le Bibliothécaire M. H. Bradshaw a eu l'obligeance de m'en procurer la copie de deux pages photographiées, l'une avec une réclame, l'autre avec la souscription. Elles sont reproduites à la Planche 59 [130]^a.

Les types sont ceux dont Veldener s'est servi en 1476 à Louvain, de 1478 à 1481 à Utrecht et en dernier lieu à Culembourg pour l'édition de son Herbarius en Hollandais de l'an 1484. Dans cette dernière ville il publia aussi un Herbarius en Latin, avec un nouveau caractère. Cette édition Latine est postérieure à l'édition Hollandaise, comme cela se voit par la cassure des gravures. On savait que ce nouveau caractère se trouvait en 1486 chez van der Heerstraten à Louvain, mais on ignorait ce qu'était devenu son caractère bourguignon. Puisque l'on ne connaît pas de livres publiés par Veldener après 1484, je croyais et je crois encore que cet artiste mourût dans cette année et que son matériel typographique a été vendu peu de temps après. Mais voici que l'on retrouve aussi son caractère bourguignon à Louvain, dans un livre avec la date de 1484; reste-t-il maintenant probable que si on place la mort de Veldener dans cette année, on ait pu vendre son matériel et s'en servir la même année à Louvain? C'est pourquoi je me suis demandé si la date de M°.CCCC°.lxxxuij signifie bien réellement 1484, ou s'il faut lire plutôt 1487? Or, j'ai confronté les différents chiffres soit de date, de pagination ou de signatures dans les publications de Veldener et j'ai constaté que pour indiquer le numéro 7 il se sert constamment des chiffres vii et non pas de uij.

Le second livre qui présente quelque difficulté est le Gersonis Alphabetum divini amoris (Planche 47 [28][5]). Cet opuscule, que j'ai rangé parmi les éditions publiées par Veldener à Louvain avant 1478, porte des signatures, que je n'ai rencontré dans aucun autre de ses livres avant 1480. Comment expliquer cette particularité?

Veut-on admettre que Veldener ne soit pas mort en 1484, mais qu'il se soit transporté de nouveau à Louvain? Alors la difficulté serait levée. Mais il ne faut pas oublier qu'il avait quitté Louvain bien malgré lui et par suite des tracasseries de son collègue Conr. de Westfalia, ce qui ne l'aura pas engagé à y retourner. En tout cas il n'y est pas resté longtemps, puisque le caractère de l'Alphabetum de Gerson se trouvait déjà en 1486 chez Godfr. de Os, à Gouda. (Planche 72 [111][a]).

J'avoue que la chose ne m'est pas claire, mais en signalant les particularités que ces deux livres présentent, j'aurai peut-être contribué à faire découvrir tôt ou tard un livre ou bien d'autres données qui expliquent les difficultés que je ne saurais résoudre maintenant.

BRUGES.

ÉDITIONS DE COLARDUS MANSION, 1475(?)—1484.

Planche 60 [131].

La ville de Bruges, résidence de la Cour de Bourgogne, avait dans son sein une communauté ou confrérie sous le patronage de Saint-Jean l'Évangéliste, „composée d'hommes et de femmes dont les diverses professions avaient plus ou moins de rapport avec l'instruction première (primaire) et avec tous les arts et métiers qui concourent à la fabrication et à l'embellissement des livres tant manuscrits qu'imprimés."

On trouve dans le compte par lequel s'ouvre le Régistre des recettes et des dépenses de cette confrérie, depuis 1454 jusqu'en 1523, les noms des confrères avec la somme qu'ils payaient comme contribution mensuelle ou annuelle. Dans ce Régistre figure Colard Mansion depuis l'an 1454 jusqu'en 1474. Son nom y est écrit de différentes manières: Manchion, Manchioen, Manschion, Manseon, Mansion, Mansyon, Mansioen, Manzioen, Monsyoen, Monzioen, Melchien, Menchoen.

La qualité ou la profession de Mansion n'est pas indiquée dans ce Régistre, mais il paraît avoir été d'abord calligraphe; dumoins on trouve dans les comptes de Guillaume de Poupet, conseiller et garde des joyaux du Duc Philippe de Bourgogne, qu'il a payé en 1450 à „Colart Mansion escriptuain pour un liure nome Rouvilion (Romuléon) en vng volume couvert de velours bleu acheté à lui LIIII livres."

Comme son nom ne paraît pas dans le Régistre de la confrérie depuis 1474 à 1482, et comme il a imprimé un livre avec la date de 1476, van Praet (Notice sur Col. Mansion) pense qu'il a quitté Bruges vers 1474 pour aller apprendre l'art de l'imprimerie; il ne dit pas où Mansion s'est rendu. M. Bernard (De l'origine de l'imprimerie, T. II. p. 387), en jugeant sur la forme des caractères employés par cet artiste, incline pour la ville de Paris. D'autres croient qu'il s'est rendu à Cologne; mais M. Blades (Life and typography of W. Caxton, Vol. I. p. 42—43), est d'opinion qu'il apprit son art à Bruges même, puisque la manière d'imprimer de Mansion et de l'école de Mayence ne se ressemblent guères.

Van Praet attribue à Mansion l'honneur d'être le seul imprimeur connu qu'ait eu la ville de Bruges pendant le quinzième siècle. Ce savant bibliographe ne connaissait pas les découvertes faites il y a quelques années, qui prouvent que Jean Briton doit désormais partager cet honneur avec lui. (Voyez l'article suivant).

Le premier livre avec date sorti des presses de Mansion est le „Boccace du dechiet des nobles hommes et femmes," de l'an 1476; mais ce n'est pas sa première publication, comme nous l'apprend la souscription du „Jardin de dévotion:" Primum opus impressum per Colardum Mansion. Brugis. (Planche 60 [131]ª). Dans ce dernier ouvrage la date n'est pas indiquée, mais je crois avec van Praet „qu'on ne peut pas se tromper de beaucoup en disant que c'est 1475."

M. Blades fait observer que parmi les éditions de Mansion on peut distinguer deux modes d'impression; l'un où les lignes n'ont pas une longueur égale (short spaced), l'autre où les mots sont espacés de manière que toute la ligne soit remplie, c'est-à-dire que toute espace épargnée ne se trouve pas à la fin des lignes (full spaced). Ce dernier mode, qui est celui que l'on suit encore aujourd'hui, montre un progrès dans l'art typographique, et on peut admettre qu'un imprimeur qui l'a adopté une fois, ne revint plus aux lignes de longueur inégale.

Or, parmi les livres de Mansion les suivantes sont à lignes inégales ou mal espacées:

Le Jardin de dévotion . . . . . . (avant 1476)
Boccace du déchiet des nobles hommes, . . . 1477
Boèce de la consolation 1477
Les dits moraux des philosophes . . . . sans date
Les invectives contre la secte de Vauderie, „   „
La controverse de noblesse . . . . .   „   „
Débat entre trois valeureux princes . . .   „   „
Traité des monnaies . . . .   „   „

Comme „le Quadrilogue" de 1478 est le premier à lignes de longueur égale, M. Blades conclut que les livres de Mansion avec lignes inégales doivent avoir été imprimés avant 1478, et sur ce point je suis parfaitement d'accord avec lui.

Mais il va plus loin en disant: „Colard Mansion *seems* never to have produced works from his press with rapidity, and therefore if we assume that the four books which certainly were printed before 1478, were with the „Primum Opus" issued before the Boccace of 1476, we must according to the rate of production of Col. Mansion's press, which *appears* never to have exceeded two books in the year, take back the earliest of these books to about 1471—1472."

Ceci n'est qu'une pure supposition de la part de M. Blades; les mots *seems* et *appears* en sont la preuve. Mais en admettant pour un moment que Mansion ne publia que deux volumes par an, je ne saurais pas admettre le calcul qui porte les premières productions de cet artiste à l'an 1471 ou 1472.

On connaît jusqu'ici vingt-deux ouvrages sortis de ses presses. Van Praet les a décrit à l'exception de Lestrif de fortune (par Martin Franc), un in-fol. de 224 ff., découvert plus tard. Ce livre est conservé à la Bibliothèque S. Geneviève à Paris; un second exemplaire de cette édition a rapporté à la vente Yemeniz (1867) la somme de 7000 francs.

Comme le dernier livre de Mansion est de l'an 1484, et qu'il a imprimé en tout 22 ouvrages, il aurait, d'après le calcul de M. Blades, employé onze ans à les mettre au jour. Or ce calcul nous porte à 1474 et non à 1471 ou 1472.

Et si on prend les huit volumes à lignes inégales publiés avant 1478, à deux volumes par an, on a quatre ans, qui nous portent de même à l'an 1474.

Mansion a employé deux sortes de caractères; le premier qu'on appelle ancienne bâtarde, avec lequel il a imprimé entre autres le „Jardin de dévotion" et les „Métamorphoses d'Ovide" de 1484 (Planche 60 [131][a—b]); le second qu'on nomme lettres de somme, qui paraît pour la première fois dans le „Quadrilogue d'Alain Chartier" de 1477. J'en donne le fac-simile d'après la „Somme rurale" de 1479, à la Planche 60 [131][c].

Plusieurs de ses éditions portent une marque, qui se trouve pour la première fois dans le Boèce de 1477. C'est un monogramme composé d'un croissant renversé, qui selon l'abbé de Saint-Léger indique la lettre C, et de la lettre M gothique, qui forment les initiales du nom de l'artiste C(olaert) M(ansion). Voyez Planche 60 [131]. Renouvier (Histoire, p. 275) est d'avis que cette marque est gravée au poinçon sur métal.

Dans quelques-uns de ses volumes in-folio, il a laissé au commencement de chaque livre un espace en blanc de la moitié de la page, afin que le miniaturiste y put peindre „une hystoire"; ce n'est que sa dernière publication, les Métamorphoses d'Ovide, qu'il a orné de gravures en bois. La Planche 60 [131][b3] offre le fac-simile de la gravure tirée de ce volume, qui représente l'enlèvement de la belle Hélène.

Mansion était aussi littérateur et comme tel le protégé du Sieur de la Gruthuse, un des principaux officiers du Duc de Bourgogne. Il a traduit du latin en français la Pénitence Adam, dont le manuscrit original se trouve à la Bibliothèque Impériale de Paris; — le Dialogue des créatures, imprimé en 1482 par Gérard Leeu à Gouda; (on en connaît trois exemplaires, l'un à la Bibliothèque Impériale de Paris, le second qui appartenait à M. Yemeniz, vendu à la vente de sa Bibliothèque; le troisième, mais incomplet de quelques feuillets, à la Bibliothèque des Archives de Cologne); — les Métamorphoses d'Ovide, qu'il publia lui-même en 1484.

En 1483 et 1484 son nom reparaît sur les Régistres de la confrérie de St. Jean l'Évangéliste. Voici ce qu'on y lit à l'année 1483—1484: „Jtem Jenny die met colaert manseoen wonende was voor syn doot scult iiii𝛽g." ce qui traduit littéralement veut dire: Item Jenny, qui demeurait avec Colaert Manseon, pour sa dette de mort, quatre escalins de gros. Van Praet traduit ici: „Item *de* Jenny", et je crois qu'il a raison. D'abord dans ce Régistre les mots, „ontfangen van" reçu de, sont souvent oubliés; „Item Jenny", équivaut donc à: Item, reçu de Jenny; ensuite s'il eut été question de la mort de Jenny, le Régistre ne pouvait pas déclarer d'avoir reçu de Jenny, pour *sa* dette de mort.

Cette année de 1484 a été pour Mansion une année de grands malheurs. Il paraît que déjà en 1480 il se trouvait gêné dans ses affaires, car le sieur de Gazebeke lui ayant commandé une copie manuscrite de Valère Maxime avec miniatures, il était obligé de lui demander quelques avances. (Voyez l'intéressant article de l'abbé Carton, dans: Annales de la Société d'émulation &c. Tom. V. 2°. série, n°. 3—4. p. 370—71.) En 1484, lorsqu'il avait achevé au mois de Mai son édition des Métamorphoses d'Ovide, il se trouvait dans l'impossibilité de payer le loyer de la chambre, qu'il occupait dans le pourtour de l'église de S. Donat, sous le dormoir. On trouve dans les actes du chapitre de cette église, du 9 Septembre suivant, que Colard Mansion s'est enfui et que le chapitre donne ordre de s'informer si Mansion reviendrait oui ou non, afin que dans le dernier cas on put louer la chambre à un autre. Sous la date du 8 Octobre le maître de la fabrique rapporte, qu'il avait loué la chambre occupée par Colard Mansion, qui s'en alla sans payer sa dette, à Jean Gossin, relieur de livres, sous condition pour celui-ci de payer les six livres, que devait Mansion.

La position de Mansion était donc bien triste et d'autant plus inexplicable, qu'il avait beaucoup travaillé pour gagner son pain, et qu'il jouissait de la protection du noble seigneur de la Gruthuse. Il est étonnant qu'il avait si peu de crédit, même auprès du Chapitre de S. Donat, que pour une dette minime, il se vit obligé de fuir sa ville natale.

Il ne paraît pas avoir survécu longtemps à son malheur. Est-il rentré à Bruges ou est-il mort à l'étranger? M. Blades pense qu'il s'est réfugié à Londres auprès de son ami William Caxton. — Toutefois si l'inscription dans le Régistre de la confrérie de S. Jean l'Évangeliste a le sens que van Praet lui donne, Mansion est décédé à la fin de l'année 1484.

Le Bibliophile Français (Paris, Librairie Bachelin-Deflorenne, 1867, n°. 22,) vient de publier un article très-intéressant sur les „Ouvrages rares imprimés au quinzième siècle et existant dans la Bibliothèque publique de Bruxelles." J'y trouve mentionné à la page 473 le titre suivant: Juan de Gerson, Trattado del desprecio del mondo. *Bruges*, 1495, in-4°." avec cette note: Volume fort rare que le *Manuel* indique sans le décrire, en le citant, d'après Panzer, qui invoque lui-même l'autorité de Denis.

Ce livre que je n'ai pas vu, pourrait, si l'indication fut exacte, être sorti des presses de Jean Brito; mais ce n'est pas le cas; il n'a pas été publié à *Bruges*, mais à *Burgos*, comme le Manuel l'indique.

ÉDITIONS DE JOHANNES BRITO.

Planche 61 [129].

Il existe un livre dont le seul exemplaire connu est conservé à la Bibliothèque Impériale de Paris. Van Praet l'a acheté en 1824 510 florins à la vente de la Bibliothèque de Meerman, qui lui-même l'avait payé 8 florins à la vente de Major en 1767. C'est un petit-in-4°., exécuté pour le texte en ancienne bâtarde, pour l'intitulé et les sommaires en gothique pure; de 30 feuillets à longues lignes de 25 sur les pages entières. Il est sans chiffres, mais il a des signatures et des réclames. Il n'a pas de date.

J'ai donné à la Planche 61 [129] [a—1] l'intitulé ou le sommaire du livre, imprimé en rouge, et le commencement du texte; — [a—2] la souscription.

Voici le contenu du sommaire:

„C'est cy la coppie des deux grans tableaux esquelx tout le contenu de ce livre est en escript, qui sont atachiez au dehors du cœur de leglise notre dame de terewane, au coste devers midi pour linstruction et doctrine de tous chretiens et chretiennes de quelconque estat quilz soient. La quelle doctrine et instruction fut composee en luniversite de paris, par tressaige et tres discret homme, et maistre en divinite. Maistre Jehan iarson, chancelier de notre dame de paris. Et ce a la requeste et priere, de notre reverend pere en dieu monseigneur levesque de terewane, nomme maistre mahieu regnault dont notre seigneur Jhesu Crist veulle avoir lame."

Voici les six vers latins qui se trouvent à la fin du livre:

„Aspice presentis scripture gracia que sit
Confer opus opere, spectetur codice codex
Respice quam munde, quam terse, quamque decore
Imprimit hec civis brugensis brito Johannes
Inveniens artem nullo monstrante mirandam
Instrumenta quoque non minus laude stupenda."

La circonstance que six vers latins terminent un livre écrit en français, n'a rien d'extra-ordinaire. Col. Mansion a fait de même en plaçant un colophon latin à la fin de son édition du Jardin de dévotion.

J'ai cru utile de donner ces deux passages en entier parce que les bibliographes qui ont écrit sur ce petit livre invoquent tantôt tel mot tantôt un autre pour les faire servir à l'appui du système qu'ils défendent.

C'est ainsi que Ghesquière (Esprit des Journaux, Juin 1779) en se fondant sur les mots: *Imprimit hec civis brugensis brito Johannes*, avance que Jean Brit ou de Brit, citoyen de Bruges a imprimé ce livre. Puis, s'appuyant sur ce passage du sommaire: „Notre révérend père en Dieu, Monseigneur Mathieu Regnault, dont J. C. veulle avoir lame," qui semblent indiquer que J. de Brit a vécu du temps de l'évêque Regnault, mort en 1415, il en conclut, que J. de Brit a imprimé ce livre sinon vers le milieu du XVe siècle, dumoins peu d'années après cette époque, d'autant plus, que s'il l'avait imprimé beaucoup plus tard, il n'aurait pas osé se vanter à Bruges d'avoir été l'inventeur d'un *art* et des *instruments* de typographie, qui faisaient l'étonnement de ses concitoyens, vu que Colard Mansion imprimait à Bruges dès 1473.

Visser, continue-t-il, dit bien que les caractères de ce livre ressemblent beaucoup à ceux dont J. Veldener s'est servi en 1478 et dans la suite; mais Veldener peut avoir fait imiter ces caractères de fonte avant 1478 ou les avoir fait acheter à Bruges après la mort de l'imprimeur J. de Brit.

Cette opinion de Ghesquière a été combattue par Mercier, abbé de Saint-Léger (Esprit des Journaux, Novembre 1779). Celui-ci ne pense pas que J. Brit est l'imprimeur de ce livre, ni que les vers à la fin aient avec certitude rapport à l'impression de ce volume.

Dans les comptes-rendus de la communauté des libraires de Bruges il est fait *deux fois* mention de ce Jean de Brit: dans le compte de l'année 1454 et dans celui de 1492. Il fit un payement en 1454 et mourut en 1492. Il n'a donc pas pu connaître Mathieu Regnault et avoir quelque relation avec lui, puisque ce Prélat était mort dès 1415.

Voici ce que ce volume est d'après l'opinion de l'abbé de Saint-Léger: A la demande de l'Évêque de Terouanne, Jean Gerson composa un écrit que ce Prélat fit transcrire en deux grands tableaux attachés au dehors du chœur de son église. Jean de Brit, écrivain habile, copia ces deux tableaux, et au bas de sa copie il mit les six vers latins dans lesquels il relève la beauté, l'élégance, la netteté de cette copie; ajoutant qu'il a trouvé un *art* (d'écrire) et des *instruments* (pour l'écriture) fort étonnans. Vint ensuite un imprimeur (vers 1478 ou plus tard encore) qui mit sous presse cette belle copie de J. de Brit et qui fit passer dans son édition les vers latins du manuscrit, comme plusieurs autres imprimeurs ont copié les dates et les souscriptions des manuscrits qu'ils publiaient.

Il est vrai, dit l'abbé, que J. de Brit s'est servi du mot *imprimit*, qui paraît former une difficulté; mais outre que ce mot ne signifie pas toujours l'imprimerie proprement dite, dès que de Brit n'est mort qu'en 1492, si l'on veut absolument qu'il ait imprimé le livre en question, au moins ne peut-on assurer avec fondement que cette édition soit du milieu du XV° siècle. Mais ce qui achève de me persuader que l'écrivain J. de Brit n'a jamais imprimé, c'est que l'on ne connaît de lui aucune autre édition que celle-là. Or si *l'art* et les *instruments* trouvés par cet homme eussent été ceux de l'imprimerie, y a-t-il quelque vraisemblance qu'il ne s'en fut servi que pour un seul livre de 60 pages?

Quoique tout à fait de l'avis de l'abbé de Saint-Léger que J. de Brit ou Briton n'était pas un imprimeur, le Bⁿ. Decler a publié quelques Conjectures (Esprit des Journaux, Janvier 1780.) sur l'art inventé par Briton.

Qu'il n'ait été qu'un simple écrivain cela paraît clairement, selon lui, par ce début: „Aspice presentis *scripture* gracia que sit." Son *art* est une espèce d'écriture qui s'exécuta avec de petites feuilles de cuivre, minces, percées, de sorte que le vuide de chacune représente une lettre de l'alphabet. Les *instruments* sont un encrier rempli d'une encre siccative presque sèche et une brosse à poil court et usé qui sert à prendre un peu de cette encre et à en frotter l'endroit où cette lettre est percée.

Ghesquière a défendu son opinion contre les Observations de l'abbé de Saint-Léger et les Conjectures du Bⁿ. Decler dans un article inséré dans l'Esprit des journaux du mois d'Avril 1780.

Il commence a établir la règle: *In antiquis enunciativa probant*, et il cite *l'exscribi docuit clarius œre libros* de Jean de Spire, *l'impressum formis justoque nitore coruscans* et le *transcripsit* de Wendelin de Spire; le *pulchre transcripta* et *l'artem scribendi* d'Ulrich Gering; le *libro scripturan impressit in illo* de Ginther Zainer; le *ind wart gedruckt mit eynre grover schrifft* d'Ulrich Zell, pour prouver que ces expressions et d'autres synonimes, signifient dans le style du XVᵉ siècle l'imprimerie proprement dite, et non pas l'art de copier soit à la plume soit au moyen de caractères percés.

La souscription de J. Brito est non moins expressive, non moins authentique, non moins valable en sa faveur que ne le sont les souscriptions de Jean et de Wendelin de Spira.

L'usage de former sur le papier ou sur le vélin des caractères au moyen de petites feuilles ou lames percées, a été connu et mis en usage plusieurs siècles avant celui qui a vu naître J. Briton et conséquemment l'art merveilleux dont il se déclare l'inventeur, n'est pas celui dont se servirent l'empereur Justin et Théodoric.

Quand à l'objection: l'on ne connaît aucun autre livre de J. Briton, Ghesquière répond (comme avec un esprit prophétique), qu'il est très-possible qu'un hazard nous procure d'autres éditions de J. Briton, inconnus maintenant.

Il demande ensuite: „en quelle *qualité* J. Briton est-il connu dans les Régistres de la communauté des libraires de Bruges? Est-ce en celle d'imprimeur? Voilà donc l'imprimerie en exercice à Bruges, vers le milieu du XVᵉ siècle. Ou bien sa qualité n'y serait-elle pas exprimée, ni plus ni mois que celle de l'imprimeur Mansion? Dans ce dernier cas, on ne pourrait rien conclure de ces Régistres au désavantage de J. Briton, et il faudrait s'en tenir à tel ou tel livre, qu'ils assurent tous les deux, dans leur souscription, *avoir imprimé*.

Admettant que le Doctrinal, dont il est parlé dans les Mémoriaux de Jean le Robert, soit le Doctrinal d'Alexander Gallus, ce livre était toujours *jetté en molle*.

Or, l'ancien langage de Cambray, le patois d'aujourd'hui, le témoignage des doyens de Cambray et les jurisconsultes versés dans l'ancienne langue du Cambray confirment cette signification. Et dans un acte de l'an 1474 on lit „que Michel Friburger, Ulderic Gering et Martin Cranz sont venus en France pour l'exercice de leurs arts et mestiers *de faire livres de plusieurs manières d'escriptures en mosle et autrement*."

Mettre en molle, jetter en molle, livre mollé désignent donc l'imprimerie proprement dite, et un Doctrinal jetté en molle, un livre mollé ou moulé n'est autre chose dans le style du XVᵉ siècle, qu'un livre imprimé et de la même espèce dont étaient les éditions d'Ulric Gering, M. Friburger et M. Cranz qui furent les premiers imprimeurs de Paris et qui vinrent en 1474 y établir l'imprimerie dans le collége de la Sorbonne.

Lambinet (Origine de l'imprimerie, Tom. II. pp. 237—241) partage complètement l'avis de l'abbé de Saint-Léger sur J. Briton.

Il cite Daunou, qui dans son Analyse des opinions diverses sur l'origine de l'imprimerie, a observé que *getés en molle*, *mis en molle*, *escripts en molle*, *mollés*, employés dans plusieurs chroniques et dans quelques éditions du XVᵉ siècle, signifient moulés, imprimés; mais que c'est à l'imprimerie tabellaire que ces expressions ont été d'abord appliquées.

De la Serna Santander (Dict. bibliogr. Tom. I. p. 353) partage de même l'opinion de l'abbé de Saint-Léger au sujet de Briton et de son livre; il dit aussi que les Régistres de la communauté de Saint-Jean l'Évangéliste de Bruges font *deux fois* mention de Briton, en 1454 et en 1492, année de sa mort.

Il fait observer que le livre de Gerson n'a pas de date, et que Jean de Brit *ne pouvait pas se vanter de la netteté et de la beauté de cette impression, qui n'est riens moins que belle et qui est exécutée en mauvais caractères gothiques.*

Les *instrument merveilleux* sont ceux de la calligraphie; le mot *imprimit* se trouve *fréquemment* employé dans les XV° et XVI° siècles pour signifier *écrire.*

Si Jean Briton avait été un si habile artiste (imprimeur) d'où vient, demande t'il, que, dans l'espace de quarante ans qu'il a survécu à sa prétendue découverte, il ne nous a pas donné une seule impression brillamment exécutée à sa manière?

Van Praet (Notice sur Colard Mansion pag. 10—11) est aussi de l'opinion de l'abbé de Saint-Léger. Selon lui il ne faut pas considérer Briton comme imprimeur, quoiqu'il se trouve dans le Régistre de la confrérie des libraires de Bruges au nombre de ceux qui en faisaient partie. Il y est mentionné *sans aucune qualification* et seulement pour avoir payé *sa contribution annuelle depuis 1454 jusqu'à sa mort*, arrivée en 1493 ou 1494.

Jean Briton, selon van Praet, exécuta par un art nouveau et des instruments de son invention, l'écrit de J. Gerson, et mit au bas de cette transcription six vers latins, où il employe le mot *imprimit* dont les écrivains ou les copistes de livres de son temps se servaient *quelquefois* au lieu de *scripsit.*

Vers 1480 Jean Veldener, selon lui, mit sous presse cette production de J. Briton, sans y rien changer et en laissant même subsister les six vers qui la terminent. Ce qui a fait croire mal à propos à quelques bibliographes qu'ils avaient rapport à cette édition remarquable.

Van Praet nomme les *caractères* de l'ouvrage de Brito *entièrement semblables à ceux de Veldener de 1480.*

M. Wetter (Krit. Geschichte der Erfindung der B. K. p. 541) est tout à fait de l'avis de l'abbé de Saint-Léger et de van Praet.

M. S. Sotheby (Typography of the XVth century, Pl. xxxvij) a donné un fac-simile et la description du livre de Briton. Il le dit imprimé de 1477—1478 avec deux sortes de caractères, les mêmes dont se sont servi de Machlinia à Londres et Veldener à Utrecht. Il croit que ces artistes avaient acheté leurs caractères chez un fondeur de types (type-founder), qui résidait à Bruges ou à Utrecht.

Jean Briton, selon lui, ne s'arroge pas *l'invention de l'imprimerie*, mais il constate seulement dans sa souscription, qu'il a découvert *l'art de composer* (composing) *le caractère* et d'imprimer son livre, *sans l'avoir appris*, et il assure que son impression présente le même caractère (bears the same character) que le manuscrit original.

Il traduit quelques phrases du colophon ainsi: „Presentis *scripture* gracia," the favor of the *printing*; — „Confer *opus operi*, spectetur *codice codex*, compare *letter* with *letter*, one copy with the other; — „*Instrumenta* laude stupenda," the type.

L'évêque de Térouane, dont il est fait mention dans le sommaire du livre de Briton, est selon M. Sotheby, David de Bourgogne, le fils de Philippe le Bon; mais il se trompe, c'est Mathieu Regnault, comme le dit ce sommaire. Ce Prélat est mort en 1415. Son successeur était Louis de Luxembourg, décédé en 1438. Après lui monta au siège épiscopal Jean le Jeune, qui eut pour successeur David de Bourgogne.

M. Leigh Sotheby (Principia typographica I. p. 195) observe que Machlinia de Londres a un type de la même fonte que celui employé par Brito à Bruges, et que ce dernier a inventé afin que son livre ressemblât à l'original écrit, comme il le dit dans le colophon de son livre. Il ne s'y arroge pas l'invention de l'imprimerie, mais constate seulement qu'il a découvert *l'art de fabriquer un type et d'imprimer son livre sans avoir eu un instructeur.*

M. Bernard (De l'origine de l'imprimerie II. pp. 396—400) n'admet pas que J. Briton ait imprimé le petit livre en question. Il demande quel est ce J. Briton? On n'a sur lui aucun renseignement: on voit bien un J. Britoen ou Bortoen figurer dans les Régistres de la communauté de St. Jean l'Évangéliste de Bruges, mais rien ne prouve que ce Britoen, *qui figure invariablement* sur ces régistres de 1454 à 1492, soit le Briton qui nous occupe.

Il partage l'opinion de van Praet et de l'abbé de Saint-Léger sur l'imprimeur de l'opuscule de Gerson; seulement il fait remarquer que le livre de Briton *a des signatures et des réclames*, ce qui suffirait seul pour prouver qu'il n'est pas aussi ancien qu'on l'a cru. A cela il faut joindre, dit-il, *son exécution qui est parfaite et la forme des caractères que ne laisse rien à désirer.* L'un de ces caractères est *parfaitement semblable* à celui que Veldener a employé dans le Fasciculus temporum, en flamand, qu'il a imprimé à Utrecht en 1480.

M. Bernard, dans le même ouvrage (Tom. I. pp. 97—103), a traité au long et à fond la question *des Doctrinals gettés en molle*, et il prouve par plusieurs exemples que les mots *jeté en moule*, *lettres moulées* etc. désignent l'impression typographique. La filiation de ces mots est parfaitement établie depuis 1445 jusqu'à nos jours dans le nord comme dans le midi de la France. — Ils ne peuvent pas avoir un autre sens, car les caractères mobiles de fonte nécessitent seuls l'emploi des moules.

Renouvier, enfin, dans son Histoire de l'origine de la gravure, p. 33, soutient que les *Printers* n'étaient pas des imprimeurs, mais des ouvriers se servant de moules de bois où ils entaillaient les traits d'un saint, d'une madone et quelques lettres de légende. Ils en vinrent à graver sur bois et à imprimer de la même manière de petits livres pour l'enseignement. C'est ainsi, dit-il, qu'il faut entendre le *Doctrinal getté en molle*, acheté à Bruges et à Arras. Ces *Printers* n'étaient que des graveurs et des imprimeurs en taille de bois; s'ils firent des livres imprimés, ce ne furent que les *livres des pauvres.*

Une confrérie sous le patronage de S. Jean-Baptiste (lisez: S. Jean l'Evangéliste) dont on connaît les statuts arrêtés en 1454, se composait aussi de *printers*, imprimeurs. Van Praet a reconnu que ceux-ci ne pouvaient être que des imprimeurs de livres en planches de bois ou d'images.

Les comptes de cette confrérie mentionnent dès 1454, Joannes Brito, dont le nom se trouve dans un curieux colophon d'un opuscule de Gerson, et où il dit que ce livre est imprimé en caractères; mais il ne le fut en réalité qu'en 1480, par Jean Veldener; *ce dernier point est certain.*

Brito n'est pas l'imprimeur de cet ouvrage. Mais est-ce à un manuscrit dans la forme ordinaire ou exécuté à l'aide de patrons découpés, de caractères percés à jour sur des plaques de cuivre, que s'appliquent les termes du colophon?

Il faut s'en tenir à ces généralités et renoncer à saisir, dans les Pays-Pas comme ailleurs, la leurre d'une invention: les plus savants s'y sont laissés prendre.

On voit par ce résumé succinct des différentes opinions que les bibliographes sont loin d'être d'accord sur la plupart des points qui touchent la question de savoir si J. Briton a été un imprimeur, oui ou non. Je conçois aisément que des savants puissent différer quant à la signification de certains mots, de certaines expressions plus ou moins douteuses, par exemple sur le sens des mots: imprimit, scriptura, printer, getté en molle &c., mais je m'étonne de ce que le fameux bibliographe de la Serna puisse trouver l'impression du livre de J. Briton rien moins que belle et exécutée en mauvais caractère gothique, tandis que M. Bernard, excellent typographe lui-même, affirme que l'exécution de ce livre est parfaite et que la forme des caractères ne laisse rien à désirer. Ici il s'agit simplement de juger l'exécution d'un livre que l'on a devant soi. Je suis porté à croire que de la Serna ne l'a pas vu et que son jugement repose sur des données inexactes qu'on lui en avait suppéditées.

J'ai vu l'exemplaire à la Bibliothèque impériale de Paris et je partage à son sujet le jugement de M. Bernard. Le type gothique est pur et ressemble à celui de Colard Mansion; le type du texte est une imitation parfaite de l'écriture bourguignonne du temps et ressemble beaucoup à celui dont Veldener s'est servi, seulement il ne lui est pas entièrement et parfaitement semblable, comme le disent van Praet et M. Bernard. Il diffère essentiellement des productions de Veldener, d'abord parcequ'on y trouve les syllabes da, de, do coulées (Planche 61 [129]^{a2}, ligne 2, 3, 5 et 6, et ^{c1}, ligne 12), comme on ne les rencontre pas chez Veldener; ensuite aucun imprimeur connu n'a employé les signatures et les réclames telles qu'elles se trouvent chez Briton, non pas au bas des pages et au recto des feuillets, mais dans la marge du fond au verso et dans un sens perpendiculaire. Une troisième particularité qui distingue ce livre de ceux de Veldener, c'est que ce dernier ne s'est jamais servi du caractère gothique avec lequel est composé le sommaire (Planche 61 [129]^{a1}).

Voilà donc une édition bien distincte de celles de Veldener. Qui en est l'imprimeur? Le colophon dit expressément: „Imprimit hec civis brugensis brito Johannes," ceci a été imprimé par Jean Briton, citoyen de Bruges.

Quel est ce Jean Briton? demande M. Bernard. Mais on peut aussi demander qui est Pierre Werrecoren de Saint-Martensdyk? qui est l'imprimeur au monogramme G L (?) d'Utrecht? On l'ignore; mais la réponse pour ce qui regarde Jean Briton est moins difficile.

Le nom de Jan Bortoen, Britoen, Briton, Britoien, Breton, Brytoen, figure non pas *deux fois* en 1454 et 1492, comme le disent l'abbé de Saint-Léger et de la Serna, mais sans interruption dans les Régistres de la communauté de S. Jean l'Évangéliste de Bruges, depuis l'an 1454 jusqu'en 1492. Il est vrai que Briton n'y est mentionné sous aucune qualification et seulement pour avoir payé sa contribution annuelle depuis 1454 jusqu'à sa mort, arrivée en 1493 ou 1494; mais quoique sa qualité n'y soit pas exprimée, il faut pourtant qu'il ait exercé une des diverses professions exercées par les membres de cette confrérie. Du reste Colard Mansion n'y est non plus mentionné sous une qualité, si ce n'est celle de Doyen depuis 1471 à 1473.

Cette confrérie était composée entre autres d'écrivains et de copistes de livres (*scrivers* et *boucscrivers*) et d'imprimeurs (*printers*). Renouvier dit bien que van Praet a reconnu que ces derniers ne pouvaient être que des imprimeurs de livres en planches de bois, mais van Praet (Notice sur Col. Mansion, p. 77) traduit le mot *printers* par imprimeurs soit en planches de bois soit en lettres mobiles. On sait que Mansion était écrivain et imprimeur de livres; je crois que Briton aussi a commencé par être écrivain et qu'en suite il est devenu imprimeur.

A l'objection de l'abbé de Saint-Léger, répétée par de la Serna, que l'on ne connaît de Briton aucune autre édition, Ghesquière a répondu, que c'est aussi le cas pour plusieurs autres imprimeurs et qu'il est très-possible qu'un hazard nous procure d'autres éditions de J. Briton alors inconnues.

Ghesquière ne s'est pas trompé. Le savant archiviste de Bruges, M. Bossaert, a découvert des fragments très-précieux, collés dans les couvertures de vieux livres et de régistres où ils étaient ensevelis depuis bientôt quatre siècles. Ils font partie, le premier d'une traduction en vers français du poème: Wapene Martyn, de Maerlant; — le second semble provenir d'un opuscule politique concernant les démêlés des Ducs de Bourgogne avec les Rois de France; — le troisième appartient à l'opuscule de Gerson.

M. Bossaert a eu l'extrême obligeance de me communiquer deux de ces fragments, dont j'ai donné les fac-simile à la Planche 61 [129][b etc]. Ils montrent que les types sont identiques avec ceux du petit livre de Gerson; les signatures-réclames y sont placées aussi en sens perpendiculaire au fond de la marge.

Il ne reste plus le moindre doute que les livres auxquels ces fragments appartiennent ne soient sortis des mêmes presses qui ont produit l'opuscule de Gerson, et puisque ce n'est pas Veldener qui les a imprimé, il faut bien admettre que c'est Jean Briton.

Quant à la question de la date de ce livre, la présence des signatures-réclames ne permet pas de la placer avant 1472; je crois qu'elle est d'environ 1480.

Nous avons vu que, selon le système qu'ils défendent, les bibliographes interprètent de différentes manières les mots *imprimere* et *scriptura*. C'est ainsi que Ghesquière tâche de prouver que *imprimere* c'est *imprimer*; l'abbé de Saint-Léger dit que ce mot ne signifie pas toujours l'imprimerie proprement dite; — selon de la Serna il est fréquemment, — selon van Praet il est quelquefois employé pour *écrire*. Decler voit clairement dans le mot *scriptura* que J. Briton n'était qu'un écrivain, et Ghesquière cite beaucoup d'exemples qui prouvent que *scriptura* se dit des types, de l'édition.

Je crois qu'il nous est permis d'admettre que J. Briton dit dans son colophon que c'est lui qui a *imprimé* ce livre, et quand il parle de *presentis scripture gracia*, que cela signifie la beauté ou l'élégance des types, de l'impression.

Avant de terminer cet article, déjà trop long pour le cadre restreint de mes Monuments, encore quelques mots sur cette remarquable édition de l'opuscule de Gerson.

Le sommaire nous apprend qu'à la prière de l'évêque de Térouane, Mathieu Regnauld, le chancelier de l'Université de Paris, Jean Gerson, composa un écrit, que cet évêque fit transcrire dans deux grands tableaux qu'il fit attacher au dehors du cœur de l'église de Térouane, afin de servir à l'instruction et doctrine de tous chrétiens et chrétiennes. Le commencement du sommaire nous apprend encore, que c'est ici la copie de ces deux grands tableaux, „esquels tout le contenu de ce livre est en escript".

L'édition ou la copie de J. Briton contient donc tout ce qui était écrit sur ces deux tableaux. On pourrait induire de là que cette copie n'est *pas en écrit*. L'édition de J. Briton se compose de 60 pages avec 25 lignes à la page, ce qui fait environ 1500 lignes. Maintenant est-il probable que ces deux tableaux ont pu contenir 1500 lignes, surtout lorsqu'on pense que l'écriture ou les caractères devaient être assez grands pour qu'on put les lire à distance? En aucun cas ils ne pouvaient être aussi petits que les types de J. Briton.

Je suppose que cet artiste a fait une copie de ces tableaux; comme calligraphe ou écrivain il se sera servi de l'écriture de son temps, écriture que je nomme bourguignonne, et c'est probablement d'après cette copie qu'il a fait plus tard son édition. C'est pourquoi qu'il dit dans son colophon: confer opus opere, spectetur codice codex; ce qui ne peut pas signifier: comparez ce livre, cette édition avec les deux grands tableaux, mais bien: comparez cette édition avec la copie que j'ai faite de ces tableaux, et admirez la beauté, l'élégance et la netteté avec lesquelles je l'ai imprimée:

> Aspice presentis scripture gracia que sit,
> Confer opus opere, spectetur codice codex;
> Respice quam mundè, quam tersè, quamque decorè
> Imprimit hec civis brugensis brito Johannes,
> Inveniens artem nullo monstrante mirandam,
> Instrumenta quoque non minus laude stupenda.

Quel est le sens de ces deux derniers vers?

L'abbé de Saint-Léger, Decler et de la Serna entendent par *artem* et *instrumenta* l'écriture, des instruments de calligraphie, une espèce d'écriture à l'aide de lames de laiton coupées, d'encre siccative et d'une brosse. Ghesquière a remarqué fort bien que cette manière d'écrire était en usage depuis plusieurs siècles; — mais il croit que Briton a *inventé* l'art de l'imprimerie, dont il n'aurait pas osé se vanter, s'il n'eût pas imprimé son livre longtemps avant que Colard Mansion fit rouler ses presses.

Nous avons vu que ce livre ne date pas d'avant 1472, ainsi Briton ne pouvait pas s'arroger l'invention de l'imprimerie dans cette année.

Mais est-ce que réellement Briton a voulu dire cela? M. Leigh Sotheby observe que Briton constate seulement qu'il a découvert, trouvé l'art de fabriquer un caractère qui était conforme à l'original écrit et d'imprimer son livre sans avoir eu un instructeur.

Je crois aussi que Briton n'a pas voulu dire autre chose, et je crois possible que Briton ait appris sans maître l'art de la typographie. A ce sujet je me rappelle qu'un lithographe distingué de ma connaissance, à qui on avait demandé d'imprimer une collection de médailles à l'aide de la machine Collas, qu'il devait faire venir de Paris pour cela, s'était mis en tête de fabriquer lui-même une machine semblable, ce qui après bien des essais lui a réussi parfaitement; et pourtant il ne connaissait de la machine Collas que les gravures qu'elle avait produites.

Pourquoi donc J. Briton n'aurait-il pas pu trouver aussi le moyen de graver et de fondre des caractères et de les imprimer? Aurait-il osé le dire si cela n'avait pas été la vérité? Et dans quel but l'aurait-il fait?

La seule chose inexplicable est la grande ressemblance des types de Briton avec ceux de Veldener. Celui-ci était graveur et fondeur de types; j'ai de la peine à croire que c'est lui qui aurait imité les types de Briton; le contraire me paraîtrait plus probable. Est-ce que lui et Briton ont imité la même écriture? Je laisse à de plus savants que moi à donner la clef de ces énigmes, qui du reste ne touchent pas à la question principale, et Jean Briton prendra désormais la place qui lui revient parmi les imprimeurs de Bruges. Je suis convaincu que van Praet, s'il eût pu avoir connaissance des découvertes de M. Bossaert, se serait empressé de rendre cet honneur à son compatriote Briton. Les types de J. Briton sont passés à Guillaume de Machlinia, qui a imprimé à Londres. (Planche 61 [129]^d). Si celui-ci les a acquis après la mort de Briton, en 1493 ou 1494, cela servirait à fixer l'époque à laquelle de Machlinia a commencé à faire rouler ses presses.

BRUXELLES.
ÉDITIONS DES FRÈRES DE LA VIE COMMUNE, 1476—1487.

Planches 62 et 63 [74 et 75].

Les Clercs de la vie commune ont introduit l'imprimerie à Bruxelles vers l'an 1476. Le premier livre avec date sorti de leurs presses, le Gnotosolitos, un gros volume in-folio d'environ 1000 pages, est du 25 Mai 1476. Leur dernier livre avec date, une Pars hiemalis Ordinarii ecclesiae Leodiensis, porte le millésime 1487.

Ces Clercs se sont servi de trois espèces de types. Celui qu'ils ont employé généralement est représenté à la Planche 62 [74]. Le fac-simile ^{ab} reproduit deux souscriptions différentes du Gnotosolitos, tirée l'une de l'exemplaire de la Bibliothèque Royale, l'autre de celui conservé au Museum Meermanno-Westreenianum.

Le second type avec lequel sont imprimés les mots Otto, Henricus et Bruno dans l'arbre généalogique (Planche 63 [75]^a), m'a fait reconnaître les Clercs comme imprimeurs d'un Ordinarius Ecclesiæ Leodiensis, le n°. 553 du Catalogue de nos incunables. Le troisième type minuscule, reproduit à la même Planche, se rencontre aussi dans leur édition de Petr. de Aliaco Tractatus et sermones, n°. 254 dudit Catalogue; c'est le même caractère qui a servi à l'impression du Breviarium Tornacense, dont un exemplaire se trouve à la Bibliothèque communale de Bruges.

Ce Bréviaire porte une souscription manuscrite de la teneur suivante: Joannes latius cortracensis excudebat andverpie sub intersigno Talpæ, anno restauratæ salutis mcccxlvi. — Mais la présence de signatures dans ce livre suffit pour démontrer qu'il n'est pas antérieur à l'an 1472. Le Catalogue de la Bibliothèque publique de Bruges, au n°. 1579, assigne à ce Bréviaire la date de 1496. Comme ce livre est imprimé par les Frères de Nazareth, il doit avoir vu le jour avant 1487.

Dans la souscription du Gnotosolitos les Frères annoncent que cet ouvrage „ex originali ipsius auctoris manu exarato effigiatum est." Lambinet a interprété ce passage comme s'il indiquait que le caractère avec lequel ce livre a été exécuté fut gravé d'après l'écriture originale de l'auteur. Mais il signifie simplement que le livre a été imprimé d'après le manuscript original écrit par l'auteur-même.

Les types employés par les Frères ressemblent beaucoup à ceux d'Arnold ter Hoernen, à Cologne, et il est très-probable que c'est lui qui les a fabriqué pour eux, d'autant plus que l'Ordre avait une maison dans cette ville.

Le livre intitulé: Legende Sanctorum Henrici imperatoris et Kunegundis imperatricis, de l'an 1484, est le seul ouvrage auquel les Clercs ont mis leur nom: impresse in famosa civitate Bruxellensi per fratres communis vitæ in Nazareth (Planche 62]74]^{c2}). Comme c'est aussi le seul livre qu'ils ont orné de gravures, j'ai cru intéressant de les réproduire.

La gravure (Planche 62 [74|^{c1} représente l'Empereur Henri II et son Épouse assis et couronnés par l'enfant Jésus. La seconde gravure (Planche 63 [75]^{a2}) montre un aigle éployé couronné, tenant un écusson avec les armes d'Antoine de Rotenhan, Évêque de Bamberg, qui occupa le siége épiscopal de 1441 à 1460, année de sa mort. La présence de ses armes dans un livre qui contient la vie de Henri II, le fondateur de cet évêché, me fait croire que la Légende des SS. Henri et Cunégonde a été écrite par son ordre, ou que lui-même en est l'auteur. L'examen de ces bois, dit Renouvier, fournit une réfutation suffisante des conjectures qui ont été émises sur la coöpération des Frères à la gravure du Spéculum et sur leurs accointances avec Veldener.

DEVENTER.

ÉDITIONS DE RICHARDUS PAFFROED, 1477—1500.

Planches 64 et 65 [112 et 113].

La ville de Déventer, en Overissel, célèbre au XVe siècle par la maison des Frères de la vie commune et par l'école fondée par Gérard Groote (Gerardus Magnus), doit à un Allemand l'établissement dans ses murs d'un atelier typographique. Richard Paffroed, natif de Cologne, où il apprit son art probablement chez Ulr. Zell qui le premier porta l'imprimerie dans cette ville, s'établit vers l'an 1477 à Déventer. Je crois que le livre intitulé: Cypriani Epistolæ, imprimé sans nom d'imprimeur, de lieu et sans date (Catalogus B. R. H. n°. 255), a paru avant cette année, mais le Reductorium morale de P. Bertorius avec la souscription de 1477, est le premier livre où se trouve le nom de cet artiste. Ces deux ouvrages, imprimés in-folio, sur du papier d'une qualité fort belle et avec un type qui ressemble à l'un de ceux dont Ulric Zell s'est servi, donnent une idée très-favorable du degré de perfection que Paffroed avait atteint dans son art.

La Planche 64 [112] donne ^{a1}) le commencement, et ^{a2}) la fin avec la souscription du Reductorium. L'on ne connaît aucune édition de Paffroed datée de l'an 1478, sinon une Lettre d'indulgence du Pape Sixte IV, dont un fragment se trouve à la Bibliothèque de l'Université de Groningue. En

1479 il employa un nouveau genre de types, gravés encore d'après le modèle de ceux de Zell (Planche 64 [112] b1–2), et il continua de se servir de ces deux caractères jusques en 1485, année dans laquelle, à ce qu'il paraît, un événement quelconque l'ait empêché de continuer ses travaux; dumoins on ne connaît aucun livre sorti de ses presses pendant les années 1486 et 1487. Quelle peut être la cause de cette lacune dans ses éditions? Si la peste, qui a sévi à plusieurs reprises dans la ville de Déventer, entre autres en 1483, y eut exercé ses ravages dans les deux années prédites, l'on pourrait attribuer à cette calamité l'interruption de ses publications. Mais ce n'est pas le cas, et même nous possédons plusieurs ouvrages publiés par Paffroed pendant l'année désastrueuse de 1483. Serait-ce peut-être l'arrivée à Déventer d'un second imprimeur, Jacques de Breda, dont on connaît des livres publiés depuis 1485, qui en fut la cause? Mais était-ce là une raison pour Paffroed de fermer son imprimerie pendant deux ans? Je ne le crois pas. Mais quand on sait que les types dont Paffroed s'était servi jusqu'en 1485 sont passés à Jac. de Breda, que les livres publiés par Paffroed après 1488 sont imprimés avec des caractères nouveaux, et que contrairement à ce que ce typographe avait fait jusque là, il ne se sert plus du format in-folio pour ses éditions, alors on peut se demander si le Richard Paffroed de 1477 à 1485 est bien le même que celui qui imprimait de 1488 à 1500?

Si l'on admet qu'il soit mort en 1485, et qu'à cause de son décès on ait vendu ses types; si l'on admet aussi qu'un fils à lui, nommé Richard, ait continué l'imprimerie avec de nouveaux caractères, alors tout s'expliquerait facilement.

Il est vrai que jusqu'ici nous ignorons la date de son décès, et même s'il a eu un fils du nom de Richard; mais la conjecture est permise, d'autant plus qu'un fait analogue se présente dans les annales de l'imprimerie de Cologne. On a des livres signés du nom de Joh. Koelhoff, datés de 1472 jusqu'en 1500. Et pourtant la souscription du livre intitulé: Lectura libri institutionum Nycasii de Voerda, de 1493, annonce que Koelhoff est mort pendant l'impression de cet ouvrage (in ipso opere ad superos vocati). Son fils aîné Johannes a continué l'imprimerie; par conséquent toutes les éditions sorties de cet atelier depuis 1494—1500 doivent être attribuées à Johannes Koelhoff le fils. (Voyez: Katalog der Inkunabeln der Stadt-Bibliothek zu Köln, von Dr. E. Ennen; S. ix.x).

Si cette conjecture se confirme, nous aurons à Déventer Rich. Paffroed de 1477 à 1485; son fils Richard Paffroed de 1488 à 1511; son petit-fils Albertus Paffraet de 1512 à 1530.

Paffroed (le père ou le fils?) reprit ses travaux en 1488. Le 9 Août de cette année il publia le Doctrinale d'Alexandre Gallus, avec le commentaire de Jean Synthen, célèbre professeur de l'école de Déventer, un des premiers qui introduisit une nouvelle et meilleure méthode dans l'enseignement des langues classiques. Pour l'impression de cet ouvrage et de ceux qu'il publia depuis lors jusqu'en 1500, cet artiste a employé dix sortes de types nouveaux: cinq pour le Doctrinale parmi lesquels des lettres tourneures et des caractères grecs (Planche 64 [112] d 1–2); un pour le texte du Somnium Scipionis de Cicéron, de 1489 (Planche 64 [112] e 1–3); un pour l'intitulé et un pour le texte des Sermones Michaelis de Ungaria de 1491 (Planche 64 [112] f 1–2); un pour le Boexken van onser lieven vrouwe croen, &c. de 1492 (Planche 64 [112 g], et un pour le texte du Farrago de 1495 (Planche 65 [113] c); ce dernier ressemble beaucoup aux types de L. de Renchen à Cologne. Les types de l'intitulé des Sermones de Michael de Ungaria se rencontrent aussi chez M. van der Goes, à Anvers, en 1486, (Planche 101 [48] c1); chez Jac. de Breda, à Déventer, en 1489, (Planche 66 [114] d 1, f 1); chez G. Bac, à Anvers, en 1496, (Planche 68 [107]^{c 1}). Les types du texte ont été employés par Jac. de Breda, en 1489, (Planche 66 [114]^{d 1, e 2}).

Plusieurs des éditions de Paffroed sont ornées de vignettes; le plus souvent l'on rencontre celle ou l'on voit un professeur en chaire avec cinq auditeurs (Planche 64 [112]^{e 1}), mais d'autres livres portent l'effigie de St. Lébuin, l'apôtre de l'Overissel et le patron de la ville de Déventer, tantôt représenté debout dans un temple, tenant dans sa main droite l'étendard de la croix, dans sa main gauche un livre et ayant à ses pieds les armes de la ville de Déventer: un aigle debout aux ailes déployées (Planche 65 [113]^a); tantôt au milieu d'un champ semé de fleurs, sur lequel reposent deux écussons aux armes différentes de ladite ville, les mêmes que l'on trouve comme sceau et contre-scel appendues aux anciens diplômes de Déventer. Entre ces deux écussons se voit dans la vignette le monogramme ou chiffre de Paffroed (Planche 65 [113]^b).

C'est rarement que cet artiste a orné ses productions typographiques de planches. Sur le titre du Cato moralissimus de 1497 (Planche 65 [113]^d), l'on voit une gravure représentant le moraliste Caton enseignant un jeune homme. Cette planche ne manque pas de mérite. Les petites gravures dans le Boexken van onser lieuen vrouwē croen (Livre de la couronne de la Vierge) (Planche 64 [112]^g) sont d'un dessin et d'une taille médiocres.

Le nom de Paffroed se trouve écrit dan ses livres de treize manières différentes, savoir: Richardus Paffroet de Colonia, Paefroed, Paffrod, de Paffroed, Paffroedt, Rijkert (Richard) Paffroed, Paffraet, Pafraet, de Pafraet, Pafrat, Pafroed, Pafroedt, Pafroet. Il demeurait, comme il l'annonce dans la souscription de quelques-uns de ses livres (Planche 64 [112]^c) „in platea Episcopi" (rue de l'Évêque).

ÉDITIONS DE JACOBUS DE BREDA, 1485—1500.

Planche 66 [114].

C'est vers l'an 1485 que Jacques de Breda vint s'établir à Déventer. Les bibliographes citent une édition du Cordiale quatuor novissimorum comme sortie de ses presses dans cette année. (C. L. Grotefend Incunabel-Sammlung von Culemann. Hannover, 1844, 8°. n°. 41). Il publia une seconde édition du même livre en 1486, dont un exemplaire se conserve dans la riche collection de M. le Sénateur Vergauwen à Gand. L'on trouve deux ouvrages publiés par lui en 1487; l'un intitulé: Prosper de vita contemplativa, l'autre: Gasparini Epistolæ. Jusqu'ici l'on ne connaît aucun livre édité par cet imprimeur en 1488; et il est remarquable que parmi le nombre considérable de ses éditions il ne s'en trouve qu'un seul de format in-folio; c'est le livre intitulé: Historie geheyten Sydrac (Histoire dite Sydrac), publié en 1496. Comme Paffroed il a indiqué dans quelques-unes des souscriptions de ses livres, entre autres dans le Traité d'Æneas Sylvius de fortuna (Planche 66 [114]^{d 2}), le lieu de sa demeure, qui se trouvait „in domo angulari plateæ pollis, que dicitur teutonicè die polstrate juxta scholas" (au coin de la rue dite Polstrate, près des écoles).

Les premiers livres de Jacques de Breda sont imprimés avec les types dont Paffroed s'était servi de 1477—1485. La Planche 66 [114] donne le fac-simile ^{a 1—2} du commencement et de la souscription du Modus confitendi (Cat. B. R. H. n°. 339), — $^{b1-2}$ du Columella de cultura hortorum (Cat. B. R. H. n°. 334), et $^{c1-2}$ du Boethius de consolatione philosophiæ (Cat B. R. H. n°. 332). Comme les figures ou ornements qui précèdent les titres des deux premiers livres ne se rencontrent que dans ceux de notre artiste, elles peuvent servir à faire reconnaître ses travaux quand même son nom n'y serait pas indiqué.

Pour l'impression du Boèce de 1489 il a employé quatre sortes de types, dont trois se trouvent dans l'Æneas Sylvius de Fortuna (Planche 66 [114]$^{d1-2}$) et un dans le Alani Doctrinale altum, de 1492 (Planche 66 [114]$^{e1-2}$). Les types des intitulés (Planche 66 [114]$^{d1, e1, f1}$), se trouvent aussi chez Paffroed, v. d. Goes et Back; le petit texte (Planche 66 [114]$^{d1, e2}$), chez Paffroed (Planche 64 [112]^{f2}). Pour les Epistelen ende Evangelien, de 1493 (Planche 66 [114]$^{f1-4}$), il s'est servi des caractères de Henric Lettersnyder (Henri le graveur de lettres), (Planche 110 [71|^{a2}).

La vignette dont il a orné la première page de plusieurs de ses éditions (Planche 66 [114]^{f1}) a servi de modèle à celle de G. Back d'Anvers (Planche 107 [68]^{c1}). Elle fut copiée encore par Tym. Petri van Os, à Zwolle (Planche 94 [85]^{b}), mais le graveur en bois qui travaillait pour ce dernier était moins habile que celui de Jacques de Breda.

Du reste notre artiste a rarement illustré ses éditions. On rencontre des gravures dans le Historie geheyten Sydrac de 1496, cité ci-dessus, et dans les Epistelen ende Evangelien, de 1493. Dans ce dernier livre l'on voit une planche représentant l'entrée de Jésus dans Jérusalem, qui appartient à la série de 66 planches publiée vers 1480 par G. Leeu. Le bois de cette planche n'est pas passé aux Frères conférenciers de Gouda avec les autres, dont ils se sont servis pour orner leur édition du livre intitulé: Devote ghetiden van den leven ende der passien Jesu Christi (Heures dévotes de la vie et de la passion de J. C.) de l'an 1496; il s'y trouve remplacé par une nouvelle gravure. Il paraît que Déventer ne possédait pas d'école de gravure; aussi M. Renouvier, dans son Histoire de l'origine de la gravure dans les Pays-Bas, passe-t-il sous silence même le nom de cette ville.

Dans l'édition d'un opuscule intitulé: Matthei Bossi Sermo in Jesu Christi passionem, imprimé par de Breda vers 1491, l'on voit sur le titre une gravure (Planche 66 [114]^g) représentant un docteur debout devant un roi assis sur son trône; de la bouche du premier sort un phylactère. Dans une édition des Orationes duæ de Philippe Béroalde, imprimée sans date, l'on voit la même planche, mais on lit sur le rouleau le nom: Jacob^s de Breda, imprimé en caractères mobiles. Dibdin (Bibliogr. Decameron pp. 285—96) et M. Leigh Sotheby (Principia typogr. I. p. 178—79) croyent voir dans ce personnage debout, qui paraît copié d'après la dernière planche du Spéculum, le portrait de l'imprimeur. Le fait est possible; mais je n'oserais pas répondre affirmativement à la question posée par M. Leigh Sotheby: si on ne doit pas aussi voir dans le personnage correspondant de la dernière planche du Spéculum le portrait de l'inventeur de l'imprimerie?

GOUDA.

ÉDITIONS DE GERARDUS LEEU, 1477—1484.

Planches 67 [52], 68 [53], 69 [22], 70 [56], 71 [54].

Gérard Leeu, de Gouda, issu d'une famille dont les membres occupaient les emplois les plus considérables, établit, en l'année 1477, le premier atelier typographique dans sa ville natale et y exerça son art jusqu'en 1484, lorsqu'il transporta ses presses à Anvers, où il continua d'imprimer jusqu'en 1493, année de sa mort.

La Planche 67 [52] offre les spécimen des types dont Leeu s'est servi en 1477. Le type représenté sous le n°. 1 paraît seulement dans des livres publiés par lui dans cette seule année. Pour ses éditions subséquentes des années 1478 à 1482 il a employé le type représenté sous le n°. 2. Voir aussi les Planches 68 [53][1—3], 69 [22] et 71 [54][1—3].

Le seul livre que l'on connaît de lui avec la date de 1483, est un Breviarium Trajectense, (in opido Goudensi in Hollandia, per Ger. Leeu, 1483, ydibus Decembris. 362 ff. in-8°) imprimé à deux colonnes de 30 lignes, avec signatures, sans réclames et sans pagination. Lorsque je publiai la neuvième livraison des Monuments, j'ignorais absolument l'existence de ce Bréviaire, qui n'est cité par aucun des bibliographes. Le caractère est identique avec celui du commentaire du Cato moralissimus de 1485 et du Bréviaire de 1488, dont j'ai donné les fac-simile à la Planche 102 [57][a], et 79 [126][d 2].

En 1484 il fit sortir de ses presses entre autres le livre „ Van den seven sacramenten" (des sept sacrements) (Planche 54 [71][4 a b]), exécuté avec le même type dont Bellaert à Harlem s'est servi (Planche 34, 35 [50, 51]). Comme Leeu a continué d'employer ce type jusqu'en 1489, tandis que Bellaert avait cessé ses travaux dès 1486, je crois que c'est Leeu, le typographe, qui lui avait cédé une fonte de ce caractère. On retrouve ce même caractère chez P. van Os (Planche 90 [82][b]).

A la Planche 69 [22] j'ai donné le fac-simile d'une pièce très-rare, imprimée par Leeu en 1480. C'est une lettre d'indulgence accordée, à l'occasion du Jubilé de 1475, par le Pape Sixte IV, qui députa ad hoc son Référendaire, l'Évêque de Sabenico. Ces lettres, imprimées à Gouda, n'étaient destinées qu'aux fidèles du diocèse d'Utrecht, puisque dans le texte une place est réservée pour inscrire le nom de la ville ou du village où elles étaient accordées, tandis que les mots: „ Trajecten diocesis", s'y trouvent imprimés. Notre lettre a été délivrée à Johannes de Remmerswalle, à sa femme Margareta, à leurs enfants et à leurs domestiques, dans la ville de Rotterdam, le 19 Mai 1480. L'exemplaire est d'une conservation parfaite, seulement les dernières lettres des premières lignes ont été manquées à la presse. On y supplée facilement en lisant : Exe —, comparuit, ordina — ; le reste est complet.

La première page du texte de son Dialogus creaturarum de 1481, reproduite à la Planche 70 [56] montre que Leeu, comme excellent typographe, ne le cédait en rien à Veldener. A peine celui-ci avait-il publié son magnifique Fasciculus de 1480, que Leeu aussi produisit un chef-d'œuvre de typographie. Le cadre du premier feuillet du texte, composé d'un rinceau de fleurs et de feuilles, n'est pas moins beau que celui de Veldener (Pl. 40 [24]); la grande initiale xylographique est même plus belle que celle du Fasciculus. Il est vrai que Leeu a imité Veldener, mais celui-ci s'était inspiré sur des livres Allemands.

Les bois du Dialogus sont passés en 1488 à l'imprimeur à la licorne à Delft, mais en 1491 ils étaient retournés à Leeu. Ces bois sont originaux; j'en ai donné trois spécimen à la Planche 70 [56] et à la Planche 103 [58]°. Beaucoup d'autres livres sortis de ses presses sont ornés de gravures; la Planche 71 [54] en offre deux. La figure (Planche 71 [54]⁴ᵃ) est composée de deux bois différents ajustés; le morceau qui représente deux personnages avait probablement servi déjà à un autre ouvrage. Nous avons vu que Bellaert a employé le même procédé (Planche 35 [51]). La gravure représentant le Christ crucifié (Planche 71 [54]³ᵃ) est tirée du livre intitulé: Liden ende passie ons heren Jesu Christi (les souffrances et la passion de N. S. J. C.) de 1482. Ce livre est orné de 32 figures xylographiques qui font partie d'une collection de 66 planches qui ont été d'abord imprimées d'un seul côté du papier, avec un texte de 15 vers au-dessous de chacune. Heineken (Idée génér. d'une collection d'estampes, pag. 429 et suiv.) avait trouvé 32 (36) de ces planches réunies dans un recueil appartenant à la Bibliothèque de l'Université d'Altorf. Il croyait que c'était un ouvrage allemand xylographique et il soupçonnait que la série fut incomplète. Le savant imprimeur J. Enschedé, de Harlem, a prouvé dans une lettre adressée à von Murr, datée du 10 Février 1776 (Journal zur Kunstgeschichte, vol. I et III) que ces planches sont d'origine hollandaise et imprimées par Leeu, à Gouda, vers 1480; que Leeu en orna aussi son édition du „Liden ende passie" de 1482; qu'il prêta les mêmes bois à J. Bellaert en 1483; que Gér. Leeu en 1487 et Nic. Leeu en 1488 ont employé les bois de cette série dans leurs éditions du „Boeck van den leven ons heeren Jesu Christi" (Livre de la vie de N. S. J. C.). Pierre van Os, à Zwolle, en a placé trois dans son Passional de 1490; la gravure représentant l'entrée de Jésus à Jérusalem, se trouve dans les Épîtres et Évangiles (en hollandais) de J. de Breda à Déventer, en 1493, ce qui est cause que lorsque les Frères conférenciers à Gouda ont publié en 1496 un livre orné de ces bois, ils ont dû remplacer cette gravure, qui probablement avait été égarée.

Pendant son séjour à Gouda, Gér. Leeu a fait usage de deux marques typographiques différentes (Planche 68 [53]). La première qu'il a imprimée en rouge ou en noir, représente un double écusson suspendu à une branche d'arbre: à droite les armes de la ville de Gouda; à gauche la marque du typographe. L'autre est composée d'un écusson aux armes de l'Archiduc Maximilien d'Autriche, tenue par deux lions et portant dans les coins supérieurs, à droite les armes de Gouda, à gauche la marque de Leeu.

Le dernier livre publié à Gouda par cet artiste est „le livre des sept sacrements", en hollandais, daté du 19 Juin 1484.

Le caractère représenté à la Planche 67 [52]² dont Leeu s'est servi depuis l'an 1477 à 1482, se trouve aussi chez P. van Os, à Zwolle, en 1480 (Planche 90 [82]ᵃ); il est donc probable que celui-ci avait acheté une fonte de ce caractère au typographe de Gouda.

ÉDITIONS DE GOTFRIDUS DE OS, 1486.

Planche 72 [111].

Je dois la connaissance de cet imprimeur à M. Henry Bradshaw, Conservateur de la Bibliothèque publique de l'Université de Cambridge. Maittaire et, après lui, Visser et Lambinet ont annoncé un livre, intitulé : Exercitium puerorum Grammaticale. Goudæ, 1486, in-4°.; mais l'on ne connaissait que deux imprimeurs à Gouda et puisqu'en 1486 Gér. Leeu se trouvait depuis deux ans à Anvers, et que les Frères conférenciers n'ont établi leurs presses à Gouda qu'en 1496, je croyais devoir ranger cette édition parmi les apocryphes, de même que le Dialogus creaturarum, cité par Brunet comme imprimé à Gouda par Leeu en 1486, et que l'Antidotarius animæ, cité par Lambinet comme publié par cet artiste en 1497.

La citation et la date du livre „Exercitium puerorum" ont même fait soupçonner que Leeu aurait fait rouler simultanément ses presses à Gouda et à Anvers. Mais c'est une erreur. La souscription du livre, que M. Bradshaw m'a communiquée, réfute parfaitement les erreurs que celui-ci avait fait naître. La voici: „Opusculum quintupertitum grammaticale pro pueris in lingua latina breviter erudiendis. Impressum per me Gotfridum de Os, &c. Anno Millesimo quadringentesimo octuagesimo sexto. Mensis nouebris tercio decimo". Ce n'est donc pas G. Leeu, ni les Frères conférenciers qui ont publié ce livre, mais un typographe totalement inconnu jusqu'ici aux bibliographes: Gotfridus de Os.

D'après un exemplaire défectueux de la Bibliothèque du Gymnase catholique à Cologne, (que j'ai pu avoir chez moi, grâces à la bienveillance de M. le Professeur Dunzer) la Planche 72 [111] donne les fac-simile [a]) du feuillet k 1 rectò, [b]) de la dernière page avec la souscription, et [c]) de l'alphabet des lettres grises qui se trouvent dans cette édition.

Les types du texte sont ceux de J. Veldener (Planche 47 [28] [5 a b]); — la vignette, un maître d'école avec trois disciples, rappelle celles de H. Quentell à Cologne, et de R. Paffroed à Déventer; elle ressemble beaucoup à celle que j'ai vu dans un Donatus de 21 lignes, dont un exemplaire est conservé à la Bibliothèque de Gottingue, et un autre à la Bibliothèque Laurentienne à Florence. Ce dernier provient du fonds d'Elci et est attribué erronéusement dans le catalogue aux presses de Mayence; — l'alphabet xylographique est dans le genre de ceux qu'employèrent G. Leeu et van der Goes. (Planche 104 [59] et 100 [47]).

Un exemplaire complet du livre de Gotfr. van Os est conservé à la Bibliothèque de l'Université de Cambridge; un autre à la Bibliothèque Royale de Copenhague; un exemplaire incomplet se trouve, comme je viens de le dire, à la Bibliothèque du Gymnase catholique de Cologne.

A l'aide des fac-simile j'ai pu reconnaître deux livres sortis des mêmes presses et conservés à la Bibliothèque Royale de la Haye.

Le premier est un Confessionale, primo per quæstiunculas, secundo de modo confitendi, multum utile. s. l., s. d., s. nom d'imprim. in-4°. La lettre grise P, à la première page, est la même que celle représentée à la Planche 72 [111][a 1]; le caractère de l'intitulé et du texte est semblable à l'intitulé de l'Opusculum quintupertitum; le caractère du commentaire est le même que celui du texte de l'Opusculum.

Le second livre est un Alexandri Galli Opus minus primæ partis. Malheureusement nous ne possédons que deux feuillets de cet ouvrage qui étaient collés contre la couverture d'un livre; j'ignore donc s'il a une souscription ou non. Le papier porte la même marque que le Confessionale. La lettre grise E, qui s'y voit, est identique avec celle représentée à la Planche 72 [111][a 3]; le texte est imprimé avec le même type qui a servi pour l'intitulé de l'Opusculum. Le type du commentaire ressemble beaucoup à celui de Leeu, dans son Catho moralissimus (Planche 102 [57][c]), mais il n'est pas identiquement le même; il est mêlé avec des initiales lombardes.

Il est très-possible que dans d'autres Bibliothèques on rencontre encore quelque autre édition de Gotfridus de Os.

ÉDITION DE GOVERT VAN GHEMEN (AVANT 1489).

Planche 73 [119].

Tout ce que l'on sait de Gov. van Ghemen se réduit à peu de chose. Il imprima à Gouda un livre intitulé: „Ghenoechlicke ende amoroeze historie van den edelen Lantsloet ende die scone Sandryn" (la plaisante et amoureuse histoire du noble Lancelot et de la belle Sandrin). C'est un petit in-4°, de 20 feuillets, à 29 lignes par page, avec signatures, sans chiffres, réclames ni date. Souscription: „Dit boec is voleynt bi mi Govert van// Ghemen ter Goude in hollant."

Le seul exemplaire connu de ce livre se trouve à la Bibliothèque communale de Lubeck. Le Bibliothécaire, M. le Professeur Mantels a bien voulu me confier ce volume précieux.

Van Ghemen transporta son matériel typographique et ses presses à Copenhague, où il les fit rouler jusqu'en 1510. Le premier livre qu'il y publia avec date certaine est le Fundamentum in Grammatica de 1493; mais si l'on admet l'authenticité d'une note manuscrite dans un exemplaire d'un Donat sans date, imprimé par lui à Copenhague, et qui dit que ce livre a été donné en cadeau le 20 Mars 1490, il est avéré qu'il y fut déjà établi en cette année ou peut-être plutôt. Il en résulterait que le Lancelot, qui porte toutes les marques d'une édition du XV° siècle, a dû voir le jour avant 1489.

M. Ch. Bruun, Bibliothécaire de la Bibliothèque Royale à Copenhague, si riche en incunables, a eu l'obligeance de me communiquer que le livre cité ci-dessus: Fundamentum in Grammatica est imprimé avec les mêmes types que le Lancelot, et que l'on trouve dans le Kanuti expositiones circa leges Jucie, imprimé par van Ghemen à Copenhague en 1508, la même lettre grise H dont s'est servi Gotfr. de Os. (Voyez Planche 72 [111] [a 11] et Aarsberetninger og Meddelelser fra det Store Kongelige Bibliothek. Udgivne af Chr. Bruun. Förste Hefte. Kjöbenhavn, 1865. p. 57 et Pl. V.).

Notre Planche 73 [119] donne [a 1]) le titre avec une gravure; [a 2]) le second feuillet recto ou le commencement du texte; [a 3]) la fin et la souscription du Lancelot.

Ces fac-simile montrent que le type du Lancelot a une grande ressemblance avec celui qu'a employé Gotfr. de Os (Planche 72 [111] [a 2]), et que la lettre grise A, au commencement du texte, est la même qui se trouve dans le livre de cet imprimeur (Planche 72 [111] [a 4]).

Gotfr. de Os et Govert van Ghemen ont donc eu le même matériel typographique, ou, ce qui est plus probable, ces deux noms appartiennent à la même personne. D'abord ils portent le même nom de baptême, car Gotfridus est la traduction latine du nom Govert; aussi dans ses livres publiés en Danemarc, van Ghemen se nomme Godfried af Ghemen.

Admettant que van Ghemen soit un nom de famille, celle-ci pourrait être originaire du bourg Os, situé dans le Brabant Septentrional, et Gotfr. de Os et Govert van Ghemen seraient le même individu. C'est ainsi qu'un imprimeur de Zwolle, dont le nom de famille était van Os et qui était originaire de la ville de Breda, se souscrit tantôt Petrus de Os de Breda, tantôt Petrus de Breda ou Petrus Bredensis.

ÉDITIONS DE L'IMPRIMEUR AUX INITIALES GD ET A LA MARQUE DE L'ÉLÉPHANT (VERS 1486).

Planches 74 [117], 75 [118], 76 [124], 77 [125], 78 [96], 79 [126][a,b].

Il existe deux livres qui ont chacun, comme marque typographique ou vignette de l'imprimeur, un éléphant portant une tour avec des guerriers, au haut de laquelle flottent deux bannières, l'une aux armes de l'Archiduc Maximilien, l'autre aux armes de la ville de Gouda. (Vr. Planches 75 [118][a2], 77 [125][a3] et 68 [53]). Au-dessus de l'éléphant à droite et à gauche de la tour on voit deux lettres ornées, qui sont probablement les initiales du nom de l'imprimeur inconnu.

Le premier de ces deux livres, intitulé: le Chevalier délibéré, fait partie du Cabinet de M. le Marquis de Ganay, à Paris. Il est de format petit in-folio, de 34 feuillets à deux colonnes, de 24 et de 32 lignes, avec signatures, sans réclames ni pagination; il porte ni nom de ville, ni nom d'imprimeur, ni date et est orné de 16 gravures, sans compter la vignette à la fin. L'exemplaire du Marquis de Ganay, jusqu'ici unique, a appartenu à Colbert et au Comte d'Hoym. Les gravures sont enluminées avec un goût et un art exquis et les initiales de chaque strophe sont peintes en diverses couleurs. La magnifique reliure en maroquin est en parfaite harmonie avec la beauté de ce livre rarissime.

J'ai donné à la Planche 74 [117] la première page, et à la Planche 75 [118][a1] une gravure et [a2]) la fin du poème avec la vignette à l'éléphant.

L'auteur du „Chevalier délibéré" est Olivier de La Marche; son nom et sa devise „Tant à souffert" à la fin de son poème le démontrent clairement. Son „Traittie fut parfait lan mil quatre vings et trois — sur la fin davril," (Planche 75 [118][a2]). Ce poème jouit d'une grande vogue et fut bientôt imprimé à Gouda vers 1486 et réimprimé à Schiedam vers 1499 (Planche 120 [128]), avec les mêmes types et les mêmes gravures. Charles-Quint fit un si grand cas de cette œuvre qu'il la traduisit en prose espagnole; il aurait voulu lui-même mettre sa traduction en vers, mais n'osant entreprendre ce travail, il en chargea Don Ferdinand de Acuña, guerrier et poète distingué, qui s'acquitta de cette tâche difficile à la grande satisfaction de l'Empereur. Le „Caballero determinado" parut à Anvers en 1553 chez Jean Steels et fut tiré, dit-on, à 2000 exemplaires. Il est réimprimé plusieurs fois, ce qui n'a pas empêché que ce livre ne soit rare aujourd'hui. De La Marche avait chanté les louanges et la mort de Philippe le Bon, de Charles le Hardi et de Marie de Bourgogne; de Acuña a augmenté ce poème en ajoutant dans sa traduction les éloges et la mort d'Isabelle de Castille, de Philippe le Bel, de Ferdinand le Catholique et de Maximilien I.

On croit que la lecture de ce poème allégorique a exercé une grande influence sur l'esprit de Charles-Quint et qu'elle a été une des causes qui l'ont déterminé à abdiquer. Pendant sa retraite au monastère de Yuste il gardait dans sa bibliothèque une édition française et un manuscrit espagnol du „Chevalier délibéré."

Les gravures qui occupent presque la page entière sont d'un style hardi; chaque bois forme un petit tableau bien ordonné, les figures sont d'un bon dessin, les têtes expressives, les costumes très-variés, les règles de la perspective généralement bien observées.

Il paraît que l'auteur ait ordonné lui-même la composition de ces gravures; du moins dans la nouvelle édition de ce poème, revue sur les MSS. par M. A. V(einant), publiée en 1842, à Paris chez Silvestre, l'éditeur a inséré „des préambules scéniques, restés inédits jusqu'à ce jour, et qui sont pour ainsi dire mis en action dans les gravures sur bois placées en tête de chaque chapitre."

Voici l'ordonnance de l'auteur pour le cinquième chapitre: „Ceste histoire sera fondée sur ung iardin ouquel aura une petite table mise, et de la viande sus en petis platz de bois moyennement, et deux verres et une aiguière. Et à celle table seront assis lacteur vestu dung mantel de sattin cramoisy fouré de menuz vairs et sera ledit mantel tout long les manches fendues, et le porpoint noir et en son chief ung chappel à une ymaige dor et de son costé aura escript en lieu véable, Lacteur. Et emprès lui sera assis lhermite en son abilement, et de son costé aura escript Entendement. Et tiendront manière de parler lung à lautre, et assez prez deulx aura ung petit novisse pour les servir en labilement que dessus."

Or, en confrontant cette ordonnance avec la composition de la gravure à la Planche 75 [118][a1], on verra que l'artiste a parfaitement rendu l'idée de l'auteur. Seulement la gravure ne pouvait pas rendre les couleurs des vêtements etc., mais le miniaturiste qui a enluminé les gravures dans l'exemplaire appartenant à M. le Marquis de Ganay, a suivi scrupuleusement l'ordonnance de l'auteur.

Les bois de ce livre sont passés à un imprimeur de Schiedam, inconnu jusqu'ici, pour servir à une seconde édition; en 1503 ce même imprimeur les a employé pour une traduction en vers hollandais du Chevalier délibéré, intitulé: De camp van der doot (le Combat de la mort). De Schiedam ils sont passés à Jean Seversoen, à Leide. L'on en rencontre deux, „l'Acteur et Entendement" et „le cloistre de souvenance," dans le Vaderboek (Livre des Pères) de 1511, et l'on en retrouve un plus grand nombre, mais tous sciés en plusieurs morceaux, dans le „Cronycke van Hollandt, Zeelandt ende Vrieslant" (Chronique de la Hollande, de la Zélande et de la Frise) de 1517. Une édition du livre intitulé: Die seven sacramenten (les sept sacrements), publiée par Seversoen en 1511, contient au recto du dernier feuillet sa marque typographique et au verso du même feuillet la marque à l'éléphant qui se trouve dans le Chevalier délibéré; seulement il y a beaucoup de cassures dans ce bois, et les armes de la ville de Gouda y sont remplacées par celles de la ville de Leide; preuve évidente que les armes d'une ville qui se voyent dans les vignettes ou marques des imprimeurs servent à indiquer le lieu où ceux-ci exerçaient leur art.

Le second livre à la marque de l'éléphant n'est pas moins rare que le premier, parcequ'on n'en connaît aussi qu'un seul exemplaire, qui se trouve dans la riche bibliothèque de S. A. S. le Duc d'Arenberg, à Bruxelles. M. Ch. de Brou a décrit cette édition dans la 4e Livraison du Messager des sciences historiques, année 1849 et dans les Annales du Bibliophile Belge et Hollandais, 1865, n°. 4. Ce livre est intitulé: Scoenre historie hertoghe godeuaerts van boloen (Histoire délectable du Duc Godefroid de Bouillon). La Planche 76 [124][a2] reproduit le commencement du prologue et donne le spécimen des types, que l'on n'a rencontré jusqu'ici dans aucun autre volume. La même Planche [a1]) et la Planche 77 [125][a1-2] offrent trois des gravures dont cet ouvrage est orné. La première, occupant une page entière, représente le Pape Urbain II prêchant, à Clermont, la croisade. La seconde nous montre le Prince Boémont proposant aux chefs de l'armée de le nommer Roi d'Antioche. La troisième représente la mère du Prince Corboran, qui vient suppléer son fils de lever le siége d'Antioche.

L'édition du Godefroid de Bouillon n'est pas exécutée avec le même luxe que celle du Chevalier délibéré. Dans ce dernier livre on a placé, en tête de chaque chapitre, une grande et belle gravure, faite expressément pour représenter le sujet principal, tandis que dans le Godefroid de Bouillon plusieurs gravures sont répétées, afin d'illustrer des sujets analogues; il s'y trouve même quelques gravures composées de deux bois ajustés, comme on en voit dans d'autres livres, entre autres dans une édition de G. Leeu, dont j'ai donné le fac-simile à la Planche 71 [54|⁴ᵃ.

Cinq des gravures du Godefroid de Bouillon se retrouvent dans la Chronique de Hollande &c. citée ci-dessus, imprimée par J. Seversoen en 1517, et dans le livre intitulé: Wonderlycke oorloghen van Keyser Maximiliaen (Guerres admirables de l'Empereur Maximilien) imprimé, sans date, à Anvers par W. Vorsterman, in-folio; mais là elles sont plus mutilées, ce qui prouve, que ce livre est postérieur à l'année 1517. M. de Brou nous apprend que quelques-uns de ces bois existaient encore environ un siècle plus tard et qu'ils furent réimprimés en 1577, à Anvers, par J. van Ghelen, dans une édition du même livre: Wonderlycke oorloghen, &c.

G. Back à Anvers a publié vers 1500 l'Histoire de Godefroid de Bouillon, orné de 42 gravures, mais je n'ai pas vu ce livre et j'ignore s'il y a employé les mêmes bois.

Il existe un livre allemand sous le titre: Historie von der Kreuzfahrt nach dem heiligen Lande, &c. (Histoire de la croisade en Terre sainte) imprimé par Bämler à Augsbourg en 1482, qui contient 47 gravures; la première représente le Pape Urbain prêchant la croisade. (Voir le Manuel de Brunet, article: Godefroy; et Hain nº. 8753). Il serait possible que l'imprimeur à l'éléphant eut employé ou imité les bois de ce livre, qui paraît être le prototype du Roman de Godefroid.

La marque typographique (Pl. 77 [125]ᵃ³ montre que l'imprimeur se servait de deux marques différentes. Celle-ci, plus grande, représente l'éléphant marchant vers la droite, la tour est d'une autre forme, mais les bannières et les deux grandes lettres occupent la même place que dans la marque du Chevalier délibéré.

Quelles sont ces initiales? La seconde est indubitablement un D. Quant à la première, M. de Brou et M. van der Meersch y reconnaissent un G et en admettant cela, l'un émet „la simple présomption," que ces lettres pourraient se rapporter au nom de la ville de Gouda en les complétant de cette façon: G(ou)D(a); l'autre émet l'opinion que „peut-être ces initiales indiquent le nom de G(odefroid) D(e Ghemen)."

L'éléphant est d'un bon dessin, quoique inférieur à celui qui se trouve dans le Propriétaire, imprimé par Bellaert en 1485. Je me suis demandé d'où le graveur a pu se procurer le dessin qui doit avoir été fait d'après nature? J'ai reproduit à la Planche 8 [132] les figures de l'éléphant tel qu'on les trouve dans les manuscrits du XIVᵉ et dans les incunables du XVᵉ siècle. Le premier ᵉ) est tiré d'un Manuscrit du Bestiaire de Maerlant; le second ᶠ) se trouve dans le Spéculum; le troisième et le quatrième ᵍ) sont tirés du Dialogus creaturarum, publié en 1480 par G. Leeu, à Gouda. L'on voit clairement que jusqu'en cette année le miniaturiste et les graveurs n'ont donné qu'un dessin fantastique, un animal avec une trompe, mais qui est bien loin de la perfection avec lequel le graveur du Propriétaire l'a rendu ʰ). Celui-là doit avoir vu et étudié l'animal qu'il a reproduit. Et c'est réellement le cas, car la Chronique de Hollande, publiée par J. Seversoen en 1517, dit à l'année 1484: „Dans cette année on a conduit en Hollande un éléphant vivant, qui a été promené de ville en ville, au grand profit de ses maîtres; et lorsqu'on a voulu le transporter par eau d'Amsterdam à Utrecht, il s'est noyé devant Muiden, quand il allait être embarqué."

Il s'ensuit que les deux éditions à la marque de l'éléphant n'ont pas été publiées avant 1484. Le poème du Chevalier délibéré ayant été achevé par l'auteur en 1483, il a dû s'écouler quelque temps avant que les 16 gravures fussent exécutées d'après ses ordonnances.

Dans la seizième livraison des Monuments j'ai publié le fac-simile d'une lettre d'indulgence du Pape Sixte IV, approuvée par Innocent VIII. (Planche 78 [96]). Les lettres majuscules xylographiques qui s'y trouvent ressemblent à celles dont G. Leeu a fait usage, mais je ne me rappelais pas d'avoir jamais rencontré les mêmes types. Lorsque j'ai pu voir le Godefroid de Bouillon, j'ai trouvé que ce livre est imprimé avec le caractère de la lettre d'indulgence. Celle-ci est donnée en 1486, ce qui s'accorde très-bien avec la date que l'on peut assigner au Godefroid et au Chevalier délibéré.

Je dois encore mentionner ici le fragment d'un Roman des quatre fils Aymon (en Hollandais), que possède la Bibliothèque Royale de la Haye et que j'ai reproduit à la Planche 79 [126]^a. Le type est le même que celui du livre intitulé: Blaffert en register vaden losrenten en lijfrenten die de stede vader Goude jaerlicx sculdich is. (Régistre des rentes rachetables et viagères que la ville de Gouda doit annuellement.) Ce livre, dont on ne connaît que trois exemplaires, m'a été prêté par M. F. Olivier, à Bruxelles. Il est sans date et sans nom d'imprimeur, mais très-certainement il est imprimé à Gouda. On trouve dans le texte la date de 1489 (Vr. Planche 79 [126]$^{b\,1.\,2}$). Le type$^{b\,3}$) est passé en 1496 aux Frères conférenciers. (Planche 80 [101]$^{a\,1}$).

Je remarque encore que la gravure, à la Planche 79 [126]$^{a\,1}$, ressemble beaucoup à celle tirée du Godefroid de Bouillon, (Planche 76 [124]$^{a\,1}$).

En récapitulant ces données nous trouvons d'abord:

^{1}) l'Opusculum quintupertitum, imprimé par *Gotfr. de Os*, à *Gouda en* 1486;

à cet ouvrage se lient trois autres ayant *les mêmes lettres grises* et *les mêmes types*, savoir:

^{2}) Le Confessionale, s. d.;

^{3}) l'Opus minus primæ partis (fragments);

^{4}) Le Lantsloet en Sandryn, imprimé à *Gouda*, par *Govert van Ghemen*, s. d.;

puis les cinq suivants:

^{5}) Le Roman des quatre fils Aymon (en Hollandais), fragment, imprimé avec *les mêmes types*;

^{6}) Le Chevalier délibéré, à *la marque de l'éléphant*, imprimé avec *les mêmes types*;

^{7}) Le Godefroid de Bouillon, avec *la même marque*;

^{8}) Lettre d'indulgence de 1486, imprimé avec les mêmes types que le Godefroid.

^{9}) Le Blaffert (avec la date de 1489), imprimé avec les mêmes types que les n°s. 1 à 6.

J'ai admis que Gotfr. de Os et Govert van Ghemen sont le même individu; et n'est-il pas très-probable que Gotfried van Ghemen de Os et l'imprimeur à l'éléphant soient encore le même? La vignette du maître d'école avec ses trois disciples, dans l'édition de Gotfr. de Os, ne fait pas difficulté; ce n'est pas une marque d'imprimeur. Les artistes, comme Paffroed, Quentell et autres, avaient coutume de placer une vignette semblable, avec trois et même avec quatre ou cinq disciples, en tête de leurs livres à l'usage des écoles. L'imprimeur à l'éléphant a pu suivre la même coutume.

Aussi longtemps donc que l'on n'aura pas fourni la preuve du contraire, je crois pouvoir attribuer les neuf éditions citées à Gotfr. de Ghemen de Os, qui les a publiées à Gouda entre les années 1485 et 1489, année probable de son départ pour Copenhague, où il a imprimé, avec les mêmes caractères du Lantsloet, sans date vers 1490, et avec date certaine à partir de 1493.

ÉDITIONS DES FRÈRES CONFÉRENCIERS (COLLATIE-BROEDERS), 1496—1500.

Planche 80 [101].

A la sollicitation de plusieurs habitants notables et dévots de Gouda, les Frères de la vie commune, établis à Delft, envoyèrent vers l'an 1475 quelques membres de leur Congrégation dans cette ville pour y exhorter le peuple et y tenir des conférences religieuses les jours de fête. On leur assigna une demeure fixe et c'est probablement dans le but de répandre plus généralement leurs idées, qu'ils y établirent une imprimerie vers 1496.

Le premier livre sorti de leurs presses parut le 10 Juin 1496. C'est une Vie de la Vierge Lydwine, en hollandais, in-4°. La Planche 80 [101] en donne:

a¹) le titre avec une gravure représentant Lydwine. Les types des mots „O liedwi" sont ceux que Leeu a employé pour le titre du Jason de 1492 (Planche 79 [126]^c; ceux qui entourent la gravure sont les mêmes que j'ai rencontré dans le Blaffert de 1489 (Planche 79 [126]$^{b\,3}$);

a²) une gravure qui représente Jésus sous le pressoir mystique, copiée d'après celle qui a fait partie de la collection de planches publiée par G. Leeu à Gouda vers 1480; c'est la dernière de cette série, (Voir Murr, Journal für Kunstgeschichte. Nurnberg 1776. Vol. III. p. 7.) et qui a été employée aussi par P. van Os dans son Psalterium de 1480 (Planche 90 [82]);

a³) la fin du livre et la souscription. Ce caractère est le même du Blaffert (Planche 79 [126]$^{b\,1}$).

Le premier chapitre de cette Vie de Lydwine est orné d'une belle initiale xylographique D, dont G. Leeu s'était déjà servi en 1488 (Planche 105 [60]).

Dans la même année 1496 les Frères publièrent: Dat heilige leven ende passien Jhesu Cristi. (La sainte vie et la passion de J. C.), opuscule in-8°, orné de sept gravures du même genre que celle reproduite à la Planche 80 [101]^{b1}, mais dans lequel on retrouve aussi toutes les planches dont G. Leeu s'est servi en 1482 pour l'édition du même livre (Planche 71 [54]^{3a}), à l'exception de celle qui représente l'entrée à Jerusalem, laquelle se trouvait entre les mains de Jacq. de Breda, dès l'année 1493. — La souscription et la marque typographique: un ange agenouillé tenant les armes de la ville de Gouda, sont copiées à la Planche 80 [101]^{b2}.

Le titre et la souscription d'un petit in-16°, intitulé: Die corte doernen crone (La couronne d'épines), imprimé vers 1496, se trouvent à la Planche 80 [101]$^{c\,1,\,2}$.

Ces deux livres sont imprimés avec le caractère de G. Leeu (Planche 102 [57]^c).

Les Frères firent paraître en l'an 1497 un Breviarium Trajectensis dioceseos, de 386 feuillets in-folio, dont la Planche 80 [101]^d offre la souscription. En 1508 ils en donnèrent une nouvelle édition qui surpasse en beauté la première et qui est un véritable chef-d'œuvre.

Les types sont les mêmes que l'on trouve sur le titre de la Vie de Lydwine, autour de la gravure, et dans le Blaffert cité ci-dessus.

Comme tous les caractères employés par les Frères conférenciers leur sont venus d'ailleurs, il en résulte qu'ils étaient imprimeurs et non pas typographes.

La marque typographique (Planche 80 [101]^e) est tirée du Boexken van der missen (Livre de la messe) imprimé par eux en l'an 1506. Elle est composée de deux écussons; à droite le monogramme des imprimeurs: **Fratres** domus **C**ollationis **P**auli **A**postoli, comme ils se nomment dans la souscription de leur Breviarium de 1508; — à gauche un triangle avec un clou dans chaque angle.

DELFT.

ÉDITIONS DE JACOB JACOBSSOEN (VAN DER MEER) ET DE MAURITIUS YEMANTSZOEN, DE MIDDELBOURG, 1477—1479.

Planche 81 [104].

L'imprimerie fut introduite dans la ville de Delft en l'année 1477 par Jacob Jacobssoen et par Mauritius Yemantszoen. Le premier et l'unique livre auquel ces artistes ont apposé leurs noms avec leurs écussons est une partie de la Bible en langue hollandaise, publiée par eux le 10 Janvier de la dite année. Le fac-simile de la dernière page de cette édition remarquable se trouve à la Planche 81 [104][a].

L'écusson placé à gauche, d'argent à trois feuilles de nénuphar non tigées de gueules, est celui du premier des associés, Jacques fils de Jacques, issu de la famille patricienne des van der Meer, dont plusieurs membres ont occupé des places élevées dans la magistrature de la ville de Delft.

Van Westreenen (Korte schets van den voortgang der boekdrukkunst in de Nederlanden, pag. 19) a dit „qu'il est plus que probable que notre Jacob Jacobsz. soit le même que Jacob Jacob Lambregtsz., qui occupait vers l'an 1477 la place de bourgmestre"; et d'autres bibliographes, allant plus loin, ont avancé „qu'il ne croyait pas déroger à sa dignité de premier magistrat en se vouant à l'art typographique". Mais je ne saurais souscrire à leur opinion, puisque Jacques Jacques, fils de Lambert, n'est pas la même personne que Jacques, fils de Jacques. Il est inutile du reste de recourir à des suppositions pour rehausser les mérites de celui qui a procuré le premier à ses compatriotes l'avantage de pouvoir lire la bible imprimée dans leur langue maternelle.

L'écusson à droite, représentant une croix paillée aux quatre cantons, appartient au second associé Maurice fils d'Yemant, natif, comme il le dit dans la souscription, de Middelbourg, chef-lieu de la province de Zélande.

Ces écussons sont imprimés tantôt en rouge, tantôt en noir.

L'on connaît huit livres publiés par eux depuis le 10 Janvrier 1477 jusqu'au 20 Novembre 1479. Ils sont tous imprimés avec le même caractère et, quoiqu'ils ne soient probablement pas les seuls sortis des presses de ces associés, ils suffisent pour constater que leur association n'a duré que jusqu'à la fin de l'année 1479; car comme nous voyons paraître à Delft depuis le 12 Février de l'année suivante jusqu'au 1 Mars 1487 une série de livres munis seulement de l'écusson de l'un des associés, Jacob Jacobsz. van der Meer, il est permis d'admettre que l'autre associé, Maurice Yemantsz., mourût ou se retira de l'association avant l'année 1480.

ÉDITIONS DE JACOB JACOBSSOEN (VAN DER MEER) SEUL, 1480—1487.

Planche 82 [105].

Jacob Jacobszoon continua donc l'imprimerie à Delft, probablement dans le même local; car dans la souscription du Summe le Roy de 1478 (Planche 81 [104]ᵇ) il est dit: „Ende wort gheeyndt ende voldaen *in die printe* te Delft" (Et fut fini et achévé dans l'imprimerie ou dans l'atelier typographique à Delft); et dans la souscription du Ghetidenboec (Livre d'heures) de 1484 (Catalogus B. R. H. nº. 439) je lis: „Dit boec is voleyndt *inder printerie* te Delft" (Ce livre est achevé dans l'imprimerie à Delft). Ceci prouverait encore qu'à cette époque il n'existait dans cette ville qu'un seul atelier, nommé par excellence l'imprimerie, et je crois même que les artistes qui ont succédé à van der Meer, ont toujours occupé le même local.

Van der Meer augmenta d'abord son matériel de types. Son Duytsche Souter (Pseautier hollandais) daté du 12 Février 1480 (Planche 82 [105]ᵃ), est imprimé avec un caractère neuf, un peu plus fort que celui de la Bible de 1477, mais tout à fait du même genre; ce dernier était déjà usé, mais les lettres capitales lui pouvaient encore servir. A partir du 26 Septembre suivant, jour où il publia le Guillermi Parisiensis Postilla evangeliorum, in-fol. (Catalogus B. R. H. nº. 431), van der Meer n'employe plus ces capitales anciennes (Planche 82 [105]ᵇ,ᶜ). Il paraît qu'il a vendu ce caractère usé à son confrère M. van der Goes à Anvers, qui s'en servit le 29 Avril 1482 (Planche 100 [47]ᵃ¹⁻²).

La marque typographique adoptée par van der Meer (Planche 82 [105]ᵃ²), représente un lion assis, tenant deux écussons, à droite les armes de la ville de Delft, à gauche celles de l'imprimeur à trois feuilles de nénuphar (Planche 81 [104]ᵃᵇ), le tout surmonté d'une banderolle avec les mots: delf in hollant (Delft en Hollande).

Van der Meer publia le 19 Août de l'an 1483 une traduction hollandaise de la Somme rurale de Jean Bouthillier, dont quatre ans auparavant Colard Mansion, à Bruges, avait donné la première édition en français. C'est un gros volume in-folio, orné d'une belle planche et d'une grande initiale xylographique, imitant celle de G. Leeu (Planche 82 [105]ⁱ et Planche 70 [56]). Pour les intitulés des chapitres et la souscription il a employé un nouveau caractère, toujours dans le même genre des précédents, ce qui se voit surtout à la forme de la lettre capitale M. (Planche 82 [105]ᵈ).

En 1486, le 25 Mars, il imprima Die vier uterste (Les quatre fins) in-4º., avec les caractères précédents, et ayant pour marque typographique les armes de la ville de Delft seuls (Planche 82 [105]ᵉ); mais quelques mois après il employa encore deux caractères neufs pour l'impression des Euangelien ende Epistelen (Evangiles et Épîtres), datés du 30 Novembre 1486 (Planche 82 [105]ᶠ). Il continua de se servir de ces types jusqu'en 1487. Dans la troisième édition qu'il donna du Passionael (Passional), le 1 Mars de cette année, (Catalogus B. R. H. nº. 441) les armes de van der Meer paraissent pour la dernière fois.

Je suppose que notre artiste soit mort ou se soit retiré des affaires à cette époque. Toutefois l'imprimerie a continué à Delft et le successeur de van der Meer est devenu le propriétaire de son matériel.

ÉDITIONS DE L'IMPRIMEUR A LA LICORNE, 1488—1494.

Planches 83 [106] et 85 [108]°.

Le premier livre où j'ai rencontré la marque de la licorne est le Dyalogus der creaturen (Dialogus creaturarum) du 2 Novembre 1488. La Planche 83 [106] donne: ᵃ¹) l'intitulé, imprimé avec les grandes lettres de forme dont s'était servi van der Meer en 1486 (Planche 82 [105]ᶠ¹), et ᵃ²) la marque typographique, entourée d'une bordure xylographique; elle représente une licorne aux ailes déployées, tenant un écu d'attente, couché de dextre, en haut un écu couché de sénestre aux armes de la ville de Delft. Cette bordure se trouve déjà dans le Passionael de 1487. Dans les livres de format in-4°. cette bordure n'accompagne pas la marque. La souscription du Dyalogus der creaturen de 1488 (Planche 83 [106]ᵃ³) est imprimée avec les mêmes types que les Euangelien ende Epistelen de 1486 (Planche 82 [105]ᶠ²). L'artiste s'est servi dans ce livre des bois avec lesquels G. Leeu a orné ses différentes éditions du Dialogus, depuis 1480, et ces bois sont retournés à Leeu qui les employa de nouveau en 1491.

Le Passionael de 1489 est exécuté encore avec le même caractère (Voir la souscription Planche 83 [106]ᵇ). Le Spieghel der volcomenheyt (Miroir de perfection) de l'an 1490 (Planche 83 [106]ᶜ) offre aussi les mêmes types, mais déjà entremêlés de lettres capitales tourneures.

Le 10 Août 1491 parut l'opuscule intitulé: Den gheestelyken minnenbrief (La lettre d'amour spirituel), un petit in-8°., dont le texte (Planche 83 [106]ᵉ²) est imprimé avec les types employés en 1487 par G. Leempt, à Bois-le-Duc (Planche 117 [46]ᵃ²); il est terminé par la petite marque de l'imprimeur (Planche 83 [106]ᵉ³), qui diffère en ceci de la grande que l'écu couché aux armes de Delft ne s'y trouve plus en haut et que la licorne tient, au lieu de l'écu d'attente, celui aux armes de Delft.

L'opuscule Van den zeven droefheden Onser Liever Vrouwen (Des sept douleurs de la Vierge Marie), à la date de 1494, est imprimé avec les types de Henric die Lettersnider (Planche 83 [106]ᶠ¹⁻² et Planche 110 [71]ᵃ).

Jusqu'ici les bibliographes ont attribué les livres imprimés à Delft de 1488 à 1494, sans nom d'imprimeur mais avec la marque typographique à la licorne, à Henri Eckert de Homberch, qui en effet s'est servi de cette marque pendant qu'il fit rouler ses presses à Delft de 1498—1500. Lorsque j'étais occupé à dresser le Catalogue des incunables de la Bibliothèque Royale, j'ai suivi le même classement; ce n'est que depuis peu que j'ai eu l'occasion de voir un livre, imprimé à Delft en 1495 avec le nom de Chr. Snellaert et la marque à la licorne; puisque ce livre est antérieur de trois ans aux éditions de H. Eckert, il me paraît probable que tous les ouvrages publiés avant 1498 avec cette marque doivent être attribués à Chr. Snellaert, et si je le ne fais pas encore positivement, c'est que la possibilité existe qu'un jour ou l'autre une édition Delfoise, inconnue encore aujourd'hui, vienne donner un autre nom à l'imprimeur à la licorne de 1488 à 1494.

ÉDITIONS DE CHRISTIANUS SNELLAERT, 1495—1497.

Planche 84 [107].

Le Physiologus de naturis duodecim animalium de 1495 est, pour autant que je sache, l'unique livre auquel cet artiste ait apposé à la fois son nom et sa marque. D'après l'exemplaire de la Bibliothèque Royale de la Haye j'ai fait reproduire à la Planche 84 [107]ª) l'intitulé, ᵇ) la fin et la souscription, et ᶜ) la dernière page, avec la marque typographique à la licorne. Le caractère de l'intitulé est le même que celui de la souscription du Somme ruyrael (Planche 82 [105]ᵈ); le texte est imprimé avec les types dont s'était servi G. Leeu, à Anvers (Planche 102 [57]ª. Les types des mots „Delf in Hollandia" sont identiques avec ceux des intitulés des Euangelien ende Epistelen de 1486 (Planche 82 [105]ᶠ¹), et du Dyalogus der creaturen de 1488 (Planche 83 [106]ª¹).

Le 6 Juin de la même année Snellaert publia l'Alphabetum divini amoris, dans lequel on remarque trois caractères différents: l'intitulé (Planche 84 [107]ᵇ¹) imprimé avec les types de la souscription du Missale (Planche 84 [107]ᶠ), ensuite le texte (Planche 84 [107]ᵇ²) avec des types qui se trouvent aussi chez G. Back (Planches 107 [68]ª² et 108 [69]ª) et enfin la souscription offrant les types de Henric die Lettersnider (Planche 110 [71]ª).

Le Saliceti Anthidotarius anime, qui parut le 14 Avril 1495 (Planche 84 [107]ᶜ ¹⁻²), nous montre encore deux caractères différents de G. Leeu (Planche 102 [57]ª).

L'Expositio hymnorum de 1496 offre trois caractères différents. L'intitulé (Planche 84 [107]ᵈ¹) est imprimé avec les mêmes types que la souscription du Somme ruyrael de 1483 (Planche 82 [105]ᵈ); le texte et la souscription (Planche 84 [107]ᵈ ²⁻³) sont composés avec les types de G. Leeu, comme dans les éditions précédentes de Snellaert.

Le livre intitulé: Die historie van Sinte Barbara (l'Histoire de S. Barbe) est imprimé avec deux types différents. Celui du titre (Planche 84 [107]ᵉ¹) est égal au précédent (Planche 84 [107]ᵈ¹); le texte (Planche 84 [107]ᵉ²) offre les types de Henric die Lettersnider. Ce livre porte une date fautive; par suite d'une erreur typographique on y lit M.CCCC. ende cxvrj au lieu de M.CCCC. ende xcvrj.

L'ouvrage le plus remarquable qui porte le nom de Snellaert est sans contredit un Missale secundum Ordinarium Trajectense, imprimé à Delft, „in profesto assumptionis Marie Virginis" (14 Août), sans indication de l'année mais, à juger de l'état des caractères, vers 1497. Dans ce Missale le typographe s'est servi de lettres de forme de trois différentes grandeurs: 1°. celle de la souscription et de la plus grande partie du texte (Planche 84 [107]ᶠ), 2°. celle qui a servi entre autres pour la souscription du Somme ruyrael de 1483 (Planche 82 [105]ᵈ), et 3°. celle du canon de la messe, avec laquelle sont imprimés les intitulés des Euangelien ende Epistelen de 1486 (Planche 82 [105]ᶠ¹), du Dyalogus der creaturen de 1488 (Planche 83 [106]ª¹) et d'autres.

Avec l'année 1497 le nom de Snellaert disparaît; c'est probablement celle de sa mort.

ÉDITIONS DE HENRICUS ECKERT DE HOMBERCH, 1498—1500.

Planche 85 [108].

Henri Eckert, originaire de Hombourg, fit rouler ses presses à Delft, pendant trois ans, depuis 1498 jusqu'en 1500. Il paraît avoir succédé à Snellaert, dumoins il se sert de ses types et de ses marques typographiques (Planche 85 [108]a2, b3). Il publia le 15 Avril 1498 le Boeck van den pelgrim (le Livre du pélérin), avec les mêmes planches dont Jac. Bellaert à Harlem avait orné son édition de cet ouvrage en 1486.

La (Planche 85 [108]a1, b1—2) donne le fac-simile des types qu'il a employé; ce sont ceux de Henric die Lettersnider, avec lesquels Snellaert avait déjà imprimé (Planche 84 [107]a2).

Eckert quitta en 1500 la ville de Delft pour se fixer à Anvers, où il transporta le matériel de l'imprimerie de Snellaert, car dans la seconde édition qu'en 1503 il donna du Somme ruyrael, il a employé la même planche qui ornait la première édition de 1483. Il y garda aussi la même marque typographique, seulement il en remplaça l'écu d'attente par les armes de la ville d'Anvers.

Eckert vivait encore en 1520, comme nous l'apprend la souscription d'un „Onser liever vrouwen Soutere", où on lit: „Tantwerpen binnen dye Camerpoorte, int huys van Delft. By mi Henrick Eckert van Homberch. Int iaer ons heren M.CCCC. en XX."

Il me reste encore à parler de trois livres conservés dans la Bibliothèque Royale de la Haye, imprimés aussi à Delft, mais sans nom d'imprimeur et classés dans le Catalogue de nos incunables, sous les numéros 468, 469 et 470, parmi les productions de la presse de Snellaert.

Ce sont (J. Gobius) De spiritu Guidonis, de 1486 (Planche 82 [105]g); Dionysii Carthus. Quatuor novissima, de 1487 (Planche 82 [105]h), et Dionysius Carthus. De particulari judicio Dei, de 1491 (Planche 83 [106]d). Les types du texte de ces livres sont les mêmes qu'employa Joh. Veldener à Culembourg pour l'édition de son Herbarius (Planche 116 [35]2a). Comme parmi les livres de van der Meer et de Eckert van Homberch je n'en trouvais aucun imprimé avec ces types, tandis que Snellaert se servit de 1495 à 1497 de types qui avaient appartenu à d'autres imprimeurs avant lui, et que l'intitulé de l'opuscule De spiritu Guidonis (Planche 82 [105]g1 offrait le même caractère que celui du livre intitulé: Die historie van Sinte Barbara (l'Histoire de S. Barbe, Planche 84 [107]e1), j'avais cru devoir aussi lui attribuer ces éditions. J'avais bien remarqué la ressemblance du caractère des intitulés du Quatuor novissima (Planche 82 [105]h1) et du livre De particulari judicio Dei (Planche 83 [106]d1) avec celui des intitulés du livre: Euangelien ende Epistelen de 1486 (Planche 82 [105]f1) et du Dyalogus der creaturen (Planche 83 [106]a1), mais il était possible que Snellaert eut eu à sa disposition une partie du matériel de van der Meer. Toutefois je ne m'expliquais pas la lacune qui existait ainsi entre les publications de Snellaert de 1487 à 1491 et de cette année à 1495.

Mais en rapportant, comme je l'ai fait maintenant, ces éditions de 1486 et 1487 à van der Meer et celle de 1491 à l'imprimeur à la licorne, soit Snellaert ou un autre, toute difficulté à cet égard est levée.

Je répare ici une faute commise par moi dans le Catalogue de nos incunables sous le n°. 150 et dans les Monuments typographiques à la Planche 101 [48]ª, lorsque j'y rangeai les Quatuor novissima de 1486, sans nom de ville ni d'imprimeur, parmi les livres publiés par van der Goes, à Anvers. Cet artiste se servit aussi, il est vrai, des types de Veldener, mais en confrontant l'intitulé de ce livre (Planche 101 [48]ª) avec celui de l'édition du même livre de 1487 (Planche 82 [105]ʰ¹), il est évident qu'il doive être rapporté à l'atelier de Delft.

Tous les livres sortis de l'atelier de Delft ne seront pas parvenus jusqu'à nous, mais à en juger d'après ceux qui nous restent, il a produit un grand nombre de belles éditions, parmi lesquels le Somme ruyrael, le Passionael, la Vie de Jésus (en Hollandais), les Euangelien ende Epistelen et le livre Van die seven vroede van Roemen (Historia septem sapientum) sont ornés de gravures remarquables sous plusieurs rapports.

La Planche 85 [108]ᶜ offre le fac-simile d'une gravure en bois, tirée de ce dernier livre; à la même Planche sous ᵈ,ᵉ) j'ai réuni quelques initiales xylographiques qui se trouvent dans des éditions de Delft. Trois des quatre grandes initiales, C, D, N, se retrouvent dans le livre intitulé: Der ouder vader collatie (Cassiani Collationes patrum), imprimé par van Hoochstraten, à Anvers, en 1506, in-fol.

Pour résumer l'histoire de la typographie à Delft au XVᵉ siècle, histoire qui se complique singulièrement par l'absence des noms des typographes pendant dix-sept ans, c'est-à-dire depuis la souscription de la Bible de 1477 jusqu'à celles de Chr. Snellaert en 1495, je vais récapituler le plus brièvement possible les diverses phases de cette histoire.

En 1477 Jacob Jacobsz. van der Meer et son associé Maurice Yemantszoen y fondirent l'imprimerie, qui, à en juger d'après les écussons, fut continuée par eux jusqu'en 1479, où ce dernier cessa sa coopération. Jacob Jacobsz., d'après sa marque, continua les travaux de l'officine, soit seul soit avec un associé (Chr. Snellaert ou un autre qui ne s'est nommé d'aucune manière) jusqu'en 1487, année où ses feuilles de nénuphar paraissent pour la dernière fois. A partir de cette année les produits des presses Delfoises sont signés de la marque à la licorne, anonyme de 1488 à 1494, mais avec le nom de Chr. Snellaert depuis 1495 à 1497 et de celui de Henri Eckert pour les années 1498—1500.

SAINT-MAARTENSDYK.

ÉDITION DE PIERRE WERRECOREN, 1478.

Planche 86 [116].

C'est en 1851 que le savant archiviste de Louvain, M. Edward van Even, alors Sous-bibliothécaire à l'Université catholique de cette ville, publia dans le Tome VIII du Bulletin du Bibliophile Belge, une notice très-intéressante dans laquelle il fit connaître un incunable intitulé: der Zielen troest (la Consolation de l'âme), qui jusque-là avait échappé aux investigations de tous ceux qui se sont occupés de la bibliographie du XVᵉ siècle. Le seul exemplaire connu de ce livre précieux est conservé à la bibliothèque abbatiale d'Averbode. Le Révérend Prieur de cette Abbaye m'a accordé de la manière la plus bienveillante l'usage de ce livre, qui, comme Mr. van Even l'a fait observer, nous révèle à la fois deux faits intéressants: le nom d'une ville et le nom d'un artiste entièrement inconnus dans les fastes typographiques.

Les recherches faites dans le but de trouver quelques renseignements sur la vie et les travaux ultérieurs de l'imprimeur Pierre Werrecoren n'ont amené aucun résultat. Tout ce que l'on sait de lui, se borne à ce qu'on lit dans la souscription de son livre (Planche 86 [116]a2-3). Il l'acheva au mois de Novembre de l'an 1478, (la même année dans laquelle parut à Augsbourg la première édition allemande de cet ouvrage); il dit qu'il demeure à Saint-Maartensdyk (Tsentemertensdyck) en Zélande; et „il implore l'indulgence de ceux qui verront ou liront ce livre, parce que c'est son premier travail. Il espère encore l'améliorer."

Les types dont il s'est servi sont d'un caractère différent de ceux des autres imprimeurs Néerlandais. Souvent il place des lettres capitales à la fin des mots, comme dans „cūctipotentJ", „componentJ", „summJ" (Planche 86 [116]a2). Quelques pages sont si mal tirées qu'au premier abord l'on ne croirait pas qu'elles appartiennent au même livre. La préface commence au milieu du second feuillet rectò (Planche 86 [116]a1), ce qui me fait croire que l'imprimeur a suivi exactement l'original manuscrit, ou bien que cette demi-page est laissée en blanc pour y intercaler une miniature, comme c'est le cas pour le Boèce d'Arn. de Keysere.

J'ai ajouté à la Planche 86 [116]a4 l'alphabet des lettres capitales qui se trouvent dans cette édition.

NIMÈGUE.

ÉDITIONS DE GERARDUS LEEMPT, 1479.

Planche 87 [17].

Les bibliographes citent trois livres imprimés à Nimègue, au XVe siècle; deux avec la date de 1479 et un daté de 1481, mais tous les trois sans nom de l'artiste qui les a exécutés. Ce nom restait un mystère, et lorsque je donnais en 1857, dans la troisième livraison des Monuments typographiques, le fac-simile de deux de ces livres, je les attribuais à un imprimeur inconnu, parce que je ne me rappelais pas d'avoir jamais rencontré un type pareil à celui qui se trouve dans ces éditions. Deux ans après, occupé de publier les fac-simile des livres imprimés à Bois-le-Duc, par Gérard Leempt, qui se dit originaire de Nimègue, j'ai confronté ses publications avec ceux de l'imprimeur inconnu de Nimègue, et j'ai trouvé que les types sont identiques, comme on peut s'en convaincre par les fac-simile de la Planche 87 [17] et de la Planche 117 [46]c1. La différence qui, au premier aspect, se présente entre eux provient de ce que les livres imprimés à Nimègue sont en latin et fourmillent d'abréviations qui ne se trouvent pas dans le texte hollandais.

La Planche 87 [17] offre a1-2) le commencement et la fin de l'Epistola declaratoria jurium et privilegiorum fratrum ordinum mendicantium; et a3-4) l'Epistola brevis ac perutilis de symonia vitanda in receptione noviciorum et noviciarum ad religionem, — écrits par Engelbertus Cultrifex (Mesmaker). Le second opuscule porte la date du 23 Août 1479.

Jean de Westfalia a réimprimé ces lettres. La dernière ligne de cette nouvelle édition (Planche 87 [17][b]) „in novimagio. Impressa per me Joannem de Westfalia," a induit en erreur quelques bibliographes, qui ont cru que ce typographe avait aussi imprimé à Nimègue.

Il m'a été impossible de trouver le livre qui doit avoir paru à Nimègue en 1481. Il est cité par Maittaire (Ann. Tom. IV. part. II. p. 425), sous le titre de: Albertus Magnus De anima, ou comme il le corrige dans l'Index, part. I. pag. 19, De natura ac immortalitate animæ, in-fol. Il serait possible que ce livre offre encore un autre caractère que celui des deux opuscules de 1479.

Nous retrouverons G. Leempt à l'article Bois-le-Duc.

ZWOLLE.

ÉDITIONS D'UN IMPRIMEUR INCONNU, 1479.

Planche 88 [76].

L'histoire de l'introduction de l'imprimerie à Zwolle, ville de la province d'Over-Issel, n'est encore que très-imparfaitement connue. Il est certain que Petrus van Os, de Breda, y imprima depuis l'année 1480 jusque dans les premières années du seizième siècle. Ses types sont très-connus.

Les bibliographes citent, d'après les notes manuscrites de Prosper Marchand, une édition de Petri Hispani Tractatus, imprimée en 1479 par un nommé Jean de Vollenhoe, qui aurait donc précédé van Os. Jusqu'ici personne n'a vu cette édition et l'on serait porté à croire que son existence est douteuse, si réellement l'on ne connaissait pas deux livres, imprimés à Zwolle avec la date de 1479, mais sans nom de typographe, et dont les types très-distincts l'un de l'autre, diffèrent encore tout-à-fait de ceux employés par van Os.

Le premier genre de ces types est représenté à la Planche 88 [76][b] par le fac-simile de la dernière page d'un Vocabularius Ex quo, imprimé à Zwolle en 1479, traduction hollandaise du Vocabularius publié par Bechtermuntze à Altavilla, (Eltvil), en 1467, 1469, 1472 et 1477. L'éditeur de Zwolle a même textuellement copié le commencement de la souscription: Presens hoc opusculum etc.

Un second livre, imprimé avec les mêmes types, sans lieu ni date, ni nom d'imprimeur, est le Modus confitendi, opuscule de douze pages, dont notre Planche 88 [76][a] donne la première.

ÉDITIONS D'UN IMPRIMEUR INCONNU (JOHANNES DE VOLLENHOE?), 1479—1480.

Planche 89 [77].

Le second genre de types employé à Zwolle est reproduit à la Planche 89 [77], par [c] la dernière page avec souscription tirée du Bonaventuræ Sermones de 1479, par [a,b] les souscriptions de deux autres ouvrages, publiés sans date ni nom de l'imprimeur, et par [d]) la souscription des Sermones Hugonis de Prato (Florido), de l'an 1480.

Qui est l'imprimeur ou, pour mieux dire, qui sont les imprimeurs de ces ouvrages? Il ne sera pas difficile de démontrer que ce n'était pas P. van Os. D'abord le premier livre qui porte son nom parut en 1480; ensuite les types dont il se servit sont tout-à-fait différents de ceux représentés aux Planches 88 [76] et 89 [77]. Plusieurs imprimeurs, il est vrai, ont commencé à publier des ouvrages sans leur nom et sans date, et après ils ont apposé leur nom à leurs productions typographiques, mais dans ces cas il est facile de reconnaître leurs éditions antérieures à l'identité des types.

Si Marchand ne s'est pas trompé, il faudrait admettre que J. de Vollenhoe est ou l'imprimeur du Vocabularius et du Modus confitendi, ou bien des autres livres dont les fac-simile se trouvent à la Planche 89 [77]; car je ne saurais croire que le même imprimeur se soit servi dans une même année de deux types si différents. Mais alors il résulterait de ces observations que dans la ville de Zwolle se trouvaient à la même époque trois typographes: un inconnu, J. de Vollenhoe et P. van Os.

Si jamais l'histoire pragmatique de la maison des Frères de la vie commune à Zwolle est écrite, elle donnera, j'en suis convaincu, quelques élucidations au sujet de la question que j'ai posée sans pouvoir la résoudre.

ÉDITIONS DE PETRUS DE OS DE BREDA, 1480—1500.

Planches 90 [82], 91 [110], 92 [83] et 93 [84].

Ce typographe, originaire de Breda, ville du Brabant Septentrional, s'établit à Zwolle, dans la Province d'Over-Issel, vers l'an 1480, du moins c'est dans cette année qu'il publia le premier livre qui porte son nom. Il poursuivit la carrière typographique jusqu'au commencement du XVI[e] siècle et produisit un nombre assez considérable d'ouvrages.

Il se servit de différentes espèces de types. La Planche 90 [82] donne les spécimen tirés [a1—2]) du Psalterium de 1480; [b]) des Epistelen ende Evangelien (Épîtres et Évangiles) de 1493; [c]) du Psalterium Virginis Mariæ, sans date; [d]) des Viruli Epistolæ, sans date, mais avec le nom de P. de Breda, livre qui fait connaître en même temps l'artiste auquel nous avons emprunté [e]) une page de l'opuscule intitulé: Joh. de Garlandia Cornutus, sans nom d'imprimeur ni de ville et sans indication de date. La Planche 91 [110] offre les spécimen tirés du Rosetum de 1494, [a1]) l'intitulé; [a2]) une gravure qui orne la première page, et [a3]) la dernière page du texte avec la souscription. Les deux premières espèces de types sont les mêmes que celles employées par G. Leeu, à Gouda (Voir Planches 67—68 [52—53]). Les quatre autres sont particulières à van Os.

Sa marque typographique, imitée de celle de Leeu, offre deux écussons, suspendus à des branches, l'un représentant les armes de la ville de Zwolle, l'autre portant cinq tampons, armes de l'imprimeur. Entre les deux écussons se voit une étoile. (Planche 90 [82][a1]).

Une autre marque, plus grande, que van Os employait dans ses éditions in-folio, se trouve reproduite à la Planche 92 [83][a—b]. Les écussons en haut des deux côtés de la marque [a]), tirée

d'un livre de 1484, sont effacés avec une partie des ombres dans une édition de l'année 1485 [b]).
Probablement ce bois avait souffert dans l'intervalle et l'on a préféré couper la partie lésée plutôt que de mettre la marque hors de service.

Une troisième marque, dont cet imprimeur s'est servi dans des éditions du commencement du seizième siècle, est la même qui se trouve dans des livres publiés par son fils Tyman, et représentée à la Planche 94 [85][c]. Probablement Pierre van Os est devenu le propriétaire du matériel typographique de son fils, lorsque celui-ci a quitté la ville de Zwolle.

Van Os a orné d'initiales xylographiques plusieurs des livres sortis de ses presses. La lettre H fleuronnée (Planche 92 [83][c]), tirée du Passional de 1490, est une imitation de celle dont s'est servi Veldener dans son édition du même livre de 1480.

Les initiales xylographiques (Planche 92 [83][d]), tirées du Sterfboek (Ars moriendi) de 1488, sont d'un genre très-particulier. On les retrouve dans quelques autres livres du même artiste.

Parmi les nombreuses gravures dans les publications de van Os, il y en a plusieurs qui avaient été employé avant-lui par G. Leeu et N. Leeu. La Planche 90 [82][a2], Jésus sous le pressoir mystique, donne un échantillon des bois que van Os lui-même a fait graver. La gravure (Planche 93 [84][a]), tirée du Sielentroest (Consolation de l'âme), de 1485, se trouve déjà dans le „Gesten van romen" (Gesta romanorum) publié en 1481 par G. Leeu. Nous avons vu que van Os a employé aussi les bois d'une des éditions du Biblia pauperum.

L'édition du Sterfboek (Ars moriendi) de van Os présente une série de onze gravures qui sont copiées exactement sur l'édition xylographique de ce livre, dont on garde un exemplaire à la Bibliothèque de la ville de Harlem, mais les inscriptions latines des phylactères, banderolles ou rouleaux des planches originales sont ici en hollandais. M. Leigh Sotheby a donné un fac-simile d'une de ces gravures originales dans ses Principia typographica, vol. I., pl. XIV. Notre Planche 93 [84][b] reproduit la même gravure d'après l'édition de van Os.

Le Rosetum présente une particularité fort remarquable en ce que la planche sur le titre est un tirage fait sur le bois original du célèbre Canticum. Une confrontation de la Planche 6 [109], avec le fragment reproduit à la Planche 91 [110] en donnera la preuve irrécusable. La fente que l'on aperçoit à peine dans l'édition originale, et le bois cassé et mal rajusté au même endroit dans celle de van Os ne laissent aucun doute à cet égard.

ÉDITIONS DE TYMANNUS PETRI DE OS DE BREDA, 1497—1500.

Planche 94 [85].

Tyman Petri de Os était, comme son nom l'indique clairement, le fils de Pierre van Os, et il exerça l'imprimerie simultanément avec son père à Zwolle; plus tard il imprima à Zutphen, ville de la Province de la Gueldre, à quelques lieues de Zwolle. Les livres sortis de ses presses sont assez rares. Le premier d'entre eux qui porte une date, mais auquel manque le nom de l'artiste, c'est le Mantuani Secundae Parthenices Opus, de l'an 1497. Notre Planche 94 [85] donne [a1]) l'intitulé et [a2]) la fin de l'opuscule avec la souscription. En comparant ces fac-simile avec celui [c]) de la dernière page du

Liber Aristotelis de moribus, imprimé avec son nom mais sans date, il est facile de se convaincre que ces deux livres sortent des mêmes presses. La Bibliothèque Royale de la Haye possède six impressions de ce typographe attribuées au XVe siècle: une avec date et anonyme, deux avec son nom mais sans date, et trois sans nom ni date (Vr. Catalogus B. R. H. N°. 508—512 et 635).

Les types dont Tyman s'est servi sont les mêmes que ceux employés par son père. La vignette qui orne son édition du Liber Faceti ^b) est une imitation de celle de Jacques de Breda (Planche 66 [114]). Godfr. Back, à Anvers, imprimait avec une vignette semblable, mais mieux exécutée (Planche 107 [68]).

La marque typographique de Tyman de Os, à Zwolle (Planche 94 [85]^c), consiste en deux écussons suspendus à une corde; l'un représente une croix — les armes de la ville de Zwolle, — l'autre le monogramme ou les armes de l'imprimeur, différentes de celles de son père, qui offrent cinq tampons.

Un bibliographe Belge, M. H. Helbig (Messager des sciences historiques, année 1860, page 84) croit trouver dans cette différence la preuve que Tyman n'a pas été fils de Pierre van Os. Je ne puis accepter cette raison, d'autant moins que Tyman, pendant son séjour à Zutphen, a publié en 1517 un opuscule ^d1) sur les indulgences, de Robert de Cologne, abbé de Zelwart près de Groningue, intitulé: Die costelike scat der geesteliker rijckdom (Le trésor précieux de la richesse spirituelle), où il se nomme Thiman Petersoen Os van Breda, (Tyman fils de Pierre Os de Breda), et où se voit une marque typographique ^d2) offrant au milieu les armes du Duché de la Gueldre et en haut, d'un côté, les armes de la ville de Zutphen, et de l'autre celles de l'imprimeur formées d'un écu mi-parti portant à droite cinq tampons (les mêmes que l'on remarque sur l'écusson de son père, (Planche 90 [82]) et à gauche un lys.

C'est au commencement du XVIe siècle que Tyman disparaît de Zwolle pour ne reparaître à Zutphen qu'en 1517. L'appareil typographique employé par lui dans la première ville est passé à son père, qui s'en servit encore en 1510 pour son édition des Epistolæ Hieronymi, in-4°.

AUDENARDE.

ÉDITIONS DE ARNOLDUS CÆSARIS, (L'EMPEREUR OU DE KEYSERE), 1480—1482.

Planche 95 [98].

Arnoldus Cæsaris, l'Empereur ou de Keysere, suivant que l'on trouve son nom exprimé en Latin, en Français ou en Flamand, est le seul imprimeur connu à Audenarde, ville de Flandres. Par la bienveillance de MM. le Sénateur Vergauwen en F. Vanderhaeghen j'ai été mis à même de comparer la plupart des éditions sorties des presses de de Keysere, tant pendant qu'il les fit rouler à Audenarde que pendant son séjour à Gand.

Je n'entrerai pas dans des détails sur la personne de de Keysere, après les savantes recherches faites à son sujet par MM. Voisin, van der Meersch et Vanderhaeghen. Je constaterai seulement que l'on ne connaît pas le lieu de sa naissance et que le premier livre avec date publié par lui à Audenarde, porte celle de l'an 1480. Notre Planche 95 [98] donne: ª) le fac-similé de la souscription du beau volume qui a pour titre: Hermanni de Petra Sermones super orationem dominicam; — ᵇ1) la dernière page avec la souscription du livre: De quatuor novissimis, traduit du Latin en Français par Thomas le Roy. La Planche 113 [99]ᵍ offre le spécimen d'un second genre de types dont de Keysere s'est servi pour l'impression de quelques quatrains dans ce même livre. Les exemplaires en sont très-rares; on n'en connaît que trois, tous à Gand, l'un à la Bibliothèque de l'Université, le second dans la collection de M. van der Meersch, le troisième appartient à M. Ferd. Vanderhaeghen. Une des quatre planches de cet ouvrage ᵇ²) représente deux anges introduisant quatre âmes dans le Paradis ouvert par S. Pierre. Cette planche et les trois autres se trouvent aussi dans une édition hollandaise du même livre (Van de vier uterstēn), publié le 24 Août de l'an 1482, à Gouda, par G. Leeu; les bois sont bien les mêmes, car j'ai remarqué les mêmes cassures dans les deux éditions, mais il m'a été impossible de constater lequel des deux imprimeurs, de Keysere ou Leeu, les a employé le premier. Elles sont copiées, mais en format réduit, dans un livre publié à Hasselt en l'année 1488 (Vr. Planche 93 [64]ᵃ¹) et dans une édition du traité: Die vier utersten, imprimé par P. van Os, à Zwolle, en l'an 1491.

Je dois à l'obligeance de Mr. le Directeur de la Bibliothèque communale de Harlem, de pouvoir offrir (Planche 95 [98]ᶜ¹⁻²) la fin et la souscription du livre intitulé: Dystorie van Saladine (l'Histoire de Saladin), poème romantique dont on ne connaît que deux exemplaires, l'un conservé à Harlem, l'autre appartenant à M. le Professeur Serrure, à Gand.

Les initiales xylographiques, lettres grises ou tourneures que j'ai rencontrées dans les différentes éditions imprimées par de Keysere, se trouvent reproduites à la Planche 95 [98]ᵈ¹⁻⁷.

La marque typographique de de Keysere représente un entrelacs sur un champ noir en forme de pointe de hallebarde (Planche 95 [98]ᵃ). Il paraît qu'après avoir commencé de s'en servir il l'ait trouvé trop simple et qu'il y ait fait ajouter quelques ornemens (Planche 95 [98]ᵇᶜ). C'est bien le même bois, ce qui prouve en même-temps que le livre, intitulé Hermanni de Petra Sermones, a précédé es autres livres publiés par lui à Audenarde.

HASSELT, EN OVER-ISSEL.

ÉDITIONS DE P(EREGRINUS) B(ERMENTLO), 1480—1490.

Planches 96 [63], 97 [64], 98 [65] et 99 [66].

L'on connaît jusqu'ici huit éditions imprimées à Hasselt, ville de la Province d'Over-Issel:

1480 ¹) Epistelen ende Evangelien. Hasselt, 1480, P. B. in-4°.
1481 ²) Gesta Romanorum. Hasselt, 1481, P. B. in-fol. (B. R. H. 516).
³) Summe le Roy. Hasselt, in den stichte van Utrecht, 1481, P. B. in-4°.
1488 ⁴) Volmaecte clargie, sans aucune indication, (Hasselt avant 1488) in-4°. (B. R. H. 517).
⁵) Die legende ende dat leven van S. Rochus, sans aucune indication, (Hasselt vers 1488) in-4°.

⁶) Die passie ende dat liden Ons Heren J. C. Hasselt, 1488. in-4°. (B. R. H. 518).
⁷) Onser lever vrowen ghetide. Hasselt, 1488. in-12°. (B. R. H. 518ᵃ).
1490 ⁸) S. Jheronimus boeck. Hasselt, 1490. in-4°. (B. R. H. 519).

Aucune de ces éditions ne porte le nom de l'imprimeur; seulement on trouve, au dessous de la souscription des trois premières, des années 1480 et 1481, les lettres capitales P. B.

Toutes, à l'exception de celles citées sous les n°ˢ. 4 et 5, offrent le nom du lieu de l'impression. La souscription du Summe le Roy (n°. 3) est plus explicite et ajoute que cet ouvrage a été achevé à Hasselt, *dans le diocèse d'Utrecht*.

Les livres sous les n°ˢ. 1—3 sont imprimés avec le même genre de types. La Planche 96 [63] en offre un spécimen dans le fac-simile de la dernière page des Gesta Romanorum de 1481. Pour les n°ˢ. 4 et 5 l'artiste s'est servi d'un genre de types différents, dont la Planche 97 [64]ᵃ² donne le fac-simile. J'ai cru devoir attribuer ces éditions à l'imprimeur de Hasselt, parce que les mêmes gravures qui se trouvent dans le n°. 4 et dont la Planche 97 [64]ᵃ¹ donne un spécimen, se trouvent aussi dans le n°. 6. Ces gravures ont été employées plus tard par P. van Os, à Zwolle, en 1491, dans son édition des Vier utersten (Quatuor novissima).

Les n°ˢ. 6—8 sont imprimés avec un type plus petit, dont on voit des fac-simile aux Planches 98 et 99 [65 et 66]. Dans ce dernier livré, le S. Jheronimusboeck (Livre de S. Jérôme) de 1490, l'artiste s'est servi d'un type plus grand pour les intitulés des pages et pour la souscription, type qui se retrouve dans la même année et après dans les éditions de P. van Os, et en 1497 chez Tym. Petri de Os (Planche 94 [85]ᵃ⁻ᵇ).

Une des gravures qui ornent ce livre, et qui se trouve reproduite à la Planche 99 [66]ᵃ, est d'une haute importance pour l'histoire de l'imprimerie au XV° siècle.

Cette gravure représente S. Etienne tenant dans sa main gauche un écusson aux armes de la ville de Hasselt, suspendu à une courroie fermée par une boucle. A sa droite se trouve un second écusson portant deux huchets de sable, virolés, passés en sautoir, les embouchures en bas, sur un champ d'argent. L'inscription en haut de la planche porte ces mots: Steffanus eirste marteler patroen in Hasselt, c'est-à-dire: Etienne premier martyr, patron de la ville de Hasselt.

Cette inscription, ces armes et la souscription du Summe le Roy ne laissent aucun doute sur l'identité du lieu et prouvent clairement que toutes ces éditions ont été imprimées dans la ville de Hasselt en Over-Issel.

Mais cette gravure nous révèle aussi le nom de l'imprimeur de ces ouvrages, qui jusqu'ici avait échappé à toutes les recherches.

C'est un fait constant que lorsqu'un imprimeur du XV° siècle place deux écussons à la fin de ses éditions, l'un représente les armes de la ville, dans laquelle il a exercé son art, et l'autre offre ses propres armes ou sa marque. Or, je trouve dans les Nobiliaires de la Province d'Over-Issel les armes, que l'on voit dans notre Planche à côté de celles de la ville de Hasselt, indiquées comme appartenant à la famille ancienne de Barmentloe, Barmentlo ou Bermentloe, dont un des membres figure déjà dans un acte de l'année 1272. Comme les trois premières éditions faites à Hasselt portent, ainsi qu'il est dit, au dessous de leur souscription, les lettres P. B., qui probablement forment les initiales du nom et du prénom de l'imprimeur, je croyais pouvoir les expliquer par P(aulus, Petrus, Philippus?)

B(armentloe). J'étais sûr du nom mais pas du prénom. Je l'ai trouvé depuis dans un Psalterium, in-4°., portant la souscription suivante: „Neapoli, per Henricum Alding et Peregrinum Bermentlo, 1476, die V mensis Julii." C'est le seul livre connu jusqu'ici où se trouve son nom. Son associé Alding s'est établi vers 1473 à Messine; de là il s'est rendu à Naples où il imprimait en 1476 ensemble avec P. Bermentlo, et en 1477 avec son nom seul; en 1478 il est retourné à Messine. Il paraît que Bermentlo est rentré alors dans son pays natal, qu'il avait quitté comme plusieurs de ses compatriotes pour exercer l'art de l'imprimerie à l'étranger.

Comme les types de ses premières éditions à Hasselt sont d'une forme particulière, je soupçonnais qu'il eût pu les apporter de l'Italie et que peut-être il eût exécuté son Psalterium avec ce caractère. Mais cela n'est pas le cas. J'ai vu à la Bibliothèque Impériale de Paris ce livre rarissime, qui est imprimé avec un caractère tout différent.

Il est possible toutefois que Alding se soit servi pour des éditions in-folio des types que Bermentlo a employé plus tard; jusqu'ici il m'a été impossible de voir des livres sortis des presses de Alding, autre que son Psalterium.

Quoiqu'il en soit, il est certain que désormais la nomenclature des imprimeurs Néerlandais au XV° siècle sera augmentée du nom de Peregrinus Bermentlo.

La Planche 98 [65] offre encore d'autres parties intéressantes. D'abord a1) la première page et a2) la souscription du livre: „Die passie ende dat liden ons heren Jésu Christi" (La passion et les souffrances de N. S. J. C.) de 1488; ensuite a4) une gravure, tirée du même opuscule, représentant le Christ descendu aux limbes et délivrant les âmes du purgatoire. Cette gravure est un fragment et même la partie du milieu de la planche 28° du Biblia pauperum, de l'édition de 40 planches.

La gravure (Planche 98 [65] a3) représentant la résurrection de Lazare est copiée d'après une planche qui faisait partie d'une série appartenant à G. Leeu en 1482 et dont J. Bellaert s'est servi en 1483. J'ai placé en face (Planche 98 [65] b) la gravure originale, qui montre que le copiste était moins habile que le graveur du bois original.

Bermentlo doit avoir eu de fréquents rapports avec son collègue van Os de Zwolle, puisque ces artistes se sont servis dans la même année 1488 des mêmes bois de la Bible des pauvres.

ANVERS.

ÉDITIONS DE MATTHIAS VAN DER GOES, 1482—1491.

Planches 100 [47] et 101 [48].

Il existe un livre intitulé: Tondalus visioen (Vision de Tondale), portant le nom de cet artiste et la date de MCCCCLXXII. Ce livre a fait croire longtemps que van der Goes eût introduit l'art de l'imprimerie à Anvers, à cette époque; mais il est hors de doute maintenant que cette date est fautive et qu'il faut lire MCCCCLXXXII, parce qu'on ne connaît aucune autre édition de van der Goes avant l'année 1482.

Il paraît qu'il n'était ni graveur ni fondeur de types, car les différents caractères dont il s'est servi avaient appartenu à d'autres avant lui. Les types du Spieghel der kersten ghelove (Miroir de la foi chrétienne) (Planche 100 [47][a]) sont ceux des premiers typographes de Delft (Planches 81 [104] et 83 [105][a]). Pour son édition du Lijden en passie ons heeren Jhesu Christi (Les souffrances et la passion de N. S. J. C.), imprimé en 1484, dont la Planche 100 [47] donne [b1]) la première page du texte, et [b2]) la fin de l'ouvrage et la souscription, il a employé un type passablement usé et tout différent du précédent, que je n'ai rencontré jusqu'ici dans aucun autre livre. On voit par la forme des lettres k et w que ce caractère était fabriqué uniquement pour des textes latins. Lorsque van der Goes a voulu l'employer pour un texte hollandais, il a dû prendre ailleurs ces deux lettres, qui n'existent pas dans un alphabet latin; le k est plus grand que les autres lettres, et le w a été remplacé par la double lettre v o. Les deux caractères, représentés à la Planche 101 [48][b,d], sont ceux dont Veldener s'était servi en 1484 ou 1485 (voyez Planche 116 [35][1a, 2a]). Les types employés pour les intitulés (Planche 101 [48][c1]) sont de Paffroed (Planche 64 [112][f1]).

C'est par erreur que j'ai placé parmi les caractères employés par van der Goes ceux du titre des Quatuor novissima (Planche 101 [48][a]). Ce livre sans date, sans nom de ville et sans nom d'imprimeur, mais dont le texte est imprimé avec les types du Herbarius de Veldener, est sorti des presses de van der Meer à Delft, qui a donné en 1487 une édition du même livre, exécuté avec les mêmes types (Planche 82 [105][h]).

Un échantillon des majuscules xylographiques dont van der Goes a orné ses productions typographiques, se trouve aux Planches 100 [47][c] et 101 [48][c2]. Ces majuscules sont passées à G. Back.

Quelques-uns de ses livres ont au commencement ou à la fin une vignette. Le „Sermones quatuor novissimorum" de l'an 1487 en a même deux, dont je donne le fac-simile à la Planche 101 [48][b 1—2]. La première représente un sauvage, brandissant une massue et portant devant lui les armes de Brabant, suspendues à une courroie fermée par une boucle; en bas se trouve la marque typographique de l'imprimeur: un M surmonté d'une double croix. La seconde représente un grand navire, à trois mâts, vu de babord, comme on en rencontre dans les manuscrits du XVe siècle; il est amarré; ses voiles sont pliées; chaque mât est surmonté d'une cage ou corbeille. Au sommet du grand mât flottent deux pavillons, l'un aux armes du Saint-Empire, l'autre aux armes de la ville d'Anvers. Le mât de l'avant porte un pavillon avec une marque dont j'ignore la signification; peut-être est-ce le chiffre de l'imprimeur. Le château d'arrière porte un pavillon au monogramme de l'imprimeur (un M surmonté d'une double croix). Le bastingage est orné de neuf écussons. Les trois du milieu, en suivant l'ordre de gauche à droite, représentent: le premier les armes de l'Évêché d'Utrecht, le second la Croix de Bourgogne, le troisième les armes d'Autriche. Les écussons du château d'avant représentent, dans le même ordre, la Province de Hollande, la ville de Harlem et la Province de Zélande, ceux enfin du château d'arrière, les armoiries de la famille d'Ursel, celles de la famille de Ranst et un écusson représentant une oie, armes de la ville de Goes ou van der Goes, en Zélande. Un coup-d'œil jeté sur le fac-simile de cette vignette suppléera facilement aux défauts de ma description.

Il me paraît assez probable que van der Goes a voulu donner ici plus que sa marque typographique (un M surmonté d'une double croix), et qu'en choisissant pour sa vignette la forme d'un navire, ce n'était pas simplement pour faire allusion à la ville d'Anvers, alors déjà célèbre par son commerce.

Je crois qu'il a voulu rendre une idée sous la forme symbolique d'un navire. Ce genre de symbole se rencontre plusieurs fois. C'est ainsi que lorsque le Duc Philippe le Bon a célébré, à Lille en 1453, la fête de la Toison d'Or, un des entremets du magnifique banquet donné à cette occasion, avait la forme d'un navire (caraque) ancré. Dans la „Pompe funèbre, faite à Bruxelles, par ordre de Philippe II, pour l'Empereur Charles V, en 1558" figure un navire magnifique, pavoisé aux armes de l'Empereur, orné d'écussons et de sculptures emblématiques. Ce navire était le porteur des hommages rendus à l'Empereur.

Ici l'imprimeur a choisi un superbe navire pour indiquer, d'une manière symbolique et chronographique, l'époque à laquelle il exerçait son art. Je soumets l'explication suivante de sa vignette au jugement de mes lecteurs.

Sous le règne du Duc de *Bourgogne* Philippe le Bel, qui gouvernait les Pays-Bas sous la tutelle de son père, Maximilien *d'Autriche;* lorsque David de Bourgogne, son grand-oncle, occupait le siége épiscopal *d'Utrecht;* — *Matthias*, natif de la ville de *Goes* ou *van der Goes*, dans la Province de *Zélande*, exerçait l'art de l'imprimerie à *Anvers*, ville du Margraviat du *Saint-Empire*, lorsque Jean *de Ranst*, Seigneur de Morsele et de Canticrode, était Marquis d'Anvers, et lorsque Lancelot *d'Ursel* était Amman de la ville d'Anvers.

La dignité d'Amman était conférée à vie, et comme Lancelot d'Ursel succéda en cette qualité à Jean de Dintre en l'an 1483, il s'ensuit que cette vignette n'a pu être gravée qu'après cette année. Elle paraît ici, en 1487, déjà passablement fatiguée et cassée, ce qui me porte à croire qu'elle date de quelques années auparavant.

Restent alors les deux écussons de la Province de *Hollande* et de la ville de *Harlem*. Elles s'expliqueraient comme celles de la Zélande et de Goes, savoir: *Harlem*, ville de *la Hollande*.

Mais dans quel but l'artiste fait-il figurer ici cette ville? S'il avait voulu faire allusion à une ville quelconque des Pays-Bas où l'on exerçait l'imprimerie avant lui, il aurait pu choisir Utrecht, Alost, Louvain ou Bruxelles, villes où l'imprimerie était introduite depuis les années 1473, 1474, 1476, tandis que l'on ne connaît de livre imprimé dans la ville de *Harlem*, avec date certaine, que du 10 Décembre de l'an 1483.

Van der Goes doit avoir eu une raison bien particulière d'orner la proue de son navire symbolique des armes de *Harlem*. Serait-ce peut-être que l'artiste ait voulu indiquer la ville de *Harlem* comme le berceau de l'imprimerie? Dans ce cas sa vignette serait le plus ancien document en faveur de la cause de Harlem.

Le dernier livre que l'on connaît de van der Goes est le Bonaventuræ Biblia pauperum de l'an 1491, in-4°., dont un exemplaire se trouve dans la Bibliothèque de M. le Sénateur Vergauwen, à Gand. Cette année est aussi celle de sa mort. Son imprimerie est passée à Godfr. Back, qui en 1492 épousa sa veuve.

ÉDITIONS DE GERARDUS LEEU, 1484—1493.

Planches 102 [57], 103 [58], 104 [59], 105 [60] et 79 [126]^{c,d}.

Nous avons vu à la page 75 que Leeu imprimait encore à Gouda le 19 Juin 1484; peu de temps après il a quitté cette ville pour s'établir à Anvers, car déjà le 18 Septembre suivant il y publia le Vocabulorum Gemmula.

La Planche 102 [57] donne ^a) le fac-simile d'une page, tirée du Moralissimus Catho, de 1485, in-4°.; ^b) la souscription des Probæ Falconiæ Centones Virgilii, de 1489, in-4°.; ^c) la première page de l'opuscule, intitulé: Die glose opten psalm Miserere mei &c. de 1491, in-8°.; ^d) deux pages du S. Bernardus Souter (Pseautier de Notre Dame, par S. Bernard) in-12°, de l'année 1491. Les bordures variées qui ornent cet opuscule sont une imitation de celles que l'on admire tant dans les Livres d'Heures publiés en France à cette époque.

La Planche 79 [126]^d offre l'intitulé et la souscription d'un Breviarium Windechimense de 1488, in-8°., et ^e) le titre de l'Histoire de Jason, de 1492, in-fol., (en Anglais).

Ces différents fac-simile fournissent les spécimen des neuf espèces de types dont Leeu s'est servi pour ses éditions anversoises.

Leeu continua ses travaux à Anvers pendant neuf ans. En 1493 il mit sous presse une réimpression des Cronycles of England, mais avant d'avoir achevé cet ouvrage il mourut de la façon la plus malheureuse, par suite d'un coup qu'un nommé Henri van Symmen, graveur de types, lui porta à la tête, dans une dispute qu'ils eurent ensemble (V. Annales du Bibliophile Belge et Hollandais, Brux. 1864, p. 6).

Gérard Leeu est sans contredit un des typographes les plus laborieux et les plus habiles des Pays-Bas. Il était honoré de l'amitié du célèbre Érasme et doit avoir eu de fréquentes relations avec Colard Mansion et W. Caxton; il publia un grand nombre d'ouvrages, même en langue française et anglaise; beaucoup de ses livres sont ornés de gravures en bois.

Pour sa vie et pour ses publications je renvois mes lecteurs à la notice très-intéressante du savant Archiviste de la Flandre Orientale, M. P. C. van der Meersch, complétée, pour la partie bibliographique, par M. le Sous-Bibliothécaire Campbell, de la Bibliothèque Royale de la Haye (Vr. Bulletin du Bibliophile Belge, Tom. III, 7; IV, 4; VI, 1).

Renouvier, dans son Origine et progrès de la gravure, a consacré quelques pages à l'appréciation des gravures en bois employées par Leeu.

Les bois pour ses différentes éditions des Fables d'Ésope lui sont venus d'Augsbourg, car j'y ai remarqué les mêmes cassures, seulement un peu plus grandes, que dans les gravures d'une édition du même livre, sans lieu sans date et sans nom d'imprimeur, mais avec les types de A. Sorg.

Les deux gravures, reproduites à la Planche 103 [58]^b, font partie d'un petit livre ayant pour titre: Devote ghedenckenisse van den vii weede oft droefheyde onser liever vrouwe (Méditation dévote sur les sept douleurs de Notre Dame), imprimé à Anvers, l'an 1492. Ce sont deux images de la S. Vierge, dans un costume bien plus ancien que celui du XVe siècle; aussi le texte dit que ces gravures ont été faites d'après des tableaux, qui se trouvaient alors (en 1492) l'une dans l'église d'Abenbroek, l'autre dans celle de Remmerswale (Diocèse d'Utrecht); que l'une représente la S. Vierge à l'âge de quinze ans, lorsqu'elle présenta son Fils à Siméon; tandis que l'autre est une Mater dolorosa, au pied de la croix; — enfin que les tableaux originaux, peints par S. Luc, sont à Rome, le premier dans l'Église de S. Marie Majeure, le second dans celle de S. Marie d'Ara cœli.

Les Planches 104 et 105 [59 et 60] donnent les spécimen des Initiales xylographiques qui se trouvent dans les éditions de Leeu. La belle initiale D (Planche 105 [60]) est tirée du „Vier uterste" (Quatuor novissima) de 1488. C'est la seule lettre de ce genre que j'ai rencontrée dans les différentes publications de cet artiste. La même Planche représente les deux marques typographiques dont Leeu s'est servi à Anvers. La première et la plus grande est le Château d'Anvers, surmonté d'un aigle; au haut de la tour principale flottent deux banières, l'une aux armes de l'Archiduc Maximilien, l'autre aux armes du S. Empire. La seconde marque est un lion, tenant de la droite les armes d'Anvers et de la gauche celles de l'imprimeur.

Il paraît qu'après la mort de Leeu son matériel typographique fut vendu; du moins les types représentés à la Planche 102 [57]^a, c'est-à-dire ceux du commentaire et des glosses, se retrouvent en 1495 et 1496 chez Snellaert (Planche 84 [107]^{a,d}); — ceux de la Planche 102 [57]^{c,d}, chez van Liesvelt en 1494 et 1495 (Planche 109 [70]^{a,b}); ceux de l'intitulé du Jason (Planche 79 [126e]) chez les Frères conférenciers en 1496 (Planche 80 [101]^a).

L'initiale D (Planche 105 [60]) se retrouve chez les Frères conférenciers. Les initiales N. et S. de l'alphabet à la Planche 104 [59] et les initiales C. H. S. de l'alphabet à la Planche 105 [60] se retrouvent en 1498 à Schiedam dans la Vita Lydwinæ.

Les grandes capitales (Planche 104 [59]) et la vignette représentant le Château d'Anvers (Planche 105 [60]) sont passés à Th. Martens, qui s'en est servi déjà en 1494. Voir Planche 46 [6].

ÉDITIONS DE NICOLAUS LEEU, 1487—1488.

Planche 106 [62].

La Planche 106 [62] offre les différents genres de types dont cet imprimeur s'est servi. J'ai placé en regard, ^{a}) et ^{b}), la souscription du livre intitulé: Boeck van den leven ons heren Jesu Christi (Vie de notre Seigneur J. C.) publié en 1487 par G. Leeu et l'année suivante par N. Leeu. L'on voit que ce dernier a imprimé avec les mêmes types et qu'il a employé les mêmes écussons que le premier; il a orné son livre des mêmes gravures. Les types ^{d}) se trouvent aussi dans les éditions anversoises de G. Leeu (Planche 102 [57]^a). La gravure ^{c1}), tirée du livre: Bonaventura van den vier inwendighen oefeninghen der zielen (Bonaventure des quatre exercices intérieurs de l'âme), a été employée déjà par J. Bellaert, à Harlem, en 1484, dans son: Boeck des gulden throens (Livre du trône d'or). Ces gravures ont servi depuis à Adr. van Liesvelt (Planche 109 [70]^{c1}).

L'on ne sait rien de la vie de cet artiste, qui paraît n'avoir exercé son art, du moins n'avoir publié des livres avec son nom, que pendant les deux années de 1487 et 1488. Était-il frère ou fils de G. Leeu? Et comment se fait-il qu'il se servit de la marque typographique de son homonyme? Jusqu'ici je n'ai pu trouver la réponse à ces questions.

ÉDITIONS DE GODFRIDUS BACK, 1493—1500.

Planches 107 [68] et 108 [69].

Dans les Archives de la Confrérie de S. Luc d'Anvers on lit que Godefroid Back, relieur de livres, épousa le 19 Novembre 1492 la veuve de l'imprimeur M. van der Goes. Après ce mariage il a continué l'imprimerie de son prédécesseur, car déjà le 3 Juillet de l'année suivante (1493) il publia le Nic. Perotti Grammatica, in-4°, dont un exemplaire est conservé dans la riche Bibliothèque publique de Trèves.

Il se servit d'une partie des types de van der Goes (Planches 107 [68][c1], 108 [69][a.d1] et Planches 101 [48][c1], 100 [47][c2]). Ceux du Resolutorium dubiorum &c. de 1495 (Planche 107 [68][a2], se trouvent dans la même année chez Snellaert à Delft (Planche 84 [107][b2]); les types de l'intitulé des Épîtres et Évangiles de 1496 (Planche 84 [107][c1]) sont ceux de H. Lettersnider (Planche 110 [71][a]). Les matrices de ses types sont conservées à Harlem, dans la fonderie de caractères de M. Enschedé. (Voyez l'Épreuve des caractères de cet établissement célèbre, de l'an 1768, in-8°).

Comme il demeurait dans une maison, appellée le Vogelhuis, d'après l'enseigne qui portait une cage d'oiseau, il a emprunté à cette enseigne sa marque typographique: une cage avec la marque de van der Goes (Planche 107 [68][a—b]). Il la modifia plusieurs fois; déjà en 1496 le monogramme de Goes est remplacé par le sien, placé entre les initiales G B (Planche 107 [68][c2]). Plus tard ce monogramme est remplacé par un oiseau (Planche 108 [69][b2]), et enfin la cage est vide (Planche 108 [69][c]).

La vignette représentant le monogramme du Christ entouré des images symboliques des Évangélistes (Planche 107 [68][c1]), rappelle celle dont se servit J. de Breda.

La gravure en bois et l'initiale offrant le portrait de Philippe le Bel (Planche 108 [69][b,c]), peuvent donner une idée de la xylographie anversoise à cette époque.

Back publia un grand nombre de bons livres; le dernier ouvrage sorti de ses presses est daté du 25 Novembre 1511. Il mourut en 1516.

Pour connaître les ouvrages publiés par Godefroid Back, je renvois mes lecteurs aux intéressants articles de MM. P. C. van der Meersch et M. F. A. G. Campbell, publiés dans le Bulletin du Bibliophile Belge, Tom. II, pp. 236—249 et Tom. III, pp. 55—62.

ÉDITIONS DE THIERRY MARTENS, 1493—1497.

Planche 46 [6][a,d,e].

Thierry Martens, après avoir fait rouler ses presses à Alost pendant les années 1487 à 1490, paraît s'être rendu à Anvers. Le premier livre qu'il publia dans cette ville ne parut pourtant qu'en 1493, du moins s'il faut en croire Maittaire, qui cite un Alex. Galli Doctrinale de cette année avec le nom de Martens. En 1494 il imprima trois ouvrages; un avec la date du 20 Septembre, les deux autres sans date. Jusqu'ici on n'a pas rencontré des livres publiés par lui en 1495 et 1496. Le 22 Mai 1497 il fit paraître le Petri Hispani Thesaurus pauperum, in-folio. Les exemplaires de cet ouvrage sont aujourd'hui si rares que l'on n'en connaît guères que trois, un à la Bibliothèque Impériale de Paris, (c'est l'exemplaire qui a appartenu à De la Serna), un à la Bibliothèque de l'Université de Liége, le troisième à celle de l'Université d'Utrecht. Ils sont parfaitement semblables, à l'exception que ceux de Paris et d'Utrecht sont datés du 22 Mai 1476, tandis que celui de Liége porte dans la souscription la date du 22 Mai 1497.

La date de 1476 a fait supposer que Martens était l'introducteur de l'imprimerie à Anvers. Mais cette date est fautive, comme je l'ai fait observer dans la Préface du Catalogue de nos incunables et comme je crois l'avoir démontré plus amplement dans mon Étude sur Th. Martens, pp. 35—39.

La Planche 46 [6]a donne d'après l'exemplaire d'Utrecht l'intitulé, le commencement de la préface et une partie de la souscription du Petr. Hispanus. Les types sont les mêmes que ceux dont Martens s'est servi à Alost de 1487 à 1490, et pour son Gemma Vocabulorum de 1494 à Anvers.

Après la mort de Gér. Leeu, en 1493, Martens a acquis les grandes initiales et la vignette représentant le Château d'Anvers (Planches 46 [6]d,e, 104 [59]a et 105 [60]); on les rencontre dans les éditions de Martens depuis l'an 1494.

Je dois observer ici qu'il s'est glissé une faute dans le fac-simile du Château d'Anvers à la Planche 46 [6]. Les deux petits traits perpendiculaires que l'on voit dans l'écu d'Autriche, dans la bannière aux armes de l'Archiduc Maximilien, ne devaient pas s'y trouver. Ils ont été ajoutés à la plume dans l'original comme j'ai pu m'en convaincre par un examen minutieux.

En 1498 Martens transporta ses presses à Louvain.

ÉDITIONS D'ADRIANUS VAN LIESVELT, 1494—1499.

Planche 109 [70].

Cet imprimeur n'a exercé son art dans la ville d'Anvers que pendant cinq années, à partir du mois de Mai 1494 jusqu'au 6 Novembre 1499. La Planche 109 [70]a et b1 offre les spécimen des deux différents caractères qu'il a employés. Ces caractères et les bordures qui ornent les pages de son édition des Duytsche Ghetyden (Heures hollandaises) de 1495 (Planche 109 [70]b), ont appartenu à Gér. Leeu (Planche 102 [57]c,d). La gravure (Planche 109 [70]c1), tirée d'un opuscule de Bonaventure de l'an 1499, fait partie de celles dont Nic. Leeu a orné son édition du même livre en 1487 (Planche 106 [62]c1).

Il est probable que van Liesvelt, comme Martens, soit devenu l'acquéreur d'une partie du matériel typographique de Gérard Leeu, vendu après sa mort.

Le fac-simile qui se trouve à la Planche 109 [70]b2 a été pris dans l'exemplaire du Duytsche Ghetyden de la Bibliothèque Royale, cité ci-dessus. Mais on m'a fait observer que le feuillet d'où cette page est tirée ne fait pas partie de ce livre; qu'il y est intercalé pour remplacer un feuillet manquant. J'ignore s'il appartient réellement à une édition de van Liesvelt. Les types sont de G. Leeu (Planche 102 [57]^c) et comme ils ont été employés aussi par les Frères conférenciers de Gouda (Planche 80 [101]^{b2}), il serait possible que cette page leur appartienne.

ÉDITIONS DE HENRICUS DIE LETTERSNIDER (LE GRAVEUR DE LETTRES) 1496 et D'ADRIAEN VAN BERGHE (?), 1500.

Planche 110 [71].

La Planche 110 [71] offre ^{a1}) et ^{a2}) la première page et la souscription d'un poème de Jacques van Meerlant ou Maerlant, publié en 1496 par Henrick die Lettersnider, c'est-à-dire: Henri le graveur de types. Dans la souscription d'un autre livre: Tboeck van den Houte (décrit par Dupuy de Montbrun, Recherches bibliogr. pag. 59—64), il nous apprend qu'il était natif de Rotterdam et demeurait à Anvers dans la rue dite Camerstraat, à côté de la Licorne d'or. Le nombre des publications connues de cet artiste se réduit jusqu'ici à trois ou quatre. Au commencement du XVIe siècle il transféra son atelier à Delft. Les matrices de ses caractères sont conservées chez M. Enschedé, à Harlem.

La même planche donne ^{b1,3}) le fac-simile de la première page et de la souscription d'un opuscule imprimé à Anvers en l'an 1500, sans indication du nom de l'imprimeur; — ensuite ^{b2}) deux lignes, imprimées au feuillet 1 verso, indiquant le titre du livre: Een scone leringe om salich te sterve(n), c'est-à-dire: Bonne instruction pour mourir saintement; et ^{b4}) une gravure très-intéressante, parce qu'elle représente la maison du typographe et nous donne peut-être la clef pour connaître son nom.

La maison, assez vaste, est ornée de trois écussons et d'une enseigne, qui est celle de l'artiste, qui demeurait „au marché à l'enseigne du grand mortier doré." L'écusson du milieu est aux armes de la ville d'Anvers; celui à droite représente un monogramme ou chiffre, celui à gauche porte des mouchettes (?) et les lettres A. B.

La Bibliothèque Royale possède un livre imprimé „au marché," par Adriaen van Berghen, en 1508. Ne serait-il pas l'imprimeur aux initiales A. B.?

Dans la même Bibliothèque se trouvent deux livres, l'un en latin, avec la souscription: Impressum Antwerpie, juxta mortarium aureum, anno 1504; — l'autre en flamand, ayant pour souscription: Gheprint 't Antwerpen aldernaest den groten mortier. Int jaer 1505, c'est-à-dire: Imprimé à Anvers, tout à côté du grand mortier.

Or, comme la gravure nous offre une maison divisée en deux parties, dont l'une porte l'enseigne du mortier, je crois pouvoir admettre que cette maison était habitée par deux typographes, notre Ad. van Berghen et celui qui se dit demeurer à côté du mortier, dont on ignore encore le nom, mais qui, peut-être, est indiqué par l'initiale W? Les Archives de la Confrérie de S. Luc, à Anvers, mentionnent à l'année 1502 un imprimeur Wydenere (Frédéric). Jusqu'ici l'on ne connaît aucun livre sorti de ses presses.

ÉDITIONS DE ROLAND VAN DEN DORP, 1497—99.

Planche 111 [72].

Des cinq livres que l'on connaît jusqu'ici de cet artiste, Die alder-excellenste Cronycke van Brabant (la très-excellente chronique de Brabant) de l'an 1497, est le seul qui soit daté. La Planche 111 [72] offre ᵃ¹) le fac-simile du titre gravé sur bois, ᵃ²) la souscription, ᵃ³) sa marque typographique, et ᵃ⁴) une des gravures qui ornent cet ouvrage. La marque représente son homonyme, le célèbre chevalier Roland, debout, sonnant de son fameux olifant; en haut à ses côtés on voit deux écussons suspendus à des branches, l'un aux armes d'Anvers, l'autre probablement aux armes de l'imprimeur. Dans l'opuscule intitulé: Seer minnelycke woerden, die onse lieve heere Jhesus hadde met syne ghebenedide moeder maria (Paroles affectueuses que N. Seigneur bien-aimé adressa à sa mère Marie), publié sans indication de lieu et sans date, mais avec son nom, Rolant van den Dorpe s'est servi d'un écusson plus petit, représentant le Château d'Anvers. J'en ai donné le fac-simile à la Planche 8 [132]°.

L'exécution typographique de la Chronique de Brabant est très-belle et fait regretter que la carrière de cet artiste ait été si courte. Il mourut en 1500; sa veuve continua son imprimerie.

Les types qu'il a employés sont ceux de Henri die Lettersnider (Planche 110 [71]ᵃ).

Je ne saurais terminer cet article sur les imprimeurs d'Anvers sans mentionner Nicolas Kesler, dont Maittaire et d'autres bibliographes, après lui, citent quelques éditions, à savoir:

Petrus Lombardus in sententias. Antverpiæ, per Nicolaum Kesler, 1489, in-fol.

Joannis Gerson Opera omnia. Antverpiæ, per Nicolaum Kesler, 1489, 3 vol. in-fol.

Biblia latina. Antverpiæ, per Nicolaum Kesler, 1489, in-fol.

D'un autre côté Panzer dans ses Annales donne les titres des mêmes ouvrages, sous la rubrique de Bâle, le premier avec la souscription: Impensis atque singulari opera Nicolai Keslers, civis Basileensis; — le second avec la date du XII Kal. mensis Aprilis 1489; — le troisième est cité d'après Weislinger, pag. 812, et Panzer ajoute: Editio dubia.

Il est certain que ce Nicolas Kesler a fait rouler ses presses à Bâle depuis 1486 à 1500; il s'en suivrait que l'on pourrait simplement ranger ses éditions avec la souscription „Antverpiæ" parmi les livres apocryphes.

Et pourtant, quoique je n'aie jamais rencontré un exemplaire pareil, j'ai deux raisons pour ne pas me prononcer dans ce sens.

La première est que l'on garde encore aujourd'hui les Régistres de la Confrérie de S. Luc à Anvers depuis 1485 à 1556, et qu'on y trouve les noms de G. Leeu (1485), van der Goes (1487), Godfr. Back (1493), Eckert van Homberch (1498), et celui de Nicolaus Kesler, imprimeur en 1486.

La seconde raison est que dans notre exemplaire du livre de Jansen de l'invention de l'imprimerie, p. 304, à l'article: Gersonis opera, où il est dit „que cette édition est douteuse parce qu'il paraît du moins singulier qu'un pareil ouvrage, en trois volumes in-folio, ne se trouve dans aucune bibliothèque des Pays-Bas," — mon prédécesseur, l'abbé Flament, a ajouté la note manuscrite suivante:

„A° 1813 extabat adhuc in hac Haganâ Bibliothecâ, verum, jubente provinciæ præfecto, ad imperialem Bibliothecam missum, ibidem retentum est."

Je n'ai pu trouver cet exemplaire à la Bibliothèque impériale de Paris, mais je ne doute pas de l'exactitude de la note de M. Flament.

Je suppose que Kesler, afin de pouvoir vendre ses publications à Anvers, s'était fait recevoir membre de la Confrérie de S. Luc; qu'il avait un correspondant dans cette ville, et que dans les exemplaires de ses livres destinés à être vendus à Anvers, il ait mis l'adresse: Antverpiæ, N. Kesler; tandis que dans les autres exemplaires il plaça l'adresse: Basileæ, N. Kesler. C'est probablement un de ces premiers que Maittaire a cité et que M. Flament a vu.

LEYDE.

ÉDITIONS DE HEYNRICUS HEYNRICI, 1483—1484.

Planche 112 [86]a,b.

Koning a cité une édition du livre: Evangelium van Nicodemus, imprimée par Pieter Janszoon, à Leide, en 1478. Mais cette date est fautive, car cet imprimeur vivait au seizième siècle. L'honneur d'avoir introduit l'art de l'imprimerie à Leide, ville de la Province de Hollande, revient à Heynricus Heynrici (Henri fils de Henri) qui y monta ses presses vers l'an 1483; quoique les livres avec son nom ne datent que de 1484, il n'y a aucune raison pour ne pas attribuer au même atelier les éditions de 1483, exécutées sans nom mais avec le même caractère.

Le seul genre de types dont il s'est servi est un de ceux que Veldener a employé pendant son séjour à Louvain, de 1476 à 1477 (Planche 47 [28]3,4).

La Planche 112 [86] offre a1) la fin des: Epistelen ende Euangelien (Épîtres et Évangiles), a2) la souscription avec la date de 1483, et b1) la souscription du Tractatus de humanitate Christi, de Thomas d'Aquin, où se lit le nom de l'imprimeur.

Sa marque typographique b2) représente un lion, tenant de la griffe droite un écu portant un monogramme et de la griffe gauche les armes de la ville de Leide: deux clefs croisées; en haut, sur une banderolle, on lit les mots: Leiden in Hollā (Leide en Hollande).

Heynricus n'exerça son art que pendant les deux années 1483 et 1484. Le nombre connu de ses publications est très-restreint; parmi elles une réimpression de la Chronique de Hollande (en Hollandais), publiée par G. Leeu en 1478, et les Épîtres et Évangiles, sont les seules de quelque étendue.

ÉDITION DE CORNELIS KERS, 1494.

Planche 112 [86]c.

La Planche 112 [86] donne le fac-simile c1) du commencement, et c2) de la fin et de la souscription d'un opuscule qui jusqu'ici avait échappé aux bibliographes. C'est un petit in-8°., de 16 feuillets dont le premier est blanc, à 19 lignes par page. Il est sans titre, mais d'après une édition postérieure on peut l'intituler: Seer minnelycke woerden die O. L. Heere Jhesus hadde met syne moeder Maria (Paroles affectueuses que notre Seigneur J. C. adressa à sa mère Marie).

Dans la souscription on lit: Dit boicxken is geprent ter eeren Gods te leiden bi myn Cornelis Kers Int jaer ons heren. Mcccc ende xciiii den twalefsten dach in April; c'est-à-dire: Ce petit livre est imprimé à la gloire de Dieu par moi Corneille Kers, en l'an de N. S. 1494, le 12e jour d'Avril.

C'est en 1862 que j'ai eu la bonne fortune d'acquérir pour la Bibliothèque Royale cet exemplaire unique, qui nous révèle le nom d'un imprimeur parfaitement inconnu jusqu'alors, et dont on ne connaît aucune autre publication.

Le caractère qu'il a employé ressemble beaucoup à celui avec lequel les Frères conférenciers, à Gouda, ont imprimé le texte du Leven van Liedwy (Vie de Lydwine), reproduit à la Planche 80 [101][a 3].

ÉDITIONS DE HUGO JANSZOEN VAN WOERDEN, 1494—1500.

Planche 112 [86][d, e, f].

Hugues fils de Jean, originaire de Woerden, petite ville de la Hollande, s'établit à Leide vers 1494; car ce n'est que par erreur que les bibliographes citent une édition du Spieghel der Jonghers (Miroir des jeunes gens) qui serait publiée par lui en 1488. L'année 1488 est la date de la composition de ce poème, non de l'édition.

Le premier livre avec date que l'on connaît de lui est un Ghetiden van O. L. Vrouwen (Livre d'Heures de la Vierge), daté du 10 Décembre 1494. La Planche 112 [86][d] donne la dernière page et la souscription de cet opuscule, imprimé avec les types dont Bellaert à Harlem (Planche 34 [50]) et Gér. Leeu à Gouda (Planche 71 [54][4]) se sont servis en 1483 et 1484. La souscription se termine par les lettres B. B. Serait-ce par hasard un membre de la famille de Bellaert, qui, travaillant dans l'atelier et sous les ordres de Hugo Janszoen, est indiqué par ces initiales?

Un autre genre de types, ceux de Henricus die Lettersnider, employé par notre artiste, est représenté à la Planche 112 [86][e] par la souscription du livre intitulé: Oefeninghe van den leven ons Heren Jesu Christi (Exercice sur la vie de N. S. J. C.) de 1498, et [f 1]) par la fin de l'ouvrage: Dat leven onser lyever vrouwen (La vie de Notre Dame), imprimé en l'an 1500.

L'écusson aux armes de la ville de Leide [f 2]), qui se trouve dans ce dernier livre, est probablement la marque typographique de Hugo Janszoen.

Au commencement du XVIe siècle cet imprimeur transporta ses presses à Delft.

GAND.

ÉDITIONS D'ARNOLDUS CÆSARIS, 1483—1489.

Planches 113 [99] et 114 [100].

Arn. de Keysere quitta Audenarde pour s'établir à Gand, où il exerça son art depuis l'an 1483. L'on a cru longtemps que le premier livre sorti de ses presses dans cette ville était le Guillermi Episcopi Parisiensis Rhetorica divina, daté du 21 Septembre 1483; mais depuis que l'on a trouvé le Traité de la paix (d'Arras), imprimé le huitième jour d'Avril de cette même année, ce dernier Opuscule prend le pas sur la Rhetorica divina. Le seul exemplaire connu du Traité appartient à M. Vanderhaeghen. C'est un petit in-folio, de deux cahiers, de six feuillets chacun, sans chiffres ni réclames, mais avec les signatures b, b 3, de 42 ou 43 lignes à la page, caractère gothique ou plutôt ancienne bâtarde. Le fac-simile de la souscription avec la marque typographique de l'imprimeur, la même qu'il avait à Audenarde, se trouvent à la Planche 113 [99][a]; le titre xylographique et la souscription de l'ouvrage de Guillermus sont reproduits à la même Planche [b 1—2].

De toutes les productions typographiques de de Keysere, le Boèce en Latin, avec une traduction et un commentaire en Flamand, est la plus importante comme la moins rare. C'est un grand in-folio, de 360 feuillets; le texte latin ainsi que la version flamande sont imprimés en grands caractères, mais le commentaire est imprimé en caractères plus petits. Il semble que l'édition ait été faite d'après un manuscrit orné de miniatures, car l'imprimeur a laissé au commencement de chaque livre une grande partie de la page en blanc afin que l'enlumineur y trouvât la place pour y peindre des miniatures. La Bibliothèque du Museum Meermanno-Westreenianum possède un tel exemplaire enluminé. La planche 113 [99][d] offre le fac-simile de la souscription, la Planche 114 [100][a] une demi page du texte et du commentaire de cet ouvrage. Le commencement de la table des chapitres n'est pas le même dans tous les exemplaires. J'ai reproduit ces différences (Planche 114 [100][b—c]) d'après des exemplaires de la Bibliothèque Royale de la Haye et du Museum Meermanno-Westreenianum.

La souscription du Psalterium de 1484 (Planche 113 [99][c]) est tirée du seul exemplaire connu, qui fait partie de la riche collection d'incunables de M. le Sénateur Vergauwen à Gand, et c'est également d'après l'unique exemplaire de l'opuscule de Johannes de Fabrica Super relaxatione penarum animarum purgatorii, qui se trouve dans la même collection, qu'est fait le fac-simile à la Planche 113 [99][e].

Nos fac-simile montrent que de Keysere a employé pour toutes ses éditions gantoises des types dont une partie des majuscules a un point au milieu de la lettre, et qu'elles se distinguent par là des éditions publiées par lui à Audenarde, qui n'offrent pas cette particularité. En observant ces différences il est facile de discerner les livres imprimés à Audenarde d'avec ceux de Gand; mais il reste une autre difficulté.

Les caractères employés par Rod. Loeffs de Driel (Planche 54 [95]) ont, comme l'a observé M. Vanderhaeghen (Bibliogr. Gantoise, p. 7), une très-grande ressemblance avec ceux de notre Arnaud; c'est la même forme, le même oeil de lettre; la justification du texte, les abréviations et les majuscules sont également semblables. Ceci s'explique par le fait que de Keysere en quittant Audenarde a cédé ses types à Herm. de Nassou et Rod. Loeffs. Voilà donc deux typographes qui se sont servis simultanément des mêmes caractères. A qui maintenant attribuer les livres sans nom d'imprimeur, sans lieu et sans date imprimés avec ces caractères? comme par exemple : un recueil in-4°. d'opuscules dont le premier est un Dyalogus super libertate ecclesiastica et le dernier un traité de Gerson De eruditione confessorum, — le Leon. Aretini Epistolæ, — le Fr. Petrarchæ Res memorabiles? De la Serna, dans son Dictionnaire bibliogr. I. p. 389, dit „qu'ils sont imprimés avec les caractères de notre Arnoud." Il dit vrai, mais cela ne décide pas la question s'ils ont vu le jour à Audenarde ou à Louvain?

En parlant du premier recueil (le Dyalogus etc.) le savant bibliographe Vanderhaeghen (Bibliogr. Gant. p. 18—19) dit: „Après une comparaison minutieuse, après avoir examiné consciencieusement le degré d'usure que ces caractères devaient présenter après un emploi de quelques années, nous sommes arrivés à constater, pour ainsi dire matériellement, que cette édition, sans nom de ville, n'a pu paraître à Audenarde et qu'elle a été imprimée après le Boèce." Selon lui ce livre serait donc imprimé à Gand. Mais dans tout le recueil il ne se trouve aucune majuscule avec un point, ce qui est pourtant le signe distinctif des éditions de cette ville.

Les deux autres livres, Aretini epistolæ et Fr. Petrarchæ Res memorabiles, se trouvent à la Bibliothèque Royale de la Haye. Lors de la rédaction du Catalogue des incunables, j'ai cru avec M. Campbell devoir les attribuer à Loeffs de Louvain, parce que les caractères nous paraissaient trop fatigués pour être imprimés à Audenarde. M. le Sénateur Vergauwen et M. Vanderhaeghen, qui se connaissent si bien en incunables belges, et qui avaient longtemps supposé que ces deux volumes appartenaient à de Keysere, nous ont fait l'honneur de „se soumettre modestement à notre décision" (Bibliogr. Gant. p. 6). Je crois néanmoins qu'une preuve à l'appui de notre assertion ne leur serait pas désagréable et je me félicite de ce qu'un heureux hazard m'ait servi pour la pouvoir offrir à ces savants. C'est à leur intention que j'ai reproduit (Planche 113 [99]^f) deux notes manuscrites qui se trouvent sur le premier feuillet de notre exemplaire des Aretini Epistolæ. Ces notes sont écrites avec la même encre et à la même époque. La première est ainsi conçue: „Hunc librum et sequentem dedit ad hanc bibliotecam frater Adam Luyschet anno dñi 1575;" — ce qui prouve que lorsque cette note fut écrite, ce livre était relié avec un autre dans un même volume. Ce n'est plus le cas aujourd'hui; nous n'avons que le premier de ces deux livres qui est dans une reliure datant du commencement de ce siècle. Quant à la seconde note, j'avais vu depuis longtemps qu'elle était conçue en caractères grecs, mais ce n'étaient pas des mots grecs; c'étaient des mots latins, mais je n'en pouvais déchiffrer que les trois premiers: iste liber pertinet. Lorsque plus tard j'étais occupé de la description des éditions gantoises, ce livre me revint en mains; je me mis à étudier de nouveau cette note, et quel ne fut pas mon étonnement et ma joie, quand enfin j'y lus: „iste liber pertinet Rodolpho Driel impressori in Loovanio."

Comme l'on ne s'occupait guères en l'an 1575 d'études bibliographiques sur les incunables, j'ai tout lieu d'admettre que le second livre qui se trouvait dans l'ancienne reliure, était également une édition imprimée par R. Loeffs de Driel et avec son nom; que celui qui possédait alors ce volume jugeait d'après la ressemblance des types que le premier livre était aussi sorti des presses de R. Loeffs, et qu'il ait voulu l'indiquer à sa manière. Lorsque plus tard, pour une raison quelconque, ces deux livres ont été séparés, la note manuscrite est restée dans le premier, et très-certainement celui qui l'a écrit n'aura pas eu l'idée, qu'après environ trois siècles, elle servirait à éclaircir une question si difficile.

Il est probable que de Keysere ait continué son imprimerie jusqu'à sa mort qui survint avant ou en l'an 1489. Sa veuve Béatrice van Orroir continua la profession de son mari; les régistres des comptes de la ville de Gand, sous l'année 1490, mentionnent une certaine somme, qui lui a été payée pour l'impression de 300 exemplaires du Traité de paix conclu à Montils-les-Tours le 29 Oct. 1489.

Pour bien connaître les productions des presses d'Arn. Cæsaris, pendant qu'il les faisait rouler à Gand, je renvois mes lecteurs à l'excellent ouvrage de M. Ferd. Vanderhaeghen, intitulé: Bibliographie Gantoise. Tom. I et VI.

CULEMBOURG.
ÉDITIONS DE JOHANNES VELDENER, 1483—1484.
Planches 115 [34] et 116 [35].

Jean Veldener, en quittant Utrecht en 1481, transporta ses presses non loin de là à Culembourg, ville de la Province de la Gueldre, où il imprima pendant les années 1483 et 1484. Les Planches 115 et 116 [34 et 35] offrent les spécimen des éditions qu'il y publia.

D'abord (Planche 115 [34]$^{3\,a,\,b}$) c'est une Histoire de la Sainte Croix (en Hollandais), contenant 32 feuillets avec 64 figures xylographiques et un quatrain sous chaque figure. Les bois, qui portent les traces de nombreuses cassures, ont probablement servi à une édition antérieure, peut-être avec un texte xylographique.

Ensuite il publia deux éditions différentes du Spéculum, en Hollandais, pour lesquelles il a fait usage des mêmes bois ayant servi à l'impression des quatre éditions précédentes, in-folio. Seulement, parce que son livre est in-4°, il a été obligé de scier ces planches par le milieu du pilier, qui sépare les deux compartiments de chaque planche, afin de pouvoir les adapter au format de son livre. L'une de ces éditions, dont le seul exemplaire que je connaisse est conservé à l'Hôtel de Ville de Harlem, contient 29 chapitres et 116 figures. Notre Planche 115 [34][1] reproduit le commencement de la préface. A cet exemplaire manque le dernier feuillet, portant la souscription. Du tems de Meerman ce feuillet s'y trouvait encore. Dans ses Origines typogr. Tom. I p. 106, note a h, il dit l'avoir vu; selon lui cette souscription était ainsi conçue: „De spiegel onser behoudenisse: van Culemburch by my Johan Veldener, int jaar M.CCCC. ende LXXXIII. des Zaterdaghes post Mathei Apostoli." L'autre édition dont j'ai reproduit (Planche 115 [34]$^{2\,b,\,2\,a}$) le frontispice, le commencement de la préface et ^{2c}) la souscription, est augmentée de trois chapitres, le 25°, le 28° et le 29°, et de douze figures, ce qui porte le nombre des premiers à 32 et des dernières à 128. Les souscriptions de ces deux éditions, qui annoncent qu'elles ont été achevées le même jour, ont fait croire que ce sont deux sortes d'exemplaires (v. le Manuel de Brunet, au mot Spéculum). Mais quand on observe la différence de la justification des préfaces dans l'une et dans l'autre, — les signatures qui se suivent dans l'une de a à q, dans l'autre de a à r, que par conséquent les trois chapitres additionnels n'y sont pas simplement intercalés, mais forment un corps avec le volume, — les numéros d'ordre des chapitres qui se suivent régulièrement du 1er au 29e dans l'une et du 1er au 32e dans l'autre, — alors il est clair que ce sont bien réellement deux éditions différentes et non point deux différentes sortes d'exemplaires.

Comment il se fait que ces différentes éditions portent dans leurs souscriptions la même année et le même jour, c'est un fait que je ne saurais expliquer.

Sans aucun doute l'une a précédé l'autre, et je suis porté à croire que l'édition contenant 32 chapitres est la seconde. D'abord parce qu'une édition augmentée suit ordinairement une édition moins complète; ensuite parce qu'au-dessus de la quatrième figure du chapitre XXXI se trouve par méprise le chiffre XXVIII, et au-dessus de la quatrième et dernière figure du chapitre XXXII se trouve le chiffre XXIX; ces fautes me semblent indiquer que le compositeur de l'édition en 32 chapitres avait sous les yeux l'édition qui comprend 29 chapitres.

Mais d'autres questions plus difficiles se rattachent à ce sujet.

M. Berjeau (Speculum hum. salv., Introduction, pag. 9) mentionne une édition du Spéculum, en ces termes: „Quant à l'édition hollandaise de Veldener in-4°., sans date, qui porte au commencement les armes de cet imprimeur, et à la fin, outre celles de Culembourg et celles d'Autriche, les armes de David d'Bur, — imprimeur non mentionné jusqu'à ce jour, qui fut le successeur sans doute de Veldener, dont il emploie les caractères, la devise et après lui les diverses planches du Spéculum sciées en deux," &c.

M. Berjeau (pag. 50) revient sur cette édition: „Quant à l'édition," dit-il, „sans date dont personne n'a parlé jusqu'ici et dont un exemplaire se trouve au British Museum, portant au commencement la marque typographique de Veldener; et à la fin, outre les armes d'Autriche et de Culembourg, celles de David d'Bur, elle constitue sans doute une édition bien distincte de celles de 1483."

Non, ce n'est pas le cas, c'est bien réellement l'édition de 1483. La Bibliothèque Royale de la Haye possède un exemplaire semblable. Le dernier cahier de ce livre doit se composer de cinq feuilles avec les signatures r j, r ij, r iij, r iiij, r v; à notre exemplaire manque la feuille r j ou le premier et le dernier feuillet du cahier r; c'est ce dernier feuillet qui contient la souscription. Je suis convaincu que l'exemplaire du British Museum aussi est incomplet de ce dernier feuillet. Les trois armes indiquées par M. Berjeau se trouvent au verso de l'avant dernier feuillet. Celles d'Autriche sont de Maximilien, celles de David d'Bur. sont de David de Bourgogne, l'évêque d'Utrecht.

D'où Veldener s'est-il procuré les planches qui lui ont servi pour ces éditions? Les Bibliographes ne sont pas d'accord sur cette question. L'un dit qu'il les a apporté de l'Allemagne; un autre qu'il les a trouvé à Utrecht, chez Ketelaer et de Leempt, qui seraient aussi les imprimeurs des quatre éditions in-folio du Spéculum; un troisième, enfin, dit qu'il les a gravé lui-même.

Comme déjà le Fasciculus temporum, publié par Veldener à Louvain en 1476, est orné de gravures xylographiques, il est probable que si cet artiste avait eu les planches du Spéculum à cette époque, il les aurait employé dans l'un ou l'autre livre, publié par lui depuis 1476 jusqu'en 1480. Mais le contraire a eu lieu. A Utrecht il a imprimé trois éditions des Épîtres et Évangiles. La première en 1478 (Planche 39 [29][1]) est sans figures; la seconde en 1479 (Planche 39 [29][2]) est ornée d'une vignette, tirée de son Fasciculus; la troisième en 1481 (Planche 39 [29]⁴) est remplie de figures, semblables à celle dont la Planche 116 [35]⁵ donne le spécimen et elle est ornée à la fin de deux planches du Spéculum (voyez Planche 39 [29]⁴ᵇ). Il est donc probable qu'à cette époque Veldener est entré en possession de ces planches.

Qu'il les ait trouvé chez Ketelaer et de Leempt, qui imprimaient à Utrecht depuis 1473, cela paraît très-douteux; car de tous les livres publiés par ces artistes, pas un seul n'est orné de gravures. Un autre imprimeur (G. L. ?) de la même ville, de qui nous possédons des livres portant la date de 1479 et 1480, a bien enrichi ses productions typographiques de figures, mais elles diffèrent totalement de celles du Spéculum, tant pour le style que pour l'exécution (voir les Planches 42—44 [40—42]).

Qu'il les ait gravé lui-même, me paraît encore moins admissible, parce que si l'on compare les planches du Spéculum avec celles dont Veldener a orné ses autres publications, en admettant qu'elles soient dûes à son talent, l'on remarquera entre-elles une différence trop grande pour oser les attribuer au même artiste, quoique presque toutes les gravures de ce temps aient entre-elles un certain air de famille. En outre il est prouvé que les planches, qui lui ont servi pour ses éditions du Spéculum, sont bien les mêmes avec lesquelles sont imprimées les éditions antérieures in-folio, et que ces éditions ont été exécutées par un imprimeur bien moins avancé dans son art que ne l'étaient Ketelaer et de Leempt et Veldener.

Mais, dit-on, comme Veldener a augmenté son édition de 12 planches qui ne se trouvent pas dans les éditions antérieures, c'est donc lui qui les a fait exécuter par l'artiste qui avait gravé les planches, du moins les 20 dernières, pour les éditions in-folio.

Il est vrai que les 12 planches supplémentaires offrent une grande analogie avec ces 20 dernières planches du Spéculum; mais il y a une circonstance qui me fait douter que Veldener ait fait graver ces planches supplémentaires. Pour approprier au format in-4°. les planches gravées en bois qui avaient servi aux éditions précédentes in-folio, Veldener, comme il est dit, les a dû faire scier en deux, et cela se comprend; mais qu'il ait fait exécuter les 12 planches supplémentaires dans le format in-folio, pour les faire scier après en deux, cela paraît moins vraisemblable; et pourtant il est bien certain que ces 12 planches n'en formaient que six, qui, comme les autres, ont subi cette opération.

En conséquence je suis porté à croire que Veldener ait acquis vers l'an 1481 les 64 planches du Spéculum.

On pourrait demander: Pourquoi l'imprimeur des quatre éditions du Spéculum in-folio n'a-t-il employé que 58 planches? Mais cette question me paraît aussi difficile si non aussi impossible à résoudre que celle, pourquoi Veldener a publié d'abord une édition en 29 chapitres et ensuite une autre en 32 chapitres.

Il nous reste à mentionner deux livres imprimés par Veldener à Culembourg, savoir une traduction hollandaise de l'Herbarius, avec la date de 1484 et une édition latine du même ouvrage, sans date.

La planche 116 [35]. ¹ᵃ⁻ᵇ donne le commencement de la préface et la fin de ce premier ouvrage, qui est orné de figures de plantes et de deux planches du Spéculum.

Les gravures des plantes pour ces deux éditions sont des copies exactes, mais en sens inverse; de celles de l'édition latine publiée par Schoeffer, à Mayence, en 1484. Ceci prouve combien les relations commerciales et intellectuelles étaient suivies et rapides, à cette époque, entre les deux pays.

L'édition latine de l'Herbarius, publiée par Veldener, est imprimée avec un type nouveau et tout-à-fait différent de celui que l'artiste avait employé jusque-là. La Planche 116 [35]²ᵃ⁻ᵇ donne le fac-simile d'une page et la partie supérieure de l'ornement qui sert de titre à cet ouvrage et qui du reste est semblabe à celui représenté par notre Planche 89 [29]³. La première syllabe du mot „Herbarius", qui s'y trouve, offre les mêmes types que le mot „Hermodattulus", de sorte qu'il est bien prouvé que ce livre est réellement imprimé par Veldener.

Quoique cette édition soit sans date, elle est postérieure à la traduction de 1484, comme on peut s'en convaincre par les deux figures qui représentent l'Acetosa. Notre Planche 116 [35]³, donne la figure tirée de l'édition de 1484, où la fleur est intacte, tandis que la figure tirée de l'édition sans date la représente cassée.

Les types qui ont servi pour le texte de l'Herbarius, en latin, sont passés ensuite à Snellaert à Delft, à van der Heerstraten à Louvain et à M. Goes à Anvers. Les types employés à l'impression du commencement du prologue de l'Herbarius, en hollandais (Planche 116 [35]¹ᵃ), sont passés à M. Goes (Planche 101 [48]ᵈ).

Chaque fois qu'il a transféré ses presses dans une autre ville, Veldener a changé sa marque typographique. Lors de son séjour à Louvain sa marque se composait d'un double écusson, suspendu à une branche d'arbre; à gauche les armes de l'imprimeur, à droite celles de la ville de Louvain (Planche 47 [28]). — A Utrecht et à Culembourg Veldener a employé la même marque, mais les armes de Louvain ont disparu et l'écusson à droite est en blanc. (Planches 39 [29]² et 115 [34]²ᵇ). — A Utrecht en outre il a placé sa marque dans la bordure d'une vignette; à droite ses armes, à gauche les armes de la ville d'Utrecht (Planche 39 [29]³). — A Culembourg il s'est servi de la même vignette, mais il en a ôté les armes de la ville d'Utrecht sans les remplacer par celles de la ville de Culembourg (Planche 116 [35]²ᵇ). Il a pourtant mis les armes de Culembourg à la fin de son édition du Spéculum en hollandais.

BOIS-LE-DUC.

ÉDITIONS DE GERARDUS LEEMPT, 1484—1490?

Planches 117 [46] et 59 [130]ᶜ.

Après avoir imprimé en 1479 et peut-être jusqu'en 1481 dans sa ville natale, Nimègue, G. Leempt s'est transporté à Bois-le-Duc, où il a exécuté en 1484, avec ses anciens types, le livre, intitulé: Tondalus visioen (la vision de Tondale), dont le commencement et la souscription sont reproduits à la Planche 59 [130]ᶜ¹⁻², d'après le rarissime exemplaire de la Bibliothèque de l'Université de Louvain.

La Planche 117 [46] donne le fac-simile, ᵃ) du commencement, de la fin et de la souscription du seul livre connu auquel cet artiste ait mis son nom, — ᵇ) du commencement du Vita religiosorum, et ᶜ) du commencement et de la fin du livre intitulé: Albertanus van Brixien Die konste van swighen ende spreken (Albertani Brixiensis Ars tacendi et loquendi). Le caractère qui a servi pour les textes des deux premiers livres paraît ici pour la première fois. On le retrouve en 1491, à Delft, chez l'imprimeur à la licorne (Planche 83 [106]°²); ce qui me porte à croire que c'est avant cette année que Leempt a cessé d'exercer son art.

Quelques bibliographes ont cru qu'avant 1475 Gér. Leempt était à Utrecht le compagnon de Nic. Ketelaer; mais ils se trompent puisque ce compagnon se nommait Gér. *de* Leempt. D'autres encore ont supposé que c'était lui qui a imprimé à Utrecht, en se servant du monogramme G L (?); mais cette supposition tombe lorsqu'on sait que ce G L (?) publiait à Utrecht des livres avec la date du 7 Mai et du 10 Novembre 1479, tandis que Gér. Leempt imprimait à Nimègue le 23 Août de la même année.

MONASTÈRE DE S. MICHEL, AU HEM, PRÈS DE SCHOONHOVEN.
ÉDITIONS DES CHANOINES RÉGULIERS, 1495—1500.
Planche 118 [102].

Non loin de la ville de Schoonhoven, en Hollande, à l'endroit appelé le Hem, s'élevaient au XVe siècle un couvent et une église appartenant aux Chanoines réguliers observant la Règle de S. Augustin. En l'an 1494 un orage endommagea fortement ces édifices; pour en réparer les pertes les Chanoines se mirent à copier et à imprimer des livres et déjà le 28 Février de l'an 1495 ils publièrent leur premier ouvrage, un Breviarium secundum ordinem trajectensem, in-folio. La Planche 118 [102]ᵃ donne le fac-simile de la souscription de ce livre, d'après l'exemplaire qui se trouvait dans la Bibliothèque de M. J. Enschedé, à Harlem. Leurs éditions se distinguent par une impression soignée, par la beauté des caractères et du papier; plusieurs de leurs livres sont ornés de gravures sur bois (Planche 118 [102]ᵈ et °¹). Ils continuèrent leur imprimerie jusqu'en 1528. L'on ne connaît jusqu'ici aucun livre publié par eux en l'an 1496.

Notre Planche offre ᵇ) la souscription de l'opuscule intitulé: Oefeninghe van der passien ende van den liden ons heren Jesu Christi (Exercice sur la passion de notre Seigneur J. C.), de 1497, in-8°., — ᶜ) la dernière page d'un Ghetiden boexken (Livre d'heures) de 1498, in-8°., — °¹) le titre avec une gravure représentant S. Augustin, et °²) la souscription d'un Breviarium Windesimense de 1499, in-4°., — ᶠ) la souscription du Leven ons heren Jesu Christi (Vie de notre Seigneur J. C.) de 1499, in-8°., et ʰ) la souscription d'un opuscule contenant plusieurs traités de S. Augustin, dont le premier est le Boec der ynniger bedinge (Livre de la prière fervente), de 1500, in-8°., d'après l'exemplaire de M. J. Enschedé.

La Bibliothèque Royale de la Haye possède deux exemplaires du Breviarium de 1499, qui offrent une singularité assez remarquable. Ils sont datés du même jour (Planche 118 [102]°²), mais l'un compte 388, l'autre 404 feuillets; dans ce dernier les 388 feuillets du premier sont augmentés d'une Tabula vacantiarum cum additionibus, comme cela est annoncé au titre (Planche 118 [102]°¹), qui ne diffère du titre de l'édition de 388 feuillets (Planche 118 [102]ᶠ), que par l'addition d'une troisième ligne de texte.

Le caractère dont les Chanoines du Hem se sont servi est celui de Henrick die Lettersnider (Planche 110 [71][a1—2]).

SCHIEDAM.

ÉDITIONS D'UN IMPRIMEUR INCONNU, 1498—1500.

Planches 119 [11] et 120 [128].

Jusqu'ici l'on connaît seulement deux livres imprimés au XV° siécle dans la ville de Schiedam.
Le premier avec la date de 1498, est intitulé: Johannis Brugman Vita almæ virginis Lydwinæ Sciedammitæ. D'après l'exemplaire de la Bibliothèque Royale de la Haye, la Planche 119 [11] donne [a2] le commencement avec une belle initiale xylographique, représentant S. Véronique; — [a3] le commencement de la souscription, et [a1] la première page avec deux gravures, dont l'une nous montre la Vierge Lydwine apparaissant à son biographe, et dont l'autre est la marque de l'imprimeur, composée d'un ange agenouillé tenant de chaque main un écusson aux armes de la ville de Schiedam: trois sabliers et un lion rampant. Ce livre est orné d'un grand nombre de gravures sur bois, dont Renouvier (Histoire de la gravure, p. 311—12) a signalé le mérite.

Le second livre est une nouvelle édition du Chevalier délibéré d'Olivier de La Marche, imprimée avec le même caractère et ornée des mêmes gravures que l'édition de Gouda. Elle est sans date. La Planche 120 [128] offre [a1] la première page du texte et [a2] la fin du texte, une gravure, représentant trois crânes sous un arceau gothique très-orné, et la marque de l'imprimeur, au-dessus de laquelle on lit les mots: „Imprimé en la ville de Schiedam en hollande." Ces fac-simile sont pris sur l'exemplaire (un des deux connus) appartenant à la Bibliothèque de l'Arsenal, à Paris. La date de „l'an mil quatre cens quatre vings et trois" à la fin du poème, a induit quelques bibliographes en erreur qui ont cru que c'était la date de la publication du livre, tandis que c'est celle de l'année où le „traittie fut parfait par celui qui Tant a Souffert," comme on peut s'en convaincre en comparant le fac-simile de l'édition à l'éléphant (Planche 75 [118][a2]) où la même date se trouve. C'est aussi par la comparaison de la marque de l'imprimeur dans la Vie de Lydwine et dans le Chevalier délibéré (Planches 119, 120 [11, 128]) que l'on voit que cette dernière offre plus de cassures, et que par conséquent elle est imprimée après l'édition de 1498.

On ignore absolument qui a été l'imprimeur de ces livres, mais on sait qu'il a publié le 27 Juin 1503 une traduction en vers hollandais du même poème d'Olivier de La Marche exécutée avec le même caractère et ornée des mêmes gravures, mais plus fatiguées, qui ont servi pour l'édition du texte original.

Le traducteur hollandais qui se nomme Pertcheval, acheva son œuvre en l'an 1493. La souscription nous apprend que „ce livre est nommé le combat de la mort et qu'il a été composé avec art et corrigé soigneusement dans la ville de Schiedam en Hollande, dans la demeure d'Otgiers Nachtegaels, prêtre."

Le nom d'un „Percheval van den Noquerstocque, Prêtre à Geeroudsberge," se trouve dans la dédicace d'une pièce de vers, citée par Mone, dans son Uebersicht der Niederl. Volksliteratur. Tübingen, 1838, p. 276. J'ignore si c'est le même que le traducteur du Chevalier délibéré. Mes recherches sur le prêtre Otgiers Nachtegaels sont restées infructueuses. Les archives de la ville de Schiedam n'existent plus, elles sont perdues par suite d'un incendie.

Le caractère du „Vita Lydwinæ" ressemble beaucoup à celui des éditions de Gotfr. de Os. Quelques-unes des initiales xylographiques dans ce livre ont appartenu à Gér. Leeu.

Renouvier (Histoire pp. 307—308 et 309—310) décrit les deux éditions du Chevalier délibéré de Gouda et de Schiedam, mais il ne se doute pas, ayant probablement pris ses notes à des époques éloignées, que les gravures dans ces deux livres sont tirées des mêmes bois. S'il s'en fut aperçu il n'aurait peut-être pas prodigué de si grands éloges aux mérites du tailleur de bois qui travailla à Schiedam; car si les gravures qui ornent les livres publiés dans cette ville n'ont pas été exécutées toutes dans un atelier de Gouda, c'est certainement le cas pour celles du Chevalier délibéré.

Lorsque j'ai publié le fac-simile du livre intitulé: „Die jeeste van Julius Cesar" (les gestes de Jul. César) (Planche 119 [11]^b), je ne connaissais pas encore les livres publiés à Gouda, par Gotfr. de Os, par Govert van Ghemen et par l'imprimeur à l'éléphant. C'est pourquoi j'ai attribué cette édition à l'imprimeur de Schiedam, à cause de la parfaite ressemblance des types, surtout des lettres initiales. Maintenant il me paraît plus probable que le „Jeeste van J. Cesar", qui n'a pas été publié avant 1486 puisqu'on y parle de Maximilien comme Roi des Romains, appartienne à une des presses de Gouda.

L'exemplaire du „Jeeste van J. Cesar", est relié dans le même volume avec un opuscule contenant le récit, en vers hollandais, de l'entrevue qu'ont eu à Trèves, en 1473, l'Empereur Frédéric III et Charles le Téméraire, Duc de Bourgogne. C'est un opuscule de 10 feuillets ayant 27 lignes à la page, sans signatures, réclames, pagination et souscription. J'ai donné un spécimen du caractère à la Planche 119 [11]^c; je ne l'ai rencontré dans aucun autre livre néerlandais du XVe siècle.

La différence entre l'impression de ces deux traités est si grande, comme on peut le voir dans le fac-simile, que mon prédécesseur avait cru le poème d'une édition très-ancienne et contemporaine du fait qui y est raconté. Ce n'est pourtant pas le cas, car le papier sur lequel ces deux ouvrages sont imprimés et les gravures qui s'y trouvent sont absolument semblables. Ils sont donc sortis des mêmes presses après 1486.

LIVRES SANS INDICATION DE LIEU, SANS NOM D'IMPRIMEUR ET SANS DATE, MAIS SORTIS DE PRESSES NÉERLANDAISES INCONNUES JUSQU'ICI.

VOYAGE DE J. DE MANDAVILLE (EN HOLLANDAIS.)

Planche 121 [4].

Cette Planche représente le dernier feuillet d'une édition des Voyages en Orient par Jean de Mandaville, conservée dans la Bibliothèque du Museum Meermanno-Westreenianum. C'est un volume in-fol., de 108 feuillets, à 2 colonnes de 30 lignes; il est sans signatures, réclames, nom de lieu et d'imprimeur, et sans date. La langue et le caractère ne laissent aucun doute sur son origine, mais qui en est l'imprimeur, où a-t-il été publié? Jusqu'ici il a été impossible de le découvrir. Je n'ai rencontré ce type dans aucun autre ouvrage. L'inégale longueur des lignes et tout le mode d'impression témoignent que l'artiste qui l'a exécuté n'était pas très-versé dans son art.

Il est remarquable toutefois que la formule: „Laus deo in altissimo", qui se trouve à la fin de ce livre, ait été employée aussi par Gérard Leeu dans son édition des „Epistelen ende Evangelien" de 1477 (Planche 52 [67]²ᵇ). En confrontant les fac-simile de ces deux éditions on verra que celle de Leeu est un chef-d'œuvre en comparaison de l'édition de cet imprimeur inconnu.

DIE WECH DER SYELEN SALICHEYT (LE CHEMIN DU SALUT DES ÂMES).

Planche 122 [81].

La Planche offre une partie de l'introduction et le commencement du texte d'un ouvrage très-rare, intitulé: Die wech der syelen salicheyt (Le chemin du salut des âmes). L'exemplaire de la Bibliothèque Royale, d'où ce fac-simile est pris, est incomplet du dernier feuillet de la table des chapitres, et dans une autre édition du même livre c'est justement sur ce feuillet que se trouve la souscription: Utrecht, 13 January 1480 (Planche 41 [45]ᶜ).

Cette circonstance me faisait supposer que si l'on pouvait rencontrer un exemplaire complet de notre édition, on y trouverait peut-être le nom de l'imprimeur, ou de la ville, ou la date. M. F. Vanderhaeghen, à Gand, m'a depuis communiqué son exemplaire rarissime complet de ce livre, et j'ai pu me convaincre que la souscription, que je croyais y trouver, ne s'y trouve pas.

Il existe encore une troisième édition de cet ouvrage, également sans souscription, mais exécutée à Utrecht, vers 1479. J'en ai donné un fac-simile à la Planche 41 [45]^b. En confrontant cette édition avec la présente, j'ai constaté le fait très-curieux que l'une est copiée exactement sur l'autre, page par page et ligne par ligne, avec cette seule différence, que le traducteur de l'édition présente dit (Voir Planche 122 [81]^{a1}): qu'il a extrait et compilé ce livre du latin en flamand (uten latine ter vlaemsche), tandis que dans l'édition sans date d'Utrecht (Planche 41 [45]^b ligne 28) le traducteur déclare qu'il a tiré ce livre du latin en hollandais (uten latyn int duutsce).

Dans la traduction flamande le traducteur dit au commencement de l'introduction, et il répète à la fin de l'ouvrage, qu'il l'a traduit du latin en flamand. Dans l'édition d'Utrecht le traducteur annonce dans l'introduction qu'il l'a traduite du latin en flamand, et à la fin il dit qu'il l'a traduite du latin en hollandais. Ce dernier donc, en substituant l'idiôme hollandais à l'idiôme flamand, a simplement oublié de changer au commencement les mots „uten latine ten vlaemsche" (du latin en flamand), car tout son texte est bien réellement en idiôme hollandais.

J'en conclus que la traduction flamande a précédée l'édition hollandaise; comme la seconde édition hollandaise est datée de 1480, il est probable que la première ait paru en 1479 et que l'édition flamande primitive date au plus tard de 1478.

Parmi tous nos incunables néerlandais je n'en ai rencontré aucun qui offre le même caractère. Il se distingue surtout par la majuscule M, ayant un trait recourbé par devant. Ce caractère a un air de famille avec celui dont s'est servi A. de Keysere (Planche 95 [98]), et avec celui d'un imprimeur inconnu (Planche 123 [127]). Aux Archives de Bruges on garde deux feuillets de l'édition présente où se trouve la lettre majuscule xylographique D, qui appartient à l'alphabet de lettres grises employé par Arn. de Keysere en 1483.

DEYRICK VAN MUNSTER, SPIEGHEL DER SIMPELRE MENSCHEN (THIERRY DE MUNSTER, MIROIR DE L'HOMME SIMPLE).

Planche 123 [127].

Le fac-simile est tiré d'un petit livre, intitulé, Scoon spieghel der simpelre menschen (Beau miroir de l'homme simple) écrit par Thierry de Munster, dont l'unique exemplaire connu est conservé à la Bibliothèque Royale de Bruxelles. L'idiôme flamand du texte indique assez son origine; les types appartiennent à la famille de ceux d'Arn. Cæsaris.

Le caractère de ce petit livre était destiné à l'impression de textes latins; on y voit que la lettre k a été prise d'un autre alphabet et que la lettre w est représentée par les lettres vo coulées ensemble (Voir à la Planche 123 [127]^{a3} ligne 14, les mots weest et vol). Cette Planche offre aussi ^{a1}) le commencement, $^{a3-4}$) deux pages et ^{a5}) la souscription du même opuscule, où il est dit que l'auteur Thierry de Munster „a donné cette simple doctrine aux habitants de Louvain." Ceci ferait supposer que le livre est imprimé dans cette ville, et ce qui corrobore cette supposition c'est que la gravure ^{a2}) paraît être du même artiste qui a gravé celle qui se trouve dans une édition de J. de Westfalia et qui est reproduite à la Planche 51 [120]^{a1}

TEGHEN DIE STRAEL DER MINNEN (CONTRE L'AIGUILLON DE L'AMOUR).

Planche 33 [97]^b.

Pour le fac-simile de la première page d'une édition d'un autre imprimeur inconnu jusqu'ici, je dois renvoyer le lecteur à la Planche 33 [97]^{b1}. Cette page est tirée d'un opuscule appartenant à la Bibliothèque Royale de la Haye, qui paraît être échappé aux recherches des bibliographes. C'est un petit in-4°., composé de 3 cahiers, le premier de 3, le second de 4 et le troisième de 3 feuilles, sans chiffres ni réclames, avec signatures et sans souscription. Le texte hollandais montre son origine. Je n'ai rencontré dans aucun autre livre les mêmes types.

Le contenu de ce livret qui porte le titre: Teghen die strael der minnen (Contre l'aiguillon de l'amour), est assez curieux. L'auteur dit qu'il a suivi le latin de Pétrarque, mais je ne connais point un opuscule semblable de cet homme célèbre.

ANCIENNES LOIS FRISONNES (EN IDIÔME FRISON).

Planche 124 [18].

Ce fac-simile offre le commencement et la fin d'une édition extrêmement rare, dont un exemplaire est conservé dans la Bibliothèque Royale de la Haye. L'idiôme frison du texte donne lieu a supposer que ce livre est imprimé en Frise même. Le caractère est très-particulier; l'impression ne laisse rien a désirer; aussi cette édition n'est pas d'une si haute antiquité qu'on l'a cru d'abord; la présence des signatures la porte déjà après 1472 et je ne crois pas me tromper en plaçant sa publication entre les années 1480 et 1487.

Lors de la publication de ce fac-simile en 1857, je ne connaissais point d'autre livre imprimé avec ce caractère; depuis j'ai rencontré quatre livres sortis des mêmes presses mais malheureusement tous sans souscription. En voici les titres:

1) Statuta provincialia et synodalia Trajectensia; 46 feuillets à 30 lignes, avec signatures, sans réclames, sans souscription, in-4°. (à la Bibliothèque Royale de la Haye).

2) S. Bonaventuræ Meditationes in passionem Jhesu Christi; 30 feuillets à 30 lignes, avec signatures, sans réclames, sans souscription. Ce livre est conservé dans la Bibliothèque des Archives de Cologne. Dans la même reliure ancienne en cuir se trouvent encore avec le Bonaventuræ Horologium eternæ sapientiæ. Alost, Th. Martens (vers 1487); — des éditions colonaises de Quentell, de Lyskirchen et de Guldenschaff.

3) Quæstiones inter Johannem Gobi et spiritum Guidonis. Accedit: B. Augustini Oratio. 14 feuillets à 30 et 31 lignes, avec signatures, sans réclames et sans souscription, in-4°.

4) Johannis Vernaker Quodlibetum. — Accedit: Tractatulus de indulgentiis. 18 feuillets à 29 lignes, avec signatures, sans réclames et sans souscription.

Ces deux derniers opuscules se trouvent à la Bibliothèque publique de l'Université de Leide.

Les Statuta provincialia Trajectensia, dont on connaît aussi une édition imprimée en 1484 par G. Leeu, ont été recueillis par un Frison, Hillebrand Godefroid de Doengisterp, et cette circonstance pourrait être invoquée en faveur de la supposition que ces Statuts et les Lois frisonnes ont été imprimés en Frise. Mais comment alors pour les trois autres livres ? Jean Vernaker était Professeur à Louvain, et en suivant la même argumentation, on pourrait dire que tous ces livres ont été imprimés dans cette ville et que les Statuts et les Lois frisonnes étaient destinés aux étudiants de cette Université; mais jusqu'ici on ne connaît aucun imprimeur de Louvain qui s'est servi de ce caractère.

J'espère que l'on parviendra un jour à découvrir un livre imprimé avec ces types, qui porte aussi le nom de l'imprimeur et la date de sa publication.

On peut consulter sur cette édition deux articles intéressants, publiés dans le Journal périodique „De vrije Fries," Vol. VII, pp. 362—378, et Vol. VIII, pp. 364—378. Le premier article est dû à la plume de l'Archiviste de la ville de Leuwarde, M. W. Eekhoff, qui défend la thèse „que cette première édition des Lois frisonnes a été imprimée, vers l'an 1484, à Leuwarde, dans le cloître des Frères prêcheurs, par Hidde Cammingha, Curé de l'église de Nyehove, ou bien à son imprimerie particulière. — Le second article est écrit par le Dr. J. G. Ottema, qui tâche de démontrer que ce livre a été imprimé en 1466 à Dokkum.

GUIDONIS DE MONTE RHOTERII MANIPULUS CURATORUM.

Planche 25 [30].

Voici le fac-simile du premier feuillet d'un livre extrêmement rare, intitulé: Guidonis de Monte Rotherii Manipulus curatorum. C'est un in-folio de 110 feuillets à 33 lignes, sans signatures, réclames et souscription. Il appartient au Museum Meermanno-Westreenianum et provient de la collection Kloss. Ce savant bibliographe le disait imprimé „in Belgio, typis missalibus, 1470/2."

Lorsque j'ai publié en 1858 ce fac-simile, je ne connaissais point d'autre livre imprimé avec ces types; ils m'avaient pourtant bien l'air d'être Néerlandais. Plus tard j'ai rencontré ces types dans le Missale imprimé par C. Snellaert (1495—97), mais l'aspect de ce Missale est bien différent de celui du Manipulus. Cette grande page à longues lignes rappelle l'édition du Saliceto (Planche 26 [79]) et celles de Ketelaer et de Leempt. Snellaert n'a imprimé qu'avec les caractères d'autres imprimeurs; il aura probablement acquis le caractère du Manipulus à la mort de celui qui s'en était servi avant lui; mais jusqu'ici l'on ignore le nom de ce typographe et on ne connaît pas d'autre édition sortie de ses presses que le Manipulus.

LIVRES SANS INDICATION DE LIEU, SANS NOM D'IMPRIMEUR ET SANS DATE, ATTRIBUÉS A DES PRESSES NÉERLANDAISES.

LIBER ALEXANDRI MAGNI DE PRELIIS.

Planche 126 [78].

Les quatre livres dont les Planches 126 [78], 127 [90], 128 [36] et 129 [61] offrent les fac-simile sont attribués par plusieurs bibliographes à des imprimeurs néerlandais. Je n'ai pas, quant à leur origine, la même certitude que pour les cinq éditions précédentes, néanmoins j'ai cru devoir communiquer ces fac-simile, parce qu'il serait possible que dans l'une ou l'autre des bibliothèques publiques ou particulières on gardât des livres imprimés avec les mêmes types et portant le nom de l'imprimeur, ce qui fournirait le moyen de reconnaître ces impressions inconnues.

La Planche 126 [78][a] représente le commencement d'une édition du Liber Alexandri Magni de preliis, conservée à la Bibliothèque du Museum Meermanno-Westreenianum. Le propriétaire, feu le Baron van Westreenen, a classé ce livre parmi les éditions de Ketelaer et de Leempt, à Utrecht. S'il ne s'est pas donné la peine de confronter exactement les types avec ceux de ces imprimeurs, l'on comprend aisément qu'il se soit trompé, l'édition du même livre exécuté par Ketelaer et de Leempt comptant le même nombre de pages et le même nombre de lignes à chaque page; mais le caractère est bien différent, comme on peut le voir à notre Planche, où j'ai ajouté [b]) le commencement de l'édition d'Utrecht.

Laquelle des deux éditions est la première? et qui est l'imprimeur de l'édition inconnue? Je l'ignore.

M. le Sénateur Vergauwen, à Gand, possède dans sa riche collection une édition de Guidonis de Columpna Historia destructionis Troje, et j'ai vu à la Bibliothèque du Gymnase catholique à Cologne un Cordiale quatuor novissimorum, imprimés, tous les deux, avec le même caractère que le Liber Alexandri Magni de preliis, mais aussi sans souscription. Je crois que ce sont des éditions allemandes. Hain (Repertorium n°. 5696) attribue le dernier aux presses d'Augsbourg.

DIALOGI, ORATIONES ET TRACTATUS.

Planche 127 [90].

L'exemplaire du livre dont cette Planche offre le fac-simile du premier feuillet verso, provient de la collection du Dr. Kloss et est porté au n°. 1273 du Catalogue de sa précieuse Bibliothèque, qui a été vendue à Londres, en 1835. Le Dr. Kloss qui se connaissait si bien en bibliographie du XVe siècle, n'a pu indiquer l'imprimeur de ce livre et il s'est contenté d'ajouter au titre: „ in Belgio ? 1470". Panzer (Annales typogr. IV. 121, 131) cite un exemplaire de ce livre. M. Leigh Sotheby a représenté aussi quelques lignes de cette édition en fac-simile, dans son ouvrage: The typography of the xvth century, Plate xxx, n°. 86. Il y donne erronéusement à ce livre le titre du dernier traité qui s'y trouve: Angeli de Aretio de Gambiglionibus Tractatus de verborum significationibus. C'est pourquoi il dit que Panzer ne le connaît pas. Hain (Repert. n°. 6250) le cite sans l'avoir vu, d'après Panzer. L'exemplaire du Dr. Kloss a passé dans la bibliothèque du Museum Meermanno-Westreenianum et je l'ai décrit dans le Catalogue des incunables de la Bibliothèque Royale de la Haye, sous le n°. 648.

Les types de l'imprimeur inconnu sont très-défectueux et l'impression laisse beaucoup à désirer; les initiales sont tantôt gothiques, tantôt romaines et le livre a tout cela de commun avec celui dont j'ai donné le fac-simile à la Planche suivante 128 [36].

A. DE HANERON DE EPISTOLIS BREVIBUS EDENDIS.

Planche 128 [36].

Le livre d'où ce fac-simile de la première page est tiré se trouve au Museum Meermanno-Westreenianum et est décrit dans le Catalogue de nos incunables, sous le n°. 650.

L'auteur A. de Haneron était professeur à Louvain. Les types, quoique différents de ceux employés par Conrad Braem à Louvain offrent pourtant la même particularité, savoir l'usage de lettres capitales romaines pour un texte en caractères gothiques. Parmi les quelques lettres capitales gothiques qui s'y trouvent mêlées, je remarque la lettre t, qui offre une grande ressemblance avec la même lettre employée pour le Donat représenté à notre Planche 11 [3].

Peut-être ce livre sort-il des presses des Frères de la vie commune, qui, selon la chronique de Molanus, imprimèrent à Louvain, avant l'arrivée de Jean Veldener et de Jean de Westphalie.

DOCTRINALE DE 26 LIGNES.

Planche 129 [61].

Cette Planche donne le fac-simile d'une page d'un Doctrinale de 26 lignes, imprimé sur vélin et conservé à la Bibliothèque du Museum Meermanno-Westreenianum.

Comme le Doctrinale est composé de plus de 2600 vers, il a fallu un volume d'au moins 102 pages ou 51 feuillets pour contenir le texte et pourtant ce fragment est le seul connu de cette édition, car je crois devoir distinguer deux éditions différentes du Doctrinale imprimé avec ces types: a) le fragment du Muséum, qui a une hauteur de 6 pouces 5 lignes pour le texte; et b) les deux feuillets de la Bibliothèque publique de Francfort s/M., qui portent une note manuscrite avec la date de 1473. Le fac-simile d'un de ces feuillets est publié dans la Collection de fac-simile du Dr. Kloss, qui y ajoute que la hauteur du texte est de 6 pouces 7¹ lignes.

La Bibliothèque Royale de la Haye possède un feuillet entier et deux fragments de feuillets de ce Doctrinale, qui mesurent pour le texte la même hauteur de 6 pouces 7¼ lignes. En confrontant ces derniers fragments avec celui du Muséum, j'ai trouvé que la justification des pages diffère et que 25 lignes du fragment du Muséum prennent la place de 26 lignes dans les fragments de notre Bibliothèque.

M. T. O. Weigel a décrit dans sa splendide Collectio Weigeliana ou Anfänge der Druckerkunst, &c. Vol. II, pp. 137—138, un feuillet d'un Doctrinale semblable de sa riche Collection, qui mesure en hauteur du côté droit 6 pouces 6 lignes et du côté gauche 6 pouces 7 lignes. Pour un fac-simile il renvoit le lecteur à celui que j'ai donné et il ajoute qu'il ne saurait partager mon opinion que la petite différence en hauteur du texte constitue deux éditions différentes. Je suis de son avis pour ce qui regarde son fragment de 6 p. 6 lignes et de 6 p. 7 lignes, et celui de la Bibliothèque Royale de 6 p. 7¼ lignes, qui appartiennent probablement à la même édition; mais aussi suis-je convaincu que si M. Weigel avait comparé le fragment du Muséum de 6 p. 5 lignes avec ceux de la Bibliothèque Royale de 6 p. 7¼ l., il admettrait qu'ils forment partie d'éditions différentes.

Je n'ai rencontré le caractère de ce Doctrinale dans aucun autre livre. M. Weigel dit que ce caractère appartient au Haut-Rhin. C'est possible.

RELIURE EXÉCUTÉE PAR JOHANNES VELDENER.

Planche 130 [33].

Cette Planche donne un fac-simile très-fidèle, exécuté en chromolithographie par feu M. E. Spanier, d'une pièce extrêmement rare, j'ose même dire unique, en rapport avec l'histoire des typographes néerlandais au XVe siècle.

L'exemplaire du Fasciculus temporum, imprimé par Jean Veldener, à Louvain en 1476, que possède la Bibliothèque Royale de la Haye, est encore dans sa reliure originale, composée de deux ais de bois, recouverts de veau brun. Les deux plats sont gaufrés et portent divers ornements; le nom de Johannes Veldener s'y trouve en toutes lettres répété quatre fois. Quoique l'artiste n'ait pas ajouté que c'est lui qui a relié ce volume, comme l'ont fait Anthonius et Joris de Gavere et quelques autres relieurs du XVe siècle, il est néanmoins très-probable que cette reliure soit de sa main.

Voir au sujet de cette reliure: M. A. Jubinal, Lettres à M. le Comte de Salvandy, Paris 1846, p. 7; — M. E. Harzen, dans R. Naumann's Archiv für die zeichnenden Künste, 1855, I. 1. p. 4; — M. Vallet de Viriville, Note sur un exemplaire relié de la Pragmatique Sanction &c., dans le Bulletin de la Société Impér. des Antiquaires de France, 1858, 2d Trimestre, p. 7.

NOTES ADDITIONNELLES.

Lorsque je publiai la vingtième livraison des Monuments typographiques, j'ai annoncé qu'elle serait suivie d'une seule et dernière livraison de six Planches avec texte; mais pendant que je m'occupais à préparer cette publication, j'ai eu l'avantage de recueillir encore des matériaux si précieux et si intéressants, que j'ai cru devoir les donner, afin de rendre mon ouvrage aussi complet et utile que possible. Ceci a fait que cette dernière livraison est composée de treize Planches, auxquelles j'ai ajouté une Carte des Pays-Bas au XVe siècle avec l'indication des villes où l'art typographique a été exercé.

J'ai pu insérer l'explication des Planches 121 à 132 à sa place dans le texte, mais l'impression de celui-ci était déjà trop avancée pour y faire entrer aussi l'explication de la dernière Planche, la 133e, que je fais suivre ici:

On sait que les imprimeurs au XVe siècle, imitant les manuscrits, avaient coutume de laisser au commencement d'un livre ou d'un chapitre une place plus ou moins grande que le rubricateur ou le miniaturiste devait remplir d'une initiale. Souvent aussi pour faciliter la besogne de ces artistes et pour éviter toute erreur de leur part, ils imprimèrent, à cette place vacante, une petite lettre indicative. D'autres fois ils se passèrent du concours des rubricateurs en imprimant eux-mêmes dans leurs livres des initiales xylographiques (lettres grises), telles qu'on les voit dans les éditions de G. Leeu et de M. Goes (Planches 100 [47], 104 [59] et 105 [60]).

Mon honoré collègue M. H. Bradshaw, Conservateur de la Bibliothèque publique de l'Université de Cambridge, à qui je me sens infiniment obligé pour des renseignements pleins d'intérêt sur les incunables néerlandais confiés à sa garde, m'a communiqué dernièrement qu'il a trouvé dans un exemplaire du Virgile, publié par J. de Westfalia à Louvain en 1475 et 1476, des initiales xylographiques, imprimées en rouge. Il ajoutait que dans un autre exemplaire du même livre, ayant appartenu à Philippe le Bel et un des trésors de la Bibliothèque du S. John's College, à Cambridge, les initiales sont peintes et non imprimées. En m'envoyant une copie de ces initiales xylographiques, faite de sa main, il m'engagea à voir si elles se trouvent aussi dans quelque autre édition du même imprimeur.

Je me suis hâté de faire cet examen et j'ai rencontré ces initiales et d'autres encore dans le Justiniani Institutiones de 1475 (Catal. B. R. H., n°. 65), dans le Fabri Breviarium super codice (n°. 66) et dans le Vergerius de ingenuis moribus adolescentium (n°. 103.) J'ai réuni les différents alphabets qu'offrent ces éditions et je les ai reproduits à la Planche 50* [133]*.

On voit clairement que ces lettres n'ont pas été imprimées en même temps que le texte, parce que dans ce cas on n'y trouverait pas des lettres indicatives; de même il aurait été matériellement impossible d'imprimer à la presse la grande initiale et la lettre indicative l'une sur l'autre.

Il me paraît que ces initiales rouges ont été imprimées à la main, car on distingue l'impression plus forte qu'elles ont reçues du côté où l'artiste a commencé d'appuyer le bois sculpté sur le papier. Le rubricateur, chargé de peindre une quantité considérable d'initiales de différentes grandeurs dans des livres assez volumineux et probablement dans une grande partie si non dans tous les exemplaires tirés de ces éditions, aura songé aux moyens de faciliter et d'abréviér sa besogne. Il aura choisi celui de sculpter en bois ces différents alphabets et de les imprimer ensuite à la main. Je croirais même qu'il a fait cette dernière opération sur les feuilles tirées, avant qu'elles fussent reliées, car dans notre exemplaire du Fabri Breviarium il y a au milieu du volume plus de soixante-dix feuillets où les initiales manquent.

Ici je dois mentionner un fait annoncé par M. H. N. Humphrey (History of the art of printing. London, 1867, p. 104). Comme spécimen d'impression hollandaise au XVe siècle, il donne un magnifique fac-simile d'une page du Dyalogus creaturarum, imprimé par G. Leeu, à Gouda, en 1480. L'auteur signale cette page comme très-remarquable non seulement pour la beauté de l'impression, mais plus spécialement pour la jolie lettre initiale Q, qui d'après lui est évidemment imprimée en couleurs. „Je crois, dit-il, que cette lettre si bien imprimée — parfaitement égale sinon supérieure aux lettres du fameux Pseautier de Schoeffer — est le produit d'une gravure en métal et non en bois, ce qui expliquerait sa forme plus arrêtée et plus précise. C'est un très-beau spécimen d'une grande initiale imprimée en couleurs, qui pour autant que je sache a été regardée par les bibliographes comme une lettre exécutée par le rubricateur."

J'avoue que cette lettre est si bien faite qu'on serait tenté de la croire imprimée, tandis que réellement elle est dessinée. Cela se voit aux traits des ornements de la lettre qui touchent aux types du texte et quelquefois couvrent même, ce qui serait impossible si cette lettre fut imprimée en même temps que le texte. J'ai examiné l'exemplaire du même ouvrage à notre Bibliothèque Royale; il est orné également d'une initiale peinte dans le même genre avec les mêmes couleurs. Dans d'autres éditions de Leeu, à Gouda, on trouve des initiales pareilles, dont quelqu'unes paraissent peintes par le même artiste qui a orné la page reproduite par M. Humphrey.

Les trois couleurs de cette lettre offriraient pour le tirage une difficulté que l'auteur a tâché d'éliminer en avançant que la couleur jaune y paraît ajoutée à la main. Ces trois couleurs formeraient une complication sans exemple, car les initiales du Pseautier de 1457, du moins dans tous les exemplaires décrits par van Praet (Vélins du Roi, I. pp. 204—208), ne sont tirées qu'en deux couleurs, bleu et rouge, et je ne comprends donc pas quel est l'exemplaire décrit par M. Bernard (Origine de l'imprimerie I. p. 227), dont la première initiale est imprimée en trois couleurs: bleu, rouge et pourpre.

J'ai décrit à la page 41 du texte, et j'ai donné à la Planche 38 [39] le fac-simile de deux éditions de Wilhelmus Hees, d'Utrecht. M. Bradshaw a eu l'obligeance de m'informer qu'il garde à la

Bibliothèque de l'Université à Cambridge, un volume contenant plusieurs traités, qu'il attribue aux presses de W. Hees. Puisque ces livres sont tout-à-fait inconnus, j'en fais suivre ici les titres:

Publii Ovidii Nasonis Opuscula quædam: Vol. I. De arte amatoria, de 38 feuillets. Vol. II.

Liber de remediis; Liber trium puellarum; Liber de nuncio sagaci, de 24 feuillets;

Pamphilus De amore, de 14 feuillets;

Fagifacetus De facecia mense, de 18 feuillets.

Tous ces traités sont de format in-folio, sans aucune souscription; chaque page est de 32 lignes.

Je puis ajouter à ces éditions une quatrième, non moins rare, que j'ai trouvée à la Bibliothèque de Wolfenbuttel. C'est le Pamphilus De amore, de 16 feuillets à 27 lignes par page, sans aucune souscription, in 4°.

Dans ces livres l'imprimeur a employé deux formes différentes pour les lettres capitales I et N; je les ai reproduit à la Planche 50* [133]b.

La même Planche offre c) le fac-simile d'un type employé par P. van Os, à Zwolle, dans le Rosetum de 1494. Ce type minuscule dont il se sert seulement pour quelques notes dans ce gros volume, complète la série des caractères de ce typographe.

A la Planche 8 [132]d² se trouve le nom de Loeff Ketelaer. Le mot Loeff, comme je l'ai dit à la page 43, est un prénom; mais ce que j'ignorais alors, je l'ai appris depuis dans l'excellent traité du Dr. F. Stark: Die Kosenamen der Germanen (Wien, 1868), c'est que Loeff est le diminutif de Ludolphus.

A l'article Abécédarium (page 16—17), j'ai émis l'opinion que ce petit opuscule est un livre d'école et non un Horarium comme on l'a nommé. La circonstance qu'un alphabet se trouve au commencement et précède le Pater, l'Ave Maria, le Crédo, l'Ave salus mundi et quelques autres prières très-courtes, indique assez l'usage auquel il était destiné. La Bibliothèque du Museum Meermanno-Westreenianum conserve un petit manuscrit, contenant seulement l'Alphabet, le Pater, l'Ave Maria et le Crédo. Après l'invention de l'imprimerie ces livrets furent multipliés par le nouveau procédé et l'on s'en servait encore sous le règne de Charles-Quint. Dans une Ordonnance sur les écoles, émanée de cet Empereur, il est dit qu'il sera établi dans la ville de Leuwarde (en Frise), un imprimeur juré, qui sera tenu d'imprimer sans abbréviations les petits livres contenants les principes de la réligion et lesquels, suivant l'usage, sont mis le premier aux mains des enfants, savoir: „le petit livre ayant en tête l'alphabet"; — celui „qui enseigne la manière de bénir la table", et celui „qui apprend à dire les réponses de la messe."

Le même Souverain, dans son Ordonnance sur les livres défendus, de l'an 1546, défend aux maîtres d'école, après qu'ils auront appris aux enfants l'Alphabet, le Pater, l'Ave Maria, le Crédo, le Confiteor et les sept Pseaumes, de se servir d'autres livres que ceux qui sont indiqués dans l'Ordonnance.

Le „petit livre avec l'Alphabet en tête" nous est conservé dans l'exemplaire reproduit à la Planche 12 [115], et qui fait partie des éditions de l'école Costérienne. Un fragment du livre „qui apprend à dire les reponses de la Messe" imprimé avec les types du Spéculum, se trouve à la Bibliothèque de Bruxelles (Pl. 14 [55]). Un autre fragment d'une version néerlandaise des sept pseaumes pénitentiaux, imprimé également avec les types du Spéculum, découvert dans la couverture d'un livre à la Bibliothèque de Bruxelles, sera publié dans les Documents iconographiques et typographiques de cette Bibliothèque.

Voilà donc trois de ces livres d'école sortis des mêmes presses, conservés jusqu'à nos jours. Il n'est pas impossible que l'on retrouve aussi le quatrième, celui „qui enseigne la manière de bénir la table."

TABLES.

TABLE DES MATIÈRES.

A.

Abécédarium. Page **16** et **125**. Planche 12 [115].

Accursii (Boni) Compendium elegantiarum Laurentii Vallensis. Lovanii, Lud. Ravescot, (vers. 1488). **55**. Pl. 57 [91]^b.

Aeneæ Sylvii De duobus amantibus opusculum. Alosti, (Joh. de Westfalia cum socio suo Theod. Martini), 1473. **45**. Pl. 45 [5]^c.

—— De mulieribus pravis &c. avec les types du Saliceto. **27**. Pl. 23 [10].

—— Epistola de fortuna. Daventriæ, Jac. de Breda, 1489. **73**. Pl. 66 [114]^d.

—— Familiares epistolæ. (Lovanii, Joh. Veldener), 1477. **47**. Pl. 47 [28]^c.

—— —— Lovanii, Joh. de Westfalia, 1483. **49**. Pl. 50 [88]^b.

—— Tractatus de amore. **30**. Pl. 26 [80].

Alani (Magni ab Insulis) Doctrinale altum. Daventriæ, Jac. de Breda, (14)92. **73**. Pl. 66 [114]^c.

Albertanus van Brixien. Die konste van spreken ende van swigen. 's Hartogenbosch, (Ger. Leempt, vers 1490). **112**. Pl. 117 [46]^c.

Alexandri Galli Doctrinale, de 32 lignes, avec les types du Spéculum. **19**. Pl. 15 [43]^a.

—— —— de 32 lignes, avec les types du Spéculum. Édition différente. **19**. Pl. 15 [43]^b.

—— —— Édition différente. **19**. Pl. 16 [44]^b.

—— —— de 28 lignes, avec les types du Saliceto. **36**. Pl. 30 [8].

—— —— de 29 lignes, avec les types du Saliceto. **36**. Pl. 30 [8].

—— —— de 26 lignes. **121**. Pl. 129 [51].

—— —— (Gouda, Gotfridus de Os, vers 1486). Fragment. **76**.

—— —— Daventriæ, R. Paffroed, 1488. **71**. Pl. 64 [112]^d.

Alexander Magnus. Voir: Liber.

Alost (Alostum). **45**.

Alphabet grotesque xylographique. **11**. Pl. 8 [132]^b.

Alyaco (Petri de) Libellus sacramentalis. Lovanii, Egid. van der Heerstraten, 1487. **54**. Pl. 55 [93]^f.

André (Jean fils d'). V. Andreæ.

Andreæ (Johannes). **39**.

—— (Johannis) Tractatus super arboribus consanguinitatis. Lovanii, J. de Westfalia, 1480. **49**. Pl. 49 [87]^c.

(Andreas de Escobar), Modus confitendi. (Daventriæ, Jacobus de Breda, vers 1486). **72**. Pl. 66 [114]^a.

—— —— Zwollis, (s. n. d'impr., v. 1479). **90**. Pl. 88 [76]^a.

Angeli de Clavasio Summa angelica. Alosti, Th. Martini, 1490. **46**. Pl. 46 [6]^c.

Antonii, Archiepisc. Florentini, Tractatus de instructione seu directione simplicium confessorum. Delff, (Jacob Jacobszoen), 1482. **84**. Pl. 82 [105]^c.

Anvers (Antverpia). **96**.

Aquino. V. Thomas.

Aristotelis Liber de moribus ad Eudemium. Zwollis, Tymannus Petri Os de Breda, (v. 1500). **93**. Pl. 94 [85]^c.

—— Liber primus et secundus priorum analyticorum. (Lovanii), Conr. Braem, 1475. **51**. Pl. 52 [89]^c.

Arnoldi de Gheilhoven Gnotosolitos. Bruxellis, (Fratres vitæ communis), 1476. **60**. Pl. 62 [74]^{a,b}.

Ars moriendi. **8**. Pl. 93 [84]^b.

Audenarde (Aldenarda). **93**.

Augustini (B.) Confessionum libri. Daventriæ, R. Paffroed, 1483. **71**. Pl. 64 [112]^a.

—— De salute sive aspiratione ad Deum, etc. Alosti, (Joh. de Westfalia cum socio suo Theod. Martini, vers 1473). **45**. Pl. 45 [5]^b.

—— Libri de trinitate. Lovanii, Joh. de Westfalia, (14)95. **49**. Pl. 49 [87]^c.

—— Boec der ynniger bedinge, &c. Buten Scoenhoven in den Hem, (Chanoines réguliers du Monastère de S. Michel), 1500. **113**. Pl. 118 [102]^b.

17

B.

Back (Godefridus). **101**.
Baptistæ Mantuani De vita beata libellus. Alosti, Th. Martins, 1474. **45**. Pl. 45 [5]^e.
—— Secundæ Parthenices Opus. Swollis, (Tymannus Petri Os de Breda), 1497. **92**. Pl. 94 [85]^e.
Barbara (S.) V. Historie.
Barmentlo ou Bermentlo (Peregrinus). **94**.
Bartholomeus (de Glanvilla). Boeck van den proprieteyten der dinghen. Haerlem, J. Bellaert, 1485. **37**. Pl. 35 [51]^e.
Beets (Joh.) Commentum super decem præceptis decalogi. Lovanii, Egid. van der Heerstraten, 1486. **53**. Pl. 55 [93]^{a,b}.
Bellaert (Jacob). **37**. Pl. 34 [50], 35 [51], 36 [12].
Berghe (Adriaen van). **103**.
Bernardi Parmensis Casus longi. Lovanii, R. Loeffs de Driell, 1484. **52**. Pl. 54 [95]^e.
Bernardini (S.) De vita christiana tractatulus. (Ultrajecti, Wilh. Hees), s. a. (c. 1475). **41**. Pl. 38 [39]^a.
Bernardus (S.). Souter tot onser liever vrouwen Maria. — Sommige scone ghebeden. Antwerpen, Gher. Leeu, 1491. **99**. Pl. 102 [57]^d.
Berthorii (Petri) Reductorium morale figurarum bibliorum. Daventriæ, Rich. Paffroet, 1477. **70**. Pl. 64 [112]^e.
Bertoen (Johannes). V. Brito.
Bible in duytsche. Delf, Jacob Jacobssoen ende Mauritius Yemantszoen, 1477. **83**. Pl. 81 [104]^a.
Biblia pauperum. Planche de l'édition originale. **2**. Pl. 3 [2], 98 [65].
—— Édition différente. **3**. Pl. 4 [20].
—— Édition différente des deux précédentes. **3**. Pl. 5 [15].
Blaffert ende register van den losrenten ende lyfrenten die de stede vander Goude jaerlicx sculdich is. (Gouda, s. n. d'imprimeur, après 1489). **81**. Pl. 79 [126]^b.
Boccacii (Joh.) Liber de claris mulieribus. Lovanii, Egid. van der Heerstraten, 1487. **54**. Pl. 55 [93]^d et 56 [94].
Boec van den houte (Histoire de la Sainte Croix). Culenborch, Jan Veldener, 1483. **109**. Pl. 115 [34]^a.
Boeck. V. Tondalus.
Boethius (A. M. T. S.) De consolatione philosophiæ. (En Latin et en Flamand, avec des commentaires Flamands). Ghend, Arend de Keysere, 1485. **107**. Pl. 114 [100]$^{a-c}$ et 113 [99]^d.
—— —— (Daventriæ), Jac. de Breda, (vers 1486). **73**. Pl. 66 [114]^a.
Boexken van der missen. Gouda, Collatie-broeders, 1506. **82**. Pl. 30 [101]^e.
—— (Een suverlick) van onser liever Vrouwen croen &c. Deventer, R. Paffroet, 1492. **71**. Pl. 64 [112]^e.
Bois-le-Duc (Buscum-Ducis) **112**.

Bonaventura (S.). Boek van den vier inwendighe oefeninghen der zielen. Antwerpen, Claes Leeu, 1488. **100**. Pl. 106 [62]^e.
—— Centiloquium. Zwollis, (Joh. de Vollenhoe?) **90**. Pl. 89 [77]^a.
—— Die vier oefeninghen. Antwerpen, Adr. van Liesvelt, 1499. **102**. Pl. 109 [70]^e.
—— Sermones de tempore et de sanctis. Zwollis, (Joh. de Vollenhoe?), 1479. **90**. Pl. 89 [77]^c.
Bortoen (Johannes). V. Brito.
Bossi (Matth.) Sermo in Jesu Christi passionem. (Daventriæ, Jac. de Breda, v. 1491), **73**. Pl. 66 [114]^e.
Bottelgier (Jan). Somme rurael. Delf, (Jacob Jacobszoon), 1483. **84**. Pl. 82 [105]$^{d\ e\ i}$.
Bouteillier (Jehan). La somme rurale. Bruges, Colard Mansion, 1479. **59**. Pl. 60 [131]^c.
Braem (Conrad). **50**.
Breda (Jacobus de). **72**.
Bredensis (Jacobus). V. Breda.
Breviarium Trajectense. Goudæ, Ger. Leeu, 1479. **74**. Pl. 68 [53]^a.
—— Extra muros oppidi Scoenhovensis, (Chanoines réguliers du Monastère de S. Michel), 1495. **113**. Pl. 118 [102]^a.
—— Goudæ, in domo Fratrum collationum, 1497. **82**. Pl. 80 [101]^d.
—— Windechimense. Antwerpiæ, Ger. Leeu, 1488. **99**. Pl. 79 [126]^d.
—— Windesemense. Extra muros oppidi Scoenhovensis, (Chanoines réguliers du Monastère de S. Michel), 1499. (de 388 feuillets). **113**. Pl. 118 [102]^e.
—— Extra muros oppidi Scoenhovensis (Chanoines réguliers du Monastère de S. Michel), 1499. (de 404 feuillets). **113**. Pl. 118 [102]^c.
Brigitta (S.). Estampe néerlandaise. **14**.
Brito (Johannes). **61**.
Broeders (Collatie-). V. Fratres collationum.
Bruges (Brugæ). **57**.
Brugman (Joh.). Vita Lydwine de Sciedam. Sciedammis, (s. n. d'impr.), 1498. **114**. Pl. 119 [11]^a.
Brunonis (Henrici) aliàs de Piro Tractatus super Institutionibus. Lovanii, Egid. van der Heerstraten, (c. 1488). **54**. Pl. 55 [93]^i.
Bruxelles (Bruxellæ). **69**.

C.

Cæsaris (Arnoldus), à Audenarde, **93**, — à Gand **107**.
Canonici regulares Monasterii S. Michaëlis. **113**.
Canticum canticorum. Édition originale. **6**. Pl. 6 [109] et 91 [110].

Cato moralissimus cum commento Roberti de Euremodio. Antverpiæ, Gerardus Leeu, 1485. **99**. Pl. 102 [57]ᵃ.
—— Daventriæ, Rich. Paffroed, (v. 1491). **72**. Pl. 65 [113]ᵇ.
—— Daventriæ, R. Pafraet, 1497. **72**. Pl. 65 [113]ᵈ.
Catonis Disticha, avec les types du Spéculum. **19**. Pl. 16 [44] — avec les types du Saliceto. **36**.
—— morosi Opusculum. (Antwerpiæ, Godfr. Back, v. 1497.) **101**. Pl. 108 [69]ᵈ.
Cepollæ (Barth.) Cautelæ. Lovanii, Egid. van der Heerstraten, 1486. **54**. Pl. 55 [93]ᶜ.
—— —— Lovanii, Egid. van der Heerstraten, 1487. **54**. Pl. 55 [93]ᵈ.
Chanoines réguliers. V. Canonici regulares.
Chrysostomi (Joannis) Liber de providentia Dei. Alosti, Th. Martini, 1487. **46**. Pl. 46 [6]ᵇ.
Ciceronis (M. T.) Liber de somnio Scipionis et Paradoxa. Daventriæ, (R. Paffroed), 1489. **71**. Pl. 64 [112]ᶜ.
Clargie (Volmaecte) ende rechte konste om wel te connen leven ende salich te sterven. (Hasselt, Peregr. Barmentlo, v. 1488.) **95**. Pl. 97 [64].
Collatie-Broeders. V. Fratres collationum.
Colloquium peccatoris et crucifixi Jesu Christi. — Petrus Blesensis de beatitudine claustrali. — Dialogus sive synonima Isidori de homine et ratione. Antwerpiæ, Nic. Leeu, 1488. **100**. Pl. 106 [62]ᵈ.
Columellæ De cultura hortorum carmen. (Daventriæ), Jac. de Breda, (v. 1486). **73**. Pl. 66 [114]ᵇ.
Comestoris (Petri) Scolastica hystoria. In Trajecto inferiori, Nycolaus Ketelaer et Gher. de Leempt, 1473. **40**. Pl. 37 [38]ᵃ⁻ᵇ.
Confessionale. (Goudæ, Gotfr. de Os, vers 1486). **76**.
—— et Quinque orationes Gregorianæ. (Antwerpiæ, M. Goes, c. 1490). **97**. Pl. 101 [48]ᵈ.
Conradus de Westfalia de Paderborn. **51**.
Copie des deux grands tableaux de l'église de Terouanne, contenants la doctrine et instruction composée par Jehan Jarson (Gerson). (Bruges), Jean Brito, (v. 1480). **61**. Pl. 61 [129]ᵃ·ᵇ.
Corona mystica virginis Mariæ. Antwerpiæ, Ger. Leeu, 1492. Pl. 103 [58]ᵃ.
Coster (Laurent, fils de Jean), et ses successeurs. **15**.
Crescentiis (Petri de) Opus ruralium commodorum. Lovanii, J. de Westfalia, 1474. **49**. Pl. 49 [87]ᵃ.
Crone (Die corte doernen). Ter Goude, Collatie-broeders, (v. 1496). **82**. Pl. 80 [101]ᵃ.
Cronyke (Die alder excellenste) van Brabant. Antwerpen, Rolant van den Dorp, 1497. **104**. Pl. 111 [72] et Pl. 8 [132]ᶜ.
C. t. ou t. C, ou L. G. ou G. L. (Imprimeur au monogramme). **43**.
Culembourg (Culemburgum). **109**.

Cultificis Cultrificis, Messmaker (Engelberti) Epistola declaratoria jurium et privilegiorum fratrum ordinum mendicantium. In Novimagio, (Ger. Leempt), 1479. **89**. Pl. 87 [17]ᵃ·¹⁻².
—— Epistola de symonia vitanda. In Novimagio, (Ger. Leempt), 1479. **89**. Pl. 87 [17]ᵃ·³⁻⁴.
—— —— (Lovanii), J. de Westfalia, s. a. **90**. Pl. 87 [17]ᵇ.

D.

Delft (Delphi). **83**.
Deventer (Daventria). **70**.
Dialogi decem variorum atıctorum. (Lovanii, J. Veldener), 1473. **47**. Pl. 47 [28]¹·ᵃ·ᵇ.
——, orationes et tractatus. S. l., nom d'imprimeur et date. **120**. Pl. 127 [90].
Dialogus creaturarum moralisatus. Goudæ, Ger. Leeu, 1480. **74**. Pl. 68 [53]ᶜ.
—— Goudæ, Ger. Leeu, 1481. **74**. Pl. 70 [56].
—— Antwerpiæ, Ger. Leeu, 1486. Pl. 103 [58]ᶜ.
—— (en Hollandais). Delf, (imprimeur à la licorne), 1488. **85**. Pl. 83 [106]ᵃ.
Dieric van Munster. Spieghel der goeder kerstenen menschen. Loven, Jan van Westfalen, (s. d.). **50**. Pl. 51 [120]ᵃ.
—— Spiegel der kerstenen menschen. Buten Schoenhoven (in den Hem), (Chanoines réguliers du Monastère de S. Michel), 1498. **113**. Pl. 118 [102]ᵈ.
—— Spieghel der simpelre menschen. (Louvain? s. n. d'imprimeur, s. d.) **117**. Pl. 123 [127].
Dominicus Sabinensis. De commodis et incommodis mulierum. (Daventriæ, R. Paffroed, 1479). **71**. Pl. 64 [112]ᵇ.
Donat xylographique. **14**. Pl. 10 [16]ᵃ.
—— Édition différente. **14**. Pl. 10 [16]ᵇ.
—— typographique de 31 lignes, avec les types de l'Abécédarium. **15**. Pl. 11 [3].
—— de 28 lignes, avec les types du Spéculum. **18**. Pl. 13 [49]ᵈ.
—— de 30 lignes, avec les types du Spéculum. **18**. Pl. 14 [55]ᵇ.
—— de 24 lignes, avec les types du Pontanus. Trois éditions différentes. **29**. Pl. 24 [37] et Pl. 13 [49]ᵃ⁻ᶜ.
—— de 26 lignes, avec les types du Saliceto. **34**. Pl. 27 [21].
—— de 27 lignes, avec les types du Saliceto. Éditions différentes. **35**. Pl. 28 [67] et 29 [73].
—— de 27 lignes, d'imprimeurs inconnus. **36**, **37**. Pl. 31 [26], 32 [103] et 33 [97]ᶜ.
Dorp (Rolant van den). **104**.
Driell (Rodolphus de). V. Loeffs de Driell.
Droefheden (Van den seven) ofte weeden onser Liever Vrouwen. Delf, (imprimeur à la licorne), 1494. **85**. Pl. 83 [106]ᶠ.
Dystorie van Saladine. (En vers). Andenaerde, (Arnold de Keysere, v. 1482). **94**. Pl. 95 [98]ᵃ·ᵈ.

E.

Eckert van Hombergh (Henricus). **87**.
Éditions douteuses. **56**. Pl. 59 [130]ᵃ et 47 [28]ᵈ.
Epistelen ende ewangelien. (Utrecht, J. Veldener), 1478. **42**. Pl. 39 [29]¹ᵃ·ᵇ.
— Utrecht, J. Veldener, 1479. **42**. Pl. 39 [29]².
— Delf, (Jacob Jacobszoen), 1481. Pl. 82 [105]ᵇ.
— Leyden, (Henricus Henrici), 1483. **105**. Pl. 112 [86]ᵈ.
— Zwolle, Peter Os van Breda, 1493. **91**. Pl. 90 [82]ᵇ.
— Deventer, Jac. van Breda, 1494. **73**. Pl. 66 [114]ᶠ.
— Andwerpen, Go. Back, 1496. **101**. Pl. 107 [68]ᵈ.
Estampe symbolique, au Cabinet d'estampes à Paris. **14**.
Estampes et livres xylographiques. **1**.
Euangelien ende Epistelen vanden ghehelen jare. Delff, (Jacob Jacobszoen), 1486. **84**. Pl. 82 [105]ᶠ.
— Ter Goude, (Ger. Leeu), 1477. **74**. Pl. 67 [52]ᵉ.
Eusebii Cesariensis Ecclesiastica hystoria. (Ultrajecti, Ketelaer et de Leempt), 1474. **40**. Pl. 37 [38]²ᵃ·ᵇ.
Exercitium super Pater noster. **10**. Pl. 7 [122]ᵇ.
Expositio hymnorum. Delf, Chr. Snellaert, 1496. **86**. Pl. 84 [107]ᵈ.

F.

Fabri (Joan.) Breviarium super Codice. Lovanii, Joh. de Westfalia, (v. 1475). **49**. Pl. 49 [87]ᵈ.
Farrago. Daventriæ, (R. Paffroed), 1495. **72**. Pl. 65 [113]ᶜ.
Fasciculus. V. Rolevinck.
Formula noviciorum. Harlemi, Joh. Andreæ, 1486. **39**. Pl. 36 [12]ᵃ¹⁻².
Fratres collationum. **82**.
Fratres vitæ communis. **69**.
Frères de la vie commune. V. Fratres vitæ communis.

G.

Gambiglionibus (Angeli de) de Aretio Lectura super titulo de Actionibus Institutionum. Lovanii, (J. Veldener), 1475. **47**. Pl. 48 [27]².
Gand (Gandavum). **107**.
Garlandia (Johannis de) Cornutus et Ottonis de Lunenborch Cornutus novus. (Zwollis, P. de Os de Breda, v. 1481). **91**. Pl. 90 [82]ᵃ.
Gemma vocabulorum. Antverpiæ, Th. Martini, 1494. **102**. Pl. 46 [6]ᵈ⁻ᵉ.
Gemmula vocabulorum cum addito. Antverpiæ. Gher. Leeu, (14)86. **100**. Pl. 105 [60]ᵇ.
(Gerardi a Vliederhoven) Die vier uterste. Delff, (Jacob Jacobszoen), 1486. **84**. Pl. 82 [105]ᵈ.
— — Antwerpen, Gher. Leeu, 1488. **100**. Pl. 105 [60]ᶜ.

Gerson (Joh.) Alphabetum divini amoris. Lovanii, Joh. Veldener, (v. 1477?). **47**. Pl. 47 [28]ᵃ·ᵇ.
— — Delf, Chr. Snellaert, 1495. **86**. Pl. 84 [107]ᵇ.
Gesta Romanorum sive Recollectorium cum pluribus applicatis historiis. Hasselt, P(eregrinus) B(armentlo), 1481. **94**. Pl. 96 [63].
— V. Hystorien.
Ghedenckenisse van den VII weeden oft droefheyden onser liever Vrouwen. Antwerpen, Gher. Leeu, 1492. **99**. Pl. 103 [58]ᵇ.
Gheilhoven. V. Arnoldus.
Ghemen (Govert van). **77**.
Ghetiden (Devote) van den leven ende der passien Jesu Christi. Ter Goude, Collatie-broeders, 1496. **82**. Pl. 80 [101]ᵇ.
Ghetidenboeck. Leyden, Huych van Woorden, 1494. **106**. Pl. 112 [86]ᵍ.
Ghetidenboexken. Buten Scoenhoven, in den Hem, (Chanoines réguliers du Monastère de S. Michel), 1498. **113**. Pl. 118 [102]ᶜ.
Ghetyden (Duytsche) van onser liever Vrouwen. Antwerpen, Adr. van Liesveldt, 1495. **102**. Pl. 109 [70]ᵇ.
G L. ou L G., ou C t. ou t C. (Imprimeur au monogramme). **43**.
Glanvilla. V. Bartholomeus.
Glose (Die) oft expositie opten psalm: Miserere mei &c. — Een ander expositie opten selven psalm; — Die psalm „De profundis" metter glosen; — Leeringhe om te cryghen berouwe ende vergiffenis van sonden. Antwerpen, Gher. Leeu, 1491. **99**. Pl. 102 [57]ᶜ.
Gobius (Joh.). De spiritu Guidonis. Delff, (Jacob Jacobszoen), 1486. **87**. Pl. 82 [105]ᵉ.
Godevaert van Boloen. V. Historie.
Goes (Mathias van der). **96**.
Goetman (Lambertus). Spyeghel der Jonghers. Antwerpen, Gov. Back, (v. 1500). **101**. Pl. 108 [69]ᵇ.
Gouda. **74**.
Guidonis de Monte Rotherii Manipulus Curatorum. (s. nom d'impr. et sans date). **119**. Pl. 125 [30].
Guillermi (Alverni) Parisiensis Rhetorica divina. — Epistola Arn. Cæsaris. — Dialogus consolatorius B. Mariæ et peccatoris. Gandavi, Arn. Cæsaris, 1483. **107**. Pl. 113 [99]ᵇ.
Guilleville (G. de). Boeck van den pelgherym. Haerlem, (J. Bellaert), 1486. **38**. Pl. 35 [51]ᶜ.

H.

Haneron (Anth. de). De epistolis brevibus edendis. s. l., nom d'impr. et date. **121**. Pl. 128 [36].
— Tractatus de coloribus verborum. (Ultrajecti, Wilh. Hees, (14)75. **41**. Pl. 38 [39]¹ᵃ⁻ᵇ.

Harlem (Harlemum). **15.**
Hasselt (Hasseletum Transisalaniæ). **94.**
Heemskinderen. V. Roman.
Heerstraten (Egidius van der). **53.**
Hees (Wilhelmus). **41** et **124.**
Hem (Monastère de S. Michel au), près de Schoonhoven. V. Schoonhoven.
Henri le graveur de lettres. V. Henrick.
Henrick die lettersnider. **103.**
Henricus de Hassia. De consolatione theologie. Harlem, Joh. Andree, 1486. **39.** Pl. 36 [12]$^{b1-3}$.
Herbarius in latino cum figuris. (Culembourg, J. Veldener, v. 1484/85). **111.** Pl. 116 [35]$^{2\,et\,4}$.
Hercksen (Theodorici de) Speculum juvenum. (Zwollis, Joh. de Vollenhoe, v. 1479). **90.** Pl. 89 [77]^b.
Hermanni de Petra de Scutdorpe Sermones quinquaginta super orationem dominicam. Aldenardi, Arnoldus Cesaris ejusque sodales, 1480. **94.** Pl. 95 [98]^a.
Hermannus de Nassou. **52.**
Heynrici (Henricus). **105.**
Hieronymus (S.) Boeck. Hasselt, (Peregr. Barmentlo), 1490. **95.** Pl. 99 [66]
Historie Hertoghe Godevaerts van boloen. (Gouda, s. n. d'imprimeur, vers 1486). **79.** Pl. 76 [124] et Pl. 77 [125].
—— van den eedelen Lantsloet ende die scone Sandrijn. Ter Goude, Govert van Ghemen, (v. 1489). **77.** Pl. 78 [119].
—— van Sinte Barbara met die miraculen. Delf, (Chr. Snellaert), 1497. **86.** Pl. 84 [107]^a.
History (The) of the valiaunt Knight Jason. Andewarpe, Gerard de Leeu, 1492. **99.** Pl. 79 [126]^c.
Hombergh. V. Eckert.
Homerus. V. Saliceto.
Horarium. **16** et **125.** Pl. 12 [115].
Hostiensis. Van den seven sacramenten. Ter Goude, Ger. Leeu, 1484. **74.** Pl. 71 [54]^4.
Hugonis de Prato Florido Sermones dominicales super evangelia et epistolas. Zwollis, (Joh. de Vollenhoe?), 1480. **91.** Pl. 89 [77]^c.
—— de S. Victore Tractatus super officio missæ. Lovanii, Conr. de Westfalia, (v. 1476). **51.** Pl. 52 [89]^c.
Hugues, fils de Jean de Woerden. V. Janszoen van Woerden.
Hystorien (Die) ghetogen uten gesten ofte croniken der Romeynen. Zwolle, Peter van Os, 1484. **91.** Pl. 92 [83]^a.

I.

Imprimeur inconnu à Delft, à la marque de l'unicorne. **85.**
—— —— à Gouda, aux initiales G. D. et à la marque de l'éléphant. **78.** Pl. 74 [117], 75 [118], 76 [124], 77 [125], 78 [96], 79 [126]^c.

Imprimeur inconnu à Schiedam en 1498—1500. **114.** Pl. 119 [11] et 20 [128].
—— —— à Utrecht en 1479, G L. ou LG., ou Ct., ou t C. **43.**
—— —— à Zwolle, en 1479. **90.** Pl. 88 [76]; en 1479—80. **90.** 89 [77].
Initales xylographiques tirées des éditions de Gér. Leeu, à Anvers. **100.** Pl. 104 [59].
—— —— qui se trouvent dans des éditions de Delft. **86.** Pl. 85 [108]$^{d-e}$.
—— —— qui se trouvent dans des éditions de J. de Westfalia. **123.** Pl. 50* [133]^a.

J.

Jacob Jacobszoen. V. Meer (van der).
Jacob van Maerlant. Wapene Martijn. Antwerpen, Hendrik die lettersnider, 1496. **103.** Pl. 110 [71]^a.
—— Harau Martin. (Bruges, J. Brito, v. 1480). **67.** Pl. 61 [129]^c.
Jacobus de Breda. V. Breda.
Jacques fils de Jacques. V. Meer (van der).
Janszoen van Woerden (Hugo). **106.**
Jardin (Le) de dévotion. Brugis, Colard Mansion, (vers 1475). **58.** Pl. 60 [131]^a.
Jarson (Gerson). V. Copie.
Jason. V. History.
Jeeste (Die) van Julius Cesar. (Gouda?, s. n. d'imprimeur et sans date). **115.** Pl. 119 [11]^b.
Johannes de Paderborn in Westfalia. V. Johannes de Westfalia.
—— de Vollenhoe. (?) **90.**
—— de Westfalia Paderbornensis, à Alost. **45.** — à Louvain. **49, 123.**
—— (Episc. Hildeshem.). Historien der heiliger drie coninghen. Delf, (Jacob Jacobzoen en Mauritius Ymantszoen), 1479. **83.** Pl. 81 [104]^c.
—— Hauteselve. Van die seven vroede van Roemen. Delf, (imprimeur à la licorne, vers 1490). **88.** Pl. 85 [108]^a.
Johannis de Fabrica Compilatio super relaxatione poenarum animarum purgatorii. Gandavi, Arnoldus Cæsaris, (v. 1484/85). **107.** Pl. 113 [99]^c.
—— de Lapide Resolutorium dubiorum. Antwerpiæ, Godfr. Back, 1495. **101.** Pl. 107 [68]^a.
—— de Sancto Geminiano (Helwici Teutonici) Disputatio Christi et latronis. — Acc. Dialogus consolatorius Mariæ et peccatoris. (Antwerpiæ, M. Goes, v. 1486/87). **97.** Pl. 100 [47]^c et Pl. 101 [48]^c.
—— Junioris Scala celi. Lovanii, Joh. de Westfalia, 1485. **49.** Pl. 50 [88]^b.
Justiniani Institutionum libri IV. Lovanii, Joh. de Westfalia, 1475. **49.** Pl. 49 [87]^c.

K.

Katherinen (S.) Legende. Antwerpen, Gov. Bac, (v. 1496). **101**. Pl. 108 [69]ᵃ.
Kers (Cornelis). **105**.
Kesler (Nicolas). **104**.
Ketelaer (Nicolas). **40**.
Keysere (Arend de). V. Cæsaris.
Komst van Keyser Frederyck te Trier. (En vers) (Gouda?, s. n. d'impr., sans date). **115**. Pl. 119 [11]ᶜ.
Kruidboek in dyetsche. (Culembourg, Joh. Veldener), 1484. **111**. Pl. 116 [35]¹ᵉᵗ².
Kuere (Die) van Zeelandt. (Antwerpen, Godfr. Back, c. 1497). **101**. Pl. 108 [69]ᶜ.

L.

La Marche (Olivier de). Le Chevalier délibéré. (Gouda, sans nom d'imprimeur, après 1483). **78**. Pl. 74 [117] et Pl. 75 [118].
—— —— Schiedam, (s. n., v. 1500). **114**. Pl. 120 [128].
Landriucht (Freeska). (S. l., nom d'imprim. et date). **118**. Pl. 124 [18].
Lanfranci Cirurgia parva (en Flamand). Loven, Coenraert Brame, (14)81, **51**. Pl. 59 [130]ᵇ.
Lantsloet. V. Historie.
Laurent fils de Jean. V. Coster.
(Laurentii, Ord. præd.) Summe le Roy. Delf (Jacob Jacobssoen ende Mauritius Yemantszoen), 1478, **83**. Pl. 81 [104]ᶠ.
Leempt (Gérard) à Nimègue. **89**. — à Bois-le-Duc. **112**.
—— (Gérard de). **40**.
Leeu (Gérard) à Gouda. **74**. — à Anvers. **99**.
—— (Nicolas). **100**.
Legenda S. Annæ. Lovanii, Joh. de Westfalia, (14)96. **49**. Pl. 50 [88]ᵃ¹⁻⁴.
—— Sanctorum Henrici et Kunegundis. Bruxellis, Fratres communis vitæ, 1484. **70**. Pl. 62 [74]ᵉ et Pl. 63 [75].
Leide (Lugdunum Batavorum). **105**.
Letanie (Die gulden) van der passien ons heere Jhesu Christi. Antwerpen, Adr. van Liesvelt, (14)94. **102**. Pl. 109 [70]ᵃ.
Lettersnider. V. Henrick.
Leven (Dat) O. L. Vrouwen. Leyden, Hugo Janssoen van Woerden, 1500. **106**. Pl. 112 [86]ᶠ.
—— ons lief Heren Jhesu Christi. Delf, Heynr. Eckert van Hombergh, 1498. **87**. Pl. 85 [108]ᵃ.
—— (Van dat) ons Heren Jesu Christi. Buten Schoenhoven in den Hem, (Chanoines réguliers du Monastère de S. Michel). 1499. **113**. Pl. 118 [102]ᵍ.

Leven van Liedwi van Sciedam. Gouda, Collatie-broeders, 1496. **82**. Pl. 80 [101]ᵃ.
L. G. ou G. L., ou O. t. ou t. C. (Imprimeur au monogramme). **43**.
Liber (Alexandri magni) de preliis. (Ultraj., Ketelaer et de Leempt, v. 1473). **120**. Pl. 126 [78]ᵇ.
—— —— (S. l., nom d'impr. et date). **120**. Pl. 126 [78]ᵃ.
—— de vita religiosorum sive libellus de doctrina religiosorum (metrice). In Buscoducis, (Ger. Leempt, v. 1490). **112**. Pl. 117 [46]ᵇ.
Liden (Dat) ende die passie Jhesu Christi. Ter Goude, (Ger. Leeu), 1477. **74**. Pl. 67 [52]ᵃ.
—— Ter Goude, Ger. Leeu, 1482. **75**. Pl. 71 [54]ᵃ.
—— Haerlem, (J. Bellaert), 1483. **37**. Pl. 34 [50]ᵃ,ᵇ.
—— Antwerpen, Mathys van der Goes, 1484. **97**. Pl. 100 [47]ᵇ.
Liedwi van Sciedam. V. Leven.
Liesveldt ou Liesvelt (Adrien de). **102**.
Livre liturgique (pour apprendre les répons de la Messe), avec les types du Spéculum. **18, 125**. Pl. 14 [55]ᵃ.
Livres imprimés avec des types mobiles. **15**.
—— sans indication de lieu, sans nom d'imprimeur et sans date, mais attribués à des presses néerlandaises. **120**.
—— sans indication de lieu, sans nom d'imprimeur et sans date, mais sortis de presses néerlandaises, inconnues jusqu'ici. **116**.
—— xylographiques. **1**.
Loeffs (Rodolphus) de Driel. **52**.
Louvain (Lovanium). **47**.
(Ludolphus de Saxonia). Boeck van den leven ons heeren Jesu Christi. Antwerpen, Gher. Leeu, 1487. **100**. Pl. 106 [62]ᵇ.
—— Antwerpen, Claes Leeu, 1488. **100**. Pl. 106 [62]ᶜ.
Lyden v. Liden.

M.

Maerlant (Jac. de). V. Jacob van Maerlant.
Mandaville (Jan van). Reysen int heilighe lant. (S. l., n. d'imprim. et date). **116**. Pl. 121 [4].
Mansion (Colard). **57**.
Marques typographiques dont Gér. Leeu s'est servi pendant son séjour à Anvers. **100**. Pl. 105 [60].
Martens ou Martin, ou Martini, ou Martins (Thierry) à Alost, **45**. — à Louvain, **56**. — à Anvers, **101**.
Mattheus van Cracovien. Boexken daer men in leren mach salichlic te sterven ende eewelick te leven. Antwerpen, (Adr. van Berghe), 1500, in den grooten gulden mortier aen die marct. **103**. Pl. 110 [71]ᵇ.

Mauberne (Joh.). Rosetum exercitiorum spiritualium. (Zwollis, P. de Os de Breda), 1494. **91**. Pl. 91 [110]. **125**. Pl. 50* [133]°.
Maurice fils d'Yemant. V. Mauritius.
Mauritius Yemantszoen de Middelbourg. **83**.
Mayronis (Franciscus de). Flores Augustini, extracti ex libris de civitate Dei. (Lovanii, J. Veldener, v. 1473). **47**. Pl. 47 [28]°.
Meer (Jacob Jacobszoen van der). **83**.
Messe (La) de S. Grégoire. Planche xylographique, (1455—1471). **13**. Pl. 9 [32].
Methodus (Utriusque juris). (Lovanii), Egid. van der Heerstraten, 1488. **54**. Pl. 55 [93]°.
Michaelis de Hungaria Sermones. Daventriæ, (R. Paffroed), 1491. **71**. Pl. 64 [112]°.
Michiel (Pieter). Doctrinael des tijts. Haerlem, (J. Bellaert), 1486. **38**. Pl. 35 [51]°.
Milis (Joh.) Repertorium. Lovanii, J. de Westfalia, 1475. **49**. Pl. 49 [87]°.
Minnenbrief (Den gheestelycken) die Jhesus Cristus seyndet tot synder bruyt der minnender zielen. Delf, (imprimeur à la licorne), 1491. **85**. Pl. 83 [106]°.
Missale secundum plenarium Ordinarium Ecclesiæ Trajectensis. Delf, Chr. Snellaert, (vers 1497). **86**. Pl. 84 [107]°.
Modus confitendi. V. Andreas.
Modus legendi abbreviaturas. Lovanii, Egid. van der Heerstraten, 1488. **54**. Pl. 55 [93]°.

N.

Nimègue (Noviomagum). **89**.

O.

Oefeninghe van den leven ons heren Jesu Christi. Leyden, Hugo Janssoen van Woerden, 1498. **106**. Pl. 112 [86]°.
——— der passien ende van den lidenons heren Jesu Christi. Buten Soenhoven (Chanoines réguliers du Monastère de S. Michel), 1497. **113**. Pl. 118 [102]°.
Opusculum quintupertitum grammaticale. Goudæ, Gotfridus de Os, 1486. **76**. Pl. 72 [111].
Os (Gotfridus de). **75**.
Os (Petrus de) de Breda. **91**. **125**. Pl. 50* [133]°.
Os (Tymannus Petri de) de Breda. **92**.
Otten van Passau. Boeck des gulden throens. Utrecht, 1480. **44**. Pl. 42 [40], 43 [41], 44 [42]¹ᵃ⁻ᵉ.
Ovide. Métamorphoses. Bruges, Colart Mansion, 1484. **59**. Pl. 60 [131]°.

P.

Paffroet (Richardus) de Cologne. **70**.
Pamphilus. De amore. (Utrecht, W. Hees, v. 1475). **125**. Pl. 50* [133]°.

Passie (Die) ende dat liden ons heren Jhesu Christi, mitten figuren. Hasselt, (Peregr. Barmentlo), 1488. **95**. Pl. 98 [65].
Passionael. V. Voragine (de).
P. B. Voir: Barmentlo.
Perotti (Nic.) Institutio grammaticalis. Lovanii, Hermannus de Nassou et Radulphus Driel, (v. 1483). **52**. Pl. 54 [95]°.
Petrarcha (Fr.). De salibus virorum illustrium. **29**. Pl. 25 [23].
——— Teghen die strael der minnen. (S. l., nom d'imprimeur et date). **118**. Pl. 33 [97]°.
Petri Alphonsi Hispani Summa experimentorum. Antw., Th. Martini, 1476 (1497). **102**. Pl. 46 [6]°.
——— Textus summularum. In Alosto, Joh. de Westfalia cum socio suo Theod. Martini, 1474. **45**. Pl. 45 [5]°.
——— de Rivo Opus responsivum. Lovanii, Lud. de Ravescot, (1488). **55**. Pl. 57 [91]°. et Pl. 58 [92]ᵃ·ᵇ.
Petrus de Breda. V. Os.
Piro (de). V. Bruno.
Pius II. V. Aeneas Sylvius.
Pomerium spirituale. (1440). **9**. Pl. 7 [122]°.
Pontani (Ludovici) de Roma Singularia in causis criminalibus. **26**. Pl. 23 [9].
Porphyrii Institutiones. — Aristotelis Categoriæ et de interpretatione liber. Lovanii, Conr. Braem, 1475. **51**. Pl. 52 [89]°.
Probæ Falconiæ Centones Virgilii. Antwerpiæ, Gher. Leonis, 1489. **99**. Pl. 102 [57]°.
Proverbia seriosa theutonico-latina. In Buscoducis, Gher. Leempt de Novimagio, (14)87. **112**. Pl. 117 [46]°.
Psalterium Davidis. Acc. B. Augustinus. De laude et virtute psalmorum. Zwollis, Petrus de Os, 1480. **91**. Pl. 90 [82]°.
——— Gandavi, Arn. Cæsaris, 1484. **107**. Pl. 113 [99]°.
——— Virginis Mariæ devotis meditabilibus exornatum. (Zwollis, P. Os de Breda, v. 1488). **91**. Pl. 90 [82]°.

R.

Ravescot (Ludovicus de). **55**.
(Reineri Alemanni) Liber faceti docens mores hominum. (Zwollis, Tymannus Petri de Os de Breda, v. 1500.) **93**. Pl. 94 [85]°.
Reliure exécutée par Jean Veldener, à Louvain. **122**. Pl. 130 [33].
Rikel (Dionysius de Leewis aliàs). De particulari judicio Dei. Delf, (imprimeur à la licorne), 1491. **87**. Pl. 83 [106]°.
——— De quatuor novissimis. Audenarde, (Arnoldus de Keysere, v. 1482). **94**. Pl. 95 [98]ᵇ¹⁻², et 113 [99]°.

Rikel (Dionysius de Leewis aliàs). Quatuor novissima. (Delf, Jacob Jacobszoen), 1486, **97**. Pl. 101 [48]¹.
—— —— Delf, (Jacob Jacobszoen), 1487. **87**, **97**. Pl. 82 [105]ᵃ.
—— Speculum conversionis peccatorum. Alosti (Joh. de Westfalia cum socio suo Theod. Martini), 1473. **45**. Pl. 45 [5]ᵃ.
Robertus van Coelen. Die costelike scat der geesteliker ryckdoem. Zutphen, Thiman Petersoen Os van Breda, 1518. **93**. Pl. 94 [85]ᵈ.
Rolevinck (Werneri) Fasciculus temporum. Lovanii, Joh. Veldener, 1476. **47**. Pl. 47 [28]².
—— —— (en Hollandais). Utrecht, J. Veldener, 1480. Exemplaire avec la dédicace à Jean de Montfoert. **42**. Pl. 8 [132]⁴ ¹.
—— —— Exemplaire avec la dédicace à Loeff Ketelaer. **42**. Pl. 8 [132]⁴ ².
Roman der vier Heemskinderen. (Gouda, v. 1489). **81**. Pl. 79 [126]ᵃ.

S.

Sacramenten. V. Hostiensis.
Saladine. V. Dystorie.
Saliceti (Nic.) Anthidotarius animæ. Delf, Chr. Snellaert, 1495. **86**. Pl. 84 [107]ᶜ.
Saliceto (Gulielmi de) Tractatus de salute corporis. — Homeri Ilias (s. l., nom d'impr. et date.) **30**. Pl. 26 [79].
—— —— Antwerpiæ, Godfr. Back, (v. 1495). **101**. Pl. 107 [68]ᵇ.
Schiedam (Sciedamum). **114**.
Schoonhoven (Schoonhovia). **113**.
Scoti (Michaelis) Physiognomia. — Aristotelis Secreta. Lovanii, (s. n. d'imprimeur), 1484. **56**. Pl. 59 [130]ᵃ.
Sensati Sermones. Goudæ, Ger. Leeu, 1482. **75**. Pl. 71 [54]ᵃ.
Sermones quatuor novissimorum. Antverpiæ, Mathias Goes, (14)87. **97**. Pl. 101 [48]ᵇ.
Sielentroest (der). Tsente mertensdyck (St. Maartensdijk), P. Werrecoren, 1478. **88**. Pl. 86 [116].
—— Utrecht, G. L., L. G., t. C. ou C. t., 1479, 7 Mey. **43**. Pl. 41 [45]ᵃ et Pl. 44 [42]².
—— Utrecht, 1479, 10 Nov. **43**. Pl. 44 [42]ᵇ.
—— Zwolle, Peter van Os, 1485. **92**. Pl. 93 [84]ᵃ, Pl. 92 [83]ᵇ.
Sint-Maartensdijk (Agger S. Martini). **88**.
Sixti, Papæ IV, Litteræ indulgentiarum. (Goudæ, Ger. Leeu,) 1480. **74**. Pl. 69 [22].
—— —— Goudæ, (s. n. d'imprimeur, mais, d'après les types, par le même artiste qui a imprimé l'Histoire de Godefroid de Bouillon), 1486. **81**. Pl. 78 [96] et 76 [124].
Snellaert (Christianus). **86**.

Souter (Die duytsche). Delf, (Jacob Jacobszoen), 1480. **84**. Pl. 82 [105]ᶜ.
Speculum christiani. Londini, Will. de Machlinia, (v. 1493). **69**. Pl. 61 [129]ᵈ.
—— humanæ salvationis. Édition latine à une fonte. **20**. Pl. 17 [19] et **22**. Pl. 21 [25].
—— —— Édition avec vingt pages xylographiques. **22**. Pl. 20 [14] et Pl. 21 [25].
Spieghel (Die) der volcomenheyt. — Die expositie des heylighen dienst der missen. — Die bereydinghe om salichlic dat heylige sacrament — te ontfanghen. Delf, (imprimeur à l'unicorne), 1490. **85**. Pl. 83 [106]ᶜ.
—— ofte een reghel der kersten gheloove. Antwerpen, Mathys van der Goes, 1482. **97**. Pl. 100 [47]ᶜ.
—— onser behoudenisse. Édition à une fonte. **24**. Pl. 22 [1].
—— —— Édition à deux fontes. **21**. Pl. 18 [7] et Pl. 19 [31].
—— —— Culenburgh, Johan Veldener, 1483. (Édition de 29 Chapitres). **109**. Pl. 115 [34]¹.
—— —— (Édition de 32 Chapitres). **109**. Pl. 115 [34]².
Statuta synodalia Leodiensia. Lovanii, Rod. de Driel, (v. 1484). **53**. Pl. 54 [95]ᵈ.
Stella clericorum. Daventriæ, (R. Paffroed), 1490. Pl. 65 [113]ᵃ.
—— (Antwerpiæ), Godfr. Back, v. 1498). **101**. Pl. 108 [69]ᵃ.
Sterfboeck (Dat) of die conste van sterven. Zwolle, Peter van Os, 1488. **92**. Pl. 92 [83]ᵈ et 93 [84]ᵇ.
Swolle (Swolla). **90**.

T.

t. C. ou C. t., ou L. G. ou G. L. (Imprimeur au monogramme). **43**.
Temptationes Dæmonis. **11**. Pl. 8 [132]ᵃ.
Theobaldi Phisiologus de naturis duodecim animalium. Delf, Chr. Snellaert, 1495. **86**. Pl. 84 [107]ᵃ.
Theramo (Jacobi de) Consolatio peccatorum. (Lovanii, Joh. Veldener, 1474). **47**. Pl. 48 [27]¹.
—— Lis Christi et Belial. Goudæ, Ger. Leeu, 1481. **75**. Pl. 71 [54]ᵇ.
—— Der sondaren troest. Haerlem, (J. Bellaert), 1484. **38**. Pl. 34 [50] et 35 [51].
Thomæ de Aquino Tractatus de humanitate Christi. Leydis, Henricus Henrici, 1484. **105**. Pl. 112 [86]ᵇ.
Tibulli, Propertii et Ovidii flores. (Daventriæ), R. Pafraet, 1500. Pl. 64 [112]ᵇ.
Tondalus vysioen (Boeck van). 's Hartogenbosch, (G. Leempt), 1484. **112**. Pl. 59 [130]ᶜ.
Tractatulus contra fastidiosos sacerdotes. Lovanii, Th. (Martens) Alostensis, (v. 1500). **56**. Pl. 51 [120]ᵇ.
Traittié de paix et de mariage (fait à Arras en 1482). Gand, Arnoul de Keysere, 1483. **107**. Pl. 113 [99]ᵇ.

U.

Utrecht (Ultrajectum). **40**.

V.

Vallæ (Laur.) Facetiæ morales. **29**. Pl. 25 [23].
—— Opus de vero bono. Lovanii, (Rod. Loeffs de Driel), 1483. **52**. Pl. 54 [95]ᵇ.
Veldener ou Veldenar (Johannes). à Utrecht. **42**. — à Louvain. **47, 122**. — à Culembourg. **109**.
Vierge (La) tenant l'enfant Jésus. Planche xylographique du Cabinet d'Estampes de Berlin. **1**. Pl. 1 [13].
—— Avec la date de 1418. Biblioth. Royale de Bruxelles. **3**. Pl. 2 [121].
Virgilii (P.) Opera. Lovanii, J. de Westfalia, 1475—76. **123**. Pl. 50* [133]ᵃ.
Viruli (Caroli) Epistolares formulæ. Lovanii, Conr. de Westfalia, (14)76. **51**. Pl. 53 [123].
—— Zwollis, P. de Breda, (v. 1480). **91**. Pl. 90 [82]ᵈ.
Vocabularius *Ex quo*. (Lat.-theutonicus). Zwollis, 1479. **90**. Pl. 88 [76]ᵇ.
Vollenhoe (Johannes)? V. Johannes.
Voragine (Jacobus de). Passionael winter-ende somerstuc. Ter Goude, Ger. Leeu, 1478. **74**. Pl. 68 [53]ᵃ.
—— —— Ter Goude, Ger. Leeu, 1480. **74**. Pl. 68 [53]ᵇ.
—— —— Delf, (imprimeur à la licorne), 1489. **85**. Pl. 83 [106]ᵇ.
—— —— winterstuck. Zwolle, Peter van Os, 1490. **92**. Pl. 92 [83]ᶜ.

Voragine (Jacobus de). Passionael winter-ende somerstuck. Delf, Heynric Eckert van Homberch, 1499—1500. **87**. Pl. 85 [108]ᵇ.

W.

Wech (Die) der syelen salicheyt. (S. l., nom d'impr. et date). **116**. Pl. 122 [81].
—— (Utrecht, v. 1479). **43**. Pl. 41 [45]ᵇ.
—— Utrecht, 1480. **43**. Pl. 41 [45]ᶜ.
Werrecoren (Pierre). **88**.
Westfalia de Paderborn (Conr. de). V. Conradus de Westfalia.
—— (Johannes de). V. Johannes de Westfalia.
Woerden (H. J. van). V. Janszoen.
Woerden (Seer minnelyke) die ons lief Heere Jhesus hadde met sijn ghebenedide moeder Maria. Leiden, Corn. Kers, 1494. **105**. Pl. 112 [86]ᶜ.
—— —— (Anvers), Rolant van den Dorpe, (v. 1497). **104**. Pl. 8 [132]ᶜ.

Y.

Yemantszoen de Middelbourg (Maur.) V. Mauritius.

Z.

Zielen-troest. V. Sielentroest.
Zwolle. V. Swolle.

TABLE
DE
CLASSEMENT DES PLANCHES.

Les chiffres de la première colonne désignent les numéros suivant lesquels ont paru les Planches.
Les chiffres de la seconde colonne indiquent l'ordre méthodique des Planches adopté dans le texte.
Les Planches 9—10 et 79—80 sont des Planches doubles.

13	1	9—10	23	5	45	114	66	76	88	71	110
121	2	37	24	6	46	52	67	77	89	72	111
2	3	23	25	28	47	53	68	82	90	86	112
20	4	79—80	26	27	48	22	69	110	91	99	113
15	5	21	27	87	49	56	70	83	92	100	114
109	6	67	28	88	50	54	71	84	93	34	115
122	7	73	29	133	50*	111	72	85	94	35	116
132	8	8	30	120	51	119	73	98	95	46	117
32	9	26	31	89	52	117	74	63	96	102	118
16	10	103	32	123	53	118	75	64	97	11	119
3	11	97	33	95	54	124	76	65	98	128	120
115	12	50	34	93	55	125	77	66	99	4	121
49	13	51	35	94	56	96	78	47	100	81	122
55	14	12	36	91	57	126	79	48	101	127	123
43	15	38	37	92	58	101	80	57	102	18	124
44	16	39	38	130	59	104	81	58	103	30	125
19	17	29	39	131	60	105	82	59	104	78	126
7	18	24	40	129	61	106	83	60	105	90	127
31	19	45	41	74	62	107	84	62	106	36	128
14	20	40	42	75	63	108	85	68	107	61	129
25	21	41	43	112	64	116	86	69	108	33	130
1	22	42	44	113	65	17	87	70	109		

PLANCHES.

Biblia pauperum.

Biblia pauperum.

Canticum Canticorum.

109. A la Bibliothèque communale de Harlem.

a A la Bibliothèque Royale de Bruxelles.
b A la Bibliothèque Impériale de Paris.

*Deux éditions différentes d'un Donat xylographique
d'un imprimeur inconnu.*

a) Folio 10 verso de l'exemplaire complet, qui se trouve à la Bibliothèque de l'Athénée de Deventer.
b) Fragment du même feuillet, Catalogus B.R.H. Edelt xylogr. C.

Fragmens d'un Donat imprimé avec les types de l'Abecedarium.

Abecedarium.

A a b c d e f g h
i k l m n o p q r s
t u x y z ʒ ɔ̃ ƥ
      ater noster
qui es in ce
lis Sancti
ficetur nomen tuum
Adueniat regnum tu
um Fiat voluntas

tua sicut in celo et
in terra Panem no
strum cotidianum da
nobis hodie Et di
mitte nobis debita
nostra Sicut et nos
dimittimus debitori
bus nostris Et ne
nos inducas i temp

corpus meum in vita
eterna Amen in ma
nus tuas c̄mē̄do spi
ritū, meū redemisti
me dñe veritatis
Amen os tuū ple
bit benedicat virgo
maria custodiat
nos Deo gracias

De salus mundi
verbum patris
hostia sacra vera vi
na caro deitas integ
verus homo
Opus est san
guis dñi nost-
tri ihesu cristi custo
diat animā meā in

Credo i deū pa
trem omnipo
tentē creatorē celi &
terre Et in ihesum
cristum filium eius
vnicum dominū nos-
trū Qui conceptus
est de spiritu sancto
natus ex maria vir

gine Passus sub pon
tio Pylato crucifixus
mortuus & sepultus
Descendit ad inferna
tertia die resurrexit
a mortuis Ascendit
ad celos sedet ad dex
terā dei patris omni
potentis Inde ven

turus est iudicare vi
uos et mortuos
Credo in spiritū
sanctū Sanctā eccle
siā catholicā sanc-
torum cōmunionē re
missionē peccatorū
carnis resurrexionē
Et vitā eternā Ami?

tacionem Sed libera
nos a malo Amen
Ve maria gra
tia plena domi-
nus tecum Benedic
ta tu in mulieribus
et benedictus fruc
tus ventris tui ihe-
sus cristus Amen

À la Bibliothèque de Mr J. Enschede, à Harlem.

Trois éditions différentes d'un Donat de 24 lignes et Fragment d'un Donat de 28 lignes.

49.

a & c) Catalogue B. R. H. N° 11 & 576. b) Dans la possession de M. Frederic Muller à Amsterdam. d) Catalogue B. R. H. N° 2.

Fragmens d'un livre liturgique et Fragment d'un Donat de 30 lignes

Deux éditions différentes du Doctrinale d'Alex. Gallus.

Catonis Disticha, et Fragment d'un Doctrinale.

Speculum humanae Salvationis

Première édition latine selon Koning

Semey maledixit dauid · Rex amon dehonestauit nūcios dauid

Quo plesche vnus nulle z duo figaret dni milia
filij ge deo voluit ideo xpm ee ita
Et quo ois aggregatio vni solū xpm cepisset
nisi des ipm in ptate viam tradidisset
hec āt illusio q xpo i conatione e illata
Oli fuit in apeme gnubia regis pfiguata
Apeme cona regale de capite eius accepit
Et capiti sui in pticia regis ipsius iposuit
Jn synagō xpm cōna.i. hore debito spoliauit
Et ipm corona spinea i suī gneliū conauit
Apeme regi alaphas palmis dedit i maxillā
Qd libet rex sustines nō indignabat qd illā
ita ex celi sustinuit a iudeis alapas z colaphas
Et tn nō ostndit idignatione aliq qn eos
Rex ille garbmā suam a peme in tm amauit
q ola ab ipa sibi p ludo illata patēr posuit
Xpo synagoga ikto plus amare pphatur
A qua tā magna cū tāta pana pacebatur
Tale pacedā xpi oli rex dauid pfiguauit
q ab sug semei tātā mola tā pacēr tollerauit
Semei piecit sup dauid lapides ligna z lutu
sic synagoga iecit i xpm palmas spias z sputi
Semei daud viz sāgue z viz baleal vocauit
Synagoga xpm seductore malesici apellauit

Tercij regū ijº capłō

abysay voluitq semey occidisse sz dauid phibuit
Angeli occidisset deisores xpi sz ipe nō pmisit
Xpo ei veit i mūdū p pctis nris morte pati
Ut reconciliaret nos p suū sanguine deo pri
Nō ideo veit i mūdū ut aliqs interficeret
Sz ut pace z qcordiā int deū z hoiem gneret
Ipse aut a iudeis nō e paciter tractatus
Qui tantis derhonoribz ab eis ihonoratus
q apl ipm oli pfignauerūt nucij e gis dauid
Quos amon rex āmoitatū tā turpit dehostauit
Dauid nulle nūcios amon ad pace restaurandū
sz vestes iz pscidit usq ad nates z media vba
sic deus filiū suū ad pace fedū i mūdū destinuit
q synagō nudus vestibz barba ipius madauit
Xpo veit pace int deū z hoiem restaurare
q mūta qnq milia anoy nulle potuit e fonte
Gētiles reformatōe pacis effudit sanguine
Judei glueuerūt effuntere aquinem
Xpo effudit tā aquā q sanguinem
Vt eo firmius sermēte illā q ipe sedit pace
Gētiles kūdit sāgne aial mei aqua fluis
Sz xpo effudit sāguine z aquā aperij lateis
O bone ihū doce nos pace hāc seruare
Vt teal mēanū i eterna pace semp habitare

Sedō regū iijº capłō

Speculum humanae Salvationis (en Hollandais)
Seconde édition selon Koning.

Semey maledixit dauid — Rex amon dehonestauit nūcios dauid

Semey vmaledide dauid vūgete op hē steen an sīre wanghē wele die conick liede hem te ghe haer met onweerde Eñ alſo heeft die conic ð hemelē ſlaghē gheleē vāer ioden Eñ nochtās en heef hi tegēs hem ghen onwaer dicheit ghewent. Die conick mīnde apennē ſi vriedinē ſ alſo veel dat hi alledinē lijdſaē lic vā haer vōwech als ſpul. Eñ werē beweſen dat xps die ioedſcap wel meer mīnent vā welken hi ſo grof lijdſaemheit leet Al ſulke lijdſaēheit heeft wile eer ghegueeert dauid die conick die vanden bolen ſemey quaet lijd ſaemlick verdroech. Semey werp teghē hem ſteen hout ende ſpuwe. Die ioedſcap werp in xpm hantſlaghē doorn eñ ſpuwe. Semey hiet dauid een bloetgier mā te weſen. Die ioedſcap hiet xpm een verleyder Abyſap woude ſemey doot gheſleghē hebbē, mer dauid die benāmt die enghels ſoude die beſpotters doot gheſlegē hebbē, mer hi en ghegenghede des niet. Xps is ghecommē om onſe wille te doot te liden, op hi ons wed mochs bloenē bi sīn bloede god sīnt vader hi en is inder werelt niet gewomē om ge grzam doot te ſlaē, mer om dat maken ſoude vrede tuſſchē god eñ den meſchen. Xpc

Die vrede ewighen hoer xō caī

Die conick amon onteerde dauids bote eñ iſ niet vredelic vonden ioden goantieers die mit ſo veel ſpottinghe van hem is ongeeert waer om wileneer voer ghegueeert hebbē die boē dauid die dauid der amonth coninck wilen eer leliker onteerde. Dauid die ſeynde ſijn bodetog den conick die vrede te veſtighē welker boē dedere hier of dede ſniden tot an hore einde eñ hallef līnen baert. Alſo ſeynde god om vrede te makē, welke die ioedſcap na ect makete vā dedere beſpogē līne baert Xps is ghecommē te vrede te veſtighē tuſſchē god eñ den meſche. welke vrede binnevīfe duſentē ia ren niemāt make en mochte. die heydenē ſto ten bloet ind vmakīghe des vrede. Eñ die ſo te plaghē te ſtortē wat. Xps ſtortede ſo wel water als bloet op dat wi alſo te vaſter hou dēn ſelle die vrede. die hi ghemaect heeft. Die beyde ſtortē bloet. die iode water. Mer xps ſtortede bloet ende water ſijnre eyghentē lide

O goede iheſu leer. ons deſe vrede te hou den. op dat wi mits di verdienen moghen re wonen in die ewighe vrede. Amen

Speculum humanae Salvationis (en Hollandais
Seconde édition selon Koning.

Exitus ione de ventre ceti.   Lapis reprobatus sctū ē in caput āguli.

Jonas ghinc vte walvisch na iij daghē
ernachtē Des sōnedaghs des middernachts
die helle ghebroken ofte verdoruē is hi tot sī
nē lichaem ghegaet Cristus hooft sijn verrise
nis in ionam ghefigureert dat hi drie daghē
whils inde buuc des walvischs Jonas was
inde scepe dat ants de storm ward geworpē dat
he wool dieth de alle de ghene die daer in was
Doe seyde den scipper darmen hem inder zee
werpt soude ende so soude cessen die storm
en vresen En doe si hi der in geworpē indē
ter stont so verstand hi een walvisch En na
drien dagh wart hi en weder levendich op
ter aerd wt sinen mond wyder sorchliker
zee so wort dese werls krekhent In welke
dit mensch leet sorghe des ewighen doots
Cristus liet sich willichlic inden enen doden op
dat die mensche verlost moecht worden van
der ewigher doot God while hi onghequets
ende verweret si na drien dight vander doot
Dese voortertelde verrisenis ons kyuders
was voor kreikkel bidē steen dien die metse
laers verworpē in salomōs tit doe die tempel
ons hil   oit ghetimmert Tghevtel dat een
wonderlich steen ghewondē wort En die met
selaers en vouht daer toe ghet lequat kabs

Jonas in sin tweede capittel

dit is die verworpē steen
die besochet si dierwijl mit grote arbeit an
tē he hy was alte lanc of alte dick of alte
roid of te smale water van die masclaers
daer vā onwaerdich wo rinch wesende hē
verworpen ende hieet hē mit namen den
verworpen steen Doe die tempel volmaect
was ende die slot steen ghelect soude worth
die in hē twas muren besluit souden Ende
gheen steen ghewonde en wort diemen tot
dier stede voeghen mocht op welken die
metselaren niet ghenoech en mochten ver
wonderen Ten lesten leyd si daer toe den ver
worpen steen ende wonden hem seer bequam
daer toe voerden slot steen Ende tot so gro
ten mirakel ver stricket si alle Ende seid
bi hen was groots toe coninnē kwesen te
warden Xpristus was in sijne passien die
verworpen steen Ende is ghemaect die slot
steen in sijne verrisenisse Doe is vervolt
die prophecie des groten profeets Ende in
dese tymmeringhe heeft hij sijn bluet ghe
bruyct voer moertel Ende voer den steen
sijn alre heylicste lichaem O yhesu laet ons
also leven dat wy in dinen tempel moghen
bliuen   A   M   E   N

psalmo clv Act xij mathēi xxij

Speculum humanae Salvationis
Seconde édition latine selon Koning.

Speculum humanae Salvationis.

1.re Édition selon Koning. Texte en caractères mobiles.   *2.e Édition selon Koning. Texte xylographique.*

Catalogus B. R. H. N.º 561.   *Catalogus B. R. H. N.º 560.*

Speculum humanae Salvationis (en Hollandais)
Première édition selon Koning.

Semey maledijt david   Rex amon dehonestavit nucios david

Semey bitualt dāt david rūpte op hē steē en mijne wāgr wele die connick lidende hem te gr haet niet ōweerde Ēn also heeft die conick v hemelen slagē gelede vāt joden. Ende nochtās en hoeft hi tegēs hem gheen onwaerdicheit getoent. Die conincminede apemen sij vriendinē j also veel dat hi alle dincliidsaem hi van haer vdroech als saul Ēn werd bewesen dat gods die joedscap wil meer minede nā welken hi so grof lijdsaemheit teet al sulke lijdsacheit heeft wilt eer grisig wrect david die conick die vaer boten semey quaet lijdametick verdroech. Semei werp tegr hem stē hout ende spuwe. Die ioedscap werp in zīm hant slage doorn ende spuwe. Semeij hiet david een bloetgier man te wesen Die joedscap hiet zīm een verleider Abisai woude semey do ot gheslegē hebben. Mer david die benamt die engelen soude die bespatters doot gheslegē hebbē. mer hi en ne hengde des niet. Cristus is gecomē om onse wille te doot te laen op dat hi ons wed mocht vsoenē bi sīne bloede god sīne vader. hi en is inter werclt niet gecomen om iemēt doot te slaen. mer om dat maken sou de vrede tusschen god ende den mēscrē Cristus

Die derde coninge boec nᵒ cāp̄

Die coninck amon ontecrde davids bode en is niet vreelic vanden ioden geantwert Die mit so veel spottingr van hem is angheert naer om wilen eer voer ghesprocē t hebben die bode david. die david die a coninck coninck wilen eer telkker onteerde David die seinde sij bode tot ten coninc die vrede te vestinggh̄ welker bode deserven hier of te de sinde tot an hoeren eynde eenre half sinen baert. seldo seinde god om vrede te mak̄ welke die ioedscap nā eet maked van de werlt bespog sin baert Chs is gecomē te vrede te vestighē tusscē god ende den mēsche welke vrede binnē wijf dusent iaren memē maken en mocht. Die heidē storten bloet mā omakige des vreden. Ēn die so d plaghen te storen wat Chs stortede so vuel water als bloet op dat hui also te naseer hou den tsellen die vrede die hi ghemaect heeft. die heide storte bloet Die ioede water sīder cristus stortede bloet ende water sīne ēcrē siden. P goede j hesu leer ons dese vrede te hoūden op dat wi mits al ver dienen mogen te wuonē in die ewinge vrede A M E N

Die vijfste conī tre boec mᵒ capittulo

Feuillet 45 recto d'un Livre contenant
Ludovici (Pontani) de Roma Singularia Juris, et Pii II Tractatus et Epitaphia
d'un imprimeur inconnu, vers l'an 1470.

non presupoit presuptni si cotrariu proban pr. er
ppterea no dicit. sic volo sic iubeo vt sup. sed dicit
sic credo nisi cotrariu appareat. Et h ē una nobilis
dna inter presupcoēz iuris tm. er presupcoēz iuris
er de iure. Alia dna ē qy due psuppioēs iuris faciut
vnam plenā pboēz no. glo ff. de exar. tu. l. ij. er spe-
tu. de proba. ʃ. ij. v̄. j. Sz una sola psumpcio iuris er
de iure facit plenā proboēz vt onsium est supra e. ti-
particlā tercia per to. Sz tn̄ adūte qy presupcio
ista iuris z de iure que hz tm plene probōms in cā
cuili nō sufficit ad plenā proboēz i cā crīali. vt no-
doc. in c. afferte er ino. in c. qy visimile e. ti. vbi dicit
qy qn̄ ex presupcōibz procedt multum debet iudex
tempare sntāz. er maxime nō qdēpnter nisi in re er
modice. Nam presupcio dā. c. afferte sufficēs erat
ad sniandū in cā ciuili vt redderur infans. sed non
vt pnūciaretur super criē ad effectū pene mortis
iponēde. ad quod iustissime eam qdēpnada si legitiē
fuisset probati contra eam qy infantem alterius
subripuisz. no. zabarel. d. c. afferte. Et ppter hoc
vidi qy presupcio illa de solo cū sola de qua in c. lris
. e. ti. que hz vt plene pbōms i cā ciuili. s. sepacōis
mrōnij nō sufficit in causa crīali ad qdēpnandū de
adltero vel stupro. sec? qn̄ ē presūpcio reccia ex psē
approbata a iure etā qad crīalez cāz. qy illa sola sufficit. vt i casu ante. si qs ei nup allegata. Explicit

A la Bibliothèque de M.ʳ J. Enschedé à Harlem.

Feuillet 45 verso d'un Livre contenant:
Ludovici (Pontani) de Roma Singularia Juris, et Pii II Tractatus et Epitaphia.

Pij secundi pontificis maximi: re militibz prauis
est eax pmissolu stipnatozz sugiso glosiso ad no
bilem viru karolu apacti Tractats incipit felr.
Descripcio iudicij paridis Caplm pmū.
Tres dee ad paridem.
Res sūme ecce det forma sit quelz efferat
Hoc in dissidio volus paris arbiter esto
Cui pomu teneris titulum simul ipse refero
Venus ad paridem.
Plectra sonora, soci, plausus, lasciua voluptas
Hec mea, si reliquis me preferes, ipsa puellam
Pro mercede dabo qua non formosior ulla
Juno eidem.
Sceptroru sublimis honor, fasces; eremūdi
Diuidere mei iuris, te iudice palmam
Si tulerim, regno per me dominabere summo
Pallas eidem.
Que celum que terra tenet si pontus ea vibis
Legibus astringo certis, nil me sine rerum
Te si me sequeris, non abstrahet inuius error
Judicium paridis.
Grata michi tua forma venus, tua munera grata
Plus alijs michi mente sedes, certamis ecce
Pignus habe victrix auri sperabile malum
Poeta.
Hac in lite triplex hoim mellita poetis
Depingit studii, quoru datur opimo ueris
Falluntur tamē optando plerique sequacres
Uulgus habz multos, honor est lapis paucos
Descripcio lasciui amoris Caplm scdm.
Uidimus effigiem lasciui nuper amoris
Que nimiū mente mouit ymago meam
Nec barbā malis, nec corpore tegme habebat
Nudus terga manus pectora crura pedes

A la Bibliothèque de Mr J. Enschede, à Harlem.

Deux éditions différentes d'un Donat de 24 lignes

Trois pages du Livre Laur. Valla Facetia morales &c.
d'un imprimeur inconnu avant l'an 1470

Feuillet 13 recto d'un livre contenant G. de Saliceto Tractatus de salute corporis, J. de Turrecremata Tractatus de salute animae, Pii II Papae Tractatus de amore, etc. etc.

credidi secreta latere. Cum ea nec in sese lusa versa vidz. Sic est huius amans. sic se. sic oia nescit. Consilii famam federa iura deos. Aurea q̃ tumo torquebat spicula cornu. Pungere corda teneris significatur amor. Q̃d leuius? volucres humeris suspenderat alas. Causa e. huc illuc quoqz leuis errat amans. Vel q̃ amor cursum nõ semp seruat. cuius. Nunc abiit. et paruas post reditū mox moras. Digerat. et pressis obmutuit orsa labellis. Effudi tales proinus ore sonos. Quam vidi effigiem pharetrã gestabat z arcū. Fax tamen in dextra non fuit ulla sua. Sed qui veterū fingere poemata vatū. Quos ego quid temere comedrasse putem. Dic quare. nã reus ferur gestare cupido. Da precor armatas cur habet igne manus. Quesita verbis responses nulla duobz. Sic leuiter causam reddidit vris amor. Accipe lasciui queam sit amoris ymago. Karole cypriam gloria magna soli. Vel leuis misera caueas dūi noris amorē. Et redeas ad te dū mea metra leges. **PROSA.**

Non nisi se igitur ut est apud lactancium quidam poeta triūphū cupidis scribēs nõmo potētissim̃ deoꝝ cupidinē sed eã victorē facit. Enumeratus em̃ moribz singloꝝ quibus in prātem cupidis diuosqz venissent. instruxit pompã in qua inpr̃ tū ceteris diis ast arcū triūphātis ducat cathenas? Elegāter id quidem a poeta figuratū. sed rn̄ nõ multū distans a vero. Qui em̃ v̄nius est expers. qui cupiditate ac libidibus vincat malis. nõ cupidini ut ille fingit. sed moriū subiectꝰ ẽ sempiterne. Stultus aũt marcꝰ tullius inquit lactācius qui gnavo verri adulteria obicat. Eadē em̃ iupiter que volebat admisit. Cui p. clodio sororis fretū. Ut illi optū maximo eadē fuit z soror z coniunx. Quis est ergo tã ex vris qui huic regnare in celo putet. qui ne in terra quidē debuit. Aspice ꝗz phōs vite mgr̃os. moresqz eoꝝ z vitã diligenter inquire. et inuenies paucis exceptis iratidos cupidos libidinosos arrogates pteruos. et sub obtentu capiē̃ sua vicia palliātes. nī comitacrāt. ea que in scolis arguissent. Necnior fortasse accusādi gnā. Põne ipsm̃ tulliꝰ fateꝛ z serit in hij vba. **TULLIUS.**

Quotꝰ quisqz phōꝛ inuenitur qui sit ita moratꝰ ita aio et vita instituitur ut rõ postulat. qui disciplinã nõ ostētadonē

Feuillet 13 verso d'un livre contenant G. de Saliceto Tractatus de salute corporis; J. de Turrecremata Tractatus de salute animae; Pii II Papae Tractatus de amore, etc. etc.

tiē. Iz legē vite putetī. qui obtēperet ipse sibi ꝯ
secretis pareat suis. Vidē licet alios petuī e in
picos. alios glorie. mltos libidinū seruos. vt tū
eorū vita mirabilē pugnet orō. hec ōiero. Qua
de re ꝟcati sunt cōplures. hi vero magis qui se
qusr in venerē igꝫ libidinosos ꝯ molles ymmo ī
brutales vēris indigꝫ amatores talē exclamat.

PRVDENCIVS.

Ha venꝰ ad nutū trahis ōnia numiā celi
Atra moues. aliosꝫ rotas errore planetas
Accendis gelidū sub fratris lampade phebem
Tu fera. tu ceca. cei tu ianua leti
Corpora cōmaculas. aīas in tartara mergis
Abde caput tristi iam teruida pestis abysso
Occide prostibulū. manes pete. claude auerno
Inꝫ tenebrosum vorris detrudere fundum

ARCHITRENIVS.

Combussti frigid. pastorem. pgama. grecos
A veneris surgens famulis. amor. ignis. et ira
Canduit alchides veneris nestigꝫ fauilla
Hoc sale sal hoīm salomon insulsus amari
Demeruit. more qui amaro gestit amori

IVVENALIS.

Sūt q̄ vicia ōbis sǖnt iuadūt. ꝯ de ūtute locuti
Clunem agitant. ego te seuenē sexte verebor
Infamis varillus ait. quo deterior te
Loripedem rectus derideat. ethiopem alb?

LACTANCIVS.

Igitur' qui doenū tm̄ nec facūt ipsis preceptis
suis detrahūt pondus. Quis ení obtemperet tū
ipsi preceptores doceant nō obtempare. Bonum
est autem recta ac honesta precipere. sed nisi et
facias mendacium est. Ea est incongruens atꝫ
ineptū nō in pectore h̄. in labijs h̄re bonitatē.

Catalogus B. R. H. N.º 512.

Feuillet 1 verso d'un Donat de 26 lignes

integris ut suburbanus ex duobus corruptis ut efficax
municeps ex integro est corrupto ut inepons insulsus ex
corrupto et integro ut nugigerulus aliqñ ex ṗ pluribus
ut in expugnabilis imperterritus. Casus noim quot sunt
sex qui nrs grs des acs ut̄s ablat̄s Per hos eni casus
oim gener noia pnoia pprīa declinantur hoc m̃
tō ḣ magister gt̄o huiꝰ magistri dt̄o huic magistro
acc̄ō huc magr̄m vō o magr̄ ablat̄o ab hoc magr̄o apl̄r
n̄o hii mgri gt̄o hor magror dt̄is hiis mgris acc̄ō hos
tō hec magros vō o magr̄m ablat̄o ab hiis magris
musa genīo huius muse dt̄o huic muse acc̄ō hanc mu
sam vō o muse ablat̄o ab hac musa apl̄r n̄o hee muse
gt̄o harum musarum dt̄o hiis musis acc̄ō has musas vō o
tō ḣ scāpnū gt̄o huius muse ablat̄o ab hiis musis
scāpni dt̄o huic scāpno acc̄ō hoc scāpnū vō o scā
pnū ablat̄o ab hoc scāpno apl̄r nō hec scāpna gt̄o horum
scāpnorum dt̄o huis scāpnis acc̄ō hec scāpna vō o scāpna
tō hic est hec sacerdos gt̄o ablat̄o ab hiis scāpnis
huius sacerdotis dt̄o huic sacerdoti acc̄ō huc ꝫ hāc
sacerdote vō o sacerdos ablat̄o ab hoc est ab hac sacerdote
ut sacerdoti apl̄r nō hii ꝫ hee sacerdotes gt̄o hor et har
sacerdotum dt̄o hiis sacerdotibus acc̄ō hos et has sacer
dotes vō o sacerdotes ablat̄o ab hiis sacerdotibus
tō hic ꝫ her ꝫ hoc felix gt̄o huiꝰ felicis dt̄o huic felici
acc̄ō huc ꝫ hāc felice ꝫ hoc felix vō o felix ablat̄o ab ħ et
ab hac ꝫ ab hoc felice ut felici apl̄r nō hii ꝫ hee felices et

Catalogus. B. R. H. No 4.

Fragmens de Donats de 27 lignes.

lectoru hax lectax hox loru dto hijs lns aco hos lous
has lcas hec lca vto o lecti lce lca ablato ab hijs lectis
Legendꝰ pncipiu venies a dbo passiuo ꝛ pis futuri
nru singlais figure simplicis casus uti q̃n declinabit
ut. t̃ ꝗ legendꝰ hec legẽm ꝙ legendũ gto huiꝰ legẽdi
legende legẽdi dto huic legẽto legẽte legẽto aco hũc legẽ
dũ hãc legentẽ ꝗ legendũ vto o legente legenta legendũ
ablato ab hoc legẽto ab hac legenda ab ꝗ legẽto ꝓplr nrũ
hij legẽdi hec legẽte ꝗ legẽta gto hox legendux hox legẽ
dax hox legendox dto hijs legẽdis aco hos legẽdos has
legẽas hec legẽdo vto o legrndi legẽte legena ablato ab
Oniũctio qd ꝑ ps oronis annectẽs o hijs legẽdis
ordinã iẽ ꝛcẽtiax Coniũctioni qd accidũt tria ꝗ po
testas figura ꝛ orto Portestas coniuctionũ qt spẽs habẽ
quiꝙ hs copulatiuas disiũctiuas expletiuas causales ꝛ
rationales Da copulatiuas vt ut et ꝗ at atꝙ ac aut Da
disiunctiuas vt ã ue f ne nec an neꝙ Da expletiuãs vt
quidē equidem tal sc videlicet ꝙ ꝗuis quoꝙ autē porro
licet et veruptauī sinautē sinaliter Da cāta les vt ū
eti eniãti liquidē q̃a q̃sq̃uidē qui q̃ideā ꝗtrus sin sen
siue nē nam nãꝙ ni nisi viselī ne sed imrta qñobrm
ꝙ rerum itē itaꝙ ceteri alioquin sterea Da rationales vt
ita itaꝙ enim etenī enimvero quia qua ꝓpter q̃m q̃mqui
te quippe nempe ergo ideo igitur saluet videlicet ꝓpte
rea idaeo figure coiũctionū quot sunt due que sim
plex vt nã copasita vt usꝙ orto Coniuctionis in quo
est quia aut spositiue coniuctiones sunt vt at ac att

Erbū quid est ps oronis tũ ꝑe ꝛ ꝑsona sine casu
a agere aliquid a pati a neutꝛ significans Verbo

Erbū quid est ps oronis tũ ꝑe ꝛ ꝑsona sine casu
a agere aliquid a pati a neutrū significans Verbo

a ¹²) Catalogus B.R.H. N.° 565. b) Ibid. N.° 568.

Fragmens de Donats de 27 lignes.

[Facsimile of early printed Donatus fragment, text in black-letter Latin, largely illegible in reproduction. Begins:] ...acci a vñ quod declinabitur sic... tō hic & hec & hoc legēs gтō huius legētis dтō huic legēti... [continues with paradigms for *legens*, *lector*, *lectus*, *legendus*].

[Lower fragment a):] ...aut mutat aut minuit. Prepositiōi quot accidūt vnū quid talus tm̄ Quot talus duo qui das & ablat's Da Positōes talus acci vt ad apud ante aduersum cis citra

[Lower fragment b):] Prepositiōi quot accidunt vnū talus duo qui acc̄s & ablat's Da... ad apud añ aduersum cis circa

1-2) *Catalogus B. R. H. N°. 567.* b) *Ibid. N°. 369.*

Fragmens d'Alexandri Galli (de Villa Dei) Doctrinale, in 4.

Edition de 29 lignes.
Catalogus B. R. H. N°. 571.

Edition de 28 lignes.
Catalogus B. R. H. N°. 570.

Feuillet II d'un Donat de 27 lignes.

a)

[facsimile of Donatus fragment, recto]

b)

[facsimile of lower fragment]

a) *Catalogus B. R. H. Nᵒ 556.*
b) *Fragment du même Donat conservé à l'Hôtel de ville à Harlem et dont un fac-simile se trouve dans Meerman Origines typographicae, planche II.*

Feuillet 10 verso d'un Donat de 27 lignes.

a) A la Bibliothèque du Couvent des Chanoines réguliers de Ste Croix à Uden (Brabant Septentrional).

b) Catalogus B. R. H. No 365.

Fragment d'un Donat de 27 lignes. Première page d'une édition d'un imprimeur inconnu.

Teghen die strael der minnen

Ier beghint een nyewe ghenoeghelike hystorie ēn is een remediū teghē die berozinghe des vleysche ēn clothe wisen raet teghē die strael der minnē Ēn want een goetwillich mēsche sonder liefte niet wesen en mach so sal een pegheli̇c hier nt leren die minne godes afteruolghen die welke tot alle kersten mēschen zeer ouerleken ēn berneide is Als Salamō spreect in cāticis int vijfte capittel Amore languio · dat is te segghē Ic ben bieck vā lieften Ēn het sijn die woerdē xpī godes ēn mensche begherēde der mēsche salicheit liefte ende reinicheit Och spreet meester Robert° de licio · of die verblin de sondarē wilden ouerdencke mit wat herteli̇cke mune die alder goedertierēste god haer mit mune ombetraghter ū sold̄ sond verreeke hem haelte mit alle naersticheit wackerliken te comē tot hare gheminde lief· akwerpē de alle vleischelike liefte ēn laste der sondē wanen sud werelt nyemant vinden mach noch vad̄ noch moeder noch suster noch broe

a i

Editions de Jacob Bellaert à Harlem

a) Hier beghint dat lijden ende die passie ons heeren ihū xpi. eñ die tekenē ende die miraculē die hij dede nae dien dat hij ghecruyst was alsoe als die vier euangelisten bescreuen hebben Eñ iosep van aromathia ende nycodemus getuyghet hebbert. ghelikerwijs als sij seluer ghesien hebben ende ghehoort.

Ier beghinnet alsoe als die ioden in haren rade vergaderdē om ihesum te doden of sine lerighe weder te staen want hi leerde contrarie haren wercken om dat hij bekennede haer werckē ende haer leuen ende dat si anders leefden dan si leerden Noch tan hilden si der ouder vaders iere van buyten, ende niet van binnen. Ende hier om was dat iheſſ sephe. Ten si dat v werckē oueruloedigher sijn dan die scriben ende die pharizeēghij en moght niet in comen int rijck der hemelen Ende die princen der papen hoerden dit mode eñ si sonden hem iūsijn woorden te vanghen hadden si ghenoghen Eñ het gheschiede dat een boecrtijt der ioden quā hander wijnghe des tempels. niet dit en was die eerste wijnghe niet noch die ander. mer die derde. ende dit was in die wijnter Mer die eerste wijnghe dat salomon die tempel miede. dat was den tienden dach van september. Ende daer nae werd die tempel ghebroken

aij

b) Dit bouck is voleyndet tot haerlem in hollāt Anno M CCCC ende lxxxiij. den tiēdēdach in decēbri.

a) à la Bibliothèque de Mr. J. Enschedé à Harlem. c) Catalogus B. R. H. N. 17.

Éditions de Jacob Bellaert à Harlem.

a) ¶ Hier eyndet dat boeck welck ghe-
hieten is bartholomeus vanden proprieteyten der dinghen inden iaer ons
heren M.CCCC.eñ lxxxv. opt heylighen kersauent. Ende is ghepriūt en
de oeck mede voleyndt te haerlem in
hollant ter eren godes ende om lerin
ghe der menschen van mi Meester JA
COP BELLAERT gheborē van ze-
rixzee.

b) Dit bouc is voleyndt tot haerlem in hollant
Anno M.CCCC.lxxxiiij. opten xv. dach in
Februario   P H

d) Dit boec is volendt tot haerlem in hollāt int iaer
ons heren dusent vierhondert ses eñ tachtich op
ten vier eñ twintichsten dach in Julio

51. a) Catalogus B.R.H. Nº 18. b) Ibid. Nº 17. c) Ibid. Nº 21. d) Ibid. Nº 20.

Editions de Johannes Andreae, de Harlem.

a) Presens opusculū formula nouicioȝ de exterioris hois cōpoficione ītuiȝ tū: non tā nouicijs religionis humane ꝗ ꝙbuscūꝗ nouicijs seu imperfectis tocius religionis ꝑpianc suo mō deseruit Decȝ eniōnes. disciplinatos morib? et decoratos oirtutib? fieri: quoȝ vtiꝗ disciplina hic tradit

Est ītem opusculū hoc. introductiuū ad libellum qui intitulatur profect? religiosoȝ: vbi de interioris hois cōpoficione seu refornacione agitur: opis illius auctore teste in suo prohemio Nam et idem auctor illius et huius opusculi extitit: qui etsi in vtriusꝗ ꝓlogo sese parum doctū sublimiaꝗȝ nesciente humilitatis cā ꝑfiteatur, non tñ eo minoris auctoritatis et vtilitatis ea que tradit fore dinoscuntur

a) Formula nouiciorum de exterioris hominis compoficione Feliciter incipit

Esideraſti a me cariſſime vt aliquid ſcriberem tibi ad edificacionem.ex quo abñs tum a te. ſicut aliqñ presens tibi ore vicere ſolebam qñ nouina tio tui magiſter erā deputatus Et qȝ promiſi tibi hec facere. volo

a) Explicit formula nouicioȝ de exterioris hominis cōpoficione Per me. Johannem andree. In hrlm. Anno dñi M°. cccc° lxxxvi° prima die march

b) Doniā ſcm̄ apoſtolū ḡcūqȝ ſcripta ſunt ad nr̄ā doctrinā ſcripta ſunt.vt ꝑ cōſolacionem ſcripturaȝ ſpē habeam? qua ſcȝ ſpe gaudentes in tribulacione ob quorūcūqȝ eiuṡ occaſione a ſpēali gaudio i dño ꝑtinuando mini

b) Incipit tractatus prim? cōtinet conſolaciones ſuper carencia mundane felicitatis et ꝓſpitatis ac fortune nec nō ſup̄ felicitate et aduerſitate et in fortunijs et ſuper huius incolatus ꝓlongacōe. Conſolacio ſuper carencia mundane felicitatis

Rimo ergo vt de hijs que opponūtur mūdane feliciari nō turberis ſed pocj? gaudeas, ſtude vt ieñis oculis ꝑmagine xp̄i reuerēdā inſpicias. in qua multū diſcē et ꝑficere poteris qȝ nobiliſſimi illi? exēplaris xp̄i ſcȝ

b) Expliciunt tr̄tat? de cōſolacioib? theologie impreſſos i harlē ꝑ me Johannem ādree āno dñi. 1486 ipa die 21 menſis maij

b) Sequit tabula libri de ꝓſolacione theologie mḡri henrici de haſſia ſacre theologie ꝓfeſſoris eximij. Qui ex fonte ſacre ſcripture

a 1) 2) 3) Dans la possession de M. Cohn (Asher & Co) à Berlin.
b) 2) 3) 4) 5) Catalogus B. R. H. N° 577

Editions de N. Ketelaer et G. de Leempt à Utrecht

1ᵒ) Scolastica hystoria super nouum testamentum cū additionibꝰ atq̃ incidentijs Incipit feliciꝰ.

¶ De conceptione precursoris. Titulus primꝰ.

Fuit autem in diebus herodis regis Iudee effluxis annis regni eius .xxx. sacerdos quidam nomine zacharias de vice abya. et vxor eius aaronica nomine elizabeth Etenim dauid ampliare volens cultum domini .xxiiij. instituit summos sacerdotes quoꝝ vnus tantū maior erat qui dicebatur princeps sacerdotum. Statuit aūt. xvi. viros de eliasar. et. viij. de ythamar et secūm sortes dedit cuiq̃ ebdomadam vicis sue. Abyas aūt habuit octauā ebdomadā. de cuius genere zacharias cum in die propiciationis incēsum poneret. dixit ei āgelus nasciturū sibi filiū de vxore. Qui consiberans sterilitate vxoris et vtriusq̃ senectutē nō credidit. et ob hoc obmutuit vsq̃ i diē partus. Nomen q̃ pueri et magnificentia cū abstinētia ei ibicauit. Cōcepit aūt elizabeth. et occultabat se mēsibꝰ .v.

1ᵒᵇ) Scolastica hystoria sup̃ nouū testamentū cum additionibꝰ atq̃ incidentijs. explicit feliciꝰ. Impressa i traiecto inferiori per magistros Nycolaum ketelaer et Gherardū de Leempt. M̃. cccc°. lxxiiij°.

(1ᵃᵇ) *Catalogus B.R.H. N° 578*

2ᵃ) Eusebij cesariensis episcopi ecclesiastica hystoria per rufinum virū eloquētissimū de greco in latinū traducta Incipit feliciter.

¶ Prologus.

Peritorum dicunt esse medicorum, vbi iminere vrbibus vel regionibus generales viderint morbos prouidere aliquod medicamenti vel pocuti genus: quo premuniti homines ab imineti defendant ericio. Quod tu q̃ venerande pater chromati medicine exequens genua. tēpore quo disruptis ytalie claustris alarico duce gothorū pestifer se morbꝰ infudit: et agros. armenta. viros. longe lateq̃ vastauit populis tibi a deo cōmissis feralis erich aliqꝰ remediū queres per quod egre mentes ab ingruentis mali cōtagione subtracte melioribus occupate studijo tenerent: iniungis michi vt ecclesiasticam hystoriam quā vir eruditissimus eusebius cesariensis greco sermone conscripserat in latinū cōuerterem: cuiꝰ lectione animus audientiū vinctus. dum noticia rerum gestarū auibus petit: obliuionē quodāmodo maloꝝ que gererentur acciperet.

2ᵃᵇ) Eusebij cesariensis episcopi ecclesiastica hystoria per rufinū virū eloquētissimū de greco in latinū traducta. explicit feliciꝰ. M̃ cccc°. lxxiiij°.

(2ᵃᵇ) *Catalogus B.R.H. N° 41*

Editions de W. Hees (à Utrecht) 1475

¶ Eruditissimi in primis ac Reuerendi viri dñi et mgri anthonij haneron de coloribꝰ verboꝝ sentenciarumqꝫ cū figuris gramaticalibꝰ tractatus Incipit feliciter

Ramaticales figure velut augustinus perhibet ab scripturarum ītelligēciam permultū conferunt quia vel in ꝓꝓrijs verbis fiūt vel intransflaticijs. Et certum est ex huiuscemodi

¶ Sanctissimi prīs bernardini ordinis minorū de vita xpiana tractatulus in tres excellētissimos sermones diuisus Incipit feliciter

Obrie et iuste et pie viuam9 ī h seculo expectātes beatam spē et aduentū glorie magni dei Ad titū secūdo qꝫ Cristiana vita de q ad presens tractaturi sum9 lex est eterna tpa

reuitas ē cū multa facta verbis paucissīs efferūtur vt solum dicatur qd factū est non autē quēadmodū gestū est referatur. Exēplū, vt xpūs nat9 est. adorat9. baptizat9. tēptatus. collegit discipulos. docuit. sanauit. passus est. mortu9 est. resurrexte. apparuit discipulis. ascēdit. q Hic color in gramatica oliope me non appellatur

emonstratio ē cū res vti gesta ē narratē vt psone animi psonarū verba gest9 motus. cause. loca. tpa. occasiones. spacia. modi. facultas. absolute patefīāt. Et per hūc colorem euangeliste passionē xpi egregie demonstrarūt Et in demonstratione vite cui9qꝫ sci vel alterius apud omnes historiographos celeberrime practicatur.

¶ Explicit tractatus egregij viri domini et magistri anthonij haneron de coloribus verboꝝ et sentenciarum cum figuris gramaticalibus.

Finitū p manus vuilhelmi hees anno lxxv

1ᵃᵇ) A la Bibliothèque de Wolfenbüttel
2) Catalogus B.R.H. N° 23

39.

Editions de Jean Veldener à Utrecht, 1478 - 1481.

1°) Hier beghinnen alle die epistelen ende ewangelien metten sermonen van den gheheelen jaer die een na den anderen volgheride: ende oec mede die prophecien ghenomen wt der bibelen volmakelijc ende ghewoentelijck ouer gheset wt den latine in goeden duytsche. ghelikerwijs alsmen houdende is inder heiligher kercken ÷

1°) Dit is volmaect int jaer ons heren dusent vierhondert eñ lxxviij. den vierden dach in Nouember ÷

÷ Deo gracias ÷ God sije ghelooft ÷

2°) Dit is volmaect t'vtrecht bi mi jan veldener int jaer M.cccc eñ lxxix den xxx dach vā julio

4°) Die boeck is gheprent in die goede stade van vtrecht bi mi jan veldener

4°) Dit is volmaect bi mi jan veldener int jaer ons heren M.CCCC eñ lxxxxi op sinte victoers auōt.

1° et 3°) Catalogus B. R. H. N° 48. 2°) Ibidem N° 50. 3°) Ibidem N° 51.

4° et 3°) A la Bibliothèque publique de la Ville de Harlem.

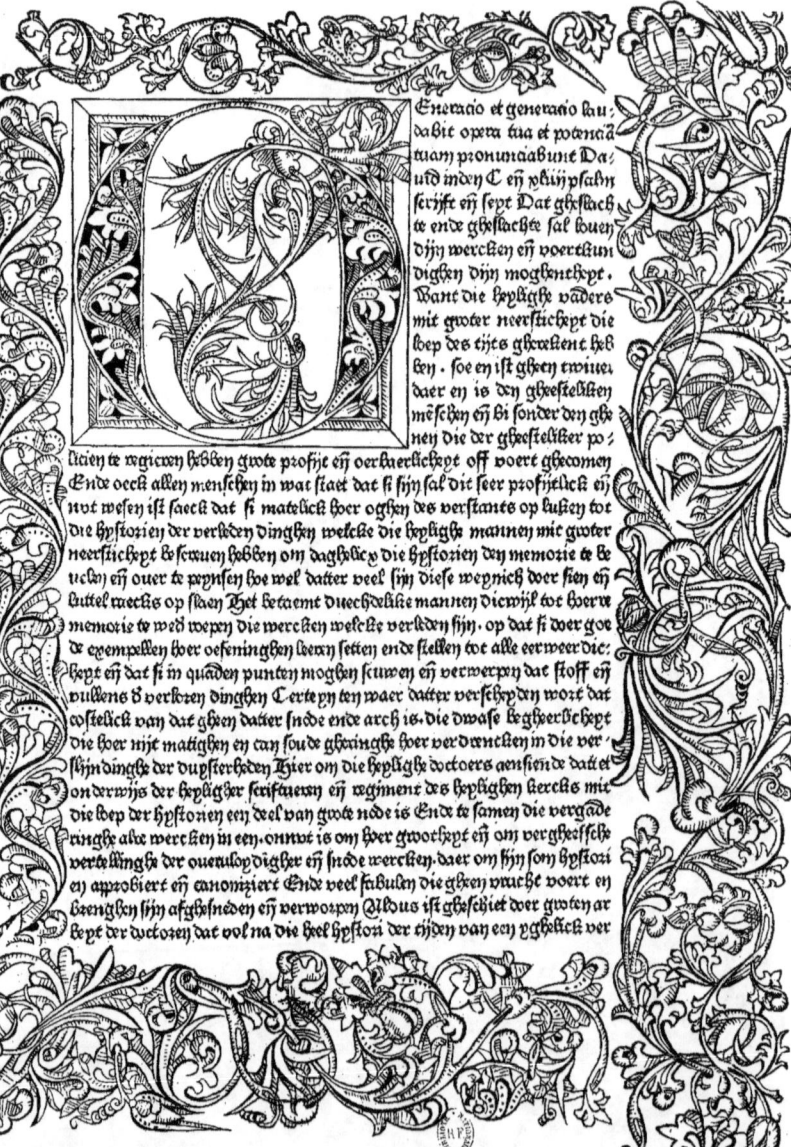

Editions de Gerard Leempt (?) à Utrecht. 1479-80.

Dwelcke eynde hy mit doghen en mitter bitter doot tallen goeden mensche behoert an gode sinen ghebenedijden vader verdient en ghewonnen heeft. Ghelijc datmi mercken mach uit woerte der ewangelien daer bescreuen staet aldus. Des menschen soen quã in eertrike soeken ende behouden maken dat vergaet was. dats te segghen ende te verstaen aldus. ten welche die vergaet ende verloren was mits ten sunden dien quã des menschen soen dats die behouder. Jhesus cristus soekt mitte weghe vã duechden die hy beleeft en leert behoudt maket mitter verdiente van doghen. ende mitte prise van sinre bitter doot die hy sonder sijn sculd voer des mensche sunden verdroech ende smaecte. te welcke eynde also die wijse man beschrijft. alleen die gheen ghe roepen sijn vã gode die dat begheerende sijn. En om datme niet comen en mach ten eynde vaten weghe sonder byden weghe Ed om datmen te desen salighen eynte te desen blijscap vã hemelrike dat god selue is niet comen en mach mit enighen andere weghe dã die ghebenedijste gods soen die behouter. Jhesus cristus? selue daer toe comt is dats mitte weghe der waerheit die hy gheleert heeft en van doghen dat hy verdraghen heeft en vã duechde die hy beleeft heeft. So selle wij nu int eynde vã desen boeckijn gode bidden dat hy ons sinre heiligher duech en biter beter sinre weerder moeder marie gratie gheue dit eindete vã desen ewighen blijscap dat hy selue is so te begheren en ten wech die hi selue also voerseit is daer toe bewijst heeft also dan in dit boeckijn eens deels gheleert staet te gaen dat wi te desen salighe eynde moeten ghetake. Dies moet ons god gunnen die vater die soe die heilighe gheest amen Nu bit voer den priester die dit boeckijn maecte en heeft ghetoghe uten latijn. Jnt duutsce ter leringhen van sinpelen mensche uut minnen der welcker siele moet gode onsaghelic sijn en verlene dat hemelsche leuen

AMEN

a) Catalogus B. R. H. N° 52. b) Ibidem. N° 53. c) Ibidem. N° 531.

Dit boeck heet die wech der sielen salicheyt ente is gheprent en ghedruckt in die stat van utrecht
Jnt jaer ons heren. M. CCCC en. lxxx. op sunte ponsiaens auont ten dertigten dach januarius.

Bider gratien ons heren ihesu cristi soe is dit boeck volmaket en gheprent in die stat van utrecht. Jnt jaer ons heren M. CCCC lxxix. den seuenten dach in mey.

Deo gracias

Figures tirées d'un livre, imprimé à Utrecht, en 1480.

Catalogue B. R. H. N° 46.

Figures tirées d'un livre imprimé à Utrecht, en 1480.

Catalogus B. R. H. N° 46.

*Figures tirées d'un livre, imprimé à Utrecht, en 1480
et marques typographiques de l'imprimeur.*

  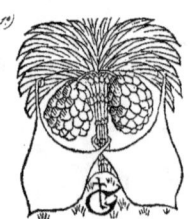

1e) Catalogue B. R. H. N° 45.   2) Ibid. N° 42.   3) A la Bibliothèque de l'Hôtel d'Aremberg, à Bruxelles.

Editions de Thierry Martens à Alost.
1473 - 1474.

a) Speculum cõuersionis peccatoz̃ magistri ṽponisii de leuuuis alias rikel ordinis Cartusiensis.:

Dnuertere ad dominũ deũ tuũ quo niã corruisti in iniqtate tua. Ozee.x°.

Impressum . Alosti . In Flandria .
Anno . M° . CCCC° . LXXiii .

b) Beati Augustini de salute sue aspi ratõne, aĩe ad deum Incipit feliciter Ihesus Prologus in contemptũ mũdi .

Explicit psalterium sancti Augustini.
.Alosti.

O maria, O regina casta ,simplex colũbina.
Gue es mũdi medicina. Ad medeciũ me festina.

c) Enee Silṽii poete Senesis, de duob3 aman tibus Eurialo ⁊ Lucresia .opusculũ ad Ma rianũ Sosinũ feliciter Incipit .   Prefatio

Explicit opusculũ Enee Silṽii de duo b3 amãtib3 ipssuz alosti Anno dni M° quadringẽtesimo septuagesimo 3°.

d) Dyaletica est ars artium sciẽcia sciẽciarum ad omnium metha boruz pñcipia uiam habẽs Sola eni dyaletica ꝓbabiliter disputat de principiis omniũ aliarũ scienciarum. Et ideo in acquisitione scienciarũ dyaletica debet esse pri

Multo elegantium uirozum serutinio collatio natus Explicit feliciter Textus summularum . editarũ a fratre Petro alfonci Hispano: ordi nis predicatorũ Impressus In Alosto oppido comitatus flãdrie. Per. Johannem de Vuest falia Paderboznensem cum socio suo . Theo dozico marti. Anno domii. M°.cccc°.lxxiiii°
.s.   M° ap die xxvi.   .s.
Vnde multipharias altissimo refundim9 lau des. Gui est benedict9 i secula seculoz Amen.

e) Fratris baptiste mantuani ordinis carmeli professoris de uita beata libellus incipit feliciter.

Consumatus Alosti tractatul9 fratris Bap tiste mantuani de uita beata . Anno domini Millesimo Quadringitesimo Septuagesimo quarto die sancti Remigii.

Hoc op9 ipressi Martins Theodorig Alosti.
Gui uenetum scita flandrensib9 affero cicta.
Explicit Feliciter.

Catalogus B. R. H.   a) N° 582. b) N° 54. c) N° 53. d) N° 55. e) N° 56.

Editions de Thierry Martens à Alost et d'Anvers.
1487–1497.

a) Summa Experimentorū Siue thesaurus pauperum, magistri Petri yspani.

Prohemiū·

Incipit summa experimentorum siue thesaurus pauperum Magistri Petri Yspani

In nomine scē et indiuidue trinitatis. que

Practica medicine que. Thesaurus pauperū nūcupatur eo q̄ opes sibi dantibus thes

Anwerpie per me Theodoricum Martini. Anno domini.1476.die.22.Mai.

b) Incipit liber primus beati Ioānis crisostomi ad stagiriū monachum de p̄uidētia dei vtilis ad modū. vt nullis iā vite huj° casibus aduersis deici quis poterit Hic liber nouiter trāslatutus ē de greco in latinū. Et totus rutilat tulliano eloquio.

per me Theodoricum martini. In oppido Alostēs. Comitatus Flandrie.die.xxy.marcy.Anni.M.CCCC.LXXXVII.

Explicit sūma Angelica de casib⁹ ōscie p frēm Angelū de clauasio opilata. maxīa cū diligentia reuisa. z fideli studio emēdata sic ipm opus p se satis attestabit̄. impressa Alosti Comitat⁹ Flādrie p Theodoricū martini. Anno viii.M.CCCC. XC.die vo quarta July.

c) Incipit summa Angelica de casibus cōsciētie per fratrem Angelum de clauasio ordinis minorux vicarium generalem cismontanorum fratrū obseruantie compilata.

a) A la Bibliothèque de l'Université d'Utrecht. b) Catalogus B.R.H. N°58. c) Ibid. N° 60. à & c) Initiale et marque typographique xylographiques tirées du Gemma Vocabulorum. Antwerp. 1494. Cat. B.R.H. N°445.

Editions de Jean Veldener à Louvain 1473 – 1477

Editions de Jean Veldener, à Louvain, 1474 et 1475.

Editions de Jean de Westfalia, à Louvain, 1474-1496.

a)

Egidius zudendelf Joāni d' Paderborne in westfalia ognoiato d' Alten salute. Petis a me iocūdiſſime mi Joānes pbene aliqd' quo breuiariū domini Joānis fabri p te nup impſſum cognitū ſit ſcribā. ſic ſane nec in iuria laudatū ſatis ipm arbitraris ſi notū ſit. Id te eo cōfidentius a me petere ſcribis q̃ tanti operis inceptandi conſiliū prestiterim. Fateor reuera praeſtitiſſe/ τ ſpero equidē nec me cōſilii nec te facti operis penitebit. Quid te ſollicitat ſcio: rarus fuit hic liber et a doctiſſimis in ſuis archinis recoditus/nec per eos in lectionibq allegatus. id eo metuis ne tanq̃ parꝰ vtilis contineatur. tota me hercle erras via. eo magis queretur/ama bit/efferet'. Nūquid alii innumeri libri priꝰ rari/nūc vero/ppter impſſionis arte diuinitus noſtris tēporibus data multiplicati/ſideo quia ig noti fuerunt ſpreti ſunt vel contempti? abſit. ſic certe noti facti ſunt et laudati. Nec adeo ignotus eſt hic liber ſentire videris. vix doctoꝝ nos troꝝ et ſummoꝝ practicoꝝ vnū inueneris /qui nō domini Joānis fabri ingeniū viuax/qui nō ſingula eius opera (ſed in primis iſtud) nō mire tur: quo tam luculenter/tam ſuccincte/tam breuiter gloſaꝝ et doctoꝝ iuris ciuilis/et (vbi etiā occurrūt) iuris canonici ocluſiones perſtringit vt nihil ſupra. Omniū etiā voluminū iuris ciuilis et ſi nō ſtili elegantia tamen vtilitate et otinētia codicē primū eſſe ambigit nemo: quo magis ōni labore/cura/diligentia/toto deniq; ſtudio in eius cōpreſſionē adni tendū eſt. etiā maxime iſtiꝰ operis adminiculo fieri poſſe arbitroꝝ. Dic queſo q̃ tibi libroꝝ ex quibꝰ tāta impenſa tanto labore vnū oſtari tui impreſſi exēplar procuraſti/copiam feciſti? Done nobilis diſertiſſimuſq; cancellarii illuſtriſſimi principis ducis burgūdie/ac vniuerſitatis loua nienſis in vtroq; iure ordinarii/altioq; perlamēti mechlinienſis et aliaꝝ curiaꝝ ſeculariū/leodienſis/morinenſis/aliarūq; practici? Et illi quem tanti tā celebres viri iampridē coluerūt ignoti putas? Sꝫ forſaſſis ig notū arbitraris qa a ſcolaribꝰ initiantibꝰ nō eſt lectus. vtinam vtinam iadudū lectus fuiſſet: preſertim ab bis qui ingenii igniculos habuerunt clariores. in excelſo iam poſiti eſſent qui iam in humili iacent. Mercede tātoꝝ laborū abunde iocūdiſſime Joānes (ni fallor) recipies/ac pluri moꝝ vtilitati conſules. Vale.

Et ego Joānes prenota uanieñ reſidens dignū menſis ferme tam labori vſq; perductū/ meo ſoli tus in capite libri palam

ꝯ alma in vniuerſitate lo duxi opus hoc inſigne im bus q̃ impēſis ad finem to ſigno conſignando hu fieri.

b)

Preſens in Jure canōico Reportorium inſigne, ab egregio ac ſpectatiſſimo domino domino Johanne milis in vtroq; iure doctore eximio editum. extitit a Johāne de weſtfalia paderbornēſ dyoceſ in alma ac florētiſſima vniuerſitate louanienſi reſidente: nō fluuiali calamo ſed arte quadā induſtrioſa impriment circūpotētis auxilio ōſummatū. Anno incarnationis dominice. M° .cccc°.lxxv. mēſis Aprilis die penultima.

Exuperat cunctas hec iuris practica milis. Nec modo materias inuenit illa tibi. Sed butrii firme τ alioꝝ victa reſoluit. Hanc eme qui reliquis doctioꝝ eſſe cupis. Si mihi nō credis: doctoꝝ conſule quēq̃. conſule: vel potius qui ſapis ipſe vide.

e)

Finit tractatus magiſtri Joannis andree ſuper arboribus conſanguinitatis affinitatis necnon ſpiritualis cognationis. Anno dñi. M.cccc.lxxx. Louanii impreſſum per Jo. de Weſtfalia.

a') Et ſic eſt finis libri ruraliū como dorum. Laus ſit altiſſimo qui vi uit per ſeculoꝝ ſecula ſine fine bene dictus Amen.

Preſens opus ruraliū comodo rum Petri de creſcentiis. quodam induſtrioſo caracteriſandi ſtilo: no uiſſime omnipotētis dei ſuffragio adinuēto. extitit hac littera vera mo derata. abſciſa. τ formata: impreſſum p̄ Joannem de Vveſtfalia Pa derbornēn dyoceſis. Jn alma ac flo rētiſſima vniuerſitate Louanieñ re ſidente. Anno incarnationis domi nice. M°.cccc°.lxxiiii°. menſis De cembris die nona.

c')

Inſtitutorum preſens opus inſigne/ variis ex libris ſcriptis τ im pēſis iuriſperitorum induſtria perexacte emēdatum ac per partes titu lorum τ paragraphorum iuxta domini Joannis de platea/ aliorumq; legum doctoꝝ precepta limpidiſſime diſtinctū: Joannes de paderbor ne in Vveſtfalia/alma in vniuerſitate Louanienſi reſidens/non fluui ali calamo ſed arte quadam caracteriſandi moderniſſima/ſuo p̄prio ſigno conſignando feliciter conſummauit Anno incarnationis dñice M°. cccc°. lxxv°. menſis nouembris die.xxi. Sanctiſſimi i chriſto patris τ domini dñi Sixti diuina puidentia Pape quarti anno pon tificatꝰ quinto. Dñi Friderici tertii Jmperatoris ſemper auguſti/Jm perii anno viceſimoqrto. regni ſui rhomani triceſimoſexto. τ hungarie decimoſeptimo. Illuſtriſſimi deniq; principis Karoli dei gr̄a ducis burgundie/brabantie τc. principatus anno octauo. Generoſi inſuper antiſtitis Ludouici de borbon Leodienſ dei gr̄a preſulis anno. xix.

f')

Numine ſancte tuo pater o tueare Joannem. padelboern preſens qui tibi preſt it opus

Jmpreſſum Louaniī per me Joannē Padelboern de Vveſtfalia Jn pſe ſto natiuitatis chriſti finiēte āno no nageſimoquinto.

a.) Catalogus B.R.H. N° 61. b) Ibid. N° 62. c.) Ibid. N° 63. d.) Ibid. N° 66. e.) Ibid. N° 71. f.) Ibid. N° 127.

87.

Editions de Jean de Westfalia, à Louvain, 1474-1496.

a)
ENEE SILVII SENENSIS POETE LAVREATI
IMPERIALISQVE SECRETAAII VIRI OMNI
VM FACILE PRESTANTISSIMI. RERVM FA
MILIARIVM. INCIPIVNT EPISTOLE PERA
MENE:

Neas episcopus senensis Ambrosio Spannochie S. p. d. Cincurellus pape tabellarius. Tuas lras ad me detulit qs rectius dixerim lituras Nescio grece an hebraice scripsisti. Latine quidem minime Non intellexi unicum uerbum nec pe nes me qsq fuit qui tuos carecteres cognosceret Perinde e igit acsi nihil ad me scripsisses reseruo penes me scripturam tuã ut cum Ro me ueniam tibi reddam & a te petam expositionem. Interim nõ e qd possim respõdere nisi mihi glosulas miseris Vale & scias me de inceps latinas litteras non uncinos mercatorios didicisse Ex Ratisp pona die. iii. May. Anno. M. CCCC. LIIII.

¶. Pii Secundi pontificis maximi cui ante summũ episcopatũ pri mũ quidem imperiali secretario Mox episcopo. Deide etiã Cardi nali senesi. Enee siluio nome erat. Familiares epistole date adamicos i quadruplici uite eius statu finiunt per me Ioãne de uuestfalia In alma uniuersitate Louaniesi cõmorate. Anno incarnatõis dominice M. CCCC. LXXXIII.

b)
Celum
Contemplatio — Perfecti
Caritas dei
Cordis mundicia
Teptatonum ppessio
Virtutũ operatio — Proficietes
Viciorũ detestatio
Satisfactio
Confessio
Contritio — Incipietes
Bec est Scala celi

c)
Incipit pfacio i legẽda sctis sime matrone Anne genitricis vginis marie et jesu xpi auie

Una matrõa beatissiã. regal platula er stirpe dauitica. xpi Jesu icirca dña seu venerabil auia. mrq dei geitricis marie illibate. pcipua fuerecia dignissã. xpi col vniuersp indefessa laude veit rcolebaq Si qppe psalmigrapha monicioe laudabis sit dñs in sanctis suis. qntomagis in sanctilissimis suis parétibq. nec dubiũ arbor honoranda pdicat cuiq fructy suauis viuificatiuq et necessariq bo norifico cultu acceptaf. Vt igit in luce pbe at qd ignoraf. nec latere deceat multis pfutu rũ. Hinc inclinatus ego de obseruacia minoq mimmq amore triũ arboq ãne marie bñdicte atqq fructq Jesu plis diuine de remueracioe sa lubri oftis. qq a nonullis etiã dsup amorose puisaeq. vtcuqq qd er diuersis veritatis osonti laboriose licet no infructuose speri. i unã sim pliciter togere curauis. Precor ergo legenté q audiete ea q sequif. vt amor feruear. labor

d) Hec suprobicta. s. scẽ Anne legẽda atqq bñ dictisse vginis marie rosarii pconia In laube dipotetis di atqq i maiore duocidis aplinacioq ad gloriosã vginé marié/ a eiq mréq Annã er tébendã q publicantã Collcã sunt p deuotos fratres quoqq nõina sint in libro vite scripta:

Impssim é Louanii p me Jo. de west falia. vii. Nouembris Anni. rcserto.

a.) *Catalogus P. R. H. N⁰ 95.* b) *Ibid. N⁰ 107.* c.-d) *Ibidem. N⁰ 128.*

Initiales xylographiques tirées des éditions de J. de Westfalia.
Types de W. Hees, à Utrecht. — Types de P. van Os, à Zwolle.

a) A C I O P Q
S T U W A C E
F H I L N P S U
A C D E G H I L M N O
P Q R S T U A C D E F
G H I L M N O P Q R S T
T U V A B C D E F G H I L M N O
P Q R S T U A C E L N O P S T
A E H I L M O P

b) Insuper ipsa sui sum dux et cōscia facti
Huc tibi nrā dom9 et cetera cūcta patebūt
Nulla crede tuū frustrabor pie laboze
Nunc quibus indigeo h michi pronideas

c) vestigiū iduiabile secure dducēs. ipe via lur oftiū
Et solaciū iestiabile .s. thulatos psolaiupeiouitas mentū
vesidriū ifatigabile ad pinā glaz duces Qui eoīit eferūt
stipēdiū foefecibile pmiū eterni manēs. ihesyhs herut ho
(die

50*

133.

a) A la Bibliothèque publique de l'Université de Cambridge et à la Bibliothèque Royale de la Haye. b) A la Bibliothèque de Wolfenbüttel. c) A la Bibliothèque Royale de la Haye.

Editions de J. de Westfalia et de Th. Martens à Louvain.

Sinte Franciscus.

Ihesus die leuet en reghneert eewich god inder eewicheit. Amen.

Dit boexken is te louen gheprint
Bij meester Jan van westfalen
Broeder dieric va münster hes bekit
God wil hoer beider siele halen.

⁋ Tractatulus contra fastidiosos sacerdotes q̃ missas nimis longas dicere solēt.

Quemadmodū diuersitatē corporū seq̃t diuersitas animorū. De concessi. pben. sic etiā in celebratione missarū miti sacerdotes habēt varios rit⁹ ceremonias et modos in missis eorū celebrandis. Aliqui vero in officio eo₂ sunt tā prolixi τ graues q̃ auditores eorū sepe ad nauseā puocant. Alij etiā predicti officiū exercētes ita celeres et expediti inueniunt q̃ plures excitāt ī admirationē valde p̃onicā. Tercij vero mediū seruātes apparēt discretissimi τ mediocres nec quepiā offendūt auditorē longitudine aut inepta velocitate. Ex hac itaq̃ varietate celebrantiū missas resultat talis questiuncula videlicet q̃s inter pfatos tres celebratores maiores p̃mereat laudes apud deum et hoies. Ad quā tali respondendū arbitro₂. q̃ nemo a lins iuste in officio suo venit p̃mendand⁹ nisi duntaxat iste tercius et hoc ideo quia supponit missas celebrare cū discretione q̃

Hier beghint eē schoē spieghel der goeder kerstenen menschē welken sij altoos bij hē draghen sullē voor een hantboexken/want hier ī beslotē es alle dat noot es te wetene totter sielen heyl en salicheyt te samē ghesocht wt vele heileghe scrifturen der leerars/ende bijder gratiē ons liefs heeren tot profijt ēn salicheyt alder mēschen en ōsen lieuē heere te louen ēn mariē sijn der lieuer moeder/zoe is dit teghēwoirdighe hantboexkē gheropu/ leert ēn te samen gheset bij eenen eerwerdighen ēn seer deuotē broeder ēn predicāt gheheētē broeder dieric va mūstere/wiēs name god wil scriuē int boerk des leues/welk

a ij

catis vicib⁹ ventilant ad aures Sūt τ multe alie filies quib⁹ ignari bestiales et simplicissimi sacerdotes vtunk q̃ in veritate inutiles supuacue subsannabiles τ ōnino reprehendende sunt.

⁋ Rogo igit̃ et moneo eosdē p viscera ihū xpi ne aliū ritū i tāta ministeriū obseruēt q̃ ordinari⁹ cōtineat Cū illi dānabiliter exprobrādi sunt qui ppriē initant prudētie τ ea q̃ sibi agēda vt videtā patrū decretis pponūt vt dicit̃ in.c. Ne initaris prudētie tue extra de cōstitutionibus.

⁋ Impressuz louanij per Theodericū Alosten.

a¹·⁴⁾ A la Bibliothèque Royale de Bruxelles.
b¹·³⁾ A la Bibliothèque Royale de la Haye.

a. 1)

RIMVM oportet dicere circa quid et de q̄ est intẽtio q̄m̄ circa demōstrationẽ et de discipli na demōstratiā Deinde determinare quid est ꝓpō et quid t̃mi9 et quid sillogism9. et quis ꝑfc̄us. et quis imꝑfectus Postea vō quid in toto ẽe vel nō ẽe hoc in illo. et quid dicimus de omni aut de nullo ꝑdicari ¶ ꝓpō igr̄ est orō affirmatiā vel negatiua alicuius de aliquo Hec āt aut vniuersalis aut ꝑticularis aut indiffinita Dico āt vniuersalem que ōni aut nulli inẽẽ. ꝑticu larẽ āt q̄ alicui ā nō alicui aut nō ōni inẽẽ Indiffinitā āt q̄ in= ẽẽ vel nō inẽẽ significat sine vel vniuersali vel ꝑticulari ut ꝯtrarioꝝ ẽẽ eandẽ disciplinā aut voluptatẽ nō ẽẽ bonū. Differt āt de mōstratiā a dyaletica ꝓpōne q̄m̄ demōstratiā q̄dẽ sũptio alterius ꝑtis ꝯtradictionis est Nō ẽi interrogat sed sumit qui demōstrat Dyaletica autẽ interrogatio ꝯtradictionis est Nichil āt distabit ut fiat vtriusq; sillogism9. nā et qui demōstrat et qui interro gat sillogisat sumẽs aliquid de aliquo ẽẽ vel nō ẽẽ q̄re erit sillo gistica ꝓpositio quidẽ simplicit̃ affirmatio vel negatio alic9 dealiq̄ scđm dictū modū. demōstratiua vero si uera sit et per primas ꝓpōes supta Dyaletica autẽ ꝑcōctāti quidẽ interrogatio ꝯtrac= tionis sillogisanti vō assũptio apparẽtis et ꝓbabilis q̄admodū in topicis dcm̄ est Quid est ergo ꝓpō et quid differt sillogisti ca et demonstratiua et dyaletica subtilit̃ q̄dẽ in sequẽtibus di cet̃ Ad p̄sentẽ vō vtilitatẽ sufficiẽt nobis sint determināta q̄ nūc ¶ Terminū vō voco in quẽ resoluit̃ ꝓpō ut predicatū et de quo predicatur vel apposito vel diuiso ẽẽ vel nō ẽẽ Illogism9 est orō in q̄ quibusdā positis aliud quidẽ ab hijs que posita sūt ex necessitate accidit eo q̄ hec sūt / dico autẽ eo q̄ hec sūt ꝓpt̃ hec cōtingere. ꝓpt̃ hec vero ꝯtingere est nullius ex= trinsecus termini indigere ut fiat necc̄ariū Perfectum vero voco sillogismū qui nullius alius indiget p̃t ea que supta sūt ut appareat necc̄ariū Imꝑfectū āt qui indiget vnius aut plu

a. 2) EXPLICIT . SECVNDVS . LIBER . PRIO RVM Per me Conradū braem . A° D . M°. ccc. lxxv

c)

Tractatus fratris Hugonis d̃ scō Victore sup Offitio misse q̃d dicit̃ Speculū eccl̃ie

Dicit apl̄s ad. ephe. vi. Induite vos ar matura dei / vt possitis stare adūs9 isidi as diabli / h̃ armata ẽ vestis sac̃dotal̃ signatia septẽplicis virtutis et reꝑntatia vestiū xp̄i / quibus idutus fuit tp̄e passionis

Primū vestimẽtū sac̃dotis ẽ amict9

Primū vestimẽtū q̄ sac̃dos iduit̃ ẽ amict9 quo cap̃d ei9 tegit̃ / signās salutẽ que p fidẽ tbuit / d̃ h̃ ad. ephe. vi. galeā salutis accipi / te repñtās illd̃ opimẽtū q̄ velabāt iudei fa ciẽ ihū xp̄i dicẽtes . marci. xiiii. et math. xxv ꝓphetisa nobis xp̄e quis ẽ qui te ꝑcussit

Secūdum vestimẽtū ẽ alba

Secūdū vestimẽtū ẽ alba / q̄ tegitur corp9 sac̃dotis a sursū vsq; dorsū / d̃ hac ad rō. viii Spe salui facti sum9 / h̃ repñtat vestẽ albā i qua illusit herodes xp̄m luc. xxiiii.

Tercium vestimẽtū est corrigia

Tertium vestimentum sacerdotale quo sacerdos induitur est corrigia vel cingulum

b)

vl̃r ponamus affirmationẽ / huic vl̃e nega° erit cōtraria / ut opinioni que opinatur q̄m̄ omne q̄d est bonū bonū est / ea que est q̄m̄ nichil eoꝝ que bona sūt bonū est. nā ea que est boni q̄m̄ bonū est (si vniūsalit̃ sit bonū) eadẽ est ei que opinatur quicquid bonū est q̄m̄ bonū est. sic āt et in nō bono Quare si in opinione sic se habet sūt āt hee que sūt in voce affirmatiões et negatiões note eoꝝ que sūt in aiā. manifestū est q̄m̄ etiā affir= mationi cōtraria quidẽ negatio est circa idẽ. vniuersalis ut ei q̄ est q̄m̄ ōne bonū bonū est vel q̄m̄ ōmis hō bonus est ea que est q̄m̄ nullū vel nullus. cōtradictorie āt ut nō ōis aut nō omne Manifestū est āt q̄m̄ et verā vere nō contingit ẽẽ contrariā. nec opposi= tionẽ nec ꝯtradictionẽ Cōtraria ẽi sūt que circa idẽ opposita sūt. circa idẽ āt contingit verū dicere eūdem. simul āt eadem nō contingit inẽẽ contraria. EXPLICIT

Per me Conradū braem in Alma vniūsita te Louaniẽsi A° domini. M°. ccc°. lxxv°

c. 2)

tacōez boni opis Orō miūm dei q̄ ꝑcedit et subseq̃ hoiez i bōis opib9 Deo gracias Impressū louanij p magistrū cōradū de westualia Paderbornẽ

a. 1.) Catalogue B. R. H. N° 129 b) Ibid. N° 130 c. 2) A la Bibliothèque Royale de La Haye.
c. 3) Tiré de Dibdin's Bibliographical Decameron Vol. II p. 142.

Edition de Conrad de Westfalia, à Louvain, 1476.

a¹ Continet iste libell9 epistolares quasdā formulas iudicō pponētis pueroꝝ captui nō abſimiles/Quas correctoia vocāt: aſdęꝗ extractas ex maioꝝ ſtatuū miſſiuaꝝ collectorio/ſcolatibꝰ louanii ī pedagogio lilii lectaꝝ exemploꝝ: gra̅/tamꝗ breuiores et ornatiores/atꝗ sentēcia extrahentis/Verbo senſuꝗ placidiores.

a² Salue. Si te forsan amice dilecte nouiſſe iuuabit quis huiꝰ voluminis impreſſorie artis pductor fuerit atꝗ magiſt Accipito huic artifici nomē eē magrō conrardo de weſtualia:cui cp̄ certa manu īsculpendi:celandi intorculandi caracterandi aſſit induſtria: adde et figurandi et effigiandi et ſi ꝗd in arte ſecreti est qd̄ tectius occulit: ꝗꝗ etiā fidoꝝ comitū ꝓſpicax diligentia Et omniū ſtaꝝ imagines ſplendeant ad pra̅: ac etiam cohesione figura: grataꝗ ſerie: mendis caſtigatis ꝑpendant. tanta quidē xinitate cp̄ partes inter ſe et ſuo co̅gruant vniuerso. Et quoqꝫ delectu materie ſplendoreꝗ forme lucida qꝫ pmineat: quo pictionis et co̅nexionis pulchre politure clariꝗ nitoris ecreſcat multa venuſtas. ſunt oculi iudices. Iconam ſatis facies huiꝰ libelli demonſtrat: quē multiplicatū magni numeri globo ſub placidis atrameti lituris: ſpreto calamo icho auitiōni ſeptuageſimiſexti decembris primus: quē artis me̅orate magm̄ ſi tibi hoc pdco anno cure fuiſſet querrete: facile poteras eundē louanii impreſſioni vacante in platea ſancti quintini inuenire Hoc ideo dixiſſe velim ne eius rei inſci9 permanſeris ſi forſitan amberꝫeris. Ubi ars illi ſua cenſus erit Ouidius inquit. Ubi et etiam viuit ſua ſic ſorte et arte xent9 ītā felici9 aſtris:tanta quoqꝫ fortune clemētia. Et non inducar credere cp̄ eidē adhuc adeſſe poſſit abeundi me cogitandi quidē /animi impulſio. id etiam adiecerim quo tam quid poteris cp̄ quid potuiſſes agnoſcas. Vale.

A la Bibliothèque Royale de la Haye.

Editions de Bormannus de Nassau et de Rodolphus Loeffs de Driel à Louvain: 1483-1484

a) Nicolai perotti Episcopi Sipontini viri doctissimi et poete laureati ad Pyrrhum pronepotem ex fratre Institutio grammaticalis a primis litterarum elementis ad consummatissimam vsq́ue latine ligue elegātiā Feliciter incipit.

A litteras A.B.c.d.e.f.g.h.i. k.l.m.n.o.p.q.r.s.t.u.x.y.z.ꝯ.ꝫ p.n.est. Da salutationem beate virginis. Aue Maria gratia plena dns tecum, benedicta tu in mulieribus, et benedictus fructus ventris tui Jesus. Sancta Maria mater dei ora p̄ nobis peccatoribus amen. Da orationem dominicā. Pater noster q̄ es in celis sanctificetur nomen tuū aduenat regnum tui, fiat voluntas tua sicut in celo et in terra. Panem nostrum quotidianum da nobis hodie et dimitte nobis debita nostra, ficut et nos dimittimus debitoribus nostris, et ne nos inducas in temptationē sed libera nos a malo amen. Da symbolū. Credo in deū patrem omnipotencem creatorem celi et terre, et in Jesum Xp̄m filium eȷ vnicum dominum nostrū, qui conceptus ē de spiritu sancto, natus ex Maria virgine, passus sub pontio pilato, crucifixus, mortuus ꝫ sepultus descendit ad inferos tercia die resurrexit a mortuis, ascendit ad celos sedet ad dexteram dei patris omnipotentis inde venturus est iudicare viuos et
a₁

a') Peroratio.

Sed satis superq́ue euagata ē oratio nostra. Tempus ē ut receptui canamus. Habes p̄ꝯxeris fili quē maxime omnium et quomodo imitari debeas Baꝫent tua quoq̄ causa preceptorum auā in etu diendis pueris atq̄ adolescentibus via teneri quomodo eos docere, quomodo examinare ꝫ que meliora sīt in primis tradere debeant. Supereȿ ut consilium meum toto animo sequaris et quantum fieri poteȿ nitaris ad optima. Quod si tꝝ speꝫ feceris nō dubito te breui tempore superis iuuantibꝰ in summum virum euasurum. Vale

Regule grāmaticales Reuerendissimi patris et domini domini Nicolai Perotti Archiepiscopi Sypontini viri doctissimi atq̄ eloquentissimi Feliciter Expliciunt Impresse Louanii pꝫ me Hermannum de Nassou et Radulphum Driel

b) Doctissimi eloquentissimiq̄ viri Laurentii Vallen In pogiū florentinū Apologus finit feliciter. Impressus Louanii Anno domini M. CCCC.lxxxiii.

c) Expliciunt casus lōgi domini Bernardi supꝫ quinq̄ libros decretaliū louanii impssi impensa Rodolphi loeffs de driel Anno domini M.cccc.lxxxiii, mensis februarii die sexta.

d) Statuta synodalia leodien:

Iohannes dei gratia leodiēsis episcopus Vniuersis abbatibus abbatissis prioribus prepositis archidiaconis decanis conuentibus capitulis ecclesiarum rectoribus clericis et aliis sue Ciuitatis et diocesis leodien. Salutē in domino sempiternā. Licet a predecessoribꝰ nostris leodien. episcopis temporibus retroactis ad conseruand et gubernand libertatē ecclesiarū ecclesiasticarū personarū Jus et regimen Ciuitatis et diocesis leodiēsis ad remediū maliciam peruersorū multe prouisiones et constitutiones synodales emanarūt. Quia tamen postmodum crescentium hominum malicia nunq̄ in eodē statu permanētiū et indies nouas malicias nouaꝫ rebelliones admuētiū et cōtra ecclesiā dei et iusticiam malignantiū. Ipse ecclesie et ecclesiastice persone Ciuitatis et diocesis leodiensis propter ipsorū malicias peruersorū adhuc nimium perturbā...tur. Nos auctoriꝫ iȿicali dictio malicijs obuiare ꝫ ipsi libertati ecclasiastice ꝫ ecclesiasticarū personarū Ciuitatis et diocesis nostre leodiensis prouidere in quantū poterimus, cupientes hac generali synodo de nostro consensu et Volūtate ac consilio capituli nostri maioris ecclesie nostre leodien. Constitutiones synodales nostroꝫ
a i

d') Expliciunt statuta synodalia diocesis leodien impressa Louanii per me Rodolphū de driel.

a) à la Bibliothèque du Senateur Vergauwen, à Gand
b) à la Bibliothèque Royale de la Haye
c) Catalogus B.R.H. N° 133 d) Ibid. N° 134

Editions d' Egidius van der Heerstraten à Louvain.

a) hoc enim faciendo carbones ignis congeres super caput eius id est cor eius accendens ad te amādū. debit nāne beneficia discrete dari z obsequia discrete impendi et ideo sapientia dicitur esse mater pulcre dilectionis que discretione moderatur. Nam indiscrete dantes magis satui reputantur ecclesi. xx. Satuo non erit amicus z non erit gratia bonis illius. qui enim edam panem illius salle lingue sunt quotiens e quāti irridebit eum. Septimi valemo ad hoc et quis amet a proximo esit ipse primo amaueri augustinus. Nulli est maior ad amorem inuitatio ķ preuenire amando. Seneca in epistolis. Queris quomodo amicum facturus sis. cito ego tibi monstrabo amagiuus sine medico nemo z sine herba z sine vllo carmine. Si vis amari ama. Item vt ameris amabilis esto. Notandum tamen ŷ ille nec vere nec debite diligit proximū nec est dignus amari a proximo qui non vere deum diligit. Unde augusti. ad maced. Nemo potest esse amicus veraciter hominis nisi fuerit ipsius primē veritatis nec hominem recte diligere nouit quisquis eum non diligit qui homines fecit Gregorius in moralibus. Per amorem proximi proximi gignitur. z per amorem proximi dei amor nutritur Unicus ipsi inconstilis que vuinerit ecclesie designabat designerat conserta Iobā.xix. Sic amicus dei firmita debet esse dilectio proximi. vnde augustinus.iii. libro confessi Domine beatus qui a mare z amicum in te z inimici propter te. Sic enim diligens proximū in deus z propter deum implet totam legem mandatorum dei ad roma.xiii. Qui diligit proximū legē impleuit. z illo galatis v. Omnis lex in vno sermone completur Diliges proximū tuum sicut te ipsum. Sic quoque proximū diligere z legem mandatorum dei veraciter implere nobis concedat thesus xps dei z marie virginis filius in secula benedictus. Amen

Finis decimi et vltimi precepti

3) Explicit titulus dans modum legēdi vtriusque iuri tam canonici ķ ciuilis in se continens titulos siue Rubricas ciusdem iuris Per me egidium vander heerstrate alma in Louaniēn vniuersitate impssus Anno domini.M.cccc.lxxxviii. quinta Februarii.

a) Comentum insignis sacre theologie professoris magistri Iohānis beets ordinis dē virginis de monte carmeli super decem preceptis decalogi feliciter explicit. Impressum in alma necnō florentissima vniuersitate Louaniēn per me Egidium vander beerstraten ———————————— Sub anno christiane natiuitatis supra Millesimū quadringentesimum octuagesimotertio Die vicesima noua mensis Aprilis

b) Comentum insignis sacre theologie professoris magistri Iohānis beets ordinis dē virginis de monte carmeli super decem preceptis decalogi feliciter explicit. Impressum in alma necnō florentissima vniuersitate Louaniēn per me Egidius vander beer strate Sub ānō christiane natiuitatis supra Millesimū quadring ētesimū octuagesimo sexto Die decimanona mensis Aprilis

i) Ad laudem z honorem sūmi ac omnipotentis deiķ marie matris sue intacte Explicit Henricus de piro super Institutionibus per Egidium vander heerstraten in alma louaniēn vniuersitate Impressus duodecima die Nouembris·

c) Expliciunt feliciter bis centum z trigintanoue cauteele famosissimi vniusķ iuris doctoris Poaduc ordinarie legētis dni Bertholomei Cepole in practica vtilissime singulari industria Egidii vander heerstraten Louanii impresse Anno dni.M.cccc.lxxxvi. Iunii die octauo.

d) Explicit compendium Iohannis Boccacii de Certaldo z quod te predariis mulieribus ac famam perpetuam coluit feliciter · Impressum Louanii per me Egidium vander heerstraten. Anno dni.M.cccc.lxxxvii.

e) Expliciunt feliciter bis centum z trzkiķ cautele famosissimi vniusķ iuris doctoris Padue ordinarie legētis dni Bertholomei Cepole.an practica vtilissime singulari industria Egidii vander heerstraten Louanii impresse. Anno domini.M.CCCC.lxxxvii. Februarii die xxv.

f) Explicit Sacramentale domini Petri de Alyaco, cardinalis z episcopi Cameracensi. Alma in vniuersitate Louaniensi Impressum per Egidium vander Weerstraten Anno domini Millesimoquadringentesimooctuagesimoseptimo die xliij· Aprilis·

h) Hisunt tituli totius libri autenticorū z per consequens omniū librorum Iuri canonici z ciuilis impssi per me Egidium vander heerstraten Anno domini.M.cccc.lxxxviii. vicesimatercia Februarii

a) Catalogus B.R. H. No 181 b) Ibid. No 198 c) Ibid. No 139 d) Ibid. A o 141 e) A la Bibliothique Royale de la Haye f) Catalogus B.R.H. No 140 g) Ibid. No 142 h) Ibid. No 301 i) Ibid No 143

Editions d'Egidius van der Heerstraten a Louvain 1487.

gravissima pertulere. Preterea ex vera z in cadentis luce confesse in inuicta eternitate non solum clarissime viuunt sed rarum virginitatem castimoniam sanctitatem virtutem z in supradio ia3 concupiscentijs carnis & supplicijs tyrannorum inuictam constantiam ipsarum merito exspicaciter z vnicranda maiestate conspicua describere esse cognoscimus: vbi illarum merita nullo in hoc edito volumine speciali pariam dictum est z a nemine demonstrata reseruare quasi aliquale redditiui premium sitquam. Cui quidem pio operi ipse rerum omnium pater deus assit z laboris suscepti fautor quod scripturo in suam veram laudem scripsisse concedat.

FINIT PROLOGUS.   INCIPIT LIBER.

A 3

De Cireo folio filia.   xxxvi.

De Marcia Varronis: xliiij.

a. b. Catalogus B. R. H. N° 431.

Editions de Ludovicus de Ravescot à Louvain 1485

a.¹⁾ Opus magistri petri de Rino sacre
theologie professoris legentis in vniuer
sitate louanien Respousum ad epistam
apologeticam M. pauli de middelburgo de anno
die et feria dnice passionis

a.²⁾ Impressum In alma vniuersitate Louaniensi
Per me lodouicum de rauescot

b.¹⁾ Bonus accursius pisanus Salutem dicit plurimam
Magnifico Equiti Aurato Et sapientissimo ac primo
ducali Secretario Ciccho Simoneta

Perspexi magnifice eques Aurate, ac virorū
sapientissime a optime ex libris elegāciarum
viri doctissime ac disertissime eruditi Lau-
rētii valle, que michi visa sunt pulchriora
ac magis accomodata ad coēm scribēdi ac dicēdi vsū-
Que icirco ad te dedi quod ea putarē liberis tuis per
vtilia fore · Nam si secus existimassem, nequaquā hoc
muneris suscepissem · Hunc aūt laborem meū icirco tibi
vir prestātissime Cicche Simoneta dedicaui · vt tua
auctoritate atq beneficio, tāta hec vtilitas in ceteros
perueniret non eni parū fructus ex hoc meo studio ad
ceteros emanabit tū ad omnē dicendi materiā ac dim
ex huiusmodi (vt ita dixerim) flosculis, exempla sint
profectura. Interea vero te ports, vt intelligas nicol
michi cōtingere posse gratius quā omibus in reb? mo,
regere tue liberalissime voluntati, iube aliquid rogo
si quid vides a me tibi prestari posse iocudi?· Vale mi
clarissime mecenas O et presidiu a dulce decus meū

Laurentii vallēsio viri clarissimi elegācie ad breue
quoddā ac perutile redacte compendium
Et primum de nominibus in osus
Nomina in osus que descēdūt a vbis partim
actionem · parti passionem · parti vtrūq sig
nificāt Studios? Fastidios? stomachos?
Iniurios? contumelios? curios? sēper acti
a · i ·

b.²⁾ Finis compendij Elegantiarum disertissimi viri
Laurentii vallensis· Impressi in alma vniuersita
te Louaniensi· Per me Ludouicum rauescot

a.¹·²⁾ Catalogus B. R. H. N° 182. b.¹·²⁾ A la Bibliothèque
de l'Académie Royale à Prague

Editions de Ludovicus de Ravescot à Louvain 1488.

92.   a.b) *Catalogue B.R.H. N° 152*

Edition de Louvain de l'année 1484 avec les types de Veldener.

Edition de Conr. Braem, à Louvain 1481. — *Edition de G. Leempt à Bois-le-Duc de 1484.*

a¹)
Os
Qui magnū habet os gulosus ē et audax
Labia
Cuiq̃ labia sunt magna stultꝯ ē et hebes
Cuiq̃ labia sunt nō bn̄ iūcta equātia est
Dentes
Cuiq̃ dentes debiles sunt et rari et ilaxi:
totum corpus ē debile. Cuiq̃ canini longi
sunt et firmi. gulosus ē et malus
Facies
Cum facies hominis faciei ebrioṡi assimi-
latur ebriosus est
Est aūt sec̄dū do similis ivenitur sec̄-
dus est. Cuiq̃ facies carnosa est: piger ē et
stultus. Cum caro maxillarū est grossa:
grosso nature est. Qui h̄z faciem subtilem.
multarū est cogitationum
Cuius facies est multum rotunda stultꝯ ē
Cuius facies p̄ magna: piger est
Cuius facies est valde parua malus est et
valde callidꝯ et adulator
Cuiq̃ facies n̄ formosa bonos mores habere non potest nisi raro
Cuiq̃ facies est longa inuerecūdꝯ est.
Qui

———

b¹) Cirurgia pua magistri Lanfranci

Demert lieue vrient ic vermicke v
te seyndē een boeck/inden welken
dat ick di gheuen sal bitter hulpen
gottes volmachte leringhe behoen-
de ten instrumenten vā cyrurgien.
Je en vermicke niet in dit teghēwoerdighe werck
yet te gheuene sōder een luttel lichter gheproef-
der die welke al sin si cort en veronwerth niet om
haer groet nutscap/maer wetter volmaertelīck
in te betrouwene wāt ic salse sette toenre somme
Na v bede gheproefte medicinen in een corte ma-
nire vā ghenesen der wonte/en apostemen en swe-
ren/en canketz/en fistulen/en someghe euen der
oghen En een luttel van algebra Na dat my die
retene lette werken/en daeti langhe tijt daer by
sijn gheproeft en ghelteert En ic betrowe in gote vater subtijlheet uwes verstaents moche cum-
te grote werken/en sult hebbē den name vā enē
grote medicin. Ick beswere v bi gote ente bi
euelheet van v dat ghi dit ghenen onwetenden en
gheeft op dat bisijnre onwetenhept niemant en
vere/dat di vgadere ente ghegheuen es tot alre
nutscap ente curitnet

A i

———

a²) eam ctura grossa sunt. Manus autem et pedes tenues quasi oībus de p̄dictī ē aniā:
liū generibꝯ masculis ꝺ tertiꝯ moꝛietate intē-
mūtar

Humichꝯ malorū morū est. est enim stultus cupidus et presumptuosus. qui ante cas-
tratus non fuerit. sed si non testiculos vel mi-
nimos caninē apparet Cui seiꝯ nunq̃ nasci-
tur barba deterior est

Portet vt cū iudicare volueris n̄ vnā
ēm attēdas significationē. sed in sig̃il-
nulis ad ipatū attendas aggregatōm. Et si
qui signū accidere grauitaten ipatū virtu-
tes et testimonia meciaris q̃ ipatūm iudices
testimonia q̃ plures fuerint.

Preterea scire debes op facei signo et occulū
puc̄p̄ oībꝯ alijs significationiꝯ in fortitudine et firmitudine p̄iudicare

Finitur secreta Aristotilis Anno dn̄i
M°. CCCC°. lxxviij Impssum louanij

———

b²) Hier vol eyndet ente gaet wt die Cyreurgijn
van meester lancfranco ghepzent in die eerwer-
dighe vniuersiteyt van louen By mi Coenraert
Braem Anno .M.CCCC.lxxxj. In Nouembre
op Sinte Katherinen auont

———

Hier beghinnet die Anathomia magistri gwidonis

———

b³) Hier eyndet ente gaet wt die sleubothomia
van meester Auicenna ghepzent in die eerwerdi-
ghe vniuersiteyt van louen By mi Coenwert brame op sinte Andreas auont Anno tē. lxxxj.

———

c¹) Hier beghint die tafel van toudalus
vysioen

———

c²) Hier eyndet dat boeck vā Tondalus
vysioen. ende hoe dat sijn ziele wt sijn
lichaem ghenomen was. Ghepzent
tots hartoghenbosch. M. cccc. lxxxiiij.

———

a¹·²) A la Bibliothèque de l'Université de Cambridge, — b¹·³) et c¹·²)
à la Bibliothèque de l'Université de Louvain.

Éditions de Colard Mansion, à Bruges.

a) Primum opus impressum per Colardum
mansion . Brugis Laudetur omnipotens

b¹) Cy commence Ouide de
Salmonen son liure jntitu=
le Methamorphose. Conte=
nāt . xv. liures particuliers
moralisie par maistre Tho
mas vualeys docteur en the
ologie de lordre sainct domi=
nique Translate e Compi
le par Colard mansion . en
la noble ville de Bruges

Sainct Pol lapostre
a son disciple Thy=
mothee ou . iiij. cha=
pitre de son epistre escript .
Les hommes tourneront
aucunefois leur oye de verite
et se conuertirōt aux fables
Ceste parolle puis je dui=
re au propos de ce liure . ce st
q̄ de fables . e de poetrie est au

c) Cy finent les Rubriches et distincti=
ons des Chapitres de la premiere
partie de ce present volume intitule
Somme Rural Compose p Maistre
Iehan Bouteillier Licencie es droiz
Canon et Ciuil . Et Imprime p Moy
Colard Mansion . En la ville de
Bruges .Laudetur Omnipotens .

Cy fine la somme rural compillee par
Iehan boutillier conseillier du roy a pa
ris. Et imprimee a bruges par Colard
mansion lan mil .cccc.lxxix .

b²) tendement . et en facent leur
proufit cōme firent les Bra
lancons du chesne dont est
touchie ou prohesme de cest
volume

Fait et imprime en la no
ble ville de Bruges en flan
dres par Colart Mansion
citoyen de icelle ou Mois de
May lan de grace . M . qua
trecens . iiij. xx. et iiij.

a. c. e. A la Bibliothèque Impériale de Paris.
b. d. Catalogus B. R. H. Nº 237.

Editions de Jean Brito, à Bruges, et de W. de Machlinia, à Londres.

a.¹)
Est cy la coppie des deux grans tableaux esquelz tout le cõtenu de ce liure est en escript qui sõt ata chiez au trep¹⁹ du coeur de leglise nře dame de te rewane/au coste deuers midi pour listructi on et doctrine de tous epsiens et epsiennes de quelconque estat quilz soient. La quelle doctrine et instruction fut composee en lu niuersite de paris/par trestaige et treldiscret hõme et maistre en diuinite, maistre iehã Jarson/chancelier de nře dame de paris. Et te a la requeste et priere/de nře reuerend pre en dieu monseigneur leuesque de tere waine nomme maistre mahieu regnault dont me signa iusteust veulle auoir lame.

Este brieue doctrine est ordonee pour quatre manieres de pson nes. Premierement pour les simples curez prestres qui se meslleent doyr confessions. Item pour les simples personnes autres soyent seculiers, ou religieux qui noyent

Explicit feliciter.

Aspice presentis scripture gracia que sit
Confer opus operi spectetur codice codex
Respice p mun & q terse hoz txote
Imprimit hec ciuis bruge˜sis brito Johãnes
Inuenies artem nullo monstrãte mirãdam
Instrumẽta quoq; non minus laude stupẽda

b.¹)
Le premier cõmandemẽt de la loy. Et les autres .x. chapitres sont selonit les .x. cõmandemens de la loy. Chapitre.

E premier cõmandemẽt est. tu aou ras et aimeras vng seul dieu. cy est deffendue toute maniere de ydolatrie. De quoy est faicte pause aucune menstron, ce commandement descent et commandement pep. Tu aimeras dieu de tout ton coeur, et toute ta pensee, et de toute ta vertu, cest a dire que tu ne vuilles a son

d.¹)
Pour vray martin tu es hardis
De porter le mal en pis
Et de soustenir grant erreur.
Petit ne grant ne veulz ton aduis
Tu as erre tu as fallis
Et tu ly mal faix par faueur.
De moy seraftu mieulx apris
Se Je puis estre de top ops
Et tu en aras pau dhonneur.
Car ta science sera mis
Auecque les Jofnes enfant xpi.
Tu es vng meruelleux doteur
Desoubz lumbre dun faulx couleur.

Incipit liber qui vocatur Speculum Xpristiani.

d.²)
Iste Libellus impssus est i opulentissima Ci uitate Londoniar p me Wilhelmũ de Marchlinia ad instanciam necnon expensas Henrici Vrankenbergh mercatoris

c.²)
escriptes, ou de brieues pendus au col, ou de telz folles cryances, comme se dieu ne fust pas ass isant ne saige pour euls aidier selonc ce quil soit que mestier leur est, car Il aduient que tribulation/ mala die pourete ou guerre nous est plus profi table que trop grande prosperite, pour ce que nous en abusons de legier. Le pxe seit trop mieulx quest bon a son fil, et le maistre a son escolier; et la medecin a son malade que eulx propres ne feuent. Jcy presse aulx qui

c.²)
quil soyt vray et que Je dy voir
De fay par me sa scauoir
Qui de Jason fu rauis.
Son px voloit bien trespuoir
Et embla tout son tresor
Tua son frere qui fu pis
Et laissa Royaulme et manoir
Et tous ses parens sans plus voir
Pour Jason son vray amis.
Amours fist tout e fay scauoir
Raison ny eut aucun pouoir
Celle que Jaime Je te dis
Ne seroyt Ja par moy octis.

a¹⁾²⁾ A la Bibliothèque Impériale de Paris.   b¹⁾²⁾ c¹⁾²⁾ Aux Archives de la ville de Bruges.
d¹⁾²⁾ Tiré des Principia typographica de S. Leigh Sotheby. Vol. III. Pl. Q. F.

Editions des Frères de la vie commune, à Bruxelles 1476 — 1484.

Éditions des Frères de la vie commune, à Bruxelles.

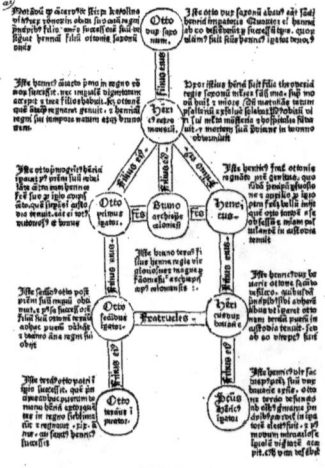 

a.b.) *Types minuscules et Page xylographique, tirés du livre:*
Legenda S.S. Henrici et Kunegundis. (Voyez Planche 74.)

Editiones de Richard Paffroed, de Coloyne à Daventer, 1477-1500

a.)
Incipit opus preclarum su
per vtrumqz testamentum · mag
na arte diligentia et labore correcti
opus quidem vtilissimum omnibus
studiosis qui reuelatis oculis con
sideraue cupiunt mirabilia de lege
dei maxime tamen hys qui edificati
oni et saluti proximorum predi
cando insistunt · quod intitulatur
Moralisationes biblie · ad laudem
et honorem nominis xpisti

c.) Explicit Apocalipsis liber trans
imusquintus et vltimus reducto
rij moralis figuraru biblie· Sup
vtrumqz testamentum · a venera
bili domino Petro Bertorij fratre
sancti benedicti pietauie patrie
oriundo · auinione sacrus · vaue
tre diligenti correctione emenda
tus punctuatis et tabulatis atqz
impressus Anno incarnationis dni
Millesimo quadringentesimo sep
tuagesimo septimo per Richardum
paffroet de Colonia ciuem daue
triensem · pro ornatu minitione et
edificatione vniuersalis eccle et
sponsi eiusdem honore · dni nri
ihesu xpi qui est benedictus in se
cula · AMEN

b.) Tractatum librorum confessionum beati Au
gustini finit felix Per Rychardum
de paffroed Daventrie in platea epi
impressorum diligenti examine corre
ctoru · Anno dm Mccclxxxiij

...nio clarius. Et omnia ea similia in voce etiam ipsa sunt si
multa in qualitate vt saturio saturis luxurio luxuris. Item ver
ba meditativa formas signi id qd sua pcessu cum quodam affe
ctu vel desiderio. Quintilian. Pater filio exhirit id est capit exe
re. Ciurio etere cupio. Item Cicero qd diis parturint anim' ve
ster aliqd pariat hoc est qd capiant diis et se parere Talem' ite
in coclauib' die tota seret et camatur.i. cupit cornare et comes
dere. Illa, catal. qual solet inchoantius dna p simpliciu' vt pare
turio p pario ut leati qui no parturierint.

Finiut sup prima parte doctrinalis
Mexauri Venerabilis Joannis syn
then copulata Dauetrie summa di
ligentia nouiter emedata et copleta
impssa Per me Richardus Paffroed
Anno dm. M. CCCC. lxxxvij. Nona
Augusti

De	Z
Zania	b pagina tercia
Zelotypus	i pagina octaua

TEΛΟC

f.) M. T. C. liber de somno scipionis
et Paradoxa.

c.) M. T. Ciceronis de somno Scipionis li
bellus ex vi. de rep. libro exceptus incipit.

Um in Affricam venissem. A. Manilio co
sule ad quartam legionem tribunus vt sci
tis militum, nihil mihi potius fuit q vt Ma
sinissam couenirem regem familiae nostrae
multis de causis amicissimum. Ad quem cum veni, con
pletus me senex collachrymauit. aliquaroqz post suspe
xit in coelum, et gratces tibi ago inquit summe sol, vobis
qz reliqui coelites, qz antecq ex hac vita migro conspicio
in regno meo, et his tectis. P. Cornelium Scipione,
cuius ego nomine ipso recreor. Itaqz nunq ex animo
meo discedit ille optimi atqz inuictissimi viri memoria
Deinde ego illum de suo regno. ille me de nostra rep,
percotatus est. deinde multis verbis vltro citroqz ha
bitis ille dies nobis colsumptus est. Post autem regio

g.) Sermones Micha
elis de vngaria pre
dicabiles per totum
annu licet breues

Ad id Hugo de villa si
per psal. lxxvij. Les exage
tis sit. videns& c. primi li
virago dilectio videt hoc et
gemis estq gaueris atqz di
smas seu in lachrimas se
truendo vicios. ger. vij..
p. h.abet. Imago amoris
deniqz sb formis quib; ma
teria, vrūq; loca vere s. cu
uas stare scribebant sue. be.
ha. pedes prope in pronoe
motu et vita. si simbola vesti
menti. hyemis et estas. In
hac post figurant epitheta
nervorum lectionis. qz ex frig
ter muliq feruer. oligote
q vni. Et qz vestra sūt in
veste moti significat q
v'am' es; esterreno. Per
hec ibo pz. post legia in
frore deligitalij v'am'
in firmat maneat in absentia
a manifestabi pa maū amo
ri. Per hoc sepe in pectore
videl; more et vera estpmo
q v'amie quo; effectus
significamus post obitaliori...

Finit sermo-
neos Grimij sacre
theologie docto
ris Michaelis de
vngaria. Impssi
Dauetrie In pla
tea epi. Anno dni
M. cccc. pci.

y.) Een smerlick boerken van onser
lieuer vrouwe croen. En hoer sal-
ter. En horen roosen crans. Ende
oeck van horen mantel. Welcke
boerkens seer deuoet ende suet
syn te lesen

b.)
Dominicus Sabinensis de comodis & incomodis mulierum In stilo
elegans · In subiecto et materia excellens · In forma vero et pro
cedendi modo rarus et non desitiens   Incipit foeliciter

b.) Tractatulus de Jocundissimo subiecto disertissimi orato
ris apoete Dominici Zabinensis de mulieru comodis et in
comod Expliat sub Anno saluatoris millesimo quadrin
gentesimo l.xxix vltima kalendas Aprilis

h.) Tibulli propertij et Ouidij flores sunt habent
Per me Richardum pafroet Anno domini. M.
CCCC. v. Mensis Julij.

Impressus Dauentrie Anno
domini. M. CCCC. lxxxix. De
cimaoctaua Julij.

a.) Catalogus B.R.R. No 350. b.) Ibid. No 2011. c.) Ibid. No 3169. d.) Ibid. No 378.

Editions de Richard Paffroed, à Deventer.

Editions de Jacobus de Breda à Deventer

a.) Incipit modus confitendi

Venia cō cōfiteri necessū est hec generalis dicere confessionem cuius tāta ē virtus sm mgrm sniax libro · iiij · distinctione · r · capto · ō · y · innumerabilia venialia

a.) Incipit epistola Enee poete de fortuna ad dominū Procopium militem.

Aeneas Silvius poeta · a · p · dicit dumiō Procopio de Rabemsteyn militi littera tō t pstant Flote preterita priusq me quieti committerem multa mecū de telo accepto sum Wirabarg tuis studiū non dari loci conuenientem. Quis licet acceptus sis Cesari. Non tamen vt par esset ferri e video. Nam cum relicueris in nobilitate t probitate ad vī do cur inter nimores poni nō debeas. Excedunt ergo fortunam que tum benevam, tum iudiciarum credimur dispensatrix plurs q in cam Romae datus dixit . Is q viros premere bonos. extollere malos.

b.) Finit Epistola Enee poete de fortuna ad dominum Procopium de Rabemsteyn milite. Impressa dauantrie in domo angulari platee pollij quedicitur tentoice die postrate iuxta scholas Per me Iacobum de Breda.

Anno domini Millesimo LLLL octuagesimo noo no · in pfesto Egidij ·

c.) Doctrinale altum seu liber parabolax Alani metrice descriptus cū sentencijs et metroum expositionibus vtilis valde ad bonorum morum instructionem.

c.) Doc [Nonsic nō sic] apple erit [quoniam sita vana putatio perit ve roo] a facie solis (r · ruti) id est cadet (rursus) id est fretum] id uua vite so est ad germinum vire (Sic bonus stat) sc in hoc mundo (vel, hic fī facto) s · q conditione cetera) suple opera hominis (cōstant) s · · repu tantur (quod plus funt) dissimulia veniciunt · s (auetq) a · . q q c fa cta hominis . suple sunt (mbūlo) est ad nibilum repentines ·

Doctrinale altum parabolarum Alani cum glosa finit feliciter. Impressum Dauentrie circa scholas per me Iacobum de Breda. Anno · rcij ·

a.) Incipit modus confitendi

a.) —

b.) Lucij iunij moderati columbelle de cultura hortorum carmē

b.) Et sic est finis · per me Iacobū de Breda
Laus deo

Anicij · Manlij · Torquati Seuerini · Boetij Patricij viri de cōsolatione philosophiae libr pmus incipit

c.) Metrū pmum heroicum
Armina qui quondam studio florēte peregi . Flebiles heu moestos cogor inire motos.

f.) Hier beghinnen alle die epistolen eñ euangelien mitten sermonen van den gheheelen iaer. die een nade anderen volghe. eñ oech mede die prophecien ghenome vter bibelen oner gheset vten latine in goeden duytscen eñ nu anderwerf ouerset eñ ghecorrigeert so ghelikerwijs alsine houdende is inder hepligher kercken.

Aenas spes animū subleuate · humiles pees in excelsa porrigite · Magna vobis est dissimulare ñ vultis necessitas inuicta pbitatis · cum an oculos agitis iudias cuncta cernentis

c.) Finitur hic quintus² a vltimus⁹ liber Boetij de cōsolatione philosophiae Per me Iacobū de Breda.

f.) Hier voleynden alle die epistelen eñ die euā gelien mitten sonnendaechschen sermonen vā den gheheelen iare eñ vanden heplige Ghepnente Deuenter inde stichte van Wtrecht bi m. Iacob van breda. Inden iaer ons heren · M · cccc · eñ · rciij · Opten iersten dech inder meerte.

Editions de G. Leeu, à Gouda, 1477.

Hier beghint dat liden ende die passie ons heren ihesu xpi. en die teykenē en die miraculē die hi dede nae dien dat hi ghecruust was, also als die vier ewangelisten bescreuen hebben Ende Joseph van aromathia en nycodemus ghetughet hebben, ghelikerwijs als si telver ghesien hebben ende ghehoert.

Her beghinnet also als die ioden in haren rade vergaderden om Jhesus te doden of sine leringhe weder te staen, want hi leerde contrarie haren wercken om dat hi behen dede haer wercken ende haer leue ende dat si anders leefden dan si leerden, doch tan hielden si der ouder vaders lere van buten, ende niet van binnen Ende hier om was dat ihesus seide ten si dat v wercken ouervloediigher si dan die scriben ende die pharisen ghi en moghet niet in comen int rijck der hemelen Ende die princen der papen hoerden dit node, ende si pijnden hem in sijn woerden te vanghen hadden si ghemoeghen. En het ghesciede dat een hoechtijt der ioden quam van der wijnghe des tempels, mer dit en was die eerste wijnghe niet noch die ander, mer
a j

¶ Dit boec is voleyndet ter goude in hollant in iaer ons heren M·cccc·ende lxxvij opten tienden dach van september

Hier beghinnen alle die ewangelien vanden gheheelen iaer, ende vanden sonnendaghen mitter glosen

Inden eersten vanden eersten sonnendach vanden aduent In dien tiden als ihesus nakende was die stat van iherusalem ende hi tot betphage quam tot ten berch van oliueten, doe sende hi die twee van sinen iongheren ende seide hem Gaet in dat casteel dat teghen v is, ende altehant sel ghi vinden een ezelinne ghebonden ende haer ionc mit hoer ontbint se ende brenct se tot mi Ende ist dat v pemant wat seit soe segt dat die here dese noot heeft ende altehant sel hise laten Dit is altemael gesciet op dat veruollet worde dat vanden propheten ghesproken is die seit, segt der dochter van sion sich dijn coninc coemt di sachtmoedich, ende sittende op een ezelinne ende op hare ionc die noch niet iuc draghet Die iongheren ghinghen ende deden als hem ihesus gheboet, ende brochten die ezelinne ende dat iont ende leyden haer cleder daer op ende deden daer op sitten Vele lieden spreyden haer cleder inden weghe sommighe anderen houwe
A j

¶ Dit boec is ghemaect ter goude in hollant Int iaer ons heren doemē screef M·ccc·lxxvij
G·L·

laus deo in altissimo

Editions de G. Leeu à Gouda, 1478–1480

(1) Hier is voleyndet bi der gracien goods dat somer stuc vande passionael·bi mi gheraert leeu ter goude in hollant Int iaer ons heren M·CCCC en lxxviij·op die pinxter auont den tienden dach in meye

(1a) Bi der gracien goods is hier voleypnt·dat winterstic vanden possio= nael·bi mi gheraert leeu ter goude in hollant Anno domini M·cccc· lxxviij·den lesten dach van Julio

(2) Ad laudem & gloriam dei omni potentis·eiusdeq genitricis et vir ginis marie·ac cunctorum traiecten dyocesis vtilitatem presbiterorum hoc pns opus inceptum·summa cu di ligentia correctum et emendatum completu est in opido goudensi in hollandia p me gerardum leeu an no dnī millesimo quadringentesimo septuagesimonono pridie pūs fe= bruarias

(3) Dit is voleypnt ter goude in hol lant· anno lxxx den tienden dach in februario·by mi gheraert leeu

(3b) Voleypnt ter goude in hollant An no M· CCCC· ende lxxx· opten paeschauont den eersten dach van aprille·by my gheraert leeu

G I

Lettre d'indulgences, imprimée par G. Leeu, à Gouda, en 1480.

LVCAS dei ⁊ aplice sedis gra Eps Hibernicem Referēdariꝰ Sāctissimi ⁊ xpo pris ⁊ dni nri dni Sixti diuina pui̯
dētia pape Quarti ṅūciꝰ Orator et Cōmissariꝰ cū potestate legati de latere ꝑ ꝑ nō indulgētiaru sacri iubilei Er
xutor vnicus a dicta sede spāliter deputatꝰ Vniuersis ⁊ singul̄s ꝓntes lr̄as īspecturis Altm̄ notū facim̄ q̇ di
lect⁊ nobis in xpo Johannes de Remnerwalle p̄ꝰ In loco ꝑ hmoi indulgeñ cōsequeñ ꝑ nos ordinato cōpui
Et ibidē vni ex cōfessoribꝰ deputatis cōfess ⁊ sedī lr̄ap aplicarū sup eisdē idlgeñ cōcessap tenoꝝ absolut ⁊ orbi
ciōs ꝑ nos sacras adipleuit ꝑq̇ ꝓptea Margareta vxor p̄dicti Johannes cum eaꝝ libri Tranerp d
ac oēs ⁊ singli de sua familia doīstica ꝑ nūc existeñ q̇ ṡrer penitētes ⁊ cōfessi in loco idulgeñ p̄dicto sacra loca ibi
dē visitāda visitauerit absꝙ aliꝙ cōtributiōe idulgeñ hmoi ⁊ plenissimā pcōp suop remissionē cōsequetur Si ve
ro impediti cōmode ꝑsonaliter cōparere nō potuerit Septē ecclesias siue capellas aut altaria iuxta cōgruētiā loci
i ꝗ degūt ꝑ cōfessorē q̇ ꝙlibꝫ ipoꝝ elegerit eis pꝫ vnū octo vicibꝰ visitare aut loco visitatiōis hmoi alia deuo
tiōis seu pietatis opa ꝑ euīdē cōfessarī eis iniūgēda adimplete teneātur Insuꝑ idem sanctissim̄ dn̄s nr̄ papa ꝑ
alias suas lr̄as et ex ꝓictap lr̄ap iubilei sicut practū ē absolutioꝰ saluti ̄s fructū ⁊ grāp cōsequi valeant vberiorē
tibi ac oibꝰ ⁊ singulꝰ de dicta familia existeñ q̇ idulgeñ p̄dictā cōsecuti fuerint ut pfertur ꝉ cōfessor ꝑ bonꝰ sēcularis
vl regularis que ꝙlibꝫ ipoꝝ i siuit elegerit cōfessore ipoꝝ ⁊ cutuslibꝫ top cōfessioibꝰ diligētr auditis ꝑ cōmissis
ꝑ eos ꝗbuscuꝙ criminibꝰ excessibꝰ delictis ⁊ ꝑcīs ꝗuācūꝙ graubꝰ ⁊ enormibꝰ Eciā si talia fuerint ꝓpter ꝗ sedes
aplica sit merito cōsulēda plenā semel in vita ⁊ semel in mortis articulo indulgeñ ⁊ remissionē eis ⁊ cuilibet ipoꝝ
cōcdere Ac eos eciā in aliīs ꝑtate sedi nō reseruatis casibꝰ totiens quotiens fuerit oportunū absoluere valeat er
grā supriati cōcelsit atꝗ indulsit In cuꝰ fidē ꝑmissop has nr̄as lr̄as Sigilli nr̄i ꝗ in talibꝰ vtimur fecim̄ apꝑsio
ne cōmuniri Datū in ___ Treiectēn diocesis Anno a natiuitate dn̄i Millesimoquadrīgētesimooctuagesimo
Die vero decima nona Mensis May Pontificatꝰ p̄fati Sanctissimi dn̄i Sixti Anno nono

forma absolutionis

Misereatur tui ⁊ Absolutionē ⁊ remissionē ꝫ Dn̄s nr̄ ihs xps ꝑ suā pissimā m̄diam te absoluat Et ego aucte eiꝰ et
btōꝝ Petri ⁊ pauli aplop ac sāctissimi dn̄i nr̄i pape michi cōmissa ⁊ tibi cōcessa te absoluo a vinculo excoīcatio
nīs si incidisti ⁊ resti tuo te scris sacramētis ecclie ac vnioni ⁊ ꝑricipatioī rūstidēliū Et eadē aucte te absoluo ab oibꝰ
⁊ singulīs criminibꝰ excessibꝰ delictis ⁊ ꝑcīs tuis ꝗuācūꝙ graubꝰ ⁊ enormibꝰ Eciā si talia fuerint ꝓpter ꝗ sedes
aplica merito cōsulēda foret Ac de ipsis eadē aucte tibi plenariā idulgeñ ⁊ remissioē rōfero In noīe patris ⁊ filiī
⁊ spūs sancti Amen Et nota q̇ in mortis articulo adiūgēda ē hec clausula Si tamē ab ista egritudine nō de
cesseris plenariā remissionē ⁊ indulgeñ tibi eadē aucte in mortis articulo cōtrēdā reseruo In noīe ꝑris ⁊c

Feuillet 12 recto du Dialogus creaturarum, imprimé à Gouda, par G. Leeu, en 1481.

Editions de G. Leeu, à Gouda, 1481-1484

1) Presens opus qd peccatoz consolacio denominatur impssum est goude in hollandia Per gerardum leeu anno domini M·cccc· lxxxi·mensis nouēbris die xxix

2) Sermones sensati mult tū edificatiui et cunctis xp̄i fidelib9 dn̄i dono pfuturi p gerardū leeu in gouda arte impressoria sunt completi Anno dn̄i M cccc lxxxij· cōmsis februarij die xx·

Hier beghint dat eerste vanden seuen sacramenten ende is van dat sacrament des doepsels ende wat dat doepsel is. Dat eerste Capittel.
Actoer.
Wt is dan dit doepsel daer ghi of spreect.
Ihesus. Het is een wasschinghe van buten mittē water Ende this sculdich te gheschien met een seker forme van woerden. ende sonder dese wasschinghe ende forme van woerden so en mach inder ewicheyt nyemant behouden bliuē of wesen. Die gods sone

die ewighe waerheyt die heeft gheseit dat soe wie dat niet en gheloeft noch ghedoept en is die en sal int ryke der hemelen niet in gaen. mer hi sal eweliken verdoemt wesen. Actoer Eñ trouwen dit soe is een grote crachte vā water this te mael groet dattet water een dus suuer ende dus reyn mach maken. Yhesus Twater raect dat lichaem vā buten. mer tgheloef dat wasschet den gheest dat inwendighe mensche van binnen. want dat woert en sou de niet wercken ten waer tghelome dat ghelijt vanden woerde dat gaet. mer die crachte van dien ouermits den ghe

a ij.

3) Dit boeck is voleyndet ter goude in hollāt Anno M CCCC en lxxxij bi mi geraert leeu den xxix dach in Julio

4) Voleyndet ter goude in hollantt bij mij Gherit leeu Int iaer ons heren M· cccc ende ·lxxxiiij· den ·xix· dach in Junio ·:·

1) Catalogus B. R. H. N° 417. 2) Ibid. N° 418. 3) Ibid. N° 419. 4) Ibid. N° 421.

Edition de Godfridus de Os, à Gouda 1486.

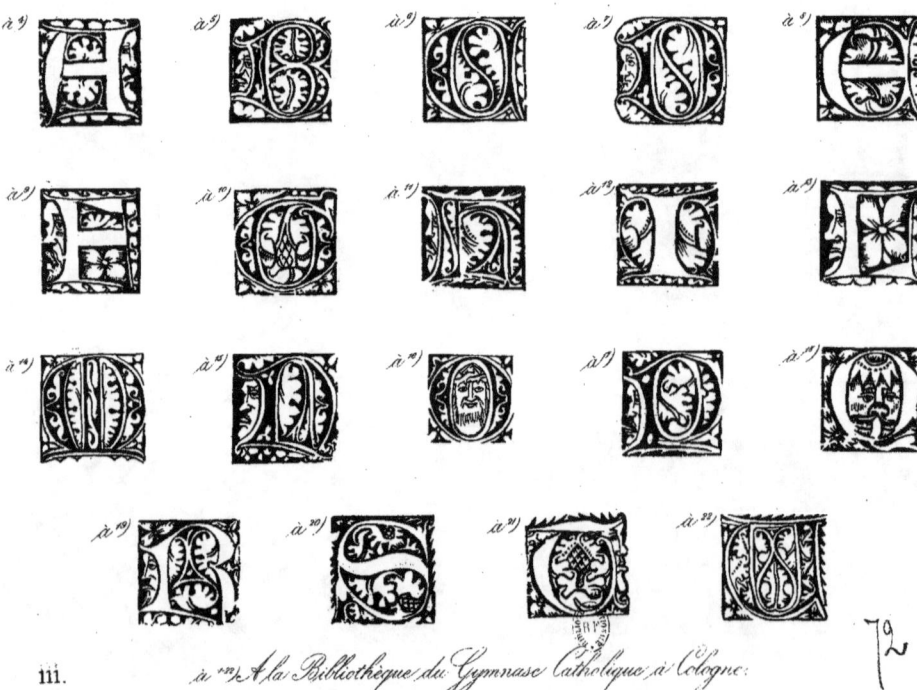

à la Bibliothèque du Gymnase Catholique à Cologne.

Édition de Govert van Ghemen à Gouda.

A la Bibliothèque communale de Lubeck

Le Chevalier delibere,
imprimé à Gouda.

Ainsi que a larriere saison
Tãt de mes iours que de lãnee
Je partiz hors de ma maison
Par vne soudaine achoison
Seul aparmoy, fors de pensee
Qui macompaigna la Journee
Et me mist en Ramenteuance
Le premier temps de mon enfance

Ainsi est de toy clerement
Qui le printemps de ton enfance
As despenduentierement
Et ienness pareillement
Qui test ores en desaillance
Et si nas pas telle esperance
Qne ont les arbres pour rauerdir
Car iamais ne peus Reuenir

Celle qui moult estoit mampe
Prist vng propoz de verite
Et me dit Celui qui se oublye
Fuit honneur, et si lamentye
Je le tiens pour deshirite
Soit deuoir ou de la sante
Ou despoir de grace diuine
Que chũn nest pas dauoir digne.

Vois tu onblier ou que soye
Le traittie qui tant point et mort
Que sist Ame, de mont ie soye
Plus Riche que doz ne de soye
Du merueilleur pas de la mort
Sauoir fault qui est le plus fort
De toy Accident ou debile
Chũn deulx en a tue mille

Tu vois pour la saison passee
Arbres et terres et herbaige
Lun sans vert, lautre sans Ramee
Fleur et odeur tout est cassee
Plus nest fueille fruit ne vmbraige
Tout tent a froidure et a neige
Tout est sech sans nulle vigueur
Et nest plus seue ne chaleur.

Les deux cheualiers trescrueux
En la grant forest Atropos
Tiennent le pas trop perilleux
Treshorrible tresmerueilleux
Sans auoir iour ne nuit Repos
Et continuent leurs propos
De tant combatre et de serir
Qne faire tout homme morir

Du Cabinet de M. le Marquis de Ganay, à Paris.

Le Chevalier delibere, imprimé à Gouda.

Comment lermite dit a lacteur que lon lappelle
Entendement. et des deuises quilz eurent ensamble

t traittie fut parfait lan mil
Quatrecens quatre vings et trois
Ainsi que sur la fin dauril
Que lpuer est en son exil

Et que leste fait ses explois
Au bien soit prisen tous endrois
De ceulx a qui il est offert
Par celui qui Tant a souffert.

La marche.

Du Cabinet de M. le Marquis de Ganay, à Paris.

Historie Hertoge Godevaerts van Bolsen, imprimée à Gouda.

De la Bibliothèque de S. A. S. le Duc d'Arenberg.

Historie Hertoge Godevaerts van Bolocu, imprimée à Gouda.

De la Bibliothèque de S.A.S. le Duc d'Arenberg.

Lettre d'Indulgence de l'an 1486.

Vniuersis presentes litteras inspecturis Baptistibus per aliis sacre pagine pfessor Archidiaconus in eccia rantonen Sancte sedis apostolice pthonotarius Nuncius et comissarius in hac parte Et decanus ac capitulu eccie cathedralis Tantonen salute Notu facimus qp sanctissimus in cristo pater et Dns noster Sixtus diuina pudentia papa quartus cunctis vtriusqp sexus xpifidelib qui pro tuitione orthodoxe fidei cotra turcas z edificatione eccie nre rantonen sede in toto orbe terraru ad honorem beati Petri apoloru principis tuuate, de bonis suis speciali intentione pie distribuerint, vel p nucios nostros miserit gtenus possunt eligere cofessorem secularem vel regularem qui eos ab oibus excessib z delictis preteroqp sedi aplice reseruatis totiens quotiens ad talem statu deuenerint vt verisimiliter de eor morte dubitet atqp in mortis articulo plenaria oim suoz pecoz remissione eis valeat impertiri de sue plenitudinis potestate facultatem cotessit Quas qdem indulgencias scilicet dns noster domin Innocentius papa octauus et moderns agbauit

Facultas absolucionis siue participacionis oim eccie suffragioz in quib nuc z in perpetuu permanent nedum obtinentes huiusmodi gram cofessionali s3 eo etia eoz parentes z benefactores defucti que facultas tarata est vnice tota simul cum confessionali Voluit quoqp idem sanctissim dns nr motu pprio ones z singulos huioi benefactores atqp eoz parentes defunctos aut eoz benefactores qui cu caritate decesserint in oibus pterib3 suffragijs missis, elemosinis ieiunijs, oronibus, disciplinis, et ceteris spualibus bonis que fiut z fieri poterut in tota vniuersali sacrosancta crist eccia militante et omnibus membris eiusdem in perpetuu participes fieri Cum itaqp deuot in cristo ad ipsius fidei piam subuersione et desensionem toliciter eccie reedificationem iuxta sumi pontificis intentione prout p psetes sibi in huius testimonium a nobis traditas pprobauis cotulerit eiusde auctoritate pontificis eidem, vt indulgetia predicte eccie cotessa quo ad in superiorib3 contesta vti et gaudere valeat merito cosat esse concessum Datu sub sigillo predicte eccie ad hoc ordinato die ipterim Anno domini Millesimo quadringentesimo Octuagesimo exto

Forma absolucionis in vita totiens quotiens
Misereatur tui xc Dns nr Jesus xps per meritu sue passionis te absoluat Auctoritate tuius z aplica michi in hac parte comissa et tibi concessa Ego te absoluo ab omnibus peccatis tuis In noie patris et filij et spiritussancti

Forma absolucionis et plenarie remissionis in mortis articulo reali vel verisimili
Misereat tui xc Dns nr Jhu xps per meritu sue passionis te absoluat Et ego auctoritate ipsius et aplica michi in hac parte comissa z tibi cocessa te absoluo ab oi sentetia excoicationis maioris vel minoris si qua incurristi deinde absoluo te ab oibus peccatis tuis cotritis z oblitis co ferendo tibi plenaria oim tuoz peccoz remissione remittendo tibi penas purgatorij in quatu tre meris eccie claues se extdut In noie pris z filij et spus sci

Catalogus B. R. K. No 351.

a) ...ditions de ... da c. d) ...dition d ...nvers de ... ieu

a²) ...

laten tot apmijn van dordoen om paps mit hem
iaken van der doot van here hughe sine neue. en
hoe dat dese paps worde gemaect en qualic ghelii
..en en seer corts ghebroken

Dus dit verloghe geduerende seer lan
wast ten laetsten den genoten van vra
rijc swaer te lijden en verdrietelic wāt a
apmijn woudē mosten si striden. End
ouerwoeghen des en ghinghen te rade mit malcand
.. coninc bidden wouden dat hi vrede ma
..gen apmijn ende sijn volc Als si dit als? mit m
..gesloten hadden sijn se gecomē daer si coni
..arel vonden ende hebben hem gheg roet mit reu
cien En als si hem grote eer waerdicheit gedaen h
ben .seyden si Here coninc v is kondich hoe dat dit
loghe lange gestaen heeft tusschen v en apmijn v
dordoen v dat ghi vrede mit hem ma
wilt. want alle tlant daer af bescadicht en gheste
wort Als coninc karel die woerden en begeerten
sijn heren ghehoert en ouergemerct hadde. dor..
hijt seer swaerlic nochtan in hem seluen ouerlegg
de dat te die ghenoten hem alle baden so consent
de hijt dat hijt doen wonde wes hem lide daer g
in dochte Daer tracteerden en ouerwoegen die g
note dat coninc karel scriuē soude een minlike gr
en enen brief an apmijn en sine maghen als dat hi

c) # The very trew history of the val iaut knight Jasō

d¹) Breuiarium secundum ordinem regulariū capi tuli wwindechimensis.

d²) ¶ Finit breuiariū regulariū vn diligēter correctū. Aitr vverpie impsslusp messerar dum leeu. Anno dni M.cccc. lxxviij. xv die octobris.

b¹) Dits blaffert en register vā den losrentē en lijfrenten die de stede vā der goude iaerlicx sculdich is binnen en buptē v stede voerb. en dat vanden iare ... en daer op beta linge gedaen biden tresoriers als

b²) (Vercoft ontrēt kerstauōt āno lxxix. licht gelt

Eerst losrenten binnen
der stede vander goude.

Jutte adriaen vredericx soen
weu versineū meye .... ij. l'

b³) Van nobels   Haerlem   Delft

dirck gerijt wouters disineū
meye .... iiij. l'

a¹²) A la Bibliothèque Royale de la Haye. b¹²³) Dans la possession de Mr. F. J.
Olivier, à Bruxelles. c) A la Bibliothèque de l'Université de Cambridge. d¹²) A la
B... Royale de la Ha...

Éditions des Frères Conférenciers (Collatie broeders), à Gouda, 1496-97.

a¹) **O liedwi**
van schiedam ghebore. Van god den heer
al wt mer coren.

b¹)

c¹) Die corte doernen crone

c²) Gheprent ter Gou tot die Collacie broeders.

a²)

b²) Tot loue goods en tot ghedenckenisse des heiligen leuens ende der passien Jhesu cristi so is dit boec volepyndet ter Goude in Hollant tot dye Collacye broeders / Jnt iaer ōs heren. M.CCCC.en Xcvi. op sinte Franciscus auont.

d) Huic operi manus imposita est extrema, in eo nō minus totius trinitatis ꝙ dei genitricis marie sanctorūꝙ oim laudes referuntur. cū horas lectitādo clerus resonet ois. et felici successu ad vsꝙ finem idem truente Jn domo fratrū Collationū i̅ Gouda Anno salutifere incarnationis dn̄i millesimo ꝙdringentesimo nonagesimo septimo. quartodecimo kalendarū decembris.

a³) Hier eyndet van sommighe punten vanden leuen van lied wy mer weet dattet hier nerghents nae al ghescreuen is dat van haer ware te scriuen.

Volepndet ter Goude Jn Hollant tot die Collacie broeders Inden iare ons heren M.CCCC. ende xcvi. den tienden dach in Junio.

e)

*a¹·²) à la Bibliothèque de M: Koemans à Gouda. b¹·²) Catalogus B.H. N.º 422
c) Ibid N.º 624. d) Ibid N.º 424 e) à la Bibliothèque Royale de la Haye*

*Editions de Jacob Jacobssoen (van der Meer) et de Mauricius Yemantzoon, à Middelbourg,
à Delft 1477-1479.*

a) de hem npthanors hooft ende die mil
dadighe hant die hi opgheheuen had
de op des almachtighen gods heilighe
huus: eñ doe verbliden si grotelic. Eñ
hi dede oec den fellen npthanors ton
ghe wtsnijden, eñ beualse an stijkens
den voghelen te gheuen: eñ sijn hant
dede hi teghen den tempel hanghen.
Hier om so ghebenedien sij alle den
here ende seiden. Gebenedijt si die he
re die sijn stat onbesmet heeft ghehou
den Mer npthanors hoeft hingmē in
den hogen borch: om dattet een groot
openbare teiken wesen soude vā gods
hulp. Ende aldus gauen si wt mit ge
mene rade. dat ne gheensins dese dach
ouerliden en soude sonder feeste: mer
die feeste te houden opten dertienden
dach der maent adar:diemē hetet in sie
rischer talen den eersten dach vā mar
dotheo. No in dien dattet npthanor
dus ghedaen wort, ende van dien tide
worde die stat vanden hebreuschen be
seten. soe sal ic hier in oec doe dat epn
de vander redenē Ende ist aldus guet
ende dat aldus der historien betaemt
dat tsī: mer ist te luttel waerdich: so is
mē mi nu sculdich te verlaten. Wāt
ghelijc alst contrari is altoes wijn of
bom te drinckē: mer dattet ghenoech
lic is no dat een ende dan dat ander te
besighen: also en salt den ghenen niet
lesen niet bequaem wesen die redē op
dat mense ondwindt: daer om salt hier
gheepndt worden.

8 Hier gaet wt dat ander
de boeck der machabeen

Delf in hollant

Dese ieghenwoerdighe bible mit ho
ren boecken. ende elc boeck mit alle
sijne capitelen bi ende notabelen mees‐
ter wel ouerghesett wt den latine in
duytsche ende wel naerstelic gecorri
geert ende wel ghespelt: was gemaect
te delf in hollant mitter hulpen gods
ende bij ons iacob iacobs soen eñ mau
ricius yemants zoen van middelborch
ter eeren gods . ende tot stichticheit
ende leringhe der kersten ghelouighē
mensche. Ende wort volepnt. int iaer
der incarnarien ons heer duysent vier
hondert zeuē eñ tseuentich. den thien
den dach der maent ianuario

b) Hier gaet wt dat boexkijn dat
men heet. Homme le Roy. Of des coninx som
me. Eñ wort gheepndt ende voldaen. in die printe
te delf in hollant. Int iaer ons heren duysent vier
hondert acht ende tseuentich. den vier ende twin
tichsten dach der maent aprilis: dat was sdaechs
nae sinte Iorijs dach. Ridder ende maertelaer.

c) maechden. die haer reinicheden gode gheloofd te
houden: tot eewighen daghen rusten woudt hebbē
dies ons die gene gheuen moet
die rust is bouen alle goet
Amen

Dit boec is volepnt te delf in hollant . Int iaer ōs
heren duysent vier hondert neghenentseuētich den
viertiensten dach . in die maent van meye

DELF IN HOLLANT

104.   a) Catalogus B. R. H. Nº 425. b) Ibid. Nº 427. c) Ibid. Nº 428.

Extraits de 200 Jaco J. van der Meer, à ... 1480-1487

a) van fpon bekerenisse Niet en vor-
der die viant in hem: ende die lone der boesheit en toe lette hi niet
die te leaden der ons seluen Di
ne ontfermherticheit heere worde
op ons als wi in di ghehoept heb
ben Toe ons heere dine oslerm
herticheit ende dinen heylgheuer
ghif ons Wes ons heer een toren
der sterchrit van des viants aen
lichte Heere god der doochden be-
kenne ons ende toen ons dijn ae-
lichte en wi selen behoude wese.
Heere verhoer Pñ Miserere mei
deus l. Glorie sī Alit was Orcsl.
Stant op heer en help ons en ver
los ons om dinen heilighk naem

b) Hier gaen ut die epistelen ende die euangelien
metten sonnendaechsen sermonen vanden gheheelen iaer ende vanden heilighen: Ende iaer ons heeren
prent te delf in hollant Jnt iaer ons heere viertig
hondert ende lxxxi⸫ Deo gratias⸫

c) Et sic finitur Delff In hollandia iſpū⸫
Anno · M · CCCC · lxxxix ·

delff in hollandia

d) Ende hier mede so ne-
met ende dit tegenwoer-
dige boerck gheheten Sō
me rupral Dat welcke
ghepreñt is te Delff in
Hollant Inden iare M
CCCC lxxxiij den sijssten
dach in augusto

e) Hier eyndet die duytsche souter
ende is gheprent te delf in hollāt
Int iaer ons herren dusent vier
hondert ende tachtich opten twalefsten dach van februario

f) Euangeliē Eñ Epistelē
vanden gheheelen iare
metten sermonen

f) Hier gaen wt die epistelē eñ die euāgeliē
metten sonnēdaechsen sermoenē vande gheheelen iaer eñ vanden heilighen Eñ sijn gheprent tot delff in hollāt Int iaer ōs herē M
CCCC eñ lxxxvi op sinte ādries auont⸫

e) den doot sijnre zielen Ende begheert al dt hem
dat sielen sal benemen waerlike het is so volck
sonder raet ende sond wijshept Och of si smar-
ten ende verstonden ē die vterste dinghen voer-
saghen⸫

Voleynt te delff in hollant
Jnt iaer ons heren · M · CCCC ·
ende lxxxvi · opten xxv · dach · van
Merte ter eren gods ende maria
sijnre liever moeder ·

g) De spiritu gwidonis

g) Jmpressum delff Anno dñi M · CCCC · lxxxvi
in prouo srate barbare virginis ad honore tei sipositis ·

h) Quatuor nouissima
dyonisij carthusiensis

h) Explicit medisesse quor nouissimoy dyonisij carthusiensis Jmpressū Delff Anno dñi M · ccc lxxxvi · alia-
ra die pȳ stestōs sunct pauli apsi⸫

---

a) Catalogus B.R.H. N° 622 b) Ibid. N° 633 c) Ibid. N° 635 d) Ibid. N° 636 e) Ibid. N° 626 f) Ibid. N° 627
g) Ibid. N° 568 h) Ibid. N° 569 i) Initiale xylographique tirée du livre Somme rupral de 1483.

Éditions de l'imprimeur à la licorne à Delft 1488-1494

Een genoechlick boeck gheheten dyalogus der creaturen

a) Hier is voleynder bider gracien gods een boeck gheheten Dyalogus creatuarũ Dat vol is van genoech liken fabulen die profitelick sijn tot leringe der menschen. Eñ is geprẽte delf in hollant Jnt iaer ons here M·CCCC·lxxxviii·dẽ ij dach in Nouembri.

b) Voleyndt te delf in hollant Int iaer õs heerẽ M·CCCC· eñ lxxxix op sinte symon eñ iudas auont.

Den gheestelijcken minnenbrief die Jhesus cristus coninck der glorien seyndet tot sijnder bruyt der minnender Zielen

ewighen eñ sõderlingen loen of hebben Een menlche die tot mij keeren wille die moet hem seluen wat ghewelts doen inden eersten dat welck een teykẽ is vã groter begeerten te mijwaerts Men vint luttel menschen sij en souden wel willen heylich sijn eñ deuoet maer sij en wolten hem seluen gheen gewelt doen Jc ben altoes bereyt den menschen te helpen als sij hem daer toe voeghen willen met neernstigher begeerten ende werchen / Eñ als sij haer beste in als doen Niet meer op desen tijt dã is seluer sal comẽ tot v-Daer omme sijt op v hoede op dat sy bereyt vindẽ mach den tijt is cort eñ dierbaer maer ewelic is sõ lang Denct op mij eñ sich voer di blijst bi mi ic bliue bi dy Daer wel eñ blijft in my inder ewichept Amen Si of al uwen jhesum cristu v salichmaker die mi seluen willichlic tot liefden gesteert hebbe inde hout te des cruuen voer v misdaet altijt bereyt eñ willichlic te ontfangen in minen armen alle die ghene die mij uut gantser herten begerende sijn

Gheprendt Te Delf in Hollant Int iaer xci Den tienden dach in Augusto:

Dyonisius de particulari iudicio dei

d) deus sublinis glosus et bñdictus in secula Amen
℄ Explicit opusculũ dyonisij de particulari iudicio dei vniuersalis dei Impressũ Delf Anno dñi M·cccc·xci·

c) Dit boec is gheprindt te delf in hollant Int iaer ons heeren·M· CCCC·ende·xc· inder maent van meye op den pinxter auont:
DEO GRACIAS

f) Vanden seuen droefheden ofte weeden onser liever vrouwen

℄ Dit boeck is gheprent te Delf In hollant Jnt iaer ons heren M·cccc· eñ xciiij opten xvij dach in Julio

ditions de ○ ○ van ○ Delft, 1498-1500.
Planche et Initiales xylographiques tirées de livres imprimés à Delft.

a¹⁾ ¶ Gheprent te Delf in hollant. By
mij heynrick Eckert vā homberch
Int iaer ons heer̄. M.cccc.xcviij.

a²⁾

b¹⁾ ¶ Gheprent te delf in hollant. By
mp heynrick eckert vā homberch Int
iaer ons heeren. M. CCCC. xcix. in
die maent van augn̄.

b²⁾ ¶ Hier voleyndt dat eerwaerdige en̄
notabel boeck gheheten dat passionael
of gulden legende seer naerstelick vtē
latijne in duytsche getrāslateert Ghe
prent te Delf in Hollant. By mi hen
rick egkert vā homberch. Int iaer ōs
heren. M. CCCCC.

a¹⁾ A la Bibliothèque Royale de la Haye *b¹⁾* Catalogus B.R.H. N° 467.
c⁾ Planche tirée du livre intitulé Die seven moede van Roemen Catalogus B.R.H.
N° 457. *d¹⁾* et *e⁾* Initiales xylographiques.

Der Zielen troest,
imprimé par Pierre Werrecoren, à St. Maartensdyk, en 1478.

a¹) Er zyele troeste es gheleghe aen heylyghe leere wāt ghelyck wys dat het lichaē leeft by dē vytwēdyghē broede Soe leeft dye zyele by dē heylighē leere welck es dye heylighe scrifture vyt dē welckē dit buecs al gheraēt es daer by macht met richte hyetē der zyelē troest Somtyts so es der zyelē troost ghelegh i geestelyckē hystorien vyt dē oude testamētē Somtyts vyt dē niewē testamētē Somtyts in andrē gheestelyckē pūctē ¶ Dye profyteliste eñ notabelste pūctkēs dye dese gheestelycke hysto-

rpē in houwēde syns dye syn hier in ghecopuleert tot dyer zyelen profyte eñ solyte señ daer meest der zyelē troost in ghelegē es

Ese ziele troest es ghetraemt vyt menighē dyuerscē boeckē Vyt dē bybels vyt dē passionael vyt dē gheestelicker hystoriēn vyt dē spyegel der hystoriē vyt dē decretē vyt dē oude vaders boeck vyt dē collationael vyt dē dyalogh En ooch vyt alle gheestelycke boeckē daermē af weet te sprekē eñ daer dyer zyele troost in gheleghē sy Vyt dē welcke boecke tghene dat 8 alderbehaechgelicst in es om hoēses in desen boecke gheset Eñ ooc tgeene datter lichtelicst i es

a²) ¶ Finis adest libri sit gloria cūctipotent Js.
¶ Ac componeñt J collatus ad ethera summ Js.
¶ Istus tytulum consolatio dic ammarum̄s
¶ Anno dñi M⁰ ccccc lxxviii mēsis nouēbris

a³) ¶ Item der ziele troest dy es ghēprint Ter eeren eñ ter weerdichept der ghebodē gods Hy my pyeter werrecoren wonēde tsentemertens dyck in zeelants

¶ Jc pieter werrecorē bidde dē ghene dye dit werck selen pēs ofte lesen dat sy my niet te zeer daer in en begryppē wāt hets myn eerste werck dat ic nye gewrachte Jc hoeps noch altyt te vbeterē by der gratiē gods

a⁴) a b c d e f g h i k
l m n o p q r s t v

a⁵) À la Bibliothèque de l'Abbaye d'Averbode (Brabant Méridional.)

a 1-2) Éditions uniques d'un imprimeur inconnu, à Nimègue, en 1479.
b) Souscription d'une édition des mêmes traités, imprimée par J. de Westfalie, à Louvain, vers 1480.

a¹)
Epistola declaratoria iuriũ et priuilegioꝛ fratrũ ordinũ mendicantiũ cõtra quosdã articulos erroneos condempnatos quorũdã mgroꝛ et curatoꝛũ etiãꝫ parrochialiũ. Prologus
Reuerendo in xpo patri sacre theologie professori eximio magistro Andree camitis | per prouinciã Saxonie ordinis predicatoꝛ priori puinciali bñ merito suo preptori kmio. frater Engelbertus cultistitis eiusd' ordis et puide ac facultatis | imerit9 pfessor obiaꝫ tñ debita qp deuota Ad requestã ṽre patnitatis contra aduersariũ quendã basiliẽũ iuriũ et priuilegioꝛ ordinũ mendicantiũ, put ṽre patnitati michi iniũgere placuit | nõ vt volui propter quorũdã libroꝛ carentia sʒ put potui, aliqua ad honorẽ dei et ordinũ predicoꝛ defensionẽ | prout sequitur colligere curaui. ¶ Cristus igit dñs et deus ver9 pasfamilias hui9 mundi | cuius vicarius ẽ papa hic in terris | a principio mũdi misit in vineã suã

a²)
¶ Epistola breuis ac putilis. de symonia vitanda in receptõe nouicioꝛ et nouiciaꝛ ad religionẽ. ¶ Prologus.
Enerabili pri. N. priori canonicoꝛ regulariũ in Nouimagio. frater Engelbertꝰ cultistitis sacre theologie pfessor ordinis pdicatoꝛ cũ sui humili recõmendacione. Vestro desiderio satisfacere cupiens | quo

a³)
¶ Explicit epistola breuis ac putilis de symonia vitanda in receptõe nouicioꝛ et nouiciaꝛ ad religionem. collecta p Reuerendũ mgrm Engelbertũ cultistitis sacre theologie pfessorẽ ordis pdicatoꝛ. Anno dñi. m°. ccc°. lxxix° mẽsis July. die ix. in Nouimagio Atqꝫ ibidẽ eodẽ ãno diligenter impressa die xxiij. mensis Augusti.

a⁴)
¶ Explint epla declaratoria ac defensoria iuriũ et puilegioꝛ frm ordinũ mendicatiũ cõtra quosdã articulos erroneos codẽpnatos. quorũdã mgroꝛ et curatoꝛ ecclesiaꝛ prochialiũ Edita et copilata in cõuẽtu Nouimagẽsi ord pdicatoꝛ p Reuerendũ Mgrm Engelbertũ cultistitis ord eiusdẽ ac sacre theologie pfessorẽ eximiũ | Anno dñi. m°. ccc° lxxix° Atqꝫ eode ãno in pdcõ opido diligenter et fideliter impressa Ad honorẽ dei omnipotẽtis cui9 nomen est benedictũ p secula Amen.

b)
Explicit epistola breuis ac perutilis de symonia vitanda in receptione nouiciorum ꝫ nouiciarũ ad religionem. collecta per Reuerendũ magistrũ Engelcultisicis sacre theologie. professorem ordis pdicatoꝛ. Anno dñi. m°. cccc·. lxxix. mẽsis Julii. die. ix. in Nouimagio. Impssa p me Joãnẽ de Westfalia.

a) Catalogus B. R. H. N.º 514 et 513.
b) A la Bibliothèque de l'Université de Leipzig.

Éditions d'un imprimeur inconnu, à Zwolle 1479.

Incipit modus confitendi..

Quoniam omni cõfitenti necessariū est habere generalem dicere confessionem rursus tanta est virtus secundū magistrum sententiarū libro quarto distinctione 16. capitulo primo q̃ innumerabilia venialia delet peccata Criminalia vero et mortalia quorum non recordaris tollit peccata vero que fecisti in memoriam reducit Qua propter ad utilitatem confitentium est collecta Mulca enim requiruntur ad debitam fieri confessionem scilicet q̃ sit Ordinata discreta Integra propria vera pia pura nuda festina et sic de aliis cõditionibus quibus abstractis nõ erit debita confessio Debet autem precipue confessio esse ordinata et discreta ita q̃ secundum debitū ordinem confitens in ea procedat non postponendo priora & preponendo posteriora. q̃ primo debet cõfiteri de quinq; sensibus secundo de septem peccatis mortalibus tertio de decem preceptis quarto de operibus misericordie tam corporalibus q̃ spiritualibus quinto de septem sacramẽtis, sexto de septem donis spiritus sancti septimo de duodecim arti

Jinzala pña multa scilicet tulex Jsiamia quedã seges f' herba pursu Jinciber qbam spẽs aromatica gengber Jona ·s· cingulū & pyrie larum Jonarius est ille qui facit zonas Jonifragium est zonarū fractio Jorobabel ·s· iste magister de babilone Jorrus ra rum ·s· usualis Jozing· s· unuax f' vsi vsq. A . M . E . N.

Et sic est finis deo laus & gloria trinis

Presens hoc opusculū non stili aut penne suffragio sz nova artificiosaq; inveneṱoe quadã ad eusebiã dei sculsie swollis est cõsũmatũ Sub ãno Nativitatis. M. cccc. lxxix feria quinta ante festū Nativitatis dominicæ Nota ignota qui volt teutonica verba legatur opus presens et retinere velit Maxima dominimis ex pribus arcipe totū Inuenies quod amas si studiosus eris Ecce Ihū xp̃e claudo pierate libellum letitie cupiens relictis habere lorellum dñi redẽptoris genietrix q̃ ugo pudoris libri pressoris animam rege veste decoris.

a) A la Bibliothèque Royale de La Haye. b) Catalogus B. R. H. N° 478.

Editions d'un imprimeur inconnu (Joh. de Vollenhoeve?) à Zwolle, 1479–1480.

⁂ Secundus gracie vsus est in frenando ppriam voluntatem per temperantiam constringentem. Turpe est et est nature contrarium · vt vbi se frenat brutalis natura q̄ in lasciuia tota est · pna i sine freno viuat racōnalis natura · que sensualitatis et carnis est domina non ancilla. ⁋ Notandum igitur est · ꝗ Aureolus Philosophus · in quodam libro suo de nupcijs dicit · Querit enim an vir sapiens ducere debeat velle vxorem · ecia li sit pulchra · si casta · si bene composita · si bene morigeata · si ex partibus honestis ꝯ · que in muliere sunt tō mendanda · et ait raro ista omnia cōueniunt in aliqua · ꝗ etsi cōueniant : a sapiente tamen vxor ducenda non est · et racōnem assignat quare · vxores inquit querunt preciosas vestes · suppellectilem variam · aurum et gemmas · et obsequentes ancillas · et tamen vt ipse addit · pponunt marito garrulas questiones · Talis inquit ad virum : Illa me honoracior precellit ad publicum · talis honoracur ab omnibus · et in conuentu feminarum quasi miser despicior · cum reiam hodie talem quā imperisti vicinam · die mihi quid loquebaris hodie cum ancilla · de foro eciam veniens quid inquit michi portasti · Et sic nec amicum nec sodalem habere possumus · quia vxor alterius odium suspicatur ꝯ · Tercius vsus gracie est in releuando summam necessitatem per misericordiam subleuantem · Unde prima · Petri quarto · Unusquisqȝ prout accepit graciam illam in alterutrum administrantes · Turpe est si misericordiā quā exhibent bruta non exhi

beat homo animal mansuetū a natura. O crudelitas humana · O crudelitas dura tigridis lacte nutrita · vn nobis crudelitas tanta constat? Deponamus fratres omnem prorsus ferocitatem · vt per virtutum exercitia quidquid inhumanum est et ferum in nobis omnino depereat · ac per hoc triplicem gracie vsum obseruantes ⁊ supernorum ciuiū gloriam attingamꝰ · Quod nobis prestare dignetur xp̄istus ihesus · Qui cū deo patre et spiritu sancto viuit et regnat deus in secula seculorum Amen ·

Ventura bona doc̄t̄is seraphici doctoris Bonauenture sacrosancte Rōne ecclesie Cardinalis dignissimi de tempore simul et Sanctis perfructuosum opus Zwollis impressum ⁊ Feliciter explicit · ꝯ · Anno domini Millesimo quadringentesimo septuagesimonono.

---

a) Explicit dm̄ Bonauenture centiloquium opus putile Zwollis impressum deo gr̄as ·

---

b) Explicit speculum iuuenū compositū ab huīli viro dn̄o theoderico de herxaten pr̄e domg clericorū in Zwollis opus licet puū tn̄ pfructosum

d) Expliciunt sermones dm̄icales sup euāgelia et epistolas p totū annū fr̄is hugonis de prato ordinis p̄dicatorum · opus non minus necessariū ꝙ fructuosum Zwollis impressum · Anno dn̄i Millesimō q̄dringentesimooctogesimo ·

a) Catalogus B.R.H. N°. 480. b) Ibid. N°. 481. c) Ibid. N°. 479. d) Ibid. N°. 482.

Marques typographiques et initia
de P. van Os de Breda, à Zwolle.

a) Tirée d'un livre imprimé en 1484. Cat. B. R. H. N° 485. b) Tirée d'un livre imprimé en 1485. Cat. B. R. H. N° 488. c) Tirée du Passionael de 1490. Ibid. N° 498. d¹⁻²) Tirées du Sterfboek (Ars moriendi) de 1488. Ibid. N° 633.

83.

Planches xylographiques tirées du Sielentroost (Consolation de l'âme) et du Sterfboek (Ars moriendi) publiées par P. van Os de Breda à Zwolle.

a) Catalogus R. R. H. N° 488. b) Ibidem N° 633.

84.

Editions de Tymannus Petri Os de Breda, à Zwolle 1497-1500.

a¹⁾ Baptiste Mantuani vatis præstantissimi diuinũ secũde Parthenices opus: sacrosanctã diue virginis catharine passionem heroico carmine illustrãs: nõ minus cultũ q̃ piũ. ad. D Bernardũ bembum patriciũ venetũ et iure cõsultũ peritissimũ.

a²⁾ In quarum laudes quantum certauerit: arte
Pindarica fulgens testificatur opus.
Nulla erat (infandum facinus) reuerentia coelo:
Squallidus inculto numine Christus erat:
Hic pius ad sedes hominem reuocauit olympi
Restituens nostro mystica Sacra deo.
Protulit in lucem veterum monumenta parentum:
Quicquid z̃ a Christo lex noua nostra capit.
Ergo tuos tandem mores depone feruos:
Et memori vatis pectore nomen habe:
Detur z Euripidis versum transferre sepulchro
Qui fuit Æmathio conditus ante solo.
Nulla erat tua o vates monumenta peribunt
Faueste Mantus: Virgilijq̃; nepos.

¶ Secunde parthenices opus diuinum Swollis impssum. Anno natiuitatis dominice. M.cccc.xcvij.

a³⁾ Vñ is geprint toe Zutphen. by my Thiman Peters os van Breda Int iaer ons here M. CCCC. vñ xviij.

d³⁾

b) Liber faceti docens mores hominũ. precipue iuuenum in supplemẽtum illorum quis catohne erant omissi iuuenibus vtiles.

c) De moribus
non per vicia z libidines zque nec laudem in se habent vllam nec quietare animus possunt sed per virtutem modestiãq̃; a se ditur Bono igitur viro rectam expedicumq̃ interest ad fœlicitarem Solus enim hic non fallitur neq̃; aberrat Itaq̃; is solus bene viuit z bene agit Malus aut contra. Si ergo beati esse volumus operam demus vt boni simus virtutesq̃; exerceamus.3. ¶ Finis.

¶ Liber Aristotelis de moribus ad Eudemium discipulum per Leonardum Aretinum e græco in latinum traductus fuit. Zwollis impressus per me Tymannum petri os de Breda.

a¹⁻²⁾ Catalogus B. R. H. N° 508. b) Ibid. N° 512. c) Ibid. N° 635.
d¹⁻³⁾ A la Bibliothèque Royale de la Haye.

Impressions de Arnoldus Caesaris ou l'Empereur ou de Keysere,
à Audenarde.

a) pressum aldenardi p̄ me Arnoldū cesaris meosq̄ sodales dulce incarnationis supra Mᵒ cccc⁽ᵐ⁾ ano lxxx° vnde ferant laudes ū̄cta creata deo

Quisq̄s ad helifeos campos et prata suprna
Ire cupis/ ducet iste libellus eo
Monstrabitq̄ viam directam/deuia uitans
Et salebrosa simul et tenebrosa loca
Est iter obstrusum p̄ quod cōscendere cœlū
Nitimur/ ac illud nos docet iste liber

Autor ut innoteat/ et ops̄ labor/ et liber eius
Hunc aldenardum pressit oß id nitide

Arnoldi manib; faueat deus arbiter equus
E quibus effluxit vtilis iste liber

b") Dieu eternel rechoy mon œure en gre
Accorde moy/par ta dignacion
Manoir ou ciel/ qui est le hault degre
Pour de ta face auoir fruicion

Item et ledit translateur
par fourme de admonicion

Toy qui desires/ en ce monde obtenir
Honneur/tresor/delices et auoir
Or/ que en ta fin te fault par mort venir
Memoire/ en cœur/ vuelles bien dicelle auoir
Aussi penser lextreme ingement
Soubz quel serms iugie realement
Les griefs tourmens que plusieurs souffrōt
Es bas enfers/ que dyables leur feront
Ramembre aussi/ de paradis la gloire
Ou seront mis ceulx qui bien fait auront
E bien penser/ fait tous vices excloire

Priez po̅ limpresseur de ce liure tresexcellent
A audenarde impresse/po̅ instruire toute gent

Bien eureux sont/ qui cp bien font/sans gloire vaine
ou ciel iront/grand ioye auront/sans fin certaine

c") Hier hendt dystorie van saladine
Int curte ghecopuleert van nyen
Lustte de de my̅ lostaen de pine
Ende de delyt van den payen

T audenaerde ghepr̄endt.

a') Catalogus B.R.H. No 515. b"²⁾ De la Bibliothèque du savant bibliophile Ferd Vanderhaeghen, à Gand. c"²⁾ De la Bibliothèque Communale de Harlem. d"²⁾ Initiales xylographiques qui se trouvent dans les Editions de A. de Keysere.

Feuillet 143 recto des Gesta Romanorum,
imprimé à Hasselt, par P. B(armentlo) en 1481.

militē sub lecto obedientie et satiſfactiōis occīltauit donec grimoal
dꝰ rex ⁊ pr̄ celestis portatico p̄ murū tribulatōis deducto pctm̄ mise
ricordite: diſſimulauit Qui accept̄
equis pascualibꝰ ⁊ i. aliorū sanctorū
⁊ electorū meritis: ad citate; aſtēſēpueit. Ciuitas ista ē de q̄ Joā Ap̄
dicit Uidi ciuitatē sāctā; iherusalē;
descē. ⁊c. Et de loco illo ad regem
frācie p̄perabat Frācia ē illa sanc
torū angelorū supcelstiū; curia vbi
rex in opademate supne gr̄e coro
natꝰ cū leticia resīdet cū ois gaudij
plenitudine. Sz cū mane facto corpus et āia a peccato qd cōmiserat
⁊ iam absoluti ad iudiciū venerīt ⁊
p̄ diabolū accusānt et examināt̄ de
mō ⁊ forma: q̄liter dn̄s . i. āia liberata ē a penis mortis eterne ⁊ vicu
lis eius Tunc grymmoaldꝰ rex index vīuorū ⁊ mortuorū a cōsiliarijs
suis. i. iusticia vel eq̄tate et m̄ia vel
benignitate iuestigabat qua pena
tales digni sint Tunc iusticia q̄ capitali sentētia plecti debeat id ē eē
naliter dānari p̄ peccatū cōmiſsū af
firmat Er alia pt̄e diaboli accusan
tes astabāt q̄ eos excoriandos per
iusticiā iudicis, pclamabūt Sed benignꝰ dux q̄a pctm̄ p̄ cōfessione et
penitēcie satiſfactionē deletū ē sen
tēciabit eos ad vitā igredi cū elect̄i
ip̄e nimia fidelitatē quā vnꝰ alteri
oſtndit ⁊ a morte liberauit ⁊ dicet Is
ti digni ſint oī honore: q̄ sic fideles
suo dn̄o ext iterūt Et coronabit eos

corona glorie et leticie sempiterne
De adulterio   Ca. C. lxxxi.

Legit̄ q̄ quidā rex habuit leo
nē leenā ⁊ leopardū quos m̄
tū dilerit Leo v̄o cū absens eet lee
na cu; leopardo adulteriū cōmisit
Ut leo v̄o fetore; adulterij ī ea n̄ sē
tīrz: solebat sp̄ balneare ī fōte iux
ta castrū regis Rex v̄o cū hoc sepi
us vidisset quadā vice cū leena adulterata fuisset. fōte iussit claudi
Leo v̄o veiens ⁊ fetore adulterij sē
tiens coram ōibus ea; tanq̄ iude x
per sentētiam latam occidit.

Moralizatio

Iste rex ē pr̄ celestis. Leo est
dn̄s noster ih̄us xp̄us . i. leo
de tribu iuda. sed leena ē āia bois
que sepe adulterat̄ cū leopardo. i;
cū diabolo Que cū sic adultera ta ē
currit ad cōfessionē ⁊ saluat̄. sed ſi
descendit sine cōfessione et cōtriti
one vindictā; leonis euadere non
potest. sed eā p̄ iustā sentētiā dam
nabit q̄a omnibꝰ reprobis dicetur
Ite maledicti in igne eternū q̄ ⁊c.
A quo nos defedat: q̄ sine fine viuit ⁊ regnat deuſ per cuncta secula
benedictus. Amen. Deo grās.

Presens hoc opus ex gestis roma
norū qd ferī recollectoriū; cū plu
ribꝰ applicatis hystorijs de vtuti
bꝰ ⁊ vicijs mistice ad itellectū trāsumptis dei dono i Hasselt finitū;
Anno domini M. cccc. lxxxi.
               P. B.

Feuillet 9 verso et Feuillet 10 recto d'un livre, intitulé: Dit is van volmaecte claergie, &c.
imprimé à Hasselt, par P. B(armentlo), vers 1488.

a.) Hoemen doechden vercrighen sal ende vanden ewighen leuen

Er nu en ist niet genoech die quaet
heyt te laten ende die sonden te haten
mer men moet oec die doechden ende
goede werckten leren doen ende daer sel u dese der
leste zeer toe helpen wildise naerstelicken stu
deren ende ouer lesen · dat is dat ghi u zijel oer
sendet uten lichaem mit ghedachten als voerscre
uen is · ghelikerwijs als ghile in die twe en
der lesten inter hellen ende in dat vaghenter heht
leren senden om die quaetheyt te laten ende die
sonden te haten soe sentse nu oer tot desen sterk
like lande in dat lant ter leuender om te leren die
dueghden te vercrighen ende te hanteren · want in
die lant dat is in hemelrijk daer en verontreen
niet noch daer en sterkeumen niet ende daer leert
men alle goet ende alle duechden Want daer en
mach gheen quaet in comen Daer is onenulde
lichheit alles goets · Deuenheit Rijckheit Eer
puechte · minne · wijsheit · grote Subtijlheit
unteruite ende blijscap sonder eynte Daer en is
gheen apoetrijtscap ofte gheuegulstheit Gheen

a.) Catalogus B.R.H. N° 517.

Suite des éditions de P. B(armentlo),
à Hasselt, en 1488.

a¹⁾ *Catalogus B.R.H. N° 518*   b. *Ibid. N° 178*

Suite des éditions de P. B(armentlo), à Hasselt, en 1490.

a.) Steffanus eirste marteler patroen i Hasselt

a.) waneer datter ghesthien sal
daer en weet nyemen niet of.
Hebbe ick yet guedes of nut
tes in deser epistolen gespro
ken dat en legge my nyet
toe, mer den verdiensten des
gloriosen Hieronimi. Ende
heb icker yet ouervlodichs
of onnutes of quades in ghe
sproken dat neme een yeghe
lic iudien datter van mijnre
onwetenscap ende versume
nisse gheschiet is ende datter
mijn schult is ☉ wel lieue au
gustine ghedenc mijns in di
nen ghebede.

God si ghedancket
ende ghelouet nu en
tot allen tijden Ame

¶ Hier eindet ende
is wt die Epistole de
saucte Cyrillus die
die anderde biscop
was toe Jheruzale
sende dē hoghen lee
re augustino biscop
van yponen. Vā dē
miraculen des glo
riose Jheronimi des
hilligen leerres.

¶ Ter eren godes al
mechtich ende syne
ghebenedider moed'
ende des gloriose Je
ronimi is dit volein
det toe Hasselt. Jnt
iaer ons herē m cccc
ende xc. des daghts
na nie iaers dach.

a (2) Catalogus B. R. H. N° 519

Editions de M. van der Goes, à Anvers, 1482-1484.

a.) Dit es den Spieghel ofte een reghel der kersten gheloue ofte der kersten eewe

a.) ¶ Hier eyndet ende gaet wt een boec gheheten die Spieghel of reghel der kersten gheloue oft der kersten eewe Ende es gheprent tantwerpen bi mi Mathys vander goes Jnt Jaer ons heren. M. CCCC. ende. lxxxij. opten .xix. dach van april.

b.) ¶ Hier beghint dat lyden en dye passie Jhesu xpisti ons heren Jhesus xpistus die leekens en die mirakelen die hi dede na die dat hi gheeruust was also als die iiij. ewangelisten bescreuen hebben End Joseph van Aromathis ende Nycodemus ghetughet hebben / ghelijckerwijs als si seluer ghesien hebben ende ghehoort

Je Joden in haren ende wegaders om Jhesum te doden of sine leringhe woe-der te staen / want hi leerde contrarie haren wercken om dat hi wilmede haer wercken ende haer leuen ende dat si haere leesten van si leesten Jochtans hielten si der ou der ouders leer van buyten / ende niet van binen End hierom waest dat Jhesus seide Ten si dat v wercken ouervloedigher zijn dan die scriben ende die pharizeen ghi en moghet niet in comen int rijcke der hemelen Ende die prinon der papheerden dit nodi / ende si pijnden hem in zijn woerden te vanghen hadden si ghemoghen. Ende het gheschiede dat een toecheyst der Joden quam van der wonighe des tempels / maer die en was die heerlike wonighe niet noch dye ander / maer dye derd / ende die was in die winter Maer dus voel

c.) en die ghebenedijde gods soen comme de glorien en die ewighe troester / die goedertierenheit god die heilighe gheest AMEN.

Voleindt TAntwerpen bi mi Mathys vander Goes Jn. M. CCCC. lxxxiiij. J. C.

a.) Catalogue R. R. H. N° 147. b.) Ibid. N° 149. c.) Initiales xylographiques employées par v. d. Goes.

Editions de M. van der Goes, à Anvers, 1482-1484.

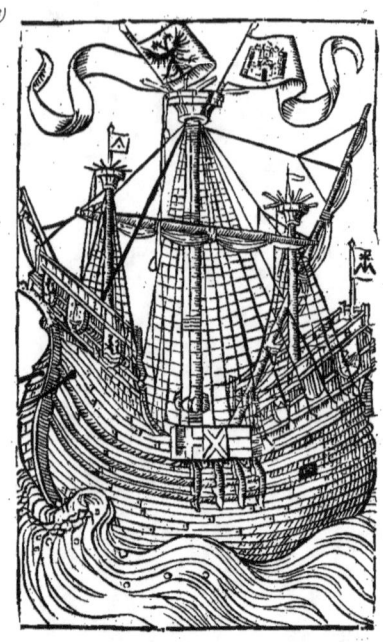

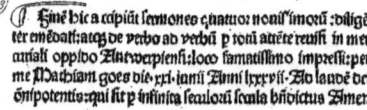

ⁿ) ¶ Fine hic a cōpiāt sermones qnatuor nouissimorū:diligē
ter emēdati:atqz de verbo ad verbū p totū attēte reuisi. in mer
cativali oppido Antwerpiensi:loco famatissimo impressi:per
me Mathiam goes die· xxj· ianū Anni lxxvij· Ad laudē dei
ōnipotentis:qui sit p infinita seculorū secla bñdictus Amen

ᵃ) ¶ Quatuor nouissima
dyonisij carthusiensis

ᵈ) Incipit confessionale· pmo p questiū
culas Scōo de mō confitendi· multū
vtile·

Eniteas cito· peccator cum sit
miserator Judex Et siuut hec
quinqz tenenda tibi·
Spes venie· con cōtritū· cōfessio culpe
Pena satisfaciens et fuga ne qui be·
¶ Sententia horū versuū est O pctōr deo τ hīe cōsiliatio
ne dēs penitere. s. agere pñiam: et eā est qz Judex· s· deus nr est
multū misericors· magis patus ad miserendā q̄ς vt ad peten·
dū· ¶ Lūc soluit ea q̄ requirūtur ad verā pñiā: dicēs. qp qn
qz sunt tenenda in plēā pñiā: pmū Spes venie: scōm Cōtritio
cordis: tertiū Cōfessio culpe: quartū satisfactio: quintū Fuga pec
cati· Hoc est· ppositū mūq̄z peccandi·

ᶜ) Disputatio christi τ latro
nis. de finali penitentia et
dei larga misericordia
Dyalog⁹ cōsolatori⁹ glo-
riosissime virginis marie.
et peccatoris

ᵃ) Catalogus B. R. H. Nᵒ 150. ᵇ¹⁻²) Ibidem Nᵒ 165. ᶜ¹⁻²) Ibidem Nᵒ 163. ᵈ) Ibidem Nᵒ 167.

Editions de G. Leeu à Anvers.

a) restringendū. vt in omnibʒ recte circūspectionis moderacōne pensata: nō videaris sūpfluus vel auarus hec āt oīa puides/caritatis ptermisso ordie: liberalitatis tue copias nō sic effūdas in alios: vt postmodū tarde penitēs videari egere/ p pnīa serotina. tandē recolēs te putisse rōnis ordinē corde mesto. Cū fueris felix sp̄ f. p̄ximꝰ esto vn̄ no. ca.
Interdū notis tribuas et suffice notis
Ac tibi semp eris carus cū diues haberis
    ¶ De diuersis hominū studijs
Agere   cupis   culturas
Elluris si forte vetis cognoscere cultus.
    § in geoogicis   p magis noscere studes cupis
Virgiliū legito: qui n̄ magẽ nosse laboras
    impuras   ille liber   describit eas
Herbarū vires. macer tibi carmine dicit
cōtra alias. puīcias   cōtra carthaginenses
Si romana cupis et punica noscere bella
poeta   bel bellou   describit
Lucanū queras qui martis prelia dicit
    aliquē   placet   ab aliqua   studendo
Si quid amare libet vel amari disce legendo
Couidiū i de arte amādi. i. sed si   io anīmꝰ tibi sit
Nasonem petito: si nunte cura tibi hic sit
i.p sapiāʒ q̃ est pciosior cūcꝭ opibꝰ et oēs thezauri nō valent illi cōparari
Ut sapiens vinas. audi que discere possis.
    i.remotū   t̄ps eterni
Per que semotū vicijs deducitur euū.
    psēs sis   p̄ quā reges regūt et ōnia disponunt
Ergo ades et que sit sapientia disce legendo
¶ Spiritussancti gracia septiformis/ hominibꝰ varia sue liberalitatis dona distribuēs: ab multiplicitia exercitacionū studia nos iclinat Aluī quidē agricultura delcāt.

b) Probe coniugis Adelphi centona virgilij vetus ⁊ nouū cōtinens testamentum feliciter finit Impressum in mercuriali opido antwerpiensi per me Gherardū leonis anno dn̄i M.cccc.lxxxix. xij. die Septembris

c) ¶ Die glose oft exposicie opten psalm. Miserere mei deus scōm magnā misericordiam tuam

a) *Catalogus B. R. H.* N.º 168. b) *Ibidem* N.º 191. c) *Ibidem* N.º 201.
d) *Ibidem* N.º 199.

Editions de G. Leeu à Anvers.

a) Catalogus B. R. H. N° 207.   b et b') Ibidem N° 206.   c et c') Ibidem N° 175.

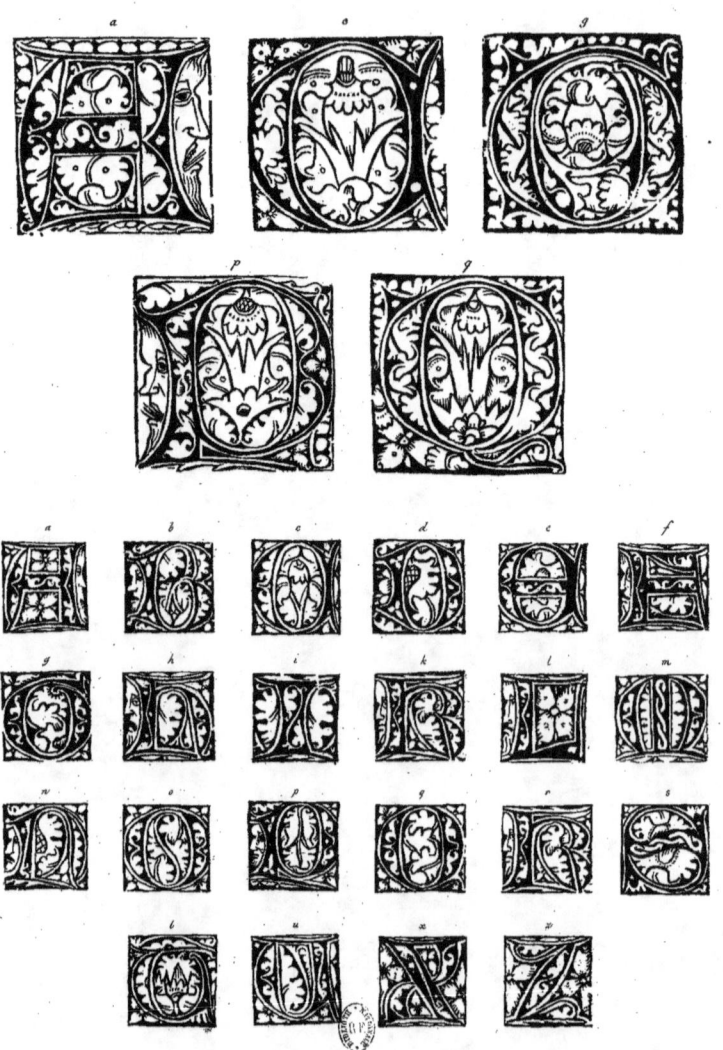

Initiales Xylographiques
tirées des Éditions de G. Leeu à Anvers.

Initiales Xylographiques
et Marques typographiques de G. Leeu à Anvers.

Editions de N. Leeu, à Anvers, 1487-1488

a) ¶ Tot loue gods eñ tot heyl eñ salicheyt alre kersten menschen soe is hier volẽpnt dat eerwaerdighe boec vanden leuen woerden passie vertenisse eñ gloriose opuaert ons heeren ihesu xpisti met addicien van scoonen moralen eñ ghesteliken leerĩgen eñ deuoten meditacien eñ gheboden sĩt eynde der capittelen Jn derwernen gheprent in die zeer vermaerde coopstadt Tantwerpen bĩ mĩ Claes leeu Jnt iaer ons heeren M CCCC lxxviij. den twintichstẽ dach in nouembri. Deo gracias

b) ¶ Tot loue gods eñ tot heyl eñ salicheyt alre kerstẽ menschẽ so is hier volẽpnt dat eerwaerdighe boec van den leuẽ. passie. verrisenisse eñ gloriose opuaert ons heeren ihũ xpi twelck gheprint is in die zeer vmaerde coopstadt Tantwerpen bĩ mĩ Gheraert de leeu woenende in die selue stadt in sinte Marcus naect onser vrouwen pant Jnt iaer ons heeren M CCCC lxxxvij. den derdẽ dach in nouember.

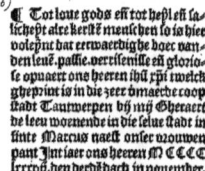

c) ¶ Hier eyndet een deuoet boerkẽ vanden vier inwendighẽ oefeninghen der zielen. welc ghenomen is wt een zeer prurich boeck dat ghemaect heuet die deuoet eñ eerweerdighe mincrebroers eñ cardenael bonauentura vands seluer materien. Eñ is gheprent in die vermaerde coopstadt van Antwerpen bĩ mĩ Claes leeu den roft dach vã december Anno M cccc lxxxvij.

d) ¶Expliciunt synonima Ysidori de homine e ratione cum Colloquio peccatoris e crucifixi Impressa Antwerpie p me Nicholaum leeu, Anno domini MCCCC.lxxxviij.xv kalendas junij.

a) *Catalogus B.R.H. No 211.* b) *Ibid. No 178.* c) *Ibid. No 209.* d) *Ibid. No 210.*

Editions de G. Bach, à Anvers.

a¹⁾ Resolutorij dubiorum circa celebrationem misse occurrentiu p Godefridum Bach antwerpie impressi, ad laudem dei Finis Anno dñi M.cccc.xxv.

c¹⁾ Hier beghinnen alle die epistelen eñ euangelien mitten sermonen vā den gheheelē iaere. deen na dandere volghen de. eñ oecmede die prophecien ghenome vter bibelē ghetrāslateert vte latine in goede duytsche. eñ nu anderwerf verbetert ende ghecorrigeert is ghelijckerwijs alsmen houdende is in de heyleghe kercke.

a¹⁾ Catalogus B.R.H. N° 212. b) Ibid. N° 213. c¹⁻²⁾ Ibid. N° 214.

Éditions de G. Back, à Anvers.

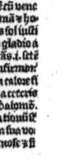

a) Catalogus B. R. H. N° 223. b) Ibid. N° 224. c) A la Bibliothèque de la Ville de Harlem.
d-e) Initiales xylographiques tirés de l'opuscule Cato morosus. Catalogus B. R. H. N° 218.
f) Initiale xylographique tirée du livre Dis kuere van Zeelandt. Ibid. N° 21).

Éditions de A. van Liesvelt, à Anvers.

a) Ter eeren gods en tot salichept
allen menschen so sijn hier volepnt
die gulden Letanien Jnt iaer van
xciiij. inde Mape Tantwerpe ghe
print op die ouder Merct bi die
meer poorte Bp my Adriaen van
Liefvelt

Ic ūmaen op die hartelyke blyscap
dins harten doe du saechste dat die
waerde coningen dine alre soetsten
soen so waerdelyken aenbed en . en
costelyke gaue offerde. Aue maria.

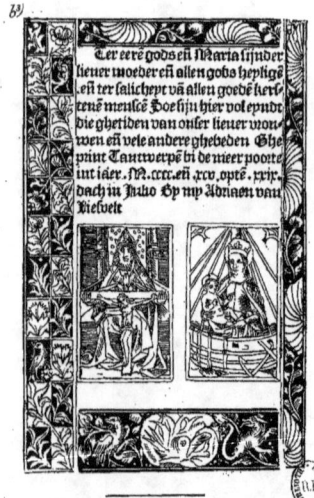

b) Ter eere gods en Maria sijnder
liever moeder en allen gods heylige
en ter salichept van allen goede kers
tene mensce Doe sijn hier volepnt
die ghetiden van onser liever vrou
wen en vele andere ghebeden Ghe
print Tantwerps bi die meer poorte
int iaer .M.cccc.en .xcv. opte. xix.
dach in Julio Op my Adriaen van
Liefvelt

Die vier oefeninghen van bonauentura

Hier epndet een denoet boecxken vandē vier
invendighen oefeninghen der zielen welcke
ghenomen is uut een zeere vrucht boeck dat
ghemaect heuet die denote en eerweerdighe
minnebroeder en cardinael bonauētura van
der seluer materien Ess is gheprint in die ver
maerde coopstadt van Antwerpen. Op my
Adriaen vā liesveldt den vi. dach in nouembri
Anno .M.cccc.xcix.

70. a) Dans la Bibliothèque du Sénateur Vergauwen, à Gand.
b¹⁻³) Catalogus B. R. H. N.º 225. c¹⁻²) A la Bibliothèque R.le de La Haye.

Editions de Henrick die Letterснider et de Adriaen van Berghen(?)

a)
⁋Dit Is Wapene Martijn
Wpen martijn hoe sal gaē
Sal dese werelt lange staen
In desen crancken gheloue
Hoe moet mijn vrouwe eer saen
Sonder twiuel ende waen/
Kumen der heren houe
Ick sie den scalcken wel ontfaen
Die die heren connen dwaen
Ende plucken vanden stoue:
Ick sie den gherechten slaen.
Beyde scatten ende vaen:
Als die meese inden stoue.
Recht of hem god verstoue
Hoe langhe sal ghedoghen dit
God die alle dinck besit
In sine heerscapie
Wat die goede smeect of bidt:
Hem en doech dat noch dit:
Dattet yet ghedije
         a i

a)
⁋Hier es voleyndt.en m̄z groter di
ligencien ghecorrigeert een seer no
tabel eñ profitelic boecxken gemaect
byden groten philosophe ende poe
te Jacop van meerlant Gheprent
in die stadt van Hātwerpen. In die
camerstraet. naest den gulde eenhō
ren By mi Henrick die letter snider
Anno. M.CCCC.xcvi. den xxviii
dach in augusto.

b)
Ae trouwelijken bihliuen mach eñ met
alver soetbuldih; nerstelic mach sterc
ken eñ dwanen tot stantvasticheyt int
gheloue Waer om ist bouen alle dinc vā
node elcken mensche die welen sekerlic
sterven wil dat hi te voren leere sterue
eer hem die doot onderseppe eñ beuan
ghe op dat hi alsoe saliclijken sterue
mach comen int eewige leuen. dat ons
wil gheuen eñ verleenen god almach
tich vader sone eñ heilighe geest amen

⁋Hier es voleyndt ter eeren gods dat
boecxke daer men in leren mach salich
licke sterven eñ eewelick te leuen. Ghe
prent tot antwerpen in die iare ōs he
ren dusent vijf hōdert. in die grote gul
ten moiser aen die marct

Salichlijc sterven.
Doet eewelic leuen.

b)
Een scone leringe
om salich te sterue

a+) Catalogus B.R.H. No. 229 b+) Ibid. No. 232.

71.

Editions de R. van den Dorp, à Anvers

Die alder excellēste Cronyke vā brabāt

⁋ Een salighe leeringe.
⁋ Vijf vren suldij gode eerē. Vij. vren suldy v werck hāterē. Vij. vrē moech-dy slapen. Twee vrē moechdi locht ra-pen: Dye vren moechdy eten. Aldus doende suldy den tijt vghetē.

⁋ Hier so voleyndt dese Cronike eū ge-prent bi my Rolant vāden Dorp: wo-nēde Thantwerpē in die hypuetters strate, bi onser vrouwē broeders. Anno. M. ccc. xcviij. opden laetstē dach van Februarius. oft Sommaent.

⁋ Eenen Pater noster eū Aue maria om gods wille voir die ghene die dit ā gadert eū gheprent hebben

Catalogus R. R. H. N° 231.

Editions de Heynricus Heynrici, de Cornelis Kers et de Hugo Janssoen van Woerden, imprimeurs à Leide.

a) Eñ doe sach hi dat een mensce quã ind kercken die swaer was Eñ die vianden liepen ter kercken met kets gewont·eñ waren alte blide Eñ die engel godes quã na al wedroest Eñ doe die dienst godes ge daen was·doe docht sinte pouwels·dese selue men sce is te mael wit eñ scoen·eñ die engel godsis bi hẽ·eñ die vianden quamen achter na vã verre· Doe riep hi dien mensce tot hem eñ vraegde hẽ vã sinen leuen·doe seide hi dat hi een sondaer ge weest hadde eñ dat hi daer inder kerken hoerde prediken vand ontfermherticheit gods·Eñ god had hem berrou gegauē also dat hi geweest had te voer sijn sonden· Hier om laet ons dicwile ter kerken gaen eñ bid wi gode om vergiffenisse· op dat wi mogen comen na dit leuen int ewige leuē Dat moet ons gōnen die vader die sone die heili ge geest   A M E N

Hier gaen wt die epistelen eñ die euãgelien mette sonnendaechsen sermonen vanten geheel iaer eñ vante heyligen·Eñ sijn geprent te lept in hollant Int iaer ons heren· M· CCCC· ende lxxxiiij·   Deo gracias

Hier beghint die tafel van desen tegenwoerdige boec
Opten eersten sonnendach int aduēt epistel euāgelium eñ sermoen   j
Des woensdages epistel euāgelium   iij
Des vridages euangelium   iiij

b¹) Explicit tractatꝰ de humanitate Christi fratri Thome de Aquino·finit? cõpletus et impressus Leydis per me Heynrici heynrici ·Anno domini M· CCCC lxxxiiij· In profesto sancti Bonifacij et sociorum eius·   D E O G R A T I A S·

b²)

c) Eñ maendaghes nae palm dach alsoe als dye ioden onsen lieuen heere hadden ontfanghen op ten palm dach mit gro ter eeren ende hy inden tempel ghe predict hadde eñ dye sieken genesen hadde Doe ghinc onse lieue heer ihe sus cristus wæderede achter dē tem pelom dat hy alde dach geuast hab de eñ ghearbeit of hem yemant wou de bidden ten eten mer leyder daer en was nieman Doe ghinc onse lye ue here wed tot martha en tot sine ionghet·alden dach in iherusale eñ hi sach deerlijch. eñ yemant en was dye hem ten etē badt of sine apoftolen Eñ maria sijn lyeue moed was in groter sorge alden dach om haer

d) werelt spaer ons here Lam goods die ofnemes die sonden der werelt vlos ōs here. Lam goods die ofnemes die son den der werelt ghif ons vrede pe hoe ons ere ontferme dy onser pe ontferme di onser ere ontfer me di onser Pater nr Et ne nos eere vhoor mijn ghebet ende mijn roepen come tot dy Laet ons bidde Y bidden di here verhore die bede der sundigher menschen ende lide metten sondaren der gheerne die dy be lyen ende biechten op dattu ons goet tieren gauen gheues vghiffenisse te ga der ende vrede Ouermits xpm onsen heer   A M E N Gheprent tot leyden bi mi meester hugh van woerden Anno M CCCC xciiij den r den dach in december. G. B.

e) Gheprent te leyden Bi mi Hugo Jans soen van woerden Aen die visch mart Intiaer ons here. M. CCCC. eñ xcviij..

f¹) Dit boeck inhoudende van dat eer waerdige leuē onser lyeuer vrouwe is gheeyndet eñ ouermits die gracie ons heren eñ zijnre ghebenediderfel uer moeder is volbracht op sinte an nen der seluer marien moedos dach Anno dñi Millesimo quingētesimo Bidt om gods wil dye illue marien voer den armē sondaer dit heuet vgadert ghedicht eñ ghecõpileert ter eeren gods eñ zijnre lieuer moed. op dat hi ouermits dioenten der deuoe mensche dye hi in delen voerscreuen godliken spieghel oefenen vergiffe nis vā sinen sonden mach vcrighen. eñ met de wtuercoren vienarē onser liener vrouwen eewelijck mach wer den gheloot in haer glorioesse eewige rijck.Amen.   Gheprent te Leyden By mi Huge ians zoen vā woerden

f²)

beminde si haer lieue kint also zeere als haren god Mar si bleef staende eñ sach hem soe langhe nae als si hē sien mochte. Ende altoes als haer dochte dat haer lyeue kijnt omme sach toe bockede si neē eñ als ihesus also varde was dat si hem npet sien en mochte so ghinc sy weder mit dē vrouwen tot marien magdalenē huys eñ si bleef by haer Eñ sy was onderdanich haren lieuen gheminden sone Jhesum cristum onsen lye uen here Dye ons verlenen wil sijn ewighe leuen   A M E N

Dit boeckē is geprent ter eeren gods te leide bi mijn Cornelis kers Int iaer ons heren. M cccc xciij den twaelfsten dach in April

a) Catalogus B. R. H. N° 521. b¹) Ibid. N° 636. b²) A la Bibliothèque Royale de La Haye. d) Catalogus B. R. H. N° 637. e) Ibid. N° 524. f¹ ²) Ibidem N° 527

éditions d'Arn. Caesaris ou l'Empereur ou de Keysere,
à Gand 1483-1485.

a) Le traictie de la paix Impresse a
gand delez le telroy par Arnoul
de keysere le viij.ᵉ iour dapuril lan
Mil·cccc·quatre vingt et trois·

b)

c) bile a paosu ac etiā aB ōnibꝰ fideliꞌ desideradū. Quod
nos pre manꝰ dicoꝶ legatoꝛū ctati ṗnōmate mūſericordi
ter teſtim̃aꝯ. Si qᷓ aūt temerate arrogātia anf̃ fuerit
iffageꝛ poicta vt cōta ea ſacrꝰamū exc̃oiatōem ſeriam
a etn̄a malediction̄ ſe nouerit icurriſſe Dat̃ i n̄ꝯṕnti
vi·kl· februariꝯ Anno dn̄i M·ccc·xlv·
Impreſſum Gandaui ṗ me Arnoldum cefaris·

d) Hier endt/dat weerdich bouc/ boecius de conſolatione philoſophie/ tē
twalfte leeringhe ende troaſte aller menſchen Gheprendt te Ghend
bij mij Arend de keyſere/den derden
dach in Mey· Int iaer ons heeren
dniſt vierhondert viue ende tachten
tich·
DEO :· GRACIAS :·

e) Explicit Rethor̄ce diuina dictorie vneli a vn
gentis magiſtri Guillermi panfenſio de ſacra
ct ſanctificatiua oratione aliqualiter abbreuia
ta. Impreſſa Gandaui ṗ me Arnoldum
cefare Anno d̄ni M·cccc·lxxxv° xi·kal· ſep·

f) lorum famularum tuarum/ re-
miſſionem cunctorum tribue peccatorum vt indulgētiam quā ſen-
par optauerunt pie ſupplicando/
bus conſequant. per Ie ihesū xp̄m
ſaluatoꝛ mundi qui cū patre et ſpi
ritu ſancto viuis et regnas deus.
Per omnia fecula feculorum.
A M E N

Explicit pſalterium impreſſum
Gandaui per me Arnoldum cefa-
ris. Anno xp̄iſtiane ſalutis. Mil-
leſimoquadringenteſimooctuage-
ſimoquarto·ſexto kal· may·

g) Ihesus de tout bien collateur
amateur de paix et concorde
prende a mercy le tranſlateur
et luy face miſericorde·

a) Dans la Bibliothèque de Mʳ F. Vanderhaeghen, à Gand b.c) Catalogus B.R.H. N° 535
c) à la Bibliothèque de Mʳ le Sénateur Vergauwen, à Gand d) Catalogus B.R.H. N° 536. e) à la
Bibliothèque de Mʳ le Sénʳ Vergauwen à Gand f) à la Bibliothèque Royale de la Haye.
g) à la Bibliothèque de Mʳ F. Vanderhaeghen.

Edition d'Arn. Caesaris, à Gand, 1485.

a)

de verandringhe des menschelics ghe
dochten. P. Hoe es-zeide zou eenighe
want gheene redelike nature wesen
mach/ zou ne hebbe vryheit des wil
len in hare.

In dese prose beghint phie te handelen vander
vougheliclixit des vryes willen metter godlij
ker woordachticheit/ ende als occasie nemen in
dat auonture d godliker voorwetentheit niet en
krieghent noch ieghen gaet/ so vraeghet zou hier
eerst/ of de vryheit in willene en ns willene m3
ter godliker woordachticheit v ghewughen mach
Of leset aldus. Boe seidic Ic verstaet wel/ te
wetene/ tghoont dattu bouen in auonture webe
ghreseit/ en wesentere dat dijne sentēcie danof wa
rachtich es. Of. en alstu dat zege zo wesentruct
wesende/ in ic vraeghe dij suple/ of in dese oedene
der tzamen cleuedere causen eenighe vryheit ons
willen es etc. weder noodsaect woe etc. de ghe
nychticheit des menschelicke willen. En ome d3 so
ecg phient newnstigher en goetwilligher vur
haedelighen vued nauolghende poizt stelle soude
zo prijst hy te eerst tghoot dat zou louen ghe
seit trijft in gheualle en auoture. En d3 de text
seit. Maer of in xc. zo voert phie de voorsz ghie
vid vryheit des willen/ en spruut vig ghone dat
houen li. iiij. profa vitia staet. d de text seit dz de

Want tghoont dat van redene na
tuerlic ghebruuct heift oderscheid in
daert alle dijnc mede bekēt en daer ō
me ēneemt van selues zo watmē te
gheiren of schuwen sal. Maer elck
heischt en anuaect de dijnc d3 hy meist
begheirlic zijnde en vliet tghoont d3
nazijnen wane te sahnwene staet.

Wāt tghoōt trijft ōōseheid/ daer eine natuerli
ke kēnesse ō mede d3 ōōseheid tusschē goede en ā
w/ in dit ōōseheid es ī de diere piculiere besondt
en ē vry vā einer ōōs calleine of wenegaō. Oe
lijc d3 tscaep natuerlic n3 meer onbekēt te schu
wene of vliene. dā we wulf/ en diē sondt ter steō
ōō dusē hōōō kēne. al en hadt we noit hōō noch
wulf ghesiē. hit soude w eine volghe en w adern
vliē. sule ōōseheid trijft hē blōeeligē en bloedeli
ghe nature ghegheuē. De bye ēn hebbē maer eene
wōste/ dats honich en was makē/ d3 doē zij alle
in eine maniere. De coppe maech nettei in eener
wyse/ en zit idē middel als ein conic in sijne stoel
De owaux en zwaluwē nestelei einer manieer
altijōs. de base natuerlic schuwet net/ en we w
bōō/ en d3 hy eine bewyse in natuere zōō ās wōr
ste. De meische dan treft ondersebpē hy redene
en ihstānesse. de wilde die wys bewyse in nature
Andere eist van w meische die redene in trijft/ en

---

b)

Dit es de tafele dienende delen nauolghenden vijf buuken Boeck de con
folatione philosophie.

Dit es de tafele vanden
eersten buuke:

v Ander recommandatien ende weirdic/
   heit van onsen Boecius   i.
   Van sijnen tytulen ende vromen da
   ēn   i.

In weerste Metrum:

Hoe onwonsiene dinghen groot verwondern
maken   xi
Hoeme hē mioer ter wijsheit gheue sal   xij
Hoemen altijōs leeren sal   xiij
Hoe phie haer leerlighe troost en coforteirt xiij

Inde derde Prose:

---

c)

Dit es de tafele vanden
eersten buuke.

v Ander recommandatien ende weirdic/
   heit van onsen Boecius   i.
   Van sijnen tytulen ende vromen da
   ēn   i.

In weerste Metrum:

Van siner eerster sieuge en groot gheluke ii.

Tot derde Metrum:

Hoe onwonsiene dinghen groot verwondern
maken   xi
Hoeme hē mioer ter wijsheit gheue sal   xij
Hoemen altijōs leeren sal   xiij
Hoe phie haer leerlighe troost en coforteirt xiij

Inde derde Prose:

---

a-b. Catalogus B. R. H. N° 536. c) Ibid. N° 641.

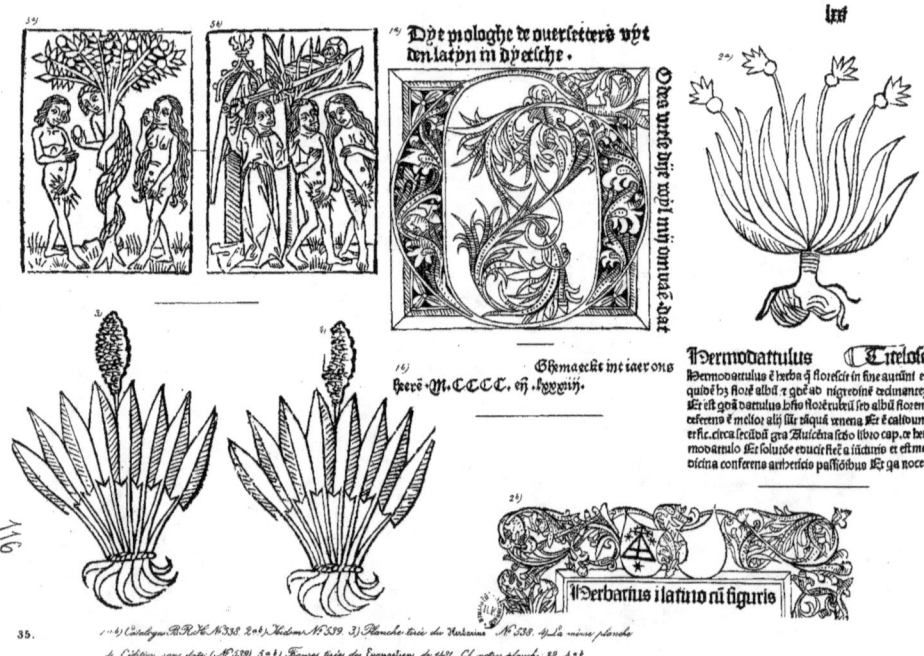

Éditions de Gerard Leempt, à Bois-le-Duc, 1487-1500.

Editions des Chanoines réguliers du Monastère de S. Michel, au Hem, près de Schoonhoven.

a) Ad laudē z glam dei oīpotentis. eiusdēqz genitricis z virgis marie ad decorem qqz z cōsolationē spōse sue sacrosctē mris ecclesie. eorū vel marie q aut voto aut spōte canoī cis laudib9 semet tradidē. cōpletū atq3 in finē usq3. sūma cū diligētia elaboratū correctū sīl z emendatū est horpūs breuiariū extra muros opidi scoenhouiesī. pūū hollādie traiectēū dyoceī. Anno salutis Millesimo quadrīgentesimo nonagesimoquīto. ultima februarii. Unde nō imerito debet illi grārū actio. q alpha et o dicit ab eterno.

b) ¶ Gheduct buten scoenhouen. Int iaer ons heren M. CCCC. seuen ē tnegentich. opten tienden dach in nouembri.

c) ¶ Hier eyndet ē sumerlic boerkē vā sonderlingen deuote ghetiden. naden daghen vander weeken elcke dach sijn sonderlinghe ghetide.
¶ Des sonnendages.
¶ Die ghetide vandē heyligē geest.
¶ Des manendages vandē ewiger
¶ Des dinsdages vā sint āna (wijsh.
¶ Des woensdages vā allē heiligē.
¶ Des donredages. vandē heilighē
¶ Des vrijdages. die (sacramente langhe cruys ghetide.
¶ Des saterdages vā onser vrouwē
¶ Itē des saterdages noch (vroech. ē sumerlic getide van onser vrouwē hoechtiden.
¶ Gedruct Inde Hem bute scoēhouē Int iaer ons heren M. ccccē xcviii. opten xxviii dach In marcio.
¶ Deo gracias.

d)

e) # Breuiarium
Canonicorū regulariū secm ordinariū Capli de windesim cū utili kalēdario valde pscō. z tabula vacātiar sz aditiōib9.

f) # Breuiarium
Canonicorū regulariū secm ordinariū Capli de windesim.

g) ¶ Finit breuiariū horarū canoicarū iurta ritū et ordinē Capli de windesim An9 salut9 mō ccccō xciiō. extra muros opidi scoēhouieī accuratissime pstūmatū circa kl februaiias.

h) ¶ Gheduct buten scoenhouen Inden Hem. Int iaer ons herē dusent vier hondert ē negen ē tnegentich.
¶ Deo gracias

i) ¶ Gedruct buten scoenhouē inden Hem. Int iair ons heren. M. ccccc. optē xxiiii. dach in octobri.

a) A la Bibliothèque de M. J. Enschedé à Haarlem. b) Catalogues B. R. H. N° 343. c) Ibidem N° 646. d) Ibidem N° 544. e) Ibidem N° 545. f) Ibidem N° 546. g) Ibidem N° 547. h) A la Bibliothèque de M. J. Enschedé à Haarlem.

Editions d'un imprimeur inconnu, à Schiedam
vers la fin du XV.e siècle.

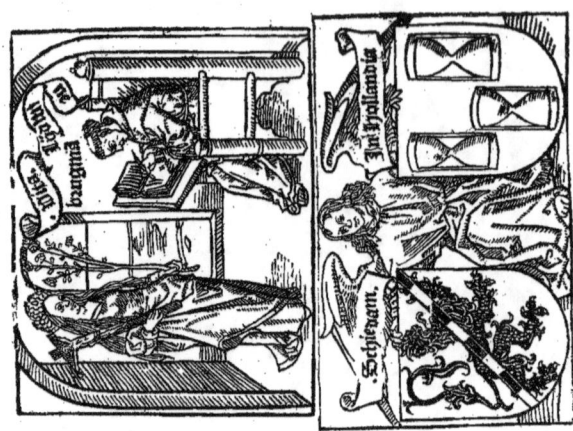

Reclara sunt preconia vera q̃ testimonia piarum scripturaꝝ. q̃ mirabilis sit deus in seruis suis desiderabilis in filijs. gloriosus in sanctis. Multa nimis. sed non credibilia de hijs mortalib? vtpote Joue Saturno. Mercurio Junone. Pallade.

Hoc opus dei fauẽte gr̃a expletuꝝ sciedãmis. Anno M̃°. CCCC°. xcviij°. Ad indiuidue trinitatis honorẽ nec nõ alme virginis Lijd wie sciedãmite ꝑcipue impũssũ culus historiogꝛph? fr iohãs bugmã ordis obseruancũ sindicatoꝛ pdem extitit egregius. q̃ (ob singulare deuotẽm q̃ erga eã post eius obitũ afficiebatur) hãc edidit historiã. Nos etiã hollandini speciali ex prõgatia

Alle die officiers ten tyen
Droegen fluweel dammast of zijen
Dese moghende her toch vroem becant
Leydde ten keyser bi der hant
Jn die kerc elc hert mocht verfroyen
Men sach daer die histori vã troyen
Hangen si wert te wonder besien
Jn ten coer hinck mettien
Figuerlic men sacht bloot
Cristus passie ende sijn bitter doet
Opten outaer was sierheit menichfoutwe
Die twalue apostelen sijn van gouwe
Dec ander heyleghen die ic meyn
Daer was een seli costelic ende reyn
Die men niet wel en mochte volprijsen
Jn elk hert mochte vroude rijsen
Die si sach ic segt v bout
Daer waren reliquien menich fout
Ende menich ander cleynot al daer
Sach die keyser aen den outaer

Hier beghint die prologus van Julius cesars historien die welke die eerste keyser van romen was

Jer wil ick scriuen die famose gesten van Julius cesar die een van die neghen die beste is gherekent. ende was die eerste keisar van romen. en dair of neder ghecomen is onse roemsche coninc maximilianus . ende van

Die romeinen deden maké op die mercte een stenen columbe twintich voet hoech op welke columbe is een stené tumbe gheleit ende, dair in iulius assche ende die tumbe is gheheten Julia. Deo gr̃as. Explicit

a¹) a²) a³) Catalogus B. R. H. Pag XXII b¹) et b²) Ibid N.° 549. c) Ibid N.° 550.

Édition d'un imprimeur inconnu, à Schiedam, vers la fin du XVe siècle.

A la Bibliothèque de l'Arsenal, à Paris

Voyage de Jean de Mandaville (en Hollandais) d'un imprimeur inconnu, vers l'an 1470.

noch mach vindē te segghen ander dinghen die ic hyer niet en scriue die daer oeck ghe weest hebben

Op wat tīdē Jan van manda uille wt ēgelāt toech en ands

Nde ic Jan van mandauille voer screuen schpede wt enghelant varende ouer zee Int Jaer ons heren M ccc en xxij Eū heb sint menich lant om ghegaen en oec me nich schoen kept ghesien hoe dat ic selue npt schoon kept en ōde noch ander dinghen daermē of spreken mach Mer nv bin ic ghecomen te rusten teghens mynen danck mits cledersijn en artetike die my verworghen Ic neme solaes in mynen kertinighen ouden daghen pensende om den tyt dye gheleden is Eū hebbe dit boeck ghemaect en ghe screuen Int Jaer ons heren M ccc en lvij Int opt en dartichste Jaer na dat ic wt onsen lande schpede So dat Ic bidde alle den gheuen die dit boeck lesen Dat si gode voer my bidden op dattet syn wille is Eū ic sal voer hem bidden Eū alle die ghene die een pater noster voer my seg ghen sullen dat my god wil gheuen verlanghe van alle mynen sonden die ic ye de de die wille deelachtich maken mit my van al die goede pel grymagen en van alden goedē dat ic yt ghedēe en dat ich noch doen sal voer myn doot Eū ic bidde gode van wyen alle gracie en doghet coemt Dat hyse mit synre gracien wil veruollen alle die ghene die dit boeck sullen lesen of ho ren lesen Eū behoude haer syele in die glorie van sinen ewy ghen ryke Dye inder volcome ter dryeuoudichept leeft ende regneert in allen tiden

A M E N

C Vaus deo in altissimo

Die wech der zyelen salicheyt (La voie du salut des âmes), d'un imprimeur inconnu.

OM die minne van gode, ende mmē eninkerstin dat hi van alle creatueren sy gheleert, ende dat sy alle In gode moeten in deugdē werden ghelicht, bem Ic beweert desen bouc te treckene ende vergaderene vten latine ten vlaemsche. Elckē bidde diene lesen sal, of hooren van eenen salighen leuene in ertrike. bi den welckē mē commen mach ten ynde van dien weghe. dats ten loghen lone dien god bereidt heift dē salighen in hemelrike. Hierō me so mach desen bouc wel zij gheheeten wech van salicheden. want hi leert dē meynsche wat hi sculdich es te doene. ende wat hi sculdich es te latene. ende hoe hi vte sonden mach verrisen. Ende als

---

OM dat god alle meynschen gheroupen heeft dat eeweliche leuen te besittene. dat hi seluē es. Ende niemēt Inder waerheit wee gode leuene ne heeft, dan die gode kent, also onse moeder de haleghe kercke woont In die collecte. Deus auctor pacis. Daer staet bescreuen dat gode kennen es leuen. ende hē dienē es coninc wesen, oft regneren. Ende om dat so lettel creaturen souken te kēnene de waerheit die god es, no te dienene vut minnen der goetheide die god es. so eist dat so lettel creaturen nu In gode leuen met deughden. maer wat zij met sonden. no namaels met hem regneren en selen als coninghen In blischepen. Hieromme so eist wel noot dat alle meynschen kenden die waerheit, die god es, ende hoe hise gheminnt heeft waerbij dat zij sine goetheide minnen souden mogten. Want also men In een ghemeyn woort seit. Men mach neghen goet minnen men moedt kennen. ende allen meynschen waer wel noot dat zij wisten hoe zij gode vte dier minnen souden onē dienen. Want also sente gregorius seit. Minne en staet gheen tijd ledich daerse vulmaect es. maer so es eenpaerlic werckende

a(1.2) Catalogus B. R. H. N° 554.

Edition d'un imprimeur inconnu.

a¹) Dits een leeen spieggel der simpelre menscen daer hem een goet kersten in spieghelt en de leeuwen sal als hier nae volcht
Tē ierstē dz gheloeue i duytsche
Ten anderen Pater noster.
Tē derden die .x. ghebaden gods
Tē vierden die .vi. ghebade der heyligher kerken
Ten vyfsten . vi . punten die ēē seghhelpe menscke hebben moet sal hem god syn sunden vgheuē.
Tē. vi. synt vij puten waer hy tē en mensch mach be kinnē dat hy es in der gratien gods.
Ten vij. een goet regiment des goeden leues en de wie men ten

a²)

a³) Ader onse die best indie hemelen gheheilicht werde dynen naem. Toecomē de sij dyn ryke. Din wille ghewerde als in den hemel ēdē in der eerden. Ons daghelicxs broot gheeft ons heeden . en de vergheeft ons onse schult als en de wy vergheuen onse sculdeneers . En de en leyt ons niet in becoeringhē maer verlost ons van quade.
A m E N

Den Aue maria

Heguiet weest maria vol gracien die heere es met v

a⁴) Dit syn die ghebode der heligher kerken
Alle sondaghe suldi een gheheel messe met aendachte hooren.
Al v sunde suldi ten minste ēēs alle iaer biechten. en de dat heilighe sacrament ontfanghē.
Die quatertemyer vigiliē suldi vasten en de die werstch daghen wer paesschen . en de onser vrouwenauent . en de apostele nauēt met lieden die in den bā syn en suldi eeten noch sproeten bā tot een der beeteringhē .
Een cranck oft sier mensch sal ierst die medecyn der ziele sueke eer hy sueke die medecyn des

a⁵) Swe der Dyerick van mun ster die dese simpele leer den de noten borgheren te Loeuen gal Egghaert hier met meer dā ēē ynnich Pater noster en de Aue maria te loene

A la Bibliothèque Royale de Bruxelles.

Anciennes lois Frisonnes,
imprimées probablement dans un couvent à Leuwarde,
vers l'an 1480/87.

a) Heer era godes synre liauer moder Maria, alle des himelsche heerschippes. Ende aire fria fresena fridom Ende in een sonderlinge memorie des Freeska landriuchtis deer we haeth ioun ri. Koningh. Kaerl keyser to Roem dae dae fresen da hia rich to roe wrsteerden want hya alder aerst ayn wrten ende da boltena witts droghen ende deer nei des koninghes beernaten worden huelka riuchtē vi konigh kaerl dae fresen bifael Ende vi paeus leo dat biaer bilden als hia vine cristena naema. Om disse riuchten thi het to siden. ende to onthalden ende deerma naet otbelda mey weer to sekane. Soe folged hyr nei een raesla of een register deer ioe wt wisa schil buoc y mogen fynda dae puncten deer dit boeck fan rorende is. Ende wirt deeld in xvii delen. Dat arste bighint aldus Waet is riucht list ende konst. dat oder veel fan de sann kerrē. dat tred de is fan da kesten. dat fiarde is fanda xxiiii landriuchta dat fyfte is fanda acht domen. dat sexte is fan da sex wēden. dat saunde is fan dat sind riucht int generael. dat achtende is fan dat sind riucht int speciael. dat niogēde is fan da ielden enis daedflachtis. dat tiende is fan dae wilkerren fan da fyf delen. dat alfte is fan dae birechna da boeta. dat twelfte is dat boeck des keysers rodulphi dat tretiende is fan da merked riuchr. dat fiartcende is fanda swerte swengben. dat fyftiende is fanda scheeck raeff. dat sextcende is fanda wilkerē fan op stallts baern dat sauntiende is fanda sann zelanden.
Hyr bighinnet dae capitulen fan disse delen forscrioun

b) It sint dae riuchr. ende di oenbighin des Keysers boeck Rodulphi deer by droe binna borvers. da by da freše toe farra bi la yde. ende spreeck aldus datse scolt mit bi beerferd fara om tria tibg. Aller aerst om dat heilighe land ief hit stoe an beiof hond. Een oer om dat roesche land ieft hit wolde vander crystēa hand War tredd om dat bus bi da rine deer heert to da gueb sunte martine. Dat fiarde om byara ayn friodome. nellet bya dan disse heerferd mit hin naer bistaen. soe wil bise fa biara friboe qu yr duaen. en wilterse dan disse flower iding mit hin oen gaen. bi wil biarem rycnia en staedik riucht dwaen. omda era da freesche friodomes. deer hia wōnen beden inda hou to roem. byda alda tyde. fan des paves en konigdes iesten. b wār biat deer bieröghē. datse

c) At vii zelād is. rustrigalād winiga lād. en burhiel ghera lād buele lād bulith. sibolt ede soe iocker. kene suager. It, oulēgerlād moermerlād en iigen dat sunt delē disser zelādē buele iocker kene aec bitrōgh en focke nkema disse tria lādē fā keno bilcēde. en neen ladis bera ne moebte disse zelandē bituinga bibala disse focke öscry It segeltid is aec een veel fā disse vii zelādē en tour tri buer en schat dē biscop fā münster. en schoedlād baedelre lād wymlerlād wr vio wesere sint aeck delē fā disse vii zelanden disse baet bituongen vi biscop fan bremen mer Dithmers is eeta oenbibinderd.
Hyr eyndichgied. da wilkerren fan op stallis baime.

Catalogus B. R. H. No. 555. a) Feuillet 1 recto. b) 1re partie du feuillet 75 recto.
b') Dernières lignes du dernier feuillet 90 recto.

18.

Guidonis de Monte Rotherii Manipulus Curatorum,
d'un imprimeur inconnu vers l'an 1472.

Manipulus Curatorū.

Euerēdo in xpō patri ac dño: dño Rayunū
do diuina puidētia sāctē valentiē sedis epi-
copo Suoz̄ deuotoz̄ minimus Guido de mōte
rotherij Cū deuota z humili recōmendatiōe
se totū suis obsequijs mancipatū. Fons sa-
pientie dei verbū dispositione mirabili cūcta
ordinans z disponens militātem ecclesiā ordinauit z disposu-
it ad instar ecc̄e triūphantis Quod figuratiue ostensū fuit
legislatori moysi: qn̄ preptū fuit sibi edificare tabernaculū
in deserto iuxta exemplar quod sibi in monte fuerat demon-
stratū Tabernaculū em̄ in huius mūdi deserto constructū ē sā-
cta mater eccc̄a ad instar supne hir'm ordinata Cuius quidē
militantis ecc̄e fundamenta in montibus sanctis pp̄heta reme-
moratas: p̄ montes prelatos supiores apl̄is succedētes insinu-
at: q̄ ad modū spirituū supme hierarchie medios: iferiodes viz
p̄latos illumināt pficiūt atq̄ purgāt: vt sic medij a supiori-
bus illuminati sāctis pf̄ecti virtucib̄ ac erroribus expurgati:
iferiores scilares. s. z laycos simili mō illuminēt pficiāt z ex-
purgēt. Qd̄ facere ne queūt nisi fuerint diuina imbuti doctrina
Hec ergo attēta z vigili meditatiōe ppensās: seqn̄s opusculū
lū de instructiōe neophitoz curatoz cōposui rudi quidē stilo
sed vtili. nō curās de verboz ornatu sed de aiaz̄ cōmodo et
pf̄ectū Qd̄ quidē opusculū ad vos qui estis sancte ecc̄e lumi-
nare preclarū qui lucetis velut lucerna lucens in firmamēto
ecc̄e militātis Qui radio diuine sapiētie exploḡ vite sātissi-
me ac sarculo correctiōis caritatis subditos v̄ros illumiatis
pficitis purgatis duxi humiliter destinandū: vt lima correctio-
nis v̄re politū pdeat in publicū quod sine illa pdire non au-
det Suscipiatis igitr̄ reuerēde pater ac dn̄e cum affectu beni
uolo preses opusculū: quod offert humilitas comitatur affe-
ctio. ac caritas p̄suadet. Correctūq̄ z emendatū si v̄re dn̄a-
tioni videtur: cōicate curatis neophitis: vt qui nesciūt addis-
cāt. z qui sciūt scire gaudeāt: z ad maiora cōscendāt. Oramu
reuerendā p̄sonam cōseruet deus z dirigat in agendis ecc̄e sue

Edition d'un imprimeur inconnu.

a) ¶ Incipit liber alexandri magni regis macedonie de prelijs.

Apientissimi egipcij scientes mensurā terre atq; vndas maris dominātes et celestiū ordinem cognoscentes idest stellaȝ cursum cōputantes dicūt de neptanebo rege eoȝu q; fuerit hō ingeniosus et peritus in astrologia et mathematica et artis magice virtutib; plenus. Quadā autem die cū nunciatum fuisset ei q; arthaxerses rex persaȝ cū valida manu hostiū veniret cōtra eū monuit miliciā nec pparauit exercitū armatoȝ aut artificia ferri sed ītrauit solus in cubiculo palacij sui et apprehendit cōcham ex eam plenam aqua pluuiali tenensq; in manu virgā enenā per magicas incātaciones incantare cepit et videbat atq; itelligebat in ipa cōcha aqua plena classes nauigij que super ipm veniebant. Erat ei tunc ad custodiā positus prīceps quidā milicie neptanebi in partibȝ persaȝ qui relicta custodia venit ad eum dicens. Maxime neptanebe venit super te arthaxerses cū multitudine hostiū ex pluribȝ gentibus scȝ parthis medis. psis. sirijs. mesopotamijs. arabis. neffotis. argijs. chaldris baerijs. cithis. yrthanis. atq; egriosegis et alijs innumerabilibȝ gentibus de partibus orientis. Que cum neptanebus audisset subridens ait. Custodiā quā tibi credidi vade et obserua diligēter et bene. Non enī vt prīceps milicie fecisti sed sicut timidȝ homo Nam virtus non valet in multitudine populi. sed in fortitudine animi. An nescis quia vnȝ leo multos ceruos in fuga vertit? Et hoc dicens intrauit in cubiculum suum solus et fecit nauiculas cereas et posuit eas in cōcham in aqua pluuiali. Tenensq; in manu virgā palme et respiciēs toto conamine viciū suaȝ incantaȝ cepit et videbat atq; itelligebat. q; dij egipcioȝ gubernabāt nauigia barbaroȝ. Statimq; mutato habitu radēs sibi caput et barbam tulit auri quantū portare potuit et ea que ad astrologiā et mathematicā illi necessaria erāt. fugitq; secreto de egipto et puenit susis et deinde ethiopam. Et īduit linea vestīmēta hoc est sindones albas qsi propheta egipcius et venit in macedōnia

b) ¶ Incipit liber alexandri magni regis macedonie de prelijs.

Apientissimi egipcij scientes mensurā terre atq; vndas maris dominantes et celestium ordinem cognoscentes idest stellaȝ cursum computantes dicunt de neptanebo rege eoruȝ q; fuit homo ingeniosus et peritus in astrologia et mathematica et artis magice virtutibȝ plenus. Quadam aūte die cum nunciatū fuisset ei q; arthaxerses rex persaȝ cū valida

a) A la Bibliothèque du Museum Meermanno-Westreenianum.
b) Catalogus B. R. H. Nº 33.

Premier Feuillet verso d'une édition d'un imprimeur inconnu.

Tituli dialogorum orationum et tractatuũ in hijs cõduobus contentorum. Et primo.

Pulcher et deuotus Marie et peccatoris dialogus de spe bona eligenda et mala spe ac desperatione fugiendis per fratrem dionisium cartusiensẽ de ruremunda editus. et per dominum iohannem de sancto geminiano eximium theologie professorem suppletus atq̃ addicionatus.

De laudibus eiusdem beate marie virginis pulcher valde atq̃ elegans tractatus ex dictis bernardi anselmi et aliorum ecclesie doctorum subtiliter ac industriose collectus.

Georgii fisgoti poete laureati ad christum dominum nostrum eãdẽq̃ virgĩez gloriosa epigrãmata seu carmĩa elegãtissĩe oposita

Celeberrimi theologie professoris domini petri de alliaco cardinalis camerarensis sedis apostolice legati pulchra valde et deuota meditatio super angelica salutatione per modum orationis et cõtemplationis sumpta. Qui eam deuote dicent, bus largituselt. xl. dies indulgendarum

Eiusdem domini cardinalis ad eandem virginem benedictam orationes tres valde elegantes et deuote.

Prefati domini iohãnis de sctõ geminiano de finali pniã et de larga pietate et misericordia christi er latronis dialogus subtiliter ad modum ac ingeniose contextus.

Eiusdem liber de vniuerso vole admodũ ac ingeniosũ opus. p quod homo reliquas inferiores creaturas primũ, de hinc seipsũ postremo deum creatorẽ omnium quantum fas est, capere facilime ac intelligere potest.

Pro iuristis ac etiã theologis ad multa perplexa et difficilia iuris intelligẽda, Tractatus de verborũ et rerũ significationibus per dominum angelum de aretio excellentissimi iuris monarcham boniensi anno salutis. Millesimo. ccccº. xluiiº. editus.

Catalogus B.R.H. N.º 648.

A. de Haneron *De epistolis brevibus edendis*,
d'un imprimeur inconnu vers l'an 1476.

Incipit plogus reueredi mgri anthonij de
haneron ad archidyaconu tornacensem de
epistolis breuibz ededis

Si male utile erit pcepto: optime qd
tantopere me facie cogis id tamen
ānue ut ego male age⁊ bene obtē/
petasse tu vero/pace tamē tua male te iperasse
videaris. Itaq tuā semp in me autoritatem
maximam volo et facio: ita ꝙ eo abdui me
paciar. ut aut ego tibi nimis obediā. aut
paru nō recte fero. Vbi tamen in alterutro
pccādu sit. mali excedere Dicam igitur et
ꝙ ex te iussus de etēbis epistolis breuibus
puum aliquid Quod tu tamē oratus sis ita
accipere. ut nō ꝗsitu ipē michi cōfidā. ꝫ ꝙtū
tue volutati tribuā existimes Vale

Aru epl'e latine
ꝗdā extrinsece sūt et accidetales que
nō re ipā. ꝫ ex ipis pſonis sumutur De hijs
infra videbimus. Alie sūt itrinsece. ac sb
stāuales Et hee tres sūt Nec aspneris huc
breue numeru. Intelliges vniūsas ꝙlōgis
simas lrās hijs trib⁹ absolutas. Tres er
go sūt. caūsa. Iniᵗio. effectus Siue. āice/
bis. initio. et coſequēs Nec pt poni ps vna

A B C D E F G H I K L M N O
P Q R S T V X   A Q ꝯ

Catalogus B. R. H. N° 636.

Fragment d'un Doctrinale, de 26 lignes,
d'un imprimeur inconnu.

Dat volo vis et vult volu9 vultisq3 volūtq3
Iussio deficiens rapit ex optante supmum
Dat primo velle dat fine veħ mod9 optans
Ex socijs repete supremus dat tibi velle
Hinc finē demas per ternam cetera formas
Dic malo primum raro formare futurum
Iura tenere patris per tempora cetera dicis
Nolo patrē sequitur tamē imp̃ialis habetur
Noli nolite nolito dicere debes.
Est es ac esse dat edo dat cetera terne
At plures edity dicūt plures tamē esse
Est estur format tamē es esum superaddit
Dat fio fierem fieri dat cetera terne
Extremum termi presens dabit imperialis
Quesum9 ex queso retinēs nil pl9 dare credo
Dat mereor merui mestus tum mereo fienti
Explicit expliciunt dic infit et īquit et īquā
Tantu presentis sunt tēporis inquit ⁊ infit
Nil plus inueni nec ab īquio dicitur inquit
Hoc defectiuum verbum sed dicito solum
Inquam presentis ē et quandoq3 futuri
Inquio quis īquit pluralis im9 dabit vntq3
Am tantum dicunt es ⁊ donare futurum
Est p̃ns inque nil plus vult vsus habere.
Is it declines ausim pluraliter ausint.
Deq3 vale quidam dicere valete valeto

Reliure exécutée par Jean Veldener.

TABLEAU chronologique des villes, bourgs &c., où l'art typographique a été exercé dans les Pays-Bas, au quinzième siècle, avec les noms des imprimeurs.

NOMS DES VILLES.	NOMS DES IMPRIMEURS.	DATES.	NOMS DES VILLES.	NOMS DES IMPRIMEURS.	DATES.
HARLEM	Laurent Coster	1423 à 1440.	DELFT	Jacques, fils de Jacques (Jacob Jacobszoon) van der Meer et Maurice, fils de Yemant (Mauritius Yemantszoon)	1477 à 1479.
	Successeurs de L. Coster	1441 à 1472 ?		Jacques van der Meer	1480 à 1487.
	Jacques Bellaert	1483 à 1486.		L'imprimeur à la marque de la licorne.	1488 à 1494.
	Jean, fils d'André (Andreæ, Andrieszoon)	1486.		Chrétien Snellaert	1495 à 1497.
UTRECHT	Nicolas Ketelaer et Gérard de Leempt.	1473 à 1474.		Henri Eckert de Hombergh.	1498 à 1500.
	Guillaume Hees.	1475.	ST. MAARTENSDYK	Pierre Werrecoren	1478.
	Jean Veldener (Voyez: Louvain et Culembourg)	1478 à 1481.	NIMÈGUE	(Gérard Leempt) (Voyez: Bois-le-Duc).	1479 à 1481 ?
	G L ?	1479 à 1480.	ZWOL	(Imprimeur inconnu)	1479.
ALOST	Jean de Westphalie et Th. Martens.	1473 à 1474.		(Jean Vollenhoe) ?	1479 à 1480.
	Thierry Martens (Voyez: Anvers et Louvain)	1474. — 1487 à 1490.		Pierre de Os de Breda	1480 à 1500.
LOUVAIN	Jean Veldener (Voyez: Utrecht et Culembourg)	1473 à 1477.	AUDENARDE	Tyman Pierre de Os (fils du précédent)	1497 à 1500.
				Arnauld l'Empereur (Cæsaris, de Keysere) (Voyez: Gand)	1480 à 1482.
	Jean de Westphalie	1474 à 1496.	HASSELT	P(eregrinus) B(ermentlo).	1480 à 1481. 1488-1490.
	Conrad Braem	1475 à 1481.	ANVERS	Matthieu van der Goes.	1482 à 1491.
	Conrad de Westphalie	1476.		Gérard Leeu (Voyez: Gouda).	1484 à 1493.
	Herman de Nassou et Rodolphe Loeffs de Driel	1483.		Nicolas Leeu.	1487 à 1488.
	Rodolphe Loeffs de Driel	1483 à 1484.		Godefroid Back.	1493 à 1500.
	Gilles (Egidius) van der Heerstraten	1485 à 1488.		Thierry Martens (Voyez: Alost et Louvain)	1493 à 1494. 1497.
	Louis de Ravescot.	1488.		Adrien de Liesvelt	1494 à 1499.
	Thierry Martens (Voyez: Alost et Anvers)	1498 à 1500.		Henri Lettersnider (Graveur de lettres)	1496.
BRUGES	Colard Mansion.	1475 à 1484.		Roland van den Dorp.	1497 à 1499.
	Jean Brito	?		Adrien van Bergen ?	1500.
BRUXELLES	Les Frères de la Vie commune	1476 à 1487.	LEIDE	Henri fils de Henri (Henricus Henrici).	1483 à 1484.
DEVENTER	Richard Paffroed	1477 à 1500.		Corneille Kers	1494.
	Jacques de Breda	1485 à 1500.		Hugues fils de Jean (Hugo Janszoon) de Woerden	1494 à 1500.
GOUDA	Gérard Leeu (Voyez: Anvers).	1477 à 1484.	GAND	Arnauld l'Empereur (Voyez: Audenarde)	1483 à 1489.
	Godefroid de Os	1486.	CULEMBOURG	Jean Veldener (Voyez: Louvain et Utrecht)	1483 à 1484.
	Godefroid de Ghemen.	?	BOIS-LE-DUC	Gérard Leempt (Voyez: Nimègue)	1484 à 1487.
	L'imprimeur à la marque de l'éléphant.	1486 ?	SCHOONHOVEN	Les Chanoines réguliers, au Hem	1495 à 1500.
	Les Frères conférenciers (Collatiebroeders)	1496 à 1500.	SCHIEDAM	Imprimeur inconnu.	1498 à 1500.